警官高等职业教育"十三五"规划教材
编审委员会

主　任：胡来龙　尹树东

副主任：周善来　彭　晔

委　员：刘传兰　印　荣　阚明旗　姚亚辉

警官高等职业教育"十三五"规划教材

宪法学教程

XIANFA XUE JIAOCHENG

主　编◎刘传兰
副主编◎奚坚平
撰稿人◎（以撰写章节先后为序）
　　　　汪芳谅　张　晶　奚坚平
　　　　刘传兰　徐丽艳　许　胜

中国政法大学出版社

2022·北京

图书在版编目（CIP）数据

宪法学教程/刘传兰主编. —北京：中国政法大学出版社，2022.8（2023.8重印）
ISBN 978-7-5764-0586-6

Ⅰ.①宪…　Ⅱ.①刘…　Ⅲ.①宪法－法的理论－中国－高等学校－教材
Ⅳ.①D921.01

中国版本图书馆CIP数据核字(2022)第132362号

出 版 者	中国政法大学出版社	
地　　址	北京市海淀区西土城路 25 号	
邮　　箱	fadapress@163.com	
网　　址	http://www.cuplpress.com (网络实名：中国政法大学出版社)	
电　　话	010-58908435(第一编辑部) 58908334(邮购部)	
承　　印	保定市中画美凯印刷有限公司	
开　　本	720mm×960mm　1/16	
印　　张	17.75	
字　　数	358 千字	
版　　次	2022 年 8 月第 1 版	
印　　次	2023 年 8 月第 2 次印刷	
印　　数	5001～10000 册	
定　　价	56.00 元	

❖ 主编简介

刘传兰　女，安徽合肥人，毕业于西南政法学院法学专业，副教授、三级警监、兼职律师，安徽省法学会宪法学研究会理事，安徽省"五五""六五""七五"普法讲师团成员，合肥市习近平法治思想宣讲团成员，安徽省人社厅考试面试专家库成员，多次参加全国法律硕士研究生考试命题，并曾担任宪法命题组组长。曾获安徽省司法行政系统优秀教师、安徽省直机关先进工作者、学院"十大教学名师"称号，2019 年获"安徽司法行政年度榜样人物"称号。

刘传兰多年从事宪法、律师与公证等法律专业课程的教学工作，主持的省级质量工程"宪法"课程以省级精品资源共享课程优秀结项；先后主编了中国政法大学出版社出版的警官高等职业教育规划教材《宪法》和安徽大学出版社出版的《律师与公证》等教材，参加了《行政法与行政诉讼法》《法律援助》等多部书籍的编写工作；并在多家刊物发表学术论文。

❖❖❖ 编写说明

作为高等职业教育的重要组成部分,警官高等职业教育正随着经济社会的快速发展和一线政法工作对专门人才的迫切需求而与时俱进。近年来,全国司法类高职院校都积极探索高职教育教学规律、完善专业人才培养模式,以适应经济社会发展对司法类专门人才的客观需求,创新内容涉及各个方面,包括专业建设、课程建设、师资队伍建设等,当然也少不了至关重要的教材建设。编写一套以促进就业为导向、以能力培养为核心、以服务学生职业生涯发展为目标、突出当前警官高等职业教育教学特点的系列规划教材就显得尤为重要。

为适应司法类专业人才培养的需要,安徽警官职业学院决定遴选理论功底扎实、教学能力突出、实践经验丰富的优秀教师组成编写组,对警官高等职业教育原有的系列教材进行重新编写。本次编写按照"就业导向、能力本位、任务驱动"等职业教育新理念的要求,紧紧围绕培养高素质技术技能型人才开展工作。基础课程教材体现以应用为目的,以必需、够用为度,以讲清概念、强化应用为教学重点;专业课程教材加强针对性和实用性。同时,遵循高职学生自身的认知规律,紧密联系司法工作实务、相关专业人才培养模式以及课程教学模式改革实践,对教材结构和内容进行了革故鼎新的整合,力求符合教育部提出的"注重基础、突出适用"的要求,在强调基本知识和专业技能的同时,强化社会能力(含职业道德)和应用能力的培养,把基础知识、基本技能和职业素养三者有机融合起来。

本系列教材的主要特点是:

1. 创新编写思路,培养职业能力。"以促进就业为导向,注重培养学生的职业能力"是高等职业教育课程改革的方向,也是职业教育的本质要求。本系列教材针对司法类高职院校学生的特点,在教材编写过程中突出实用性和职业性,以我国现行的法律、法规和司法解释为依据,使学生既掌握法学原理，又明晓现行法律制度，提高学生运用法律知识解决实际问题的能力。同时，在教材内容编排上，本系列教材遵循由浅入深和工作过程系统化的编写思路，为学生搭建合理的知识结构，以充分体现高职的办学要求。

2. 体例设计新颖，表现形式丰富。为了突出实践技能培养，践行以能力为本位的职业教育理念，本系列教材改变以往教材以理论讲述为主的教学模式，采用新颖的编写体例。除基本理论外，本系列教材在体例上设置了学习目标、工作任务、导入案例、案例评析、实务训练、延伸阅读等相关教学项目，并在每章结束时通过思考题的形式，启发学生巩固本章教学内容。该编写体例为学生课后复习和检验学习效果提供便利，对提高学生的学习兴趣、促进学以致用、丰富教学形式、拓宽学生视野、提升职业素养具有积极的推动作用。

3. 课程针对性强，职业特色明显。高等职业教育教材突出相关职业或岗位群所需实务能力的教育和培养，并针对专业职业能力构成来组织教材内容。法律实务类专业在社会活动中具有与各方面接触频繁、涉及面广的特点，要求学生具有较高的综合素质和良好的应变能力。因此，本系列教材采用案例教学法，通过案例导入，并辅以简洁的案例分析，提供规范的实务操作范例，使学生能够更为直观地体会法律的适用，体验工作的情境和流程，增强学生的综合能力。

4. 文字表述简洁，方便学生使用。本系列教材在概念等内容编写中，尽量采用简洁明了的语言表述，使学生明确概念的要点即可，从而避免教材"一个概念多个观点""理论争论较多"的现象。

本系列教材共16本，在其编写过程中借鉴吸收了相关教材、论著的成果和资料；中国政法大学出版社也给予作者们大力支持和指导，责任编辑在审读校阅过程中更是付出了辛勤的劳动，在此我们深表谢忱。同时，由于时间紧、任务重，教材中难免出现不足和疏漏，恳请广大师生和读者给予批评指教，以便我们再版时进一步改进和提高教材质量，更好地服务于警官高等职业教育事业的发展。

警官高等职业教育"十三五"规划教材编审委员会
2019 年 3 月

⠿ 前　言

　　《宪法学教程》是高职高专法律类专业的主干课程之一，属于法律基础课程。近年来，随着我国法治建设的不断推进以及相关法律的修订，特别是2018 年 3 月 11 日第十三届全国人民代表大会第一次会议通过的《中华人民共和国宪法修正案》，使该课程在法律体系中的根本大法地位更加突出。作为警官类高等职业教育教材，它以培养高素质技能型法律专门人才为目标，对理论知识的传授以"必需、够用"为度，因此，我们结合多年的教学经验，根据授课对象、课程定位、教学改革思路以及职业岗位（群）的任职要求，参照相关的职业资格标准，来编排教材体系和内容，有效地体现知识与工作职位的一体化。

　　本教材以中国宪法为主，每章都穿插对典型案例的介绍与分析，从宪法学的角度解读社会热点事件，收录最新案例动态，以求教学内容与时俱进。这些特点使得本教材与本科宪法教材截然不同，通过本教材，学生不仅可以了解宪法的基本知识，树立务实求新观念，顺应社会需求，传播法治理念，同时本教材也为学生学习部门法律搭建桥梁，提高他们对法律实务问题的综合分析能力。全书共分十一章，除了简洁明了地介绍宪法的知识架构与体系，还突出教学重点与难点。在内容上，本教材一方面侧重通俗性，对基本理论和基本知识力求做到概念清楚、要点明确，对于深层问题通过社会事件或典型案例引出，引导学生思考和辨析；另一方面，本教材根据教学内容搜集了大量的背景材料，这些材料都是较新或最新的社会事件、社会新闻、统计数据等客观资料，对于学生理解宪法相关内容有很好的帮助作用。在体例上，本教材体系完备、分析透彻、资料翔实，既照顾学界通说，又有鲜明的特色。它以案例开篇引发学生的学习兴趣，让学生带着问题去学习，从而提高学生的学习注意力和学习效果。同时，在每章最后都有实务训练、延伸阅读和思考题，使学生在阅读中思考问题，在训练中获得收益。通过对具体案件和社会现象进行分析，将社会实践引入课堂，实现教与学的互动，体现教、学、做三者合一的高等职业教育特色，引导学生由被动学习宪法走向主动学习宪法。

　　本书由刘传兰任主编，奚坚平任副主编，主编负责全书的统稿和修改定稿。具体编写分工如下（按撰写章节先后排序）：

汪芳琼：第一章、第六章

张　晶：第二章、第九章

奚坚平：第三章、第五章

刘传兰：第四章、第十章

徐丽艳：第七章、第八章

许　胜：第十一章

编者

2022 年 6 月

主编电话：19855181898

email：2568190090@ qq. com

邮编：230031

❖ 目 录

第一章　宪法的基本理论 …………………………………………… 1
　　第一节　宪法概述 ………………………………………………… 1
　　第二节　宪法原则 ………………………………………………… 7
　　第三节　宪法渊源与宪法结构 …………………………………… 13
　　第四节　宪法规范 ………………………………………………… 17
　　第五节　宪法解释与宪法监督 …………………………………… 20

第二章　宪法的历史发展 …………………………………………… 31
　　第一节　近代宪法的产生与发展 ………………………………… 31
　　第二节　旧中国宪法的产生与发展 ……………………………… 36
　　第三节　新中国宪法的产生与发展 ……………………………… 40

第三章　国家性质 …………………………………………………… 51
　　第一节　国家性质概述 …………………………………………… 51
　　第二节　中国共产党领导的多党合作和政治协商制度 ………… 57

第四章　政权组织形式 ……………………………………………… 65
　　第一节　政权组织形式概述 ……………………………………… 65
　　第二节　人民代表大会制度 ……………………………………… 68
　　第三节　选举制度 ………………………………………………… 74

第五章　国家结构形式 ……………………………………………… 94
　　第一节　国家结构形式概述 ……………………………………… 94
　　第二节　我国的国家结构形式 …………………………………… 97
　　第三节　我国的行政区划 ………………………………………… 99
　　第四节　我国的民族区域自治制度 ……………………………… 102
　　第五节　特别行政区制度 ………………………………………… 107

第六章　经济制度 ……………………………………………… 116
　　第一节　经济制度概述 ………………………………… 116
　　第二节　社会主义公有制经济 ………………………… 122
　　第三节　非公有制经济 ………………………………… 126

第七章　社会主义精神文明建设 ………………………… 133
　　第一节　社会主义精神文明建设概述 ………………… 133
　　第二节　社会主义精神文明建设的内容 ……………… 135

第八章　公民的基本权利和义务 ………………………… 143
　　第一节　公民的基本权利和义务概述 ………………… 143
　　第二节　我国公民的基本权利 ………………………… 148
　　第三节　我国公民的基本义务 ………………………… 165
　　第四节　我国公民基本权利义务的特点及行使原则 … 169

第九章　国家机构 ………………………………………… 175
　　第一节　国家机构概述 ………………………………… 175
　　第二节　全国人民代表大会及其常务委员会 ………… 180
　　第三节　国家主席 ……………………………………… 188
　　第四节　国务院 ………………………………………… 190
　　第五节　中央军事委员会 ……………………………… 193
　　第六节　地方国家机关 ………………………………… 195
　　第七节　监察委员会 …………………………………… 201
　　第八节　国家审判机关和检察机关 …………………… 204

第十章　基层群众性自治组织 …………………………… 215
　　第一节　基层群众性自治组织概述 …………………… 215
　　第二节　居民委员会 …………………………………… 220
　　第三节　村民委员会 …………………………………… 222

第十一章　国家标志 ……………………………………… 236
　　第一节　国旗 …………………………………………… 236
　　第二节　国徽 …………………………………………… 240
　　第三节　国歌和首都 …………………………………… 244

中华人民共和国宪法 ……………………………………… 249

参考书目 …………………………………………………… 269

第一章

宪法的基本理论

学习目标与工作任务

通过本章的学习，学生将掌握宪法的概念和本质、宪法的分类和宪法规范等最基本、最普遍的宪法原理。学生应着重理解和掌握宪法为什么是国家的根本大法，并学会运用宪法的基本原则、宪法的解释和监督体制及合宪性审查等相关知识分析实际案例或事件。

第一节　宪法概述

【导入事例 1-1】"附条件逮捕"的废止

所谓"附条件逮捕"，是指检察机关在审查逮捕过程中，对证据有所欠缺，但已基本构成犯罪、认为经过进一步侦查能够取得定罪所必需的证据、确有逮捕必要的重大案件的犯罪嫌疑人，经检察委员会讨论决定予以批准逮捕，并要求侦查机关进一步补充证据材料的一种强制措施。这项措施最早明确于 2006 年最高人民检察院颁布的《人民检察院审查逮捕质量标准（试行）》。2013 年 4 月，最高人民检察院又发布《关于人民检察院审查逮捕工作中适用"附条件逮捕"的意见（试行）》一文，对"附条件逮捕"的适用范围、标准等予以细化规范。一个月后，内蒙古呼和浩特市某律师事务所的苗某军律师所代理案件的当事人于某在内蒙古被"附条件逮捕"。苗某军发现，这项能够直接限制人身自由的措施，是出自最高人民检察院的司法解释，而我国的宪法性法律《立法法》[1]规定，限制人身自由的法律，必须由全国人大及其常委会进行立法，不能由司法解释作出规定。

2016 年 9 月，苗某军以当事人名义向全国人大常委会法工委邮寄了一份"审查建议申请书"。他在申请中提出《关于人民检察院审查逮捕工作中适用"附条件逮捕"

---

〔1〕　即《中华人民共和国立法法》，为表述方便，本书涉及我国法律均省去"中华人民共和国"字样，不再赘述。

的意见（试行）》涉嫌违反上位法，建议对其进行审查。2017 年 4 月 28 日，最高人民检察院下发通知，要求从即日起不再执行《关于人民检察院审查逮捕工作中适用"附条件逮捕"的意见（试行）》，今后在审查逮捕工作中不再适用"附条件逮捕"。

　　问：本案体现了宪法作为国家根本法的哪些特征？

　　宪法一词，自古有之，古代的西方和中国都曾经使用"宪法"这一词语，但其所指的含义却与近现代的"宪法"并不完全相同。

一、"宪法"词义的演变

（一）古代西方"宪法"之词源

　　西方语言中用来表示宪法的单词，是由拉丁语发展而来的，原词在拉丁语中是组织、结构、规定的意思。宪法一词在古代西方语言中的使用，与法律有关的有以下几种含义：

　　1. 古希腊。在哲学意义上，古希腊思想家亚里士多德把宪法视为整个城邦的政治秩序。他曾将古希腊各城邦的法律分为宪法和普通法律，并编辑过《一百五十八国宪法》一书。在其著作《政治论》中，论及了"立宪政府"的问题，认为国家应该有一个根本大法，作为立法与统治权行使的指导原则。而法律则是依此宪法而制定的，目的在于执行国家权力及制止违法行为。不过这一时期的宪法理念只是理论上的探讨，尚未形成国家的制度。

　　2. 古罗马。古罗马时期，宪法常用于表示皇帝的诏书、敕令和谕旨等，经常出现在罗马的法律和法学著作中。由查士丁尼皇帝钦定的、并被赋予法律效力的《法学总论》的序言中，曾四次使用"宪令"一词，就是在上述意义下使用的。古罗马政治家西塞罗在他的著作中也曾提到宪法，在他看来，自然法是全世界的宪法。

　　3. 中世纪。欧洲中世纪时期，宪法通常是用于表示教会与国王关系、封建主特权与国家关系的法律。12 世纪，英王亨利二世颁布的《克拉朗顿宪法》规定了英王与教士的关系。1215 年英王约翰颁布的《自由大宪章》规定了英王与英国贵族、诸侯及僧侣的关系。

（二）古代中国"宪法"之词源

　　中国古籍中常见的字眼是"宪""宪法""宪章"等。在中国古代，"宪"或"宪法"等词通常在两种含义上使用：

　　1. 宪法作名词时一般指法、法律、典章制度。例如，《国语·晋语》里有"赏善罚奸，国之宪法"之说，《尔雅·释诂》里有"宪，法也"之说，《尚书·说命》里有"监于先王成宪，其永无愆"之说。

　　2. 宪法作动词时常指公布法律、遵守法律、实施法律制裁等意。例如，《康熙字典》释"宪"曰"悬法示人曰宪"，《四书章句》对宪章的解释是"宪章者、迎守其法"，《地官·小司徒》里提到的"令群吏宪禁令"，《南齐书·沈仲传》里提到的"中丞案裁之职，被宪者多结缘"等。

（三）中国近代意义宪法的出现

"宪"字在中国近代用语中，原本是表示"权威""纪律"的意思，例如，宪兵（维持军队纪律的兵种）、宪纲（官职尊卑）。一般认为，最早将西方语言中表示宪法的单词翻译为汉字"宪法"并正式使用的，是日本学者，中国和韩国只是沿袭了日本的译法。19世纪80年代，中国近代改良主义思想家郑观应在《盛世危言》一书中，首先使用了近代意义的"宪法"一词。1908年，清政府敷衍民意，颁布《钦定宪法大纲》，中国近代意义上的"宪法"正式从法律上得以确立。

二、宪法的概念和特征

（一）宪法的概念

学习和研究宪法学，首先必须解决"什么是宪法"的问题。西方学者根据宪法的作用和表现形式等，给宪法下了各种定义，一般都是从宪法的外部特征去定义宪法。而马列经典作家们则是从阶级分析的角度，对宪法的概念进行剖析，认为宪法是国家的根本大法，是阶级斗争的产物和阶级力量对比的总结，是掌握国家政权的统治阶级意志的体现。

我们认为，要给宪法作一个科学的定义，首先必须考虑宪法概念所应包含的基本因素，否则就可能有失偏颇。这些基本因素应当包括：宪法作为法所调整的特殊的社会关系；宪法的基本作用；宪法的实质；宪法的基本内容和特征；等等。综合上述各方面的因素，我们为宪法给出如下定义：宪法是调整国家根本社会关系，规定国家根本制度和根本任务，集中表现各种政治力量对比关系，使民主制度化、法律化，具有最高法律效力的国家根本大法。

（二）宪法的特征

作为国家的根本法，宪法的特征主要表现在以下几个方面：

1. 在内容方面，宪法比普通法律更为全面、广泛和重要。宪法作为国家的根本法，它所调整的是国家最根本的社会关系，规定的是国家最根本、最重要的问题。这些问题包括国家的性质、国家的政权组织形式和国家结构形式、国家的根本任务和基本国策、公民的基本权利和义务、国家机构的组织及其活动原则等，关系到统治阶级的根本利益。而普通法律则是根据宪法的内容，为实现和保障宪法所规定的根本任务而制定的具体规定，所涉及的只是国家和社会生活中某一特定方面的问题，相对于宪法而言只是局部性的社会现象和社会关系。

2. 在效力方面，宪法与普通法律相比，具有最高的法律效力。由于宪法所规定的内容，是国家生活中带有根本性的问题，是国家立法活动的基础，所以它在整个国家的法律体系中具有最高的法律地位和法律效力。宪法的这一特征，主要表现在以下几个方面：

（1）宪法是其他普通法律的立法依据，宪法与普通法律的这种关系，通常被称为"母法"与"子法"的关系。即宪法为母法，其他普通法律为子法。

（2）一切法律法规的制定都必须以宪法为依据，其内容和精神不得与宪法的原则和规定相抵触、相违背，否则就会因违宪而无效。我国现行《宪法》第5条第3款对此作了明确规定："一切法律、行政法规和地方性法规都不得同宪法相抵触。"

（3）宪法是一切国家机关、政党、社会团体、企业事业组织和公民的根本活动准则。我国现行《宪法》在序言中规定，"全国各族人民、一切国家机关和武装力量、各政党和各社会团体、各企业事业组织，都必须以宪法为根本的活动准则"，同时在第5条第4款中规定，"一切国家机关和武装力量、各政党和各社会团体、各企业事业组织都必须遵守宪法和法律"。

【导入事例1－1】分析：

废止前的《关于人民检察院审查逮捕工作中适用"附条件逮捕"的意见（试行）》，违反了《宪法》《立法法》的有关规定。因此，尽管其制定程序并不违法，但最终最高人民检察院仍将其废止。这一方面体现了宪法是一切国家机关、政党、社会团体和公民的根本活动准则，任何组织和个人都必须遵守宪法，另一方面体现了"一切法律、行政法规和地方性法规都不得同宪法相抵触"。

3. 在制定和修改程序上，宪法比普通法律更为严格、复杂。宪法是规定国家最根本、最重要的问题，具有最高法律效力的国家根本法，这就必然要求宪法具有极高的权威和尊严，而严格的制定和修改程序则是保障宪法权威和尊严的重要环节。宪法制定和修改的程序主要有：

（1）宪法的制定和修改一般是由依法组织的专门机关进行的。许多国家都成立了专门的制宪委员会或者召开制宪会议来负责起草和制定宪法，同时都规定了特定的修宪议决机关，如立法机关、混合机关和特设机关。在我国，行使制（修）宪权的国家机关是全国人民代表大会。

（2）宪法的制定和修改需要经过特别的批准程序。如美国制宪者在《美利坚合众国宪法》（以下简称《美国宪法》）第5条中规定："国会遇两院议员三分之二人数认为必要时，应提出本宪法修正案，或因各州三分之二之州议会的请求，召集宪法会议以提出修正案。在以上两种情形中之任何一种修正案，经各州四分之三之州议会或经各州四分之三之宪法会议批准时，即认为在事实上已成为本宪法的一部分而发生效力。"再比如1958年《法国宪法》第89条规定："宪法修改草案或提案须以内容一致之文字由国会两院表决通过。修改案尚须经公民投票复决认可，始告确定。共和国总统如将修改案提交国会两院联席会议审议，则该案无须交付公民复决；在此情况下，修改案须获联席会议五分之三之多数有效票，始得通过。"我国现行《宪法》第64条规定："宪法的修改，由全国人民代表大会常务委员会或者五分之一以上的全国人民代表大会代表提议，并由全国人民代表大会以全体代表的三分之二以上的多数通过。法律和其他议案由全国人民代表大会以全体代表的过半数通过。"

宪法上述三个方面的特征，表明了它在国家法律体系中"根本法"的地位以及与普通法律的区别。当然，应当指出的是，并不是所有的宪法都同时具备上述三个方面的特征。例如不成文宪法，虽然内容是有关国家根本制度的，但在效力和修改程序上却与普通法律相同。

三、宪法的实质

(一) 宪法的政治实质

宪法的政治实质，即宪法的阶级性，是指宪法作为政治法，集中表现了各种政治力量的对比关系。这里所说的"各种政治力量的对比关系"，包括阶级力量、各阶级联合的力量、同一阶级内部各种政治派别的力量以及社会上各种组织、团体等的力量。宪法是统治阶级意志的体现，但这种体现并非随心所欲的。在制定或修改宪法的时候，统治阶级必须全面、综合地考察当时各种政治力量的对比关系，并以这种对比关系为依据，确定宪法的基本内容。

1. 宪法是在阶级斗争中产生的，是由在阶级斗争中取得胜利并掌握国家政权的统治阶级以国家名义制定的，它是阶级斗争胜利成果的记载和总结。资产阶级宪法是在资产阶级反封建的斗争中取得的胜利成果的总结。社会主义宪法是无产阶级经过长期斗争并建立无产阶级政权的结果。

2. 宪法在内容上反映了统治阶级的整体意志和利益。这主要体现在宪法规定了一系列有利于统治阶级的政治制度和原则。宪法所体现的统治阶级的意志和利益有着自身的特点，即通过民主与法治的程序和手段，建立稳定的社会秩序，以维护统治阶级的整体利益与需要。作为国家的根本法，宪法是在协调统治阶级内部各阶层的利益，同时兼顾全社会各个阶级、阶层利益的基础上，来体现和维护统治阶级的整体意志和利益的。

3. 宪法是各种政治力量对比关系的集中体现。从宪法的发展变化来看，它是随着各种政治力量实际对比关系的变化而变化的。这种变化有量变和质变之分。当各种政治力量的实际对比关系没有发生根本性变化，统治与被统治的关系不变时，即使宪法被部分修改或重新制定，但因为这不是由一个阶级推翻另一个阶级的统治所引起的，宪法的阶级本质就不会发生改变，这是量变；当政治力量对比关系发生根本性转折，使一个阶级的统治让位于另一个阶级时，旧宪法即被废止，代之而产生的新宪法反映了社会各种政治力量新的对比关系，此时，宪法的阶级本质发生改变，这是质变。

(二) 宪法的精神实质

宪法的精神实质，在于宪法是民主政治的制度化和法律化。近代意义的宪法的一个最为重要的特征，就在于它与近代的民主制度有着密切的联系。它不仅是随着近代民主制度的产生与发展而不断发展完善的，而且在内容上是以确认民主的政治制度为核心的。

1. 宪法用国家根本法的形式，确认了民主的事实。正如毛泽东所指出的："世界上历来的宪政，不论是美国、英国、法国或者苏联，都是在革命成功有了民主事实之后，颁布一个根本大法，去承认它，这就是宪法。"

2. 宪法以国家根本法的形式，建立了民主的国家制度。其中主要包括：直接或间接地确认社会各阶级在国家政治生活中的地位；确认国家机构的组织与活动原则、职权和程序；确认和保障公民的民主权利和自由。

3. 宪法以根本法的形式确立了民主制度的法律基础。宪法规定了民主制度的基本形式，为其他确认民主制度的立法提供了法律依据，以切实保障民主政治的实现。

四、宪法的分类

在理论研究中，为了对宪法进行深入的探究，以寻求其客观规律性，学者们往往会依据一定的标准，将不同的宪法加以区分和归类，并作出比较分析。由于确立的标准不同，分类的结果也就不同。从现存的分类而言，大体上有形式上的分类和实质上的分类两种。

（一）形式上的分类

1. 按宪法是否具有统一的法典形式，将宪法分为成文宪法和不成文宪法。成文宪法，是指具有统一的法典形式的宪法。1787年的《美国宪法》是世界上的第一部成文宪法。当今世界上，包括我国在内的绝大多数国家的宪法都是成文宪法。不成文宪法，是指国家没有颁布统一的宪法典，关于国家根本事项的规定散见于各个不同时期颁布的宪法性法律、宪法判例和宪法惯例之中。英国宪法是典型的不成文宪法。

2. 按效力和修改程序的不同，将宪法分为刚性宪法和柔性宪法。刚性宪法亦称为硬性宪法或固定宪法，其效力高于一般普通法律，宪法的修改必须经过比普通法律更为繁复和严格的程序，如美国宪法、我国宪法等。柔性宪法则又称为软性宪法或可动宪法，其效力和修改程序均与一般普通法律相同，英国的宪法是柔性宪法的代表。

3. 按制定宪法的主体不同，将宪法分为钦定宪法、民定宪法和协定宪法。由君主制定和颁布的宪法，称为钦定宪法，如1889年日本明治天皇颁布的《明治宪法》。由君主与国民或其代表共同制定的宪法，称为协定宪法，如1830年的《法国宪法》。由国民代表机关、制宪机构或者公民直接投票制定或通过的宪法，称为民定宪法。现今世界上绝大多数国家的宪法都属于这一类型。

（二）实质上的分类

随着无产阶级掌握国家政权，社会主义国家的宪法也随之产生。由于社会主义国家与资本主义国家有着本质的不同，因此社会主义国家的宪法和资本主义国家的宪法也存在着本质的区别。

马克思主义宪法学者以宪法赖以产生和发展的经济基础及其所反映的阶级本质为标准，将宪法分为资本主义类型的宪法和社会主义类型的宪法。凡建立在公有制的经济基础上，反映无产阶级的意志和利益，由社会主义国家制定的宪法就是社会主义宪法；凡建立在私有制的经济基础之上，反映资产阶级的意志和利益，由资本主义国家制定的宪法就是资本主义宪法。这种分类的特点在于鲜明地揭示了宪法的本质，反映了宪法的阶级属性。

列宁曾经说过："当法律同现实脱节的时候，宪法是虚假的；当它们是一致的时候，宪法便是不虚假的。"有的宪法学者根据列宁的这一论点，把宪法分为虚假宪法和非虚假宪法。不过，宪法条款同现实脱节与否，实际情况非常复杂，需要作具体分析，所以这种分类方法尚不被宪法学界普遍采用。

第二节　宪法原则

【导入事例 1-2】风可进，雨可进，国王不能进

德皇威廉一世在波茨坦修建了一座行宫。一日，他登高远眺时，发现许多景物被一座古老的磨坊挡住了。威廉一世要买下这座磨坊，谁知磨坊主不买账，多少钱都不肯出卖。威廉一世派人将磨坊拆掉。磨坊主一纸诉状将德皇威廉诉至普鲁士最高法院，诉讼理由是威廉一世滥用职权擅拆民房，侵犯了公民的私有财产。法院最终判决如下：被告人威廉一世擅用王权，侵犯原告的财产权利，触犯了帝国宪法，判决责令被告人在原址立即重建一座同样大小的磨坊，并赔偿各项损失费、诉讼费共 150 马克。

问：本案的判决体现了什么宪法原则？

【导入事例 1-3】尼克松"水门事件"

1972 年 6 月 17 日，美国警察在水门大厦抓获了五名潜入民主党总部安装窃听器和偷拍文件的嫌犯，经调查，确认几名嫌犯都与尼克松总统有关，"水门事件"发生后，引发了行政权与司法权、立法权的正面较量。主审法官西瑞卡通过一系列的努力终于在嫌犯那里取得了突破口，前白宫高级助理巴特菲尔德的白宫内部录音系统证词，将事件的发展推向高潮。特别检察官和国会水门委员会同时发出传票，要求总统交出录音带。在即将面临国会弹劾程序的压力之下，尼克松成为美国历史上第一个因丑闻而辞职的总统。

问：本案美国国会、法院对"水门事件"的调查体现了什么宪法原则？

宪法原则，亦称宪法的基本原则，它是指人们在制定和实施宪法的过程中必须遵循的最基本的准则，是贯穿立宪和行宪的基本精神。任何一部宪法的制定都会受到社会主流宪法思想的深刻影响，都会反映出一国当时的政治指导思想、社会经济条件和历史文化传统。宪法原则主要有人民主权原则、基本人权原则、法治原则和权力制约原则。这四条原则构成了宪法内在精神的统一体，成为现代民主政治体制的基本支柱。具体说来，人民主权是逻辑起点，基本人权是终极目的，法治是根本保障，权力制约是基本手段。

一、人民主权原则

人民主权原则，也称为主权在民原则，是指国家最高权力来源于人民，属于人民，权力的行使不得背离人民授权的目的。

自法国法学家让·博丹提出主权理论以来，不同的思想家对主权归属问题进行了不同的回答。博丹赞同建立在神权基础上的君主主权，认为主权是君主的当然权力。英国思想家霍布斯虽反对"君权神授"，但也坚持主权在君。英国另一思想家洛克在总结英国革命成果的基础上，主张议会主权。法国思想家卢梭是人民主权学说的集大成者，首次全面系统地论述了人民主权原理。

人民主权学说符合文艺复兴以来人类解放的历史要求，也符合社会自由发展的要求，所以推动了 18 世纪的欧美各国的反封建革命。在这些革命中，美国的《独立宣言》及《美国宪法》、法国 1789 年《人权宣言》等宪法性文件分别宣布了人民主权的原则，从此，人民主权原则就成为各国宪法最一般的原则。

1791 年《法国宪法》是通过"序言"宣告人民主权原则的代表，该宪法以 1789 年《人权宣言》为序言，《人权宣言》中明确宣告："整个国家主权的本源寄托于国民。任何团体、任何个人都不得行使主权所未明白授予的权力。"俄国在十月革命胜利后制定的《俄罗斯社会主义联邦苏维埃共和国宪法》和日本现行《日本宪法》都在序言中宣布了人民主权原则。

大多数国家则是在宪法正文中宣告人民主权原则，并大致采用了两种不同的表述体例。一是直接使用"主权属于人民或国民"的表述，其特点在于明确使用了"主权"的字眼。如 1958 年《法国宪法》第 3 条规定："国家主权属于人民。"再如 1947 年《意大利共和国宪法》（以下简称《意大利宪法》）第 1 条规定："意大利是以劳动为基础的民主共和国，主权属于人民，人民在宪法所规定的形式和范围内行使主权。"二是采用"国家的一切权力属于人民"的表述，其特点是并不使用"主权"的字眼，但"一切权力属于人民"实质上即主权在民，宣布一切权力属于人民也就是宣告了人民主权原则。社会主义国家多采用这种体例。如 1972 年《朝鲜民主主义人民共和国社会主义宪法》（以下简称《朝鲜宪法》）第 4 条规定："朝鲜民主主义人民共和国的权力属于工人、农民、军人、知识分子等劳动人民。"我国现行《宪法》第 2 条第 1 款规定："中华人民共和国的一切权力属于人民。"

值得注意的是，虽说世界各国宪法都承认并以不同的形式宣布了人民主权原则，而且还建立了各种制度来实践这一原则，但在不同的文化传统和政治制度下，人们对这一原则的理解还是存在着许多分歧，有些分歧甚至是根本性的。具体来讲，东西方对这一原则的理解存在如下三个方面的差异：

（一）对人民主权原则之理论基础的认识不同

在西方的人民主权理论体系中，天赋人权、社会契约和权力让渡等自然法理论构成了人民主权原则的思想和理论基础。

在社会主义国家，马克思主义学者虽然也主张人民主权理论和原则，但他们认为西方学者理论的论证是唯心的。他们弘扬"人民是历史的创造者"的历史唯物主义主旋律，认为主权产生于人民的共同意志，主权是人民专有的权力。在较长的历史过程中，主权脱离了人民之手，为少数个人、家庭或集团所控制，人民只有通过斗争方能夺回主权。主权是人民通过斗争得来的。我国现行《宪法》首先在序言中描述了我国人民在中国共产党的领导下夺取国家权力的历史过程，正是这种人民主权理论的体现。

（二）对人民之范围的界定不同

在西方，"人民"只是一个形式上的用语，并不具有特定的政治意义，与"国民"的意义相通，都是指全体社会成员。人民主权原则意味着主权属于全体国家成员。一些国家的宪法在宣告人民主权原则时，直接使用了"国家主权寄托于国民""主权属于国民"等表述，另一些国家的宪法则使用"国家主权属于人民"的表述，两者之间并无本质上的差距。

在社会主义国家，"人民"与"公民""国民"不同，它是一个政治性的概念，与"敌人"相对应。学者更多是从实质民主的角度来界定人民的概念，认为只有享受民主的主体才是人民，而被专政的对象则被排斥在人民之外。社会主义国家宪法强调只有公民中的人民享有国家的最高权力，而非所有的社会成员都是主权的所有者。

（三）对主权能否分割的认识不同

在西方，主权在民与三权分立并不矛盾。相反，他们通常主张以三权分立的政治构架来表现人民主权，以普遍、平等的公民权利制度这一设计来实现人民主权。总之，他们认为，立法、行政和司法三权的分立并辅之以建设良好的选举制度，能够共同体现人民主权。

马克思主义学者则认为，主权不可分割，必须在国家的权力体系中为主权设定一个位置。在社会主义国家，全国性的人民代表机关首先是作为"主权所在"的角色出现的，人民代表会议制度是实现人民主权的根本政治制度。基于这样的一种理论设计，我国的全国人民代表大会在国家机构体系中居于核心和最高地位，其他国家机关皆由它产生并对它负责。

二、基本人权原则

宪法的基本人权原则，是指保障基本人权是宪法的核心价值、发展动力和归宿。人权在本质上是指人之为人应该享有的权利，基本人权则是人权的核心部分，其内容随着社会发展不断地扩充和变化，已从最初的生存权、平等权、自由权和财产权等个体性权利，发展到社会经济权利、发展权、民族自决权等集体性权利。

霍布斯、洛克和卢梭等资产阶级启蒙思想家提出了对西方宪法发展影响深远的"天赋人权学说"，为资产阶级革命提供了强有力的思想理论武器，起到了历史的进步作用。在资产阶级革命胜利之后，它便首先在资产阶级的政治宣言和宪法中得到了体现。

最早将天赋人权理论予以规范化的，是美国《独立宣言》和法国1789年《人权宣言》。美国《独立宣言》明确宣布："我们认为下述真理是不言而喻的：人人生而平等，造物主赋予他们若干不可让与的权利，其中包括生存权、自由权和追求幸福的权利。为了保障这些权利，人类才在他们中间建立政府。"美国《独立宣言》

作为最早宣布人权内容的宪法性文件，被马克思称为世界上"第一个人权宣言"。法国1789年《人权宣言》规定，"在权利方面，人们生来是而且始终是自由平等的"，"任何政治结合的目的都在于保护人的自然的和不可动摇的权利。这些权利即自由、财产、安全及反抗压迫"。

1787年《美国宪法》和1791年《法国宪法》，是最早确认基本人权原则的资产阶级宪法。最初，美国的制宪者认为，有限政府和联邦共和的制度能够有效地保障人权，因而没有在宪法中规定人权的内容，但在民主主义者的讨伐声中，1791年美国国会通过了十条修正案，以"概括列举"的方式规定了公民的基本权利，被称为美国的"权利法案"。1791年《法国宪法》以1789年《人权宣言》作为宪法的序言，并在正文中辟专章规定公民的基本权利。美法两国开创的人权宪法保障模式，对后来各国的人权立宪活动产生了深刻影响。现代各国宪法，无不确认基本人权原则。

从世界各国宪法的规定看，它们对基本人权原则的体现主要有以下四种形式：

第一种形式是既确认基本人权原则，又以公民基本权利的形式规定基本人权的具体内容。当今多数国家的宪法采用这一人权立宪体例。如《日本宪法》除在序言中规定"我们确认，世界各国国民同等享有在和平中生存并免除恐怖与贫乏的权利"之外，还在第三章"国民的权利与义务"中规定了公民享有的基本权利。除此之外，孟加拉国、斯里兰卡以及白俄罗斯等国的宪法也采取了这样的人权立宪体例。

第二种形式是宪法中并不明确宣告基本人权原则，而是通过规定公民的基本权利来体现这一原则。如《美国宪法》虽没有直接宣告基本人权原则，但却通过权利法案和联邦最高法院司法裁判文书对公民基本权利进行规定和确认，体现了基本人权原则。《德意志联邦共和国基本法》（以下简称《德国宪法》）也是仅在第一章"基本权利"中具体规定了公民的基本权利，而没有对基本人权原则予以明确宣告。另外，还有比利时、丹麦、荷兰等国也采取这一体例。

第三种形式是法国式的，既以《人权宣言》作为序言，又在正文中明确规定公民的基本权利。1958年《法国宪法》宣布："法国人民庄严宣告，他们热爱1789年《人权宣言》所规定的，并由1946年《法国宪法》序言所确认和补充的人权和国家主权的原则。"除此之外，这部宪法还在具体条文中对公民的选举权作了补充规定。在世界各国的宪法中，采取这种体例的很少。

第四种形式是在宪法中专门列出一章或一节来确认基本人权原则。其中，有些国家的宪法以基本人权原则为章名或节名，并在该章中具体规定基本人权的内容。如《意大利宪法》在"基本原则"的大标题下确认基本人权原则的同时，规定了基本人权的具体内容。

我国现行《宪法》设"公民的基本权利和义务"专章，规定了公民在政治、经济、文化和社会生活方面的权利，并于2004年修宪时，在第33条中增加了一款规定"国家尊重和保障人权"，将基本人权原则正式载入宪法。

三、法治原则

法治，与人治相对称，也称"法的统治"，是指统治阶级按照民主原则把国家事务法律化、制度化，并严格依法进行管理的一种治国理论、制度体系和运行状态。当我们把法治作为一种手段来理解时，又称其为依法治国。在我国，法治意味着一切国家权力的行使都应受到法律的规范，任何国家机关、各政党、社会团体和个人都应当在法律规定的范围内活动，任何违反宪法和法律的行为都必须受到制裁，反对任何组织和个人享有法律之外的特权。

近代宪法的法治原则，是以形成于西方的法治思想或法治理论为基础的。历史上很早就有人提出过法治的思想和理论，如古希腊的亚里士多德、古罗马的西塞罗等。亚里士多德曾阐述道："凡是不凭感情因素的统治者总比感情用事的人们较为优良。法律恰正是全没有感情的。"还有，"法治包含两重含义：已成立的法律获得普遍的服从，而大家所服从的法律又应该本身是制定得良好的法律"。这些观点，对近代资产阶级法治理论的形成产生了重大影响。经过卢梭等资产阶级启蒙思想家的发展和传播，法治理论产生了进一步的飞跃，并深入人心。

最早将法治原则规范化和实证化的是资产阶级革命早期的政治宣言和宪法，其中最有代表性的是法国 1789 年《人权宣言》和 1787 年《美国宪法》，这些法律文件中规定了诸多体现法治原则的内容。如宪法是国家的最高法律，其他任何法律、法令不得与之相抵触；法律面前人人平等；未经正当法律程序，不得剥夺任何人的权利和自由；国家机关的职权由宪法和法律授予，不得行使法律未授予的权力；未经审判不得为罪，法律不得溯及既往；宪法未列举的权利由公民保留；等等。

【导入事例 1 - 2】分析：

法院判决国王威廉一世侵犯了磨坊主的财产权利，体现了法律面前人人平等的理念，彰显了法治原则。

随着资产阶级革命的胜利和美、法两国宪法在世界上的传播，法治原则逐渐为各国宪法所接受。各国宪法对法治原则的确认大致采用了以下几种体例：

第一种体例是在宪法序言中明确宣布本国为法治国家。如《葡萄牙共和国宪法》序言规定："制宪会议庄严宣布：葡萄牙人民决心保卫国家独立，捍卫公民基本权利，确立民主制度的根本原则，确保法治在民主国家中的最高地位。"

第二种体例是在宪法正文中宣布本国是法治国家。如《土耳其共和国宪法》第 2 条规定："土耳其共和国是一个民主的、非宗教的、社会的法治国家。"《摩纳哥公国宪法》第 2 条规定："公国是一个法治国家，尊重自由和基本权利。"

第三种体例是虽不直接使用"法治"一词，但从其文字或有关内容可以推导出宪法以法治为基本原则。如 1958 年《法国宪法》规定：共和国的口号是：自由、平等、博爱。共和国的原则是：民有、民治和民享的政府。《德国宪法》确认了自身的最高法律效力。美国和日本等国也采用这种立宪体例。

我国现行《宪法》第 5 条第 1 款规定："中华人民共和国实行依法治国，建设社会主义法治国家。"除了在宪法正文中明确宣告法治原则，现行宪法的不少规范也体现了法治的精神。法治原则在我国适用时，除了追求法律至上以外，还特别重视法律的良善性，即要合乎社会主义的本质。

四、权力制约原则

权力制约原则是指国家权力的各部分之间互相监督、互相制约以保障公民权利的原则。权力制约思想由来已久，在历史上可以追溯到古希腊的亚里士多德和波利比阿。近代分权学说主要由洛克提出，由法国的孟德斯鸠加以发展完善。孟德斯鸠将国家权力分为立法权、行政权和司法权，并将三种权力交由三个不同的机关行使，这种分权的目的，在于实现分立后的权力之间的相互制约。孟德斯鸠认为："一切有权力的人都容易滥用权力，这是亘古不易的一条经验。"西方学者的分权制衡理论，对资本主义国家的宪法产生了直接影响，并成为资本主义国家宪法的一项重要原则。法国1789年《人权宣言》中明确宣称："凡个人权利无切实保障和分权未确立的社会，就没有宪法。"

资本主义国家宪法以分权学说为指导，形成了三权分立的权力制约机制。分权原则，又称为分权制衡原则，是指把国家权力分为立法权、行政权和司法权几部分，分别由不同的国家机关独立行使，这些国家机关在行使权力的过程中，互相牵制达到权力间的平衡。

美国是运用分权制衡原则最典型的资本主义国家，其权力构架中的分权与制衡关系极为具体。《美国宪法》将国家权力一分为三，立法权由参众两院组成的国会行使，行政权由美利坚合众国总统执掌，司法权则属于联邦法院及其下级法院。宪法在明确规定三个国家机关分别独立行使宪法规定的权力的同时，还确立了立法权、行政权和司法权三者之间的制衡关系。如国会有权要求总统条陈政策以备审议，有权批准总统对外缔结的条约，有权通过弹劾审判案撤换总统；有权建议、批准总统对联邦最高法院法官的任命，有权弹劾、审判联邦最高法院法官并撤销其职务；参议院对弹劾案有审判权；总统对国会通过的法案有有限的否决权；副总统兼任参议院议长；总统有特赦权，有权提名并任命联邦最高法院法官；联邦最高法院首席法官担任总统弹劾案的审判庭主席；根据宪法惯例，联邦最高法院有权解释法律，宣布国会通过的法律违宪；等等。

【导入事例 1 - 3】分析：

国会对总统的弹劾、法院对总统的审判，体现了立法权、行政权和司法权之间的相互制约。

基于各国历史传统、民族状况等方面的差异，除了上述以美国为代表的三权分立与制衡的权力制约模式之外，还有些国家采用了以议会为重点的和以行政权为重点的权力制约模式，代表国家分别是英国和法国。权力制约原则在社会主义宪法中的具体形式是监督原则，监督原则在我国现行《宪法》中的具体表现，我们将在后面的相关章节加以介绍。

第三节　宪法渊源与宪法结构

【导入事例1-4】英王提名下议院多数党领袖为首相

英国首相是代表英国王室与民众执掌国家最高行政权力的官员。在英国，一般情况下，国会下议院多数党的首领可以自动成为首相人选，该人选经过英王任命成为正式首相。英国国会下议院议员通过普选产生，英国有659个选区，每个选区选出一名代表成为下议院中的议员，所以，英国下议院一共由659名议员组成。各项工作准备就绪后，工党、保守党和自由民主党三个主要政党以及其他各个政党，会在英国各个选区逐一争夺每一个议席。下议院哪个党派的议员多，就由哪个党派的领袖来组阁。选举结束后，英王将召见多数党的领袖，邀请他出任首相。

问："英王提名下议院多数党领袖为首相"是哪种宪法渊源？

一、宪法渊源

宪法渊源，是指宪法基于不同效力来源所形成的外部表现形式。通观世界各国宪法，宪法的渊源形式主要有成文宪法典、宪法性法律、宪法判例、宪法惯例、国际条约和国际习惯、宪法解释和权威性宪法著作等。

我国的宪法渊源主要包括：

（一）宪法典

宪法典是成文宪法国家宪法的最主要和最基本的渊源。它以成文法典的形式，集中、明确地表述和规定了宪法主要的内容，是国家宪法规范的主体部分。世界上绝大多数有成文宪法的国家，都将其宪法内容以宪法典的形式规定下来。成文宪法典是我国宪法的主要渊源。

（二）宪法性法律

宪法性法律，是指有宪法规范存在其中，但形式上又不具备最高法律效力以及严格制定和修改程序的法律文件，它是与宪法有着密切关系、效力仅次于宪法的规范性文件。全国人大和全国人大常委会依据宪法制定了一系列调整宪法关系的法律，如《国旗法》《全国人民代表大会和地方各级人民代表大会选举法》《全国人民代表大会组织法》《国务院组织法》《地方各级人民代表大会和地方各级人民政府组织法》《人民法院组织法》《民族区域自治法》《香港特别行政区基本法》等。这些宪法性法律是我国部门法意义上的宪法的重要组成部分。

（三）宪法惯例

宪法惯例，是指在长期的政治实践中形成的、宪法条文无明确规定，但在实际政治生活中存在和通行的规则与习惯。关于我国是否存在宪法惯例以及有哪些宪法惯例的问题，目前理论界存在着不同的看法。有人认为，宪法惯例只存在于英美法系国家，所以在我国不存在宪法惯例。我们认为，宪法惯例是一种通行的政治习惯和传统，因而在一般国家都存在。

【导入事例1-4】分析：

"英王提名下议院多数党领袖为首相"并没有成文的规定，但它是英国政治生活中存在的一种习惯，所以它是一种宪法惯例。而我国在长期的国家政治生活中也形成了一些政治习惯和传统。如全国政协和全国人大每年在同一时间开会，并且政协全体委员会全体委员列席全国人大的有关会议。

（四）宪法解释

简单地说，宪法解释就是对宪法条文含义进行的释义和说明。根据我国现行《宪法》第67条第1项的规定，解释宪法的权力由全国人大常委会行使。也就是说，只有全国人大常委会对宪法条文进行的解释，才能作为我国宪法的一种渊源形式。

（五）国际公约

在我国与其他国家所签订的或者参加的国际公约中，涉及调整宪法关系的内容是我国《宪法》的渊源。2012年5月14日，中国国务院新闻办公室发表题为《2012年中国人权事业的进展》白皮书，宣布我国已加入了27个人权类国际公约，其中包括我国分别于1997年和1998年加入的《经济、社会及文化权利国际公约》《公民权利和政治权利国际公约》两个著名的人权公约。我国参与签订和认可的国际性法律文件，是我国法律的渊源之一，因此，在我国参与的国际公约中，有关人权问题的规定，是我国《宪法》的一种渊源形式。

二、宪法结构

（一）宪法结构概述

宪法结构，是指在成文宪法的国家，其宪法典各组成部分的外部排列和内部组合。宪法典的结构可以从形式结构和内容结构两个方面来分析。

1. 宪法的形式结构。宪法的形式结构是指构筑一国成文宪法典各个要素的外部组合，即将宪法规范予以合理排列的顺序。

当今世界，各国宪法典没有固定的体例模式，一般分为章、节、条、款、项和目，也有在章之上再分编或者篇的，有的国家的宪法典对章、节、条、款、项的排列顺序进行进一步细化，如章下设分章，节下设分节，条、款、项下设小条、小款、小节或者是条之几、款之几和项之几。据统计，采用章、节、条体例的国家占多数。我国现行《宪法》从体例上可以分为章、节、条、款、项。

就宪法典的整体布局而言，各国也没有一个统一的标准。在名称、目录、序言、正文、附件以及制宪机关、制宪时间和公布令等构成部分中，除了宪法正文以外，各国宪法典对其他构成部分各有取舍。新中国颁布的四部宪法典，均包括有名称、目录、序言和正文以及制宪机关、制宪时间、公布机关和公布时间等。

从宪法的长短来说，各国宪法典也有相当差距。据统计，世界上最短的宪法典是《马尔加什共和国宪法》，只有700多字；而世界上最长的宪法典是前《南斯拉夫宪法》，共6万多字。

2. 宪法的内容结构。宪法的内容结构是指宪法典的整体内容，由于调整对象的性质和调整方式不同，因而划分为若干部分，并由此形成的有机组合和有序排列。

尽管世界各国宪法典编排的体例、格式不完全一致，各部分内容的顺序安排不完全一样，但构筑内容结构的要素基本一致。一般都包括国家的根本制度，公民的基本权利与义务，国家机关的组织、权限和活动原则等内容要素。

各国宪法的内容结构一般由六个部分组成，即序言、总纲、公民的基本权利和义务、国家机关的组织与活动、国家标志、宪法的保障与修改。大陆法系国家的宪法结构大多比较完整，但英美法系各国宪法则属于结构不完整的宪法，一般没有总纲和关于国旗、国徽等国家标志的规定。而社会主义国家宪法一般都有完备的宪法结构，篇幅也相对较长，有的还在通常的六大部分之外增加其他的内容。

我国现行《宪法》的内容结构，依次是序言，总纲，公民的基本权利和义务，国家机构和国旗、国歌、国徽、首都。有关宪法的保障与修改方面的内容没有单独设章，而是在其他部分加以规定。值得注意的是，与前三部宪法相比，现行《宪法》将"公民的基本权利和义务"一章置于"国家机构"一章之前，从而突出了公民基本权利和义务的重要地位。

（二）宪法序言

宪法序言是指独立于宪法正文以外的一部分叙述性文字。从表述上看，有明示序言和非明示序言两种。前者以"序言"为明示标题，如中国、韩国、联邦德国等；后者无"序言"的明确标题，如美国、日本、俄罗斯等。现代世界各国宪法，有序言的约占 2/3 以上。

1. 宪法序言的分类。根据宪法序言繁简程度和表现形式的不同，可将其作如下分类：

第一类为目的性序言。从内容上说，这类序言仅陈述制定宪法的目的，而且字数不多。如 1787 年《美国宪法》序言表述为："我们合众国人民，为建立更完善的联邦，树立正义，保障国内安宁，提供共同防务，促进公共福利，并使我们自己和后代得享自由的幸福，特为美利坚合众国制定本宪法。"

第二类为原则性序言。这类序言主要表述宪法的基本原则，字数一般在一两百字左右。如 1958 年《法国宪法》序言规定："法国人民庄严宣告，他们热爱……人权和国家主权的原则。"又如 1978 年《斯里兰卡宪法》在序言中明确宣布了代议制原则、人民自由平等原则、基本人权原则、司法独立原则等。原则性序言在世界上约占 60%。

第三类为纲领性序言。采用这类序言的多为第三世界国家的宪法，字数相对较多。如中国、越南、蒙古、阿尔巴尼亚等。我国现行《宪法》的序言在总结历史经验的基础上，提出了四项基本原则，并规定了国家的根本任务和对外政策等内容，基本上属于纲领性序言，并兼有史实的记载。

第四类为综合性序言。这类序言为数最少，但篇幅最长。其中最典型的是前

《南斯拉夫宪法》的序言，长达两万余字，内容包括基本原则、基本任务、基本政策、国际关系和宪法的最高效力等。

2. 宪法序言的法律效力。各国宪法学界对宪法序言的法律效力问题存在不同观点。有学者认为，宪法是一个整体，序言作为它的重要组成部分，当然具有最高的法律效力；也有学者认为，序言所宣布的原则过于抽象，不能作为具体的行为准则，不具有法律效力；还有的学者认为，陈述性序言，尤其是其中关于历史事实记载的部分没有法律效力，而原则性序言、纲领性序言，以及综合性序言中关于基本原则、基本国策、基本任务和宣布宪法本身效力的部分，属于宪法规范的内容，应该具有法律效力。

我们认为，宪法序言是宪法的重要组成部分，而且从其规定的内容、地位和作用来看，大部分宪法序言与总则或总纲的内容有重合或交叉之处，因此应该具有最高的法律效力。例如，《美国宪法》序言是典型的目的性序言，但它所陈述的制宪目的，同时也是美国人民为之奋斗的目标，因而具有纲领性色彩，应该具有法律效力。中国现行《宪法》虽未明确规定宪法序言具有法律效力，但从宪法有关规定的基本精神来看，是把宪法序言作为宪法的有机组成部分，而确认其具有最高的法律效力的。

（三）宪法正文

宪法正文是宪法的主体部分，是宪法的重心所在。其内容一般包括：社会制度和国家制度的基本原则；公民的宪法权利和义务；国家机关及其相互关系；国家标志；宪法的保障实施和修改程序；等等。在具体内容、顺序和表述等诸方面，不同国家的宪法呈现不同的面貌。我国现行《宪法》正文分为四章，分别是：第一章总纲，第二章公民的基本权利和义务，第三章国家机构，第四章国旗、国歌、国徽、首都。

宪法的总纲部分主要规定宪法制度的基本原则和基本国策，这是一国统治阶级管理国家和社会的基本方针，是国家和社会得以稳定、有序运转的关键，在整个宪法结构中，宪法总纲起着指导性、原则性与统一性的作用。我国现行《宪法》总纲规定的主要内容包括：国家制度，即人民民主专政制度和人民代表大会制度；社会主义法治、国家机关责任制等基本原则；国家结构形式，即特殊单一制的国家形式，包括行政区划制度、民族区域自治制度、特别行政区制度；国家的基本经济制度和经济政策；社会主义精神文明制度；等等。

公民的基本权利和义务是宪法的核心内容，实际上体现宪法的制定目的和基本价值，是世界各国宪法所不可缺少的。随着社会的发展和法治的成熟，宪法规定的公民基本权利和义务方面的内容也日益丰富多样。我国现行《宪法》改变了前几部的结构，将公民基本权利和义务一章提到国家机构之前。这一调整充分表明对公民权利的保护居于宪法的核心地位，这不仅符合人民主权原则，也与我国国家政权的本质特征相一致。具体内容方面，现行《宪法》根据基本人权原则和法治原则，结合我国社会发展实际，规定了公民在政治、经济、社会和文化生活等方面享有的广泛的权利和自由，并规定了相应的保障措施。

国家机构是宪法调整的重要内容之一，现代各国宪法以不同的形式规定各类国家机关在宪政体制中的不同地位，以规范权力运作的具体程序。一般先规定国家机构运作的基本原则，然后依其性质具体规定统治机构的产生、职权与活动程序等。我国现行《宪法》具体规定了全国人民代表大会及其常务委员会、国家主席、国务院、中央军事委员会、地方国家机构、民族自治地方的自治机关、监察机关、审判机关和检察机关等的产生、职权与活动程序，确立了以宪法为基础的完整的国家机构体系。

国家标志部分同样是宪法的重要内容，不过所占篇幅不长，而且往往被安排在宪法的末尾或者接近末尾的部分，如我国现行《宪法》。当然也有例外，如1958年的《法国宪法》便将其规定在第一章。国旗、国歌和国徽均是国家的标志，代表国家主权，象征国家尊严。

（四）宪法附则

宪法正文的附则，有的称为"补则"或"最后规定"，通常规定宪法自身的最高法律效力、生效时间和生效条件、宪法的修改和补充等内容。几乎每一部宪法都有附则性条款，但从形式上看，标有"附则"之名的宪法不多而且表述也不一样。

第四节 宪法规范

【导入事例1-5】废除劳动教养制度

任某某，2009年7月毕业于重庆文理学院，大学毕业后顺利考上"村官"。2011年8月，任某某在两年试用期满，正在公示等待转正的时候，因为在微博和QQ空间里复制、转发和点评"一百多条负面信息"，被重庆市公安局以"涉嫌煽动颠覆国家政权罪"立案并刑拘。2011年9月17日重庆市公安局提请逮捕任某某。2011年9月23日，重庆市人民检察院第一分院审查后认为，任某某犯罪情节轻微，不构成犯罪，同时不批准逮捕。同日，重庆市劳教委下达了劳教决定书，决定将任某某送往涪陵劳教戒毒所，劳教期为两年。2012年11月19日，重庆市劳教委撤销对任某某的劳教决定，任某某重获自由。2013年12月28日，全国人大常委会通过了关于废止有关劳动教养法律规定的决定。该决定规定，劳教废止前依法作出的劳教决定有效；劳教废止后，对正在被依法执行劳动教养的人员，解除劳动教养，剩余期限不再执行。

问：由国务院制定并实施了50多年的劳动教养制度的废止说明了宪法规范的什么特点？

一、宪法规范的概念

宪法规范，又称宪法规则，是指由国家制定或确认的用以调整国家生活中基本社会关系的根本行为准则。

宪法规范并不调整所有的社会关系，而只调整国家和社会生活中最基本的社会关系。此类社会关系是非常广泛和复杂的，它包括国家与公民之间的关系，国家与国内各阶级、各民族、团体和其他组织之间的关系，国家机关的内部关系，国家机关之间的关系等，且这个社会关系的一方一般总是国家或国家机关。

从逻辑结构上看，宪法规范与一般法律规范一样，由假定（即宪法规范适用的条件）、处理（宪法规范规定的行为模式）和制裁（违反规则的法律后果）三个要素组成。在逻辑结构上，宪法规范必须具有三要素，但这三要素却不一定总是会在宪法条文中得到完整的体现，尤其是制裁要素，往往在宪法条文中无具体规定，而需要由其他的普通法律来补充。

二、宪法规范的特点

与其他的法律规范相比，宪法规范具有如下几个方面的特点：

（一）根本性和广泛性

宪法规范的根本性，是指宪法主要确认国家的根本制度和根本任务、社会和国家制度的基本原则、公民的基本权利和义务、国家机关的组织和活动的基本原则及体系等国家生活中的根本性问题，而不是事无巨细、面面俱到。同时宪法规范还呈现出广泛性的特点，宪法规范的内容包容性强，调整的社会关系范围广泛。它所调整的社会关系，涉及政治、经济、文化、教育、科学、卫生、国防、外交等领域，几乎包括了国家生活的一切方面。

（二）原则性和概括性

宪法规范的原则性，是指由于宪法规范内容的根本性和范围的广泛性，宪法规范只能是非常原则性的规定，即仅规定有关问题的基本原则。因此宪法规范需要采取高度概括的形式，它并不是社会现实的直接反映，而是在对社会生活进行高度抽象以后，作出的概括性的规定，以便遵循。

（三）适应性和相对稳定性

宪法规范的根本性和原则性决定了它比一般的法律规范具有更大的适应性，使得宪法规范能够在较大的限度内承受因客观形势的变化而带来的影响。只要客观形势的变化没有引起国家根本制度的质的变化，宪法所作的根本性与原则性的规定就仍然可以适用。从而保持了宪法规范的相对稳定性。宪法的长期稳定，对于社会成员树立宪法信仰，形成宪法意志力，维护宪法的尊严具有重要意义。例如，《美国宪法》颁布已有二百多年，没有做过根本性改动，只是为适应客观形势的变化增加了一些修正案。

（四）最高权威性

宪法规范的最高权威性，是指宪法规范的地位和效力高于其他法律规范。宪法规范是社会生活中的最高价值准则，它构成一切政治社会的基础。宪法是一切规范之母，与一般法律的关系是母法与子法的关系。国家的一切法律和制度都根源于宪法，都由宪法所派生。宪法规范具有最高的法律效力，即一切与宪法规范相抵触的法律、行政法规、地方性法规，都是无效的。

【导入事例 1 - 5】分析：

该案说明了宪法规范的最高权威性。根据宪法性规范《立法法》第 9 条的规定，对公民限制人身自由的强制措施和处罚只能由全国人大及其常委会制定法律规定。而 1957 年实施的限制人身自由的劳动教养制度，却是由国务院制定和颁布的，其因与宪法性规范《立法法》的上述规定相抵触，最终被全国人大常委会所废止。宪法规范的最高权威性还意味着，宪法是调整社会生活的最高依据，是判断各种行为是否合法、合理的标准。

（五）妥协性

宪法规范的妥协性，又可称为灵活性，是指部分反映政治力量对比关系的宪法规范是现实中各种政治力量相互妥协的结果。从某种意义上来说，宪法的制定是为解决政治纠纷提供一套规则，以避免各种政治势力之间的冲突不可调和，那么，宪法在制定的过程中，当不同政治势力的利益发生冲突时，往往就只有通过相互间的妥协与让步才能达到解决。因此，许多宪法规范的内容体现出妥协性的特点。

三、宪法规范的种类

宪法规范的存在形式是多样化的，我们可以从不同的角度对宪法规范进行分类。有关宪法规范的分类标准与分类方法，学者们提出了不同的观点，如认为从表达方式上看，可分为宣言性规范与确认性规范；从作用的时间看，可分为纲领性规范与现实性规范；从宪法规范约束力的强弱程度看，可分为提倡性规范、任意性规范和强行性规范；从规范的功能划分看，可分为调整性规范与保护性规范。也有学者根据宪法规范对宪法主体行为的引导作用不同，将宪法规范分为授权性规范、禁止性规范、义务性规范和确认性规范；根据宪法规范的确定性程度，将宪法分为确定性宪法规范和非确定性宪法规范。上述分类方法在深入分析宪法规范的结构方面进行了有益的探索。基于不同的分类标准，我们将宪法规范分为如下类型：

（一）确认性规范

确认性规范，是指对已经存在的事实进行认定的宪法规范。其主要意义在于，根据一定的原则和程序，确立具体的宪法制度和权力关系。以肯定性规范的存在为其主要特征。

我国现行《宪法》第 1 条第 1 款规定："中华人民共和国是工人阶级领导的、以工农联盟为基础的人民民主专政的社会主义国家。"第 2 条第 1 款规定："中华人民共和国的一切权力属于人民。"这类规范从宏观角度确立了国家制度的基本原则和国家权力运行的基本原则。

（二）禁止性规范

禁止性规范，是指对宪法主体或其行为进行某种限制的宪法规范，也称为强行性规范。这类规范对于宪法的实现起着十分重要的作用，集中表现了宪法的法的属性。

在我国《宪法》中，禁止性规范主要以"禁止""不得"等形式加以表现，这类规范虽数量不多，但产生的影响较大。如我国现行《宪法》第12条第2款规定："国家保护社会主义的公共财产。禁止任何组织或者个人用任何手段侵占或者破坏国家的和集体的财产。"第65条第4款规定："全国人民代表大会常务委员会的组成人员不得担任国家行政机关、监察机关、审判机关和检察机关的职务。"

（三）授权性规范与义务性规范

授权性宪法规范，是指授予宪法主体作出或不作出，或者要求他人作出或不作出某种行为的权利能力或可能性的宪法规范；义务性宪法规范，是指规定宪法主体必须履行一定义务的宪法规范。这类规范主要是在调整公民基本权利与义务的过程中形成的，同时为行使权利和履行义务提供了依据。从我国《宪法》的规定看，权利性与义务性规范具体有以下三种形式：

1. 单一的权利性规范。如我国现行《宪法》第35条规定："中华人民共和国公民有言论、出版、集会、结社、游行、示威的自由。"宪法第二章规定的公民基本权利中，权利性规范占有很大比例。

2. 单一的义务性规范。如我国现行《宪法》第52条规定："中华人民共和国公民有维护国家统一和全国各民族团结的义务。"这类义务在宪法中的规定比较清楚。

3. 权利性与义务性相结合的复合性规范。如我国现行《宪法》第42条第1款规定："中华人民共和国公民有劳动的权利和义务。"第46条第1款规定："中华人民共和国公民有受教育的权利和义务。"在这类规范中，权利与义务互为一体，表现出其特殊的调整方式。

（四）程序性规范

程序性宪法规范，是指规定宪法制度运行过程的程序的宪法规范，主要涉及国家机关活动程序方面的内容。程序性规范主要有两种表现形式：

1. 直接的程序性规范，即对有关行为的程序作出具体规定的宪法规范。如全国人大召开临时会议的程序规定、全国人大延长任期的规定、宪法修改程序的规定、全国人大代表质询权的规定等。

2. 间接的程序性规范，即宪法典本身对程序性规范不作具体规定，而通过法律保留的形式予以规定。比如，对法律的具体制定程序、国家机关领导人的具体选举程序等，宪法只作原则性规定，具体程序则由其他法律规定。

第五节　宪法解释与宪法监督

【导入事例1-6】美国马伯里诉麦迪逊案

马伯里诉麦迪逊案发生于1801年年初美国新旧总统权力交接之际。起因是当时的美国总统亚当斯在其任期的最后一天午夜，突击任命了42位治安法官，但其中17人的任命状未来得及送出；继任的总统杰弗逊让国务卿麦迪逊停发这17份委任状。

其中一位因此而没能当上法官的人（即马伯里），向联邦最高法院提起了对麦迪逊的诉讼。审理该案的法官马歇尔，运用高超的法律技巧和智慧，判决该案中所援引的1789年《司法法》第13款因违宪而无效，从而解决了此案，并从此确立了美国最高法院有权解释宪法、裁定政府行为和国会立法行为是否违宪的制度，对美国的政治制度产生了重大而深远的影响。

问：本案确立了美国的何种合宪性审查体制？

【导入事例1-7】一辆电动自行车牵动全国人大常委会

2015年10月，浙江省杭州市居民潘某某骑行的一辆电动自行车被杭州交警依据《杭州市道路交通安全管理条例》扣留。潘某某认为，该条例在道路交通安全法的有关规定之外，增设了扣留非机动车并托运回原籍的行政强制手段，违反了法律规定。因此，潘某某于2016年4月向全国人大常委会提出审查建议，建议对《杭州市道路交通安全管理条例》进行审查，请求撤销该条例中违反行政强制法设立的行政强制措施。

收到审查建议后，全国人大常委会法工委向杭州市人大常委会发函，请其就有关问题作出说明。杭州市人大常委会责成有关部门对审查建议进行研究后，书面反馈了意见。全国人大常委会法工委对反馈意见进行了研究，认为条例关于扣留非机动车并强制托运回原籍的规定与行政强制法的规定不一致，要求制定机关进行研究，对条例规定进行修改。之后，全国人大常委会法工委按照有关规定向提出审查建议的公民潘某某进行了书面反馈。

"认真研究处理公民、组织审查建议，是全国人大常委会法工委开展法规、司法解释备案审查工作中的一项重要职责。"全国人大常委会法工委有关负责人指出，"对在备案审查中发现的法规、司法解释同宪法或法律相抵触的问题进行纠正，是维护法制统一的重要手段"。

问：全国人大常委会、地方人大常委会和公民在本次事件中的行为有什么积极意义？

一、宪法解释

（一）宪法解释的含义

宪法解释，是指享有宪法解释权的国家机关依法定程序，对宪法规范的内涵、外延以及词语用意等，依照宪法的精神和原则，加以诠释或说明。

宪法解释与宪法文本是相伴而来的，有了宪法也就开始了解释宪法的历史。宪法解释之所以必要，主要由以下几个方面的因素决定：

1. 宪法都是普遍性、原则性规范，抽象性甚强，要使宪法得到正确的遵守和实施，便有必要对宪法含义进行准确说明。

2. 宪法解释是维护法治统一和法律公正的需要。宪法是民主的基石，法治的核心，是最高和最根本的行为准则，如果对宪法的理解不一，甚至相互矛盾，极易造成法治的不统一，从而影响法律的公正性和权威性。

3. 宪法解释是使宪法适应社会关系的发展变化，从而保证宪法生机和活力的重要手段。宪法是一种相对稳定的行为规范，而社会关系又在不断地发展变化，因此宪法制定后，既要适应社会关系发展变化的需要，又不能失去应有的稳定性，而最及时有效的解决办法，就是通过宪法解释赋予宪法规范以新的活力，使宪法适应新的社会关系的需要，而宪法自身也在解释中得到发展。

4. 宪法解释也是改正宪法缺陷的需要。立宪是一项十分艰巨复杂的工作，往往难以做到完美无缺。因此，宪法制定后出现应规定而未规定、规定模糊不清、甚至相互矛盾的情况时，为了使宪法保持相对稳定，宪法解释就成为弥补缺漏、协调矛盾的重要方法和手段。

（二）宪法解释体制的种类

由于世界各国宪政发展的历史传统不同，关于宪法解释主体资格的理念不同，因而在实践中形成了不同的宪法解释体制，大体有以下几种：

1. 国家元首解释制。国家元首解释制始于君主制，最早在宪法中确立这一制度的是日本《明治宪法》。该法规定，宪法的解释权由天皇行使。近现代宪法解释制度因受民主思想影响，因而不再将宪法解释权授予君主，但由于国家元首在一国宪政体制中所处的特殊地位，所以许多国家的宪法都规定，国家元首在行使宪法赋予的职权时，可以对相关的宪法含义进行解释。

2. 立法机关解释制。立法机关解释制，即由一国立法机关解释宪法的体制。代表国家是英国。

立法机关解释制的主要特点有：①宪法解释权的行使分为两种，或是立法机关主动行使，或是依其他机关的申请而行使；②宪法解释依照立法程序进行；③宪法解释的形式有两种，一种是寓解释于立法之中，另一种是单独作出解释；④实行后法优于前法的原则。

由国家立法机关行使解释权，有利于保证宪法解释的权威性。但也有可能发生立法机关的意思代替立宪者原意的情况，如同汉密尔顿所说的："代表的地位反高于所代表的主体，仆役反高于主人，人民的代表反高于人民本身。"

需要指出的是，在许多国家中，立法机关就是制宪机构，因此，为保障宪法自身含义解释的权威性，赋予立法机关以宪法解释权应属当然。另有一些国家，由兼具立法职能的最高国家权力机关或最高国家权力机关的常设机关行使宪法解释职能。如根据我国现行《宪法》第67条第1项的规定，全国人民代表大会常务委员会行使解释宪法的职权。

3. 普通法院解释制。普通法院解释制，是指以普通法院作为解释宪法的机关，最后决定权属于国家最高法院的宪法解释体制。美国是首先采用这一体制的国家。

普通法院解释制的主要特点有：①依司法程序进行，即实行不告不理的原则；②寓解释于审判之中，即主要对那些审判过程中涉及的法律是否违宪进行宪法解释；③只解释司法性质的问题而不解释政治问题；④实行遵循先例的原则。

由普通法院行使解释权，有利于抵制以立法代替宪法。但是这种宪法解释过于被动，而且有可能出现法官独裁。

4. 特设机关解释制。特设机关解释制，又称为专门机关解释制，它指的是国家设立专门的宪法法院或宪法委员会，负责处理宪法争议，并就其中相关宪法条文的含义进行释义的制度。采用这一体制的有法国、韩国等。

特设机关解释制的主要特点有：①专门性，特设机关以专门处理宪法问题为职责；②权威性，特设机关的工作人员往往是地位较高的法官或政治家，在国家政治结构中具有崇高地位；③解释方法的多样性，有的采取寓解释于审查之中的形式，也有的采取对某一宪法问题进行专门解释的形式，等等。

特设机关解释制是世界现代宪政史上新出现的宪法解释体制。最早提出设立宪法法院的，是奥地利规范法学派的代表人物、被称为"奥地利宪政之父"的汉斯·凯尔森。1920 年 10 月，第一部《奥地利共和国宪法》规定设立宪法法院，负责监督宪法实施、审判违宪案件、撤销违宪法律。此后这种体制迅速流行。在主张这一体制的人们看来，宪法是国家的最高法，监督宪法实施、进行宪法解释，是国家最重要的权力，因而行使这一权力的机关，应居于普通国家机关之上，使其以超然地位，解决宪法问题，以保障宪法的尊严。

5. 公民团体解释制。在一些实行公民复决制度的国家（如瑞士、日本），公民团体有最终解释宪法的权力。

公民复决的法理依据在于，民主宪政的首要意义是人民主权，而法律是主权者的意志表现，因而人民自然拥有批准立法机关所制定的法律的权力；同时，在政党政治较为发达的国家里，公民复决权制度有利于防止政党对立法机关的操纵；在立法与行政发生冲突的情况下，公民复决权制度有利于缓解它们在立法方面的冲突。

此外，在各国宪政实践中，还有一些不成文的宪法解释制度，有些具有约束力，有些虽然不具有约束力，但也有很大的影响。如主要党派的解释、权威学者的解释等。

（三）宪法解释的原则和方法

1. 宪法解释的原则。宪法解释必须遵循一定的原则，不能随心所欲。概括起来，各国普遍采用的宪法解释原则主要有以下几项：

（1）恪守宪法精神原则。这是宪法解释的首要原则。宪法精神是宪法的灵魂，是维系国家宪政制度的基础。任何一个国家的宪法，都有其内在的基本精神。宪法精神并不是完全的抽象物，它一般都是通过宪法基本原则这一载体表现出来的，而且这些原则不因时代的变迁而受到影响。因此，宪法解释活动必须始终恪守并维护宪法的根本精神和基本原则，而不能与之相悖。否则，宪法的权威、法制的统一就无法维持。

（2）适应社会需要原则。宪法解释制度存在的逻辑基础在于解决宪法规范与社会现实之间的矛盾。因此，宪法解释必须适应社会发展的需要。否则，宪法解释将丧失其存在的正当性。当然，适应社会需要也是有限制的，这一限制就是恪守宪法精神原则。换言之，在遵循宪法精神的前提下，可以按照社会发展的实际需要，对宪法规范作出较为灵活的解释，以满足社会变迁对宪法规范的要求。

（3）遵循法定程序原则。一切国家公共权力的行使都必须合乎法定程序，这是现代法治的基本要求。宪法解释程序的设定，不仅能够规范、制约宪法解释权的行使，而且也是确保宪法解释权合理运作的有效措施。因此，任何不按法定程序所作出的宪法解释都是无效的。

（4）系统整体解释原则。任何一部宪法都是一个有机整体，其内容、条文、结构之间互相联系、密不可分。因此，宪法解释机关在对某项宪法规范进行解释时，不能孤立地进行，而要将这项规范置于宪法系统之下，综合考虑宪法的精神、原则以及这项规范与其他规范的联系，以整体的观点来阐明这项宪法规范的内涵。

2. 宪法解释的方法。宪法解释的方法是指具体解释宪法的技术手段。各国在开展宪法解释工作的过程中，运用的方法很多，主要包括以下四种：

（1）统一解释。统一解释是指对人们理解不一的宪法条文作出明确而统一的说明。这种解释可以消除人们的误解，便于国家机关、社会团体和全体公民的统一遵循。

（2）条理解释。由于宪法规范具有原则性、概括性和纲领性的特点，为准确理解宪法条文，便需要根据文字含义、法理、先例、类推和上下文之间的关系等对其予以说明。其中，以字面为说明依据的可称之为文字解释，以法学原理为说明依据的可称之为法理解释等。

（3）补充解释。补充解释是指宪法在制定过程中存在遗漏，因而在实施中通过解释予以适当补充。这种解释方法可以弥补宪法条文内容上的遗漏，从而使宪法在实际运用过程中，发挥其灵活完整的作用。

（4）扩大解释。扩大解释是指由于社会情况的发展变化，使宪法的内容不能满足社会现实的需要，因而通过宪法解释扩大其含义。这种解释方法既能避免繁琐的修宪程序，又能重新赋予宪法以生机和活力。但此种解释弹性太大，对它的运用必须慎重。

二、宪法监督与合宪性审查

（一）含义

宪法监督是指为保证宪法实施所采取的各种办法、手段、措施和制度。其中，既包括有权机关进行的具有法律意义的合宪性审查，也包括来自其他机关、各政党、各社会团体、企事业组织以及公民的批评、建议等不具有法律意义的监督措施。

合宪性审查，是指基于宪法授权或惯例认可而享有合宪性审查权的国家机关，通过法定程序，以特定方式审查和裁决某项立法或某种行为是否合宪的制度。它是宪法监督的重要手段，其目的在于保证宪法实施，维护宪法秩序。17世纪，英国枢密院对其殖民地的立法进行监督审查，这被认为是合宪性审查的先例。时至今日，合宪性审查已经成为世界上大多数国家的重要法律制度。

（二）合宪性审查体制的种类

在世界范围内两三百年的宪政实践中，逐渐形成了一些比较固定的体制。以合宪性审查权的归属为标准，这些体制主要可以分为以下几种：

1. 司法机关审查制。司法机关审查制是指由普通法院在审理具体的案件过程中，对涉讼的议会立法和行政机关的行政行为是否违反宪法进行审查的合宪性审查体制。

这一体制由美国开创，就其思想基础而言，美国的司法审查制直接受到了汉密尔顿等联邦党人发展的权力制衡思想的影响，认为立法、司法、行政三权中，唯有法院，既无军队、又无财权，既无法支配社会的力量和财富，又不能采取任何主动的行动，所拥有的只有判断权力。为改善法院的这种软弱地位，必须扩大司法机关的权力，使"法院必须有宣布违反宪法明文规定的立法为无效之权"。

【导入事例1－6】分析：

美国联邦最高法院首席大法官约翰·马歇尔在"马伯里诉麦迪逊"一案中，认为美国《司法法》第13条与《美国宪法》第3条第1款相抵触而无效，从而以判例的方式确立了司法机关合宪性审查制。马歇尔对该案的判定，使最高法院成为《美国宪法》的维护者，确立了联邦最高法院的司法审查权。

这种审查体制的优点在于能使一国的合宪性审查具有经常性、有效性和可操作性，从而有利于平衡国家权力、协调各种利益关系、稳定国家政权结构、维护宪法的最高权威和一国法治的统一等。但是司法机关审查制也有其自身的不足，主要表现在：①司法审查主要是个案审查和附带性审查，较为单一、消极。②对于被认为违宪的法律，法院将否认其效力而拒绝适用，但是它不能撤销违宪的法律及法律性文件。③对有关法律违宪性裁决的效力具有有限性和不确定性。因为司法权属于被动性权力，且受立法、行政权力制约，法院对违宪案件的裁决，如果当事人不服，还可以上诉或申诉。因此，司法审查很难具有终局性。

2. 立法机关审查制。立法机关审查制是指由立法机关审查、裁决违宪案件的合宪性审查体制。该体制源于具有不成文宪法传统的英国。英国宪法中的重要原则之一是议会主权，即议会享有至高无上的法律地位，法院无权质疑议会制定的法律。其后有不少国家也效仿英国这种由立法机关行使合宪性审查权的审查体制。

由立法机关承担合宪性审查职责的体制，在19世纪，曾被其他一些资产阶级国家所效仿，如法国、比利时和意大利等国。20世纪以后，英国的合宪性审查体制也被社会主义政治体制的模式所借鉴。如1918年《俄罗斯社会主义联邦苏维埃共和国宪法》（以下简称《苏俄宪法》）第31条规定："全俄苏维埃中央执行委员会为俄罗斯社会主义联邦共和国最高立法、号令及监督机关。"其后，在其他一些社会主义国家，如越南、朝鲜、古巴和东欧前社会主义国家，也都借鉴了《苏俄宪法》的规定，确立合宪性审查权由国家权力机关行使。

立法机关审查制的优点在于，立法审查具有权威性和权力行使的统一性，监督的直接性和快捷性。但该体制也有实效性、经常性和公正性不够理想的缺陷。因为立法机关本身担负着沉重的立法任务，加上合宪性审查的专业性强、工作量大，立法机关往往缺乏精力和时间对所有的法律、法规进行合宪性审查，更不可能受理具体的违宪诉讼。同时，立法机关对自己的立法审查是一种自我监督，很难确保审查的公正性。

3. 专门机关审查制。专门机关审查制是指由宪法法院之类的专门机关对有关立法和行为的合宪性进行审查的合宪性审查体制。

由于各国历史、文化背景不同，其宪法规定的专门机关的名称也不同。概括起来，这些机关可分为两大类，即特设司法机关和专门政治机关。

有些国家设立一个独立的宪法法院等特设司法机关，承担合宪性审查的职责，比如德国的宪法法院审查制就颇具代表性。一般来说，宪法法院在合宪性审查方面具有广泛的权限，它不仅有权审查当事人提起诉讼的有关法律是否合宪，而且有权审查没有当事人提起诉讼的有关法律是否合宪。同时，有的国家的宪法法院还有权审理对总统或联邦法官的弹劾案及政党违宪案等。相对于由普通司法机关负责合宪性审查的体制相比，特设司法机关审查制不仅具有地位超脱、权限广泛、程序灵活和审查方式多样的特点和优点，而且特设司法机关的审查具有终局性效力。然而，特设司法机关审查制也会引发一些弊病，其突出表现是案件堆积如山，人手、精力不够，难于应付等。

有的国家则设立宪法委员会等专门政治机关来承担合宪性审查的职责，法国实行的就是典型的宪法委员会审查制。这一体制的特点在于专门政治机关的职权主要是政治性职权。例如，法国宪法委员会的首要任务是"监督共和国总统选举。宪法委员会审查申诉，并且公布投票的结果"。同时《法国宪法》还规定，"在发生争议的情形下，宪法委员会就国民议会议员和参议员选举的合法性作出裁决"。由于保障总统及议员选举的合法性是一项政治性极强的职能，因而这种体制一般被称为专门政治机关审查制。

（三）我国的宪法监督与合宪性审查

宪法与国家前途、人民命运息息相关。维护宪法权威，就是维护党和人民共同意志的权威。捍卫宪法尊严，就是捍卫党和人民共同意志的尊严。保证宪法实施，就是保证人民根本利益的实现。只要我们切实尊重和有效实施宪法，人民当家作主就有保证，党和国家事业就能顺利发展。反之，如果宪法受到漠视、削弱甚至破坏，人民权利和自由就无法保证，党和国家事业就会遭受挫折。因此，我们要健全权力运行的制约和监督体系，有权必有责，用权受监督，失职要问责，违法要追究，坚决贯彻执行党的十九大提出的"加强宪法实施和监督，推进合宪性审查，维护宪法权威"精神，保证人民赋予的权力始终用来为人民谋利益。

1. 宪法监督与合宪性审查的宪法依据。现行《宪法》序言最后一段规定，"本宪法以法律的形式确认了中国各族人民奋斗的成果，规定了国家的根本制度和根本任务，是国家的根本法，具有最高的法律效力。全国各族人民、一切国家机关和武装力量、各政党和各社会团体、各企业事业组织，都必须以宪法为根本的活动准则，并且负有维护宪法尊严、保证宪法实施的职责"。现行《宪法》第5条第3、4款规定，"一切法律、行政法规和地方性法规都不得同宪法相抵触……一切违反宪法和法律的行为，必须予以追究"。这些规定为我国建立并完善宪法监督与合宪性审查制度提供了依据，为最高国家权力机关行使宪法监督与合宪性审查权力提供了总的原则。

2. 我国实行立法机关审查制。现行《宪法》沿袭1954年《宪法》和1978年《宪法》的规定，实行最高国家权力机关宪法监督制，并在原有规定的基础上，总结我国的实践经验，借鉴其他国家的有益做法，进一步发展了我国的宪法监督制度，规定由全国人大及其常委会共同行使宪法监督的权力，改变了过去单纯由全国人大监督宪法实施的状况，弥补了因全国人大为非常设机关，无法进行日常的合宪性审查活动的缺陷，在一定程度上解决了合宪性审查的经常性和连续性问题，增加了合宪性审查的可操作性。

现行《宪法》第70条规定，全国人民代表大会设立宪法和法律委员会等专门委员会。在全国人民代表大会闭会期间，各专门委员会受全国人民代表大会常务委员会的领导。各专门委员会在全国人民代表大会和全国人民代表大会常务委员会领导下，研究、审议和拟订有关议案。《全国人民代表大会组织法》第37条第8项规定，各专门委员会审议全国人民代表大会常务委员会交付的被认为同宪法、法律相抵触的国务院的行政法规、决定和命令，国务院各部门的命令、指示和规章，国家监察委员会的监察法规，省、自治区、直辖市和设区的市、自治州的人民代表大会及其常务委员会的地方性法规和决定、决议，省、自治区、直辖市和设区的市、自治州的人民政府的决定、命令和规章，民族自治地方的自治条例和单行条例，经济特区法规，以及最高人民法院、最高人民检察院具体应用法律问题的解释，提出意见。各专门委员会的审议活动属于预防性审查，既可在规范性文件颁布之前进行，也可以在实施以后进行。各专门委员会属于常设机关，由它们协助全国人大及其常委会行使宪法监督与合宪性审查权力，承担大量事务性的准备工作，能够保证全国人大及其常委会更充分地进行宪法监督与合宪性审查。2018年《宪法修正案》将全国人大法律委员会更名为全国人大宪法和法律委员会，在全国人大专门委员会这个层面上首次出现"宪法"一词，这既加大了全国人大及其常委会在宪法监督与合宪性审查方面的工作力度，也完善了全国人大专门委员会的设置。

此外，宪法还赋予了地方各级人大及其常委会保证宪法在本行政区域内遵守和执行的职责。

3. 审查的内容。合宪性审查的内容应当为一切不符合宪法的立法和行为，目前主要包括：①全国人大有权改变或者撤销全国人大常委会不适当的决定。②全国人大常委会有权撤销国务院制定的同宪法、法律相抵触的行政法规、决定和命令；有权撤销省、自治区、直辖市国家权力机关制定的同宪法、法律和行政法规相抵触的地方性法规和决议。③地方人大及其常委会也有相应的职权。

4. 审查的方式。我国采取事前审查和事后审查相结合的审查方式。事前审查，是在法律生效之前对其合宪性进行审查；事后审查，是在法律已经生效之后对其合宪性进行审查。比如，自治区制定的自治条例和单行条例需报全国人大常委会批准以后才能生效，这属于事前审查；而全国人大常委会有权撤销国务院制定的同宪法、法律相抵触的行政法规、决定和命令，则属于事后审查。

全国人大及其常委会行使宪法监督权，主要通过以下工作渠道来发现规范性文件是否与宪法相抵触和实现其法律后果：①审议议案，包括法律案和有关重大问题的决议案；②听取并审议其他国家机关工作报告；③代表质询和视察；④应国务院、中央军事委员会、最高人民法院、最高人民检察院和各省、自治区、直辖市的人民代表大会常务委员会的请求而进行的审查；⑤应其他国家机关和社会团体、企事业组织以及公民提出的建议而进行的审查；⑥批准法律文件或者审查备案的法律文件，对违反宪法的法律文件依法予以撤销；⑦组织调查委员会。根据现行《宪法》，全国人大及其常委会认为必要时，可以组织关于特定问题的调查委员会，因此，全国人大及其常委会当然也可以成立对违反宪法的问题进行调查和处理的调查委员会。

【导入事例1-7】分析：

潘某某，杭州市的一位公民，没有因为电动自行车被查扣就选择放弃，而是积极行使法律赋予公民的提请审查建议的权利，通过致信全国人大常委会，争取到了修改地方条例的机会，积极维护自身和潜在被处罚人的合法权益。同时，作为法律监督机关的全国人大常委会，积极履行法定职责，维护公民权利。综观本事件的全过程，全国人大常委会、地方人大常委会、公民在法律框架下形成良性互动，规范行使着权利和权力。我们有理由相信，法律法规将更加完善，公民权益将更有保障。

2021年3月8日，第十三届全国人民代表大会第四次会议在人民大会堂举行第二次全体会议，听取全国人大常委会委员长栗战书关于全国人民代表大会常务委员会工作的报告。报告特别提到，回应涉及宪法有关问题的关切，确保法律法规和政策举措符合宪法规定、宪法精神。报告统计显示，全国人大常委会2020年共收到报送备案的行政法规、地方性法规、自治条例和单行条例、经济特区法规、司法解释、特别行政区法律1310件，已逐件进行主动审查。围绕疫情防控、野生动物保护、民法典实施、食品药品安全、优化营商环境等五个方面开展专项审查和集中清理，发现需要修改或废止的规范性文件3372件，已督促有关方面及时予以纠正。做好依申请审查和移送审查工作，共收到公民、组织提出的审查建议5146件，对属于全国人大常委会审查范围的3378件逐一进行研究，提出处理意见，其他建议分别移送有关机关处理。收到有关部门移送审查的地方性法规58件，督促制定机关修改或废止了27件。推动地方人大普遍建立听取备案审查工作报告制度。加强备案审查制度和能力建设，正式开通国家法律法规数据库，为立法活动、备案审查提供基础支撑。

当然，我国现行合宪性审查制度尚存在着一些不足之处，如缺乏专门的审查机关；审查存在着空白或盲区；审查方式较为单一；制裁措施的制裁性或惩罚性不够强；等等。伴随着社会主义市场经济体制的逐步完善，法治环境的不断改善，保障宪法秩序和保障公民基本权利的双重任务比以往任何时候都更加突出和重要。与之相适应，我国宪法所确立的最高国家权力机关监督体制也将进一步发展并日趋完善。

实务训练

孙某刚案

2003 年 3 月 17 日，就职于广州一服装公司的大学生孙某刚，在外出时因未办暂住证被治安人员带到广州黄村街派出所予以收容，后又先后被送往广州收容遣送中转站和广州收容人员救助站，3 月 20 日，孙某刚死亡。经调查，孙某刚因遭受反复打击，造成大面积软组织损伤致创伤性休克死亡。2003 年 5 月 14 日，三位法学博士提出了"关于审查《城市流浪乞讨人员收容遣送办法》（以下简称《办法》）的建议书"，并传真至全国人大常委会法制工作委员会。他们认为，国务院 1982 年 5 月 12 日颁布的《办法》，作为行政法规，其中有关限制人身自由的内容，与我国《宪法》以及有关法律相抵触，建议全国人大常委会对其进行审查。2003 年 6 月 20 日，国务院颁布了《城市生活无着的流浪乞讨人员救助管理办法》，8 月 1 日起施行，1982 年国务院发布的《城市流浪乞讨人员收容遣送办法》同时废止。

问题：国务院废止《城市流浪乞讨人员收容遣送办法》的行为是否属于合宪性审查？结合本案，分析讨论我国的合宪性审查制度。

延伸阅读

习近平在纪念现行宪法公布施行 30 周年大会上的讲话

2012 年 12 月 4 日，首都各界下午在北京人民大会堂集会，隆重纪念现行宪法公布施行三十周年。中共中央总书记、中央军委主席习近平在大会上发表重要讲话。

……宪法与国家前途、人民命运息息相关。维护宪法权威，就是维护党和人民共同意志的权威。捍卫宪法尊严，就是捍卫党和人民共同意志的尊严。保证宪法实施，就是保证人民根本利益的实现。只要我们切实尊重和有效实施宪法，人民当家作主就有保证，党和国家事业就能顺利发展。反之，如果宪法受到漠视、削弱甚至破坏，人民权利和自由就无法保证，党和国家事业就会遭受挫折。这些从长期实践中得出的宝贵启示，必须倍加珍惜。我们要更加自觉地恪守宪法原则、弘扬宪法精神、履行宪法使命。

……全面贯彻实施宪法，是建设社会主义法治国家的首要任务和基础性工作。

……宪法的生命在于实施，宪法的权威也在于实施。我们要坚持不懈抓好宪法实施工作，把全面贯彻实施宪法提高到一个新水平。

……（节选）

备案审查工作不断深化，多项地方性法规和民族自治地方民族教育条例规定被废止，并被列入 2021 年度中国十大宪法事例。

2021 年 12 月 21 日，提请全国人大常委会会议审议的《2021 年备案审查工作情况报告》显示，一年来，全国人大常委会法工委收到公民、组织提出的审查建议 6339 件，相较于去年的 5146 件大幅提升，数量再创历史新高。其中，"国务院有关部门首提'合宪性'审查""地方性法规不宜规定强制性亲子鉴定内容""某地停车欠费罚则与行政处罚法确立的过罚相当原则不符"等事例引起社会的广泛关注。法工委相关负责人表示，法工委会认真研究每一件审查建议，充分保障公民通过审查建议维护自身权益的权利。研究办理审查建议的全过程是在充分发扬民主、公开透明的基础上进行的，是全过程人民民主的生动体现。（摘自新华社）

思考题

1. 什么是近现代意义的宪法？它具有哪些方面的特征？
2. 怎样理解宪法的实质？
3. 宪法有哪些分类方法？分类标准分别是什么？
4. 宪法有哪些基本原则？
5. 请回答宪法规范的概念和特点。
6. 什么是合宪性审查？世界上有哪几类合宪性审查体制？

第二章

宪法的历史发展

学习目标与工作任务

　　通过本章的学习，学生将了解近代宪法的产生条件，掌握英国、美国和法国宪法的产生和发展，旧中国历史上的制宪活动，新中国宪法的发展历程，明确我国现行《宪法》的制定及五次修正案的主要内容。

第一节　近代宪法的产生与发展

【导入事例 2 – 1】 废除黑奴制

　　美国联邦最高法院 1857 年就斯科特诉桑福德案作出判决。黑人奴隶德雷德·斯科特随主人到过自由州伊利诺伊和自由准州威斯康星。主人死后，斯科特提起诉讼要求获得自由，案件在密苏里州最高法院和联邦法院被驳回后，斯科特上诉到美国最高法院。最终 9 位大法官以 7：2 的票数维持原判。该判决否认黑人有公民资格，更成为南北战争的关键起因之一。南北战争后，《美国宪法》进行过几次修订。1865 年，《美国宪法》第 13 条修正案规定："在合众国境内受合众国管辖的任何地方，奴隶制和强制劳役都不得存在，但作为对于依法判罪的人的犯罪的惩罚除外。"1866 年第 14 条修正案规定："所有在合众国出生或归化合众国并受其管辖的人，都是合众国的和他们居住州的公民。任何一州，不得拒绝给予任何人以平等法律保护。"1869 年第 15 条修正案规定"合众国公民的选举权，不得因种族、肤色或以前是奴隶而被合众国或任何一州加以拒绝或限制。"

　　问：本案反映出宪法产生以来的何种发展趋势？

一、近代宪法产生的条件

　　马克思主义法学的基本原理认为，法律随着私有制、阶级和国家的产生而产生。然而，奴隶制国家和封建制国家的自然经济结构以及在此基础上建立起来的君主专制制度，决定了在奴隶社会和封建社会不可能产生宪法。作为国家根本法的近代宪法，是社会发展到资本主义阶段才出现的，是资产阶级革命的产物，它的产生有着经济、政治和思想方面的前提条件。

（一）经济条件

近代以来，封建社会的经济和政治制度严重阻碍着资本主义商品经济的自由发展，新的生产力与旧的生产关系产生了激烈的矛盾和冲突，引发了资产阶级革命。事实上，最早进行革命的英、美、法三国，革命的起因中最主要的都是经济因素。它们后来所公布的宪法及宪法性文件中，都对以个人利益为本的资本主义生产关系作了无微不至的保护，确认了私有财产权的不可侵犯性，规定了保护贸易自由、契约自由、竞争自由和人身自由的原则和制度。由此可见，资本主义商品经济的普遍发展，是近代宪法产生的经济条件。

（二）政治条件

随着商品经济的发展，城市进一步地壮大和繁荣，资产阶级逐渐在经济生活中确立了重要地位，随之形成了一股强大的政治力量。在同封建贵族的斗争中，与君主政治相对应，以普选制、议会制为核心的民主政治日渐发达和成熟。随着资产阶级革命的爆发和最终取得胜利，掌握国家政权之后的资产阶级需要将有利于自己的政治体制、政治权利和自由，以具有最高法律效力的形式固定下来，近代宪法便应运而生。所以说，资产阶级革命胜利和掌握国家政权，为近代宪法的产生提供了政治条件。

（三）思想条件

为了铲除封建制度的束缚，破除"君权神授"等思想观念的影响，资产阶级启蒙思想家提出了以自然法理论为基础的"社会契约论"，并进而提出了民主、自由、平等、人权和法治等学说，阐述了通过制定宪法来规范国家权力的行使，以保障公民的权利和自由等立宪主义思想，从而为近代宪法的形成提供了理论指导。因此，资产阶级启蒙思想家提出的民主、自由、平等、人权和法治等理论，是近代宪法产生的思想条件。

二、资本主义宪法的产生和发展

近代西方国家宪法产生的基本规律是相同的，但产生道路和模式则各有特色，具有代表性的是英国宪法、美国宪法和法国宪法。

（一）英国宪法

英国是世界上最早发生资产阶级革命的国家，也是世界上最早制定宪法、实施宪政的国家。但是，由于英国历史与传统的特殊性，加上在资产阶级革命发生时资本主义市场经济还不是很发达，资产阶级的势力也并不十分强大，因此，在革命的过程中，资产阶级同封建贵族这两种势力相互斗争、相互妥协，成为英国资产阶级革命的一个重要特点，同时也是英国宪法发展的重要特点。这个特点主要表现在两个方面：

1. 妥协性。英国宪法主要是通过一些限制王权的宪法性法律，逐步扩大资产阶级的政治权力，确立资产阶级的民主政治体制。其中可以清晰地看到从封建制度过渡到资产阶级民主制度的连续性与继承性的历史痕迹。反映在国家政权上，就是它依旧保留了君主，建立的是君主立宪制的政治体制。

2. 不成文性。近代意义上的英国宪法虽然已有三百多年的历史，但从来没有制定过一部统一的、完整的宪法典。所谓英国宪法，实际上是由分散的、在不同年代陆续颁布的宪法性法律和各个时期逐步形成的宪法惯例、宪法判例所构成的，是典型的"不成文宪法"。

在英国，1215 年就出现了具有宪法性文件性质的《自由大宪章》，其中规定了对王权的限制，对"大会议"权力的肯定以及对自由、人权的保障等内容，被视为英国宪法起源的标志。一般认为，1689 年的《权利法案》标志着英国君主立宪制政体的正式确立，是英国宪政发展史上一部里程碑式的宪法性文件。除此之外，还有1628 年的《权利请愿书》、1679 年的《人身保护法》、1701 年的《王位继承法》以及 1911 年颁布的《国会法》、1918 年的《国民参政法》等，这些宪法性法律构成了英国宪法的成文部分。

除了宪法性法律之外，在英国国家的政治实践中，还逐步形成了许多具有连续性和稳定性的宪法惯例和宪法判例。这些宪法惯例和宪法判例在长期的政治生活中得到确认并延续下来，成为英国宪法的重要组成部分。

（二）美国宪法

《美国宪法》是美国独立战争的产物，也是世界宪法发展史上第一部成文宪法。1775 年，英属北美殖民地爆发了反抗英国殖民统治的独立战争。1776 年 7 月 4 日北美殖民地宣布独立并发表了著名的《独立宣言》，提出人人生而平等，每个人都有天赋的不可转让的权利。《独立宣言》是世界宪政史上一个重要的历史文献，马克思曾将其称为"世界上第一个人权宣言"，它对美国宪法的产生与宪政体制的确立产生了直接的影响。1787 年，北美 12 州的代表（罗得岛州未派代表参加）在费城召开了制宪会议，制定并通过了《美利坚合众国宪法》草案，1789 年该草案正式生效。

《美国宪法》由序言和 7 条宪法正文组成，第 1 条~第 3 条规定了立法权、行政权和司法权的行使，规定了行使三权的国会、政府和法院的产生及组织制度等；第4 条规定了联邦与各州之间以及州与州之间的权限与关系；第 5 条规定了修宪的程序；第 6 条强调了宪法的地位与效力；第 7 条规定了宪法的批准与生效。

美国宪法开创了总统制共和制的政体模式，赋予总统较大的权限，规定总统为国家元首和政府首脑，并统帅国家武装力量。经过长期演变，时至今日，美国总统拥有的权力更是大大超过了宪法范围，被称为"世界上最有权力的职务"。总统由选民选举产生，任期四年，连任不得超过两届。由参、众两院组成的国会与总统及法院，分别行使立法权、行政权和司法权，三方互相制衡。此外，宪法还确立了联邦和州的分权体制以及文职官员控制军权的原则。《美国宪法》最初并未规定人民的权利和自由，并在奴隶制度、种族歧视、总统连任限制等方面存在着制度缺陷，后来通过修正案的方式对上述问题进行了弥补，陆续颁行了 27 条修正案。《美国宪法》施行至今已有两百多年，被认为是具有较强的稳定性和适应性的宪法。

（三）法国宪法

法国是欧洲大陆最早制定成文宪法的国家。1789 年，法国爆发了资产阶级革命，成立了制宪会议，制定通过了《人和公民的权利宣言》（简称《人权宣言》）。《人权宣言》是法国资产阶级在反封建的革命斗争中颁布的著名纲领性文件，它充分反映了资产阶级的基本要求，宣布了资产阶级的自由、平等原则，提出了"主权在民""权力分立"的主张，确立了"法律面前人人平等""罪刑法定""无罪推定"等资产阶级法治原则，对法国乃至整个世界民主宪政的发展都产生了深远影响。

《人权宣言》制定后，经过两年时间，法国国民议会于 1791 年制定了法国的第一部宪法。这部宪法以《人权宣言》为序言，确立了君主立宪制政体。在此后八十年的时间里，政治上的动荡反映在制宪上，不仅表现为这一时期先后制定了许多部宪法：1793 年宪法、1795 年宪法（共和第三年宪法）、1799 年宪法（共和第八年宪法）、1801 年宪法（共和第十年宪法）、1803 年宪法（共和第十二年元老院整体决议案）、1814 年宪章、1830 年的七月王朝宪法、1848 年宪法和 1852 年宪法，而且这些宪法所确认的政体及内容也变换不定。直到 1875 年法兰西第三共和国宪法，才正式将多党议会制的资产阶级民主共和政体确立下来。1946 年，通过了法兰西第四共和国宪法。1958 年，在戴高乐的主持下，又制定了法兰西第五共和国宪法。该 1958 年《法国宪法》共计 92 条，由序言和十五章构成，其重大特征是扩大了总统权力和行政权力，缩小了议会权力，形成"半总统制"的政治体制。该宪法经过多次修改沿用至今。

法国宪法的特点主要表现在三个方面：其一，添置宪法数量较多。法国资产阶级革命道路的曲折性和复杂性，使法国从 1791 年第一部宪法开始，至今已颁布了十几部宪法。其二，法国宪法内容变化较大。以宪法所确定的国家制度为例，有的宪法规定实行资产阶级民主共和制，有的规定实行封建帝制，有的规定实行君主立宪制。其三，保持成文宪法的传统。自 1791 年《法国宪法》以来，法国各个时期所制定的宪法绝大多数都是体系清晰、结构严谨的宪法典。

三、社会主义宪法的产生和发展

1917 年俄国十月社会主义革命胜利，建立了第一个无产阶级专政的社会主义国家，即俄罗斯社会主义联邦苏维埃共和国。

在十月革命胜利后的最初时期，苏维埃政权颁布了《和平法令》《土地法令》和列宁亲自起草的《被剥削劳动人民权利宣言》等宪法性法律，捍卫了十月革命的胜利成果。这些宪法性法律为后来制定《苏俄宪法》确立了基本原则。1918 年 7 月，第五次全俄苏维埃代表大会通过了《苏俄宪法》，这是世界上第一部社会主义类型的宪法。

1922 年 12 月，苏联成立。为了把联盟关系用根本法的形式固定下来，1924 年 1 月召开了全联盟苏维埃第二次代表大会，通过了第一部苏联宪法，即 1924 年苏联宪法。

1936 年 12 月，全苏非常第八次苏维埃代表大会通过了苏联新宪法，即 1936 年《苏俄宪法》。此部宪法对社会主义国家的宪法产生很大影响。

1977 年 10 月 7 日，苏联第九届最高苏维埃非常第七次会议通过了新宪法，这也是苏联最后一部宪法，其间经过几次修改，一直沿用到 1991 年 12 月 25 日苏联解体为止。

除了苏联之外，第二次世界大战以后，欧洲、亚洲和拉丁美洲出现了一系列的社会主义国家，它们在各自取得民主革命或社会改革胜利的基础上，先后制定了适合自己国情的社会主义类型的宪法。

1989 年起，东欧与苏联等社会主义国家发生了剧烈的政治动荡，这些国家的宪法也发生了根本性的变化。在当今世界上，中国的宪法是社会主义类型宪法的代表。

四、宪法的发展趋势

国家的公共权力与公民的个人权利是宪法所要解决的两个基本问题，随着各国国内政治形势和国际关系的发展变化以及社会的发展、人类对人权认识的不断深化，宪法在其内容与形式上也不断发生变化，其发展趋势主要表现在：

（一）公民权利逐渐扩大

首先，公民权利内容的扩大。二战后，一系列新的社会问题在各国出现，公民也提出了一些新的权利要求，如环境权、健康权、空气权、日照权等，这些权利经宪法法律的确认，成为公民的基本权利。其次，公民自由权利限制的改变。二战前，西方各国在公民言论、集会、结社等自由上都设置了诸多限制和附加条件，其中比较突出的就是对言论出版自由实行"预防制"，但二战后，西方国家普遍取消了这种事前限制的预防制，代之以追惩制。最后，公民平等权范围的扩大。各个国家宪法在强调和扩大公民各项政治平等权利的同时，还增加了公民在经济、民族、种族、性别等社会生活各方面的平等权利。

【导入事例 2 - 1】分析：

美国黑人从奴隶到选民的转变，在法律上实现了和白人同等的权利，体现了公民权利逐渐扩大的近代宪法的发展趋势。

（二）人权问题的普遍化、国际化

二战后，人权问题成为各国宪法的中心问题之一，人权保障的范围也逐步扩大。至 20 世纪中叶，随着第三世界国家的蓬勃兴起，民族自决权和发展权也成为人权概念不可分割的部分而反映在许多第三世界国家的宪法中。同时人权问题扩展到了世界范围，成为一个国际化的问题。二战后由各国共同签署的《联合国宪章》《世界人权宣言》《经济、社会与文化权利国际公约》《公民权利和政治权利公约》等一系列国际人权公约，不仅成为公认的国际人权道德准则，而且这些人权标准被许多国家的宪法所认可，并成为宪法的基本内容。

（三）行政权力的强化

现代社会是在思想、利益以至传统等各方面都呈现多元化发展的社会，随之而来的就是国家管理任务的增多和行政权范围的扩大及权限的加强。这主要表现在两个方面：一是委托立法的发展。一些国家的宪法授予政府享有制定行政法规的职权。如《德国宪法》规定："联邦政府，联邦部长或各州政府根据法律的授权，发布有法律效力的命令"；我国现行《宪法》第 89 条也规定，国务院可以"根据宪法和法律，规定行政措施，制定行政法规，发布决定和命令"。二是一些国家的宪法授权国家元首或政府，在遇到非常紧急需要时，享有发布或停止执行部分宪法条款的命令权。如 1958 年《法国宪法》即有此种规定，阿尔及利亚民主人民共和国的宪法中也有类似的条文。

（四）宪法保障制度的日趋完备

随着行政权或国家管理权范围的扩大，立宪国家纷纷意识到保障宪法的实施与制定宪法具有同等重要的地位，宪法保障制度在各国普遍建立。为了规范国家行为、维护宪法秩序，各国均采取一系列措施，先后建立了不同形式的宪法保障制度，规定由立法机关、司法机关或设立宪法法院、宪法委员会等专门的监督机构来行使违宪审查权，保障宪法的贯彻实施。

（五）宪法与国际法的结合

进入 20 世纪以后，许多国家的宪法中出现了同国际法接轨的内容。这些国家在宪法中宣布遵守国际公约，承认某些国际法是国内法的一部分，并具有高于普通法的效力。如 1946 年《法国宪法》在序言中宣布："法兰西共和国忠于其传统，尊重国际法规则。"《德国宪法》第 25 条规定："国际公法的一般规则构成联邦法律的一部分，这些规则的效力高于各项法律，并对联邦领土内的居民直接产生权利和义务。"

第二节 旧中国宪法的产生与发展

【导入事例 2-2】曹锟贿选及制宪

1923 年 6 月，一直觊觎总统位置的直系军阀首领曹锟，指使其党羽采用各种手段进行"逼宫"，很多反对曹锟的国会议员纷纷南下，留在北京的议员已为数不多。由于这些议员大多热心制宪，曹锟便以制宪为耳目、以重利将一部分议员诱回北京。1923 年 10 月 5 日总统选举，曹锟如愿当选总统。后经调查发现，曹锟派系在贿选期间至少签发五百多张支票，每张金额 5000 元至万元不等，其中亲自领取的议员达190 多人。参与贿选的返京议员以完成制宪大业为幌子，匆匆几天，宪法会议便正式公布了宪法全文，即 1923 年《中华民国宪法》。曹锟贿选发生后，国民党发表讨伐宣言，联合皖奉等军阀讨伐曹锟。1924 年，冯玉祥倒戈导致曹锟下台，1923 年宪法制定不过 1 年便成废纸。

问：怎样客观评价 1923 年《中华民国宪法》？

一、清末"预备立宪"

17 世纪 ~ 19 世纪，西方国家大多通过资产阶级革命走上富强之路，政治上实行了民主宪政制度。清朝末年，中国封建制度日趋腐朽与没落，政治、经济、科技等方面远远落后于新兴的资本主义国家，在 1840 年的鸦片战争中清政府受到英国的沉重打击，此后清王朝又频频遭遇西方列强的挑战，危机日渐深重。同时资本主义生产关系在封建制度内部开始出现并逐渐发展，19 世纪 60 年代，我国出现了近代资本主义工业，外国列强对中国的资本输出进一步强化了资本主义的发展趋势。与经济发展的要求相适应，西方国家的社会政治学说包括立宪政治理论开始传入中国。中国的一些先进的政治思想家为求国家的强盛，希望按西方的模式改造中国的封建制度，实现民主宪政。然而，使清政府真正认识到制定宪法的重要性的还是甲午中日战争和日俄战争。1895 年，清廷在中日甲午战争中的惨败，使康有为、梁启超为首的资产阶级改良派更深刻地认识到对封建君主专制制度进行改良的必要性，于是发起了争取资产阶级民主的变法运动，提出了"伸民权，争民主，开议院，定宪法"的政治纲领。不幸的是，清政府实施的一百多天的"新政"最终由于触犯顽固派的利益而归于失败。1904 年日俄战争爆发，小国日本打败了强大的俄罗斯，被认为是立宪国打败了专制国的证明，震动了中国朝野上下，推动了中国立宪进程。为立宪形势所迫，1905 年，清政府派出五大臣出国考察日、美、英、德等国的宪政体制，考察大臣认为"非立宪无以救国"，并以立宪还可以使"皇位永固""外患渐轻""内乱可弭"消除了朝廷一些保守派的顾虑。经过数次御前会议，慈禧太后终于下定决心，于 1906 年下谕，清末预备立宪自此正式开始。

1908 年 8 月，清政府颁布了《钦定宪法大纲》，宣布开始进行为期 9 年的预备立宪。大纲共 23 条，其中正文 14 条，为"君上大权"，赋予君主行政、立法和司法大权于一身；其他 9 条，以附录形式规定了臣民的权利义务。《钦定宪法大纲》是我国历史上第一部宪法性文件，它并非正式的宪法典，仅仅为宪法纲要，它以根本法的形式使君权合宪化，带有浓郁的封建色彩。

1911 年 10 月 10 日，武昌起义爆发，各省纷纷响应，宣布独立。清廷迫于各方面的压力，匆匆起草了《宪法重大信条十九条》（以下简称《十九信条》），于 1911 年 11 月 3 日公布。这份文件采用责任内阁制，形式上限制皇权，扩大国会权力；在内容上，规定了象征性国家元首制和皇权以宪法为限，皇位继承顺序也由宪法规定。由于《十九信条》是非常时期的产物，所以它的制定从根本上来说是种应变措施，而不是真正意义上的制定宪法，它终究未能挽救清王朝的灭亡。在《十九信条》颁布后不久，清帝溥仪宣布退位，清末的预备立宪与清王朝一起宣告终结。

二、"中华民国"时期的制宪活动

（一）中国资产阶级民主共和国的宪法性文件

1911 年的辛亥革命推翻了中国的最后一个封建王朝。1912 年元旦，"中华民国"宣告成立，但"中华民国"临时大总统的职位很快为袁世凯所把持。为制约袁世凯的政治野心，维护辛亥革命的胜利成果，以孙中山为首的资产阶级革命派通过临时参议院制定了《中华民国临时约法》（以下简称《临时约法》）。全文共七章 56 条，内容有二：一是确立了资产阶级民主共和国的国家制度，宣布"中华民国"的主权属于全体国民，"中华民国"为统一的多民族国家，按照三权分立的原则配置了各类各级国家机关，特别是规定大总统不单独行使最高行政权（与国务总理和各部总长一起），并受参议院的牵制；二是赋予了国民广泛的人身自由和政治权利，并规定了国民的义务。如规定国民享有人身、居住、言论、出版、集会、结社、通信、迁徙、信仰、保有财产和营业等自由；有请愿、诉讼、考试、选举及被选举的权利；有纳税、服兵役等义务。

《临时约法》是中国资产阶级革命的产物，是中国历史上第一部也是仅有的一部资产阶级民主共和国性质的宪法性文件。它以根本法的形式确认了辛亥革命的成果，宣告在中国延续了两千多年的君主专制制度的终结，带有民主性和革命性，标志着中国进入了一个新的历史时期。但是，由于民族资产阶级的软弱性和局限性，它未能提出彻底的反帝、反封建的革命纲领。这就注定了在中国建立资产阶级民主共和国的道路是行不通的，所以它并没有得到实现。随着袁世凯的上台，《临时约法》很快就变成一张废纸。

（二）北洋军阀政府时期的宪法性文件

袁世凯担任"中华民国"大总统后，中国进入北洋军阀统治时期。袁死后，北洋军阀分裂为皖系、直系、奉系三派，开始军阀混战。历任北洋军阀政府的统治者虽然均以武力为后盾，并不愿意以宪法约束和限制自己的权力，但为使自身的统治披上合法、合宪的外衣，也制定、颁布了一系列的宪法性文件，这主要有：

1. 1913 年《中华民国宪法草案》（"天坛宪草"）。1913 年 10 月 31 日，该草案由国会宪法起草委员会三读通过，在北京天坛祈年殿颁布，它的起草过程反映了袁世凯与国会的斗争，最后采用的是国民党为主的国会方案，即责任内阁制政体，而为袁所不满。这部草案因袁世凯于 1914 年 1 月 14 日解散国会而未付诸实施。

2. 1914 年《中华民国约法》（"袁记约法"）。这是为袁世凯个人独裁提供合宪外衣而炮制的，于 1914 年 5 月 1 日由总统公布。其突出特点就是实行总统独裁制，它取消了责任内阁制以及国会对总统的牵制，把外交、宣战、任免、财政等大权交由总统行使，使总统有权召集或解散立法院，否决立法院的法律案，还有权"发布与法律有同等效力之敕令"，总之，将总统权力扩大到了极致。

3. 1923 年《中华民国宪法》（"贿选宪法"）。袁世凯死后，直系军阀曹锟以恢复法统为名，通过武力包围国会和贿赂收买议员的方式，迫使议员"选举"他为"中华民国"大总统，并匆匆赶制出《中华民国宪法》，史称"贿选宪法"。它是中国历史上第一部正式宪法，内容共有十三章、141 条，实行形式上的议会内阁制而实质上的总统专制制，中央与地方军阀分权，规定了人民的权利自由但又给予法律上的限制。

【导入事例2-2】分析：

"贿选宪法"是清末两部宪法性文件的拼凑物，其内容较为完整和规范，标志着我国立宪技术在当时达到一个较高的水平，但是由于其"贿选"的恶名，在近代宪政史上留下了不光彩的一页。

4.1925年《中华民国宪法草案》。它由皖系军阀段祺瑞政府于1925年12月起草，确认了大总统高度集中的权力，因段祺瑞政府在"拥有"宪法议决权的国民代表会议召开前便倒台，该草案也就胎死腹中。

（三）南京国民政府时期的宪法性文件

北伐战争的胜利宣告北洋军阀军政府独裁统治的结束，以蒋介石为首的国民党在南京组织国民政府，期间先后制定了三部宪法性文件：

1.1931年《中华民国训政时期约法》。它于1931年5月12日制定，共八章89条，其效力一直延续至1946年。虽然它在形式上抄袭了一些资产阶级宪法的民主词句，宣布"中华民国之主权属于国民全体"，并规定了政治、经济、文化等方面的制度。但在具体内容上却确认了训政时期实行国民党的一党专政和蒋介石个人独裁的专制统治，本质上是反民主的。

2.1936年《中华民国宪法草案》（"五五宪草"）。"九一八事变"后，国民党政府迫于抗日民主运动的压力，于1932年底通过了制宪决议，1933年初成立了宪法起草委员会，1934年通过了宪法草案，并于1936年5月5日公布。它共八章148条，基本上沿用了《中华民国训政时期约法》。

3.1946年《中华民国宪法》。它是在国民党政府撕毁政治协商会议协议，准备发动全面内战的情况下，通过没有共产党和其他民主党派参加的国民大会，于1946年底制定，1947年元旦公布的。它共十四章175条，确立了高度专制的总统制，并按照孙中山的"五权宪法"思想设立了行政、立法、司法、考试和监察五院制的国家机关体系；确认了四大家族为代表的官僚资本的宪法地位；规定了一些人民权利和国家的政治、经济、文化、国防等方面的国策。这部宪法公布两年多后即随人民解放战争的胜利和国民党政府的垮台而失去了效力。

三、革命根据地的制宪活动

（一）《中华苏维埃共和国宪法大纲》

1927年大革命失败后，中国共产党领导工农武装力量走上了农村包围城市、武装夺取政权的道路，在以江西瑞金为中心的各个根据地建立了红色政权。1931年11月，在江西瑞金召开了第一次全国工农兵代表大会，通过了《中华苏维埃共和国宪法大纲》。1934年1月，第二次全国工农兵代表大会对其作了一些修改和补充。大纲共计17条，它规定了革命政权的性质和任务、政权组织形式和工农劳动人民的各项基本权利。这是中国历史上第一部由人民代表机关公布实施的宪法性文件。尽管其内容尚不完备，体例亦欠周全，但它总结了革命政权建设经验，指明了革命方向，为以后的民主建设和制宪工作提供了宝贵的历史经验。

（二）《陕甘宁边区施政纲领》

1937 年抗日战争爆发后，民族矛盾上升为主要矛盾。为了建立最为广泛的抗日民族统一战线，彻底打败日本侵略者，1941 年 11 月，陕甘宁边区第二届参议会制定了《陕甘宁边区施政纲领》，该纲领由序言和 21 条正文组成。它规定了抗日民主政权的任务和抗日人民的各项权利和自由；确认了著名的"三三制"原则，即在由根据地人民选举产生的各级参议会和由各级参议会选举产生的各级政府委员会中，共产党员、党外进步分子和中间派（包括中等资产阶级和开明士绅）各占 1/3；并且确认了抗日政权的更为广泛的民主基础和抗日根据地的各项基本制度。

（三）《陕甘宁边区宪法原则》

抗日战争胜利后，中国人民同美帝国主义支持下的蒋介石政权之间的矛盾成为主要矛盾。阶级关系的变动使政权的性质也发生了相应的变化，政权的组织形式也从抗日战争时期实行"三三制"的参议会逐步过渡为人民代表会议。1946 年 4 月陕甘宁边区第三届参议会通过了《陕甘宁边区宪法原则》，规定了建立新民主主义共和国的基本原则、政权组织形式、司法制度和各项基本政策。这些规定在当时起到了积极作用，也为新中国成立后的法制建设积累了有益经验。

第三节　新中国宪法的产生与发展

【导入事例 2－3】地方立法权

2015 年 9 月 25 日，《三亚市白鹭公园保护管理规定》经海南省人大常委会批准，成为《立法法》修正后新赋权的设区的市第一个出台的地方性法规。《镇江市金山焦山北固山南山风景名胜区保护条例》《宿州市城镇绿化条例》《温州市市容和环境卫生管理条例》等紧随其后，相继获批准。2016 年 12 月 29 日，随着吉林省第十届人民代表大会常务委员会第三十二次会议批准《白城市市容和环境卫生管理条例》，这一年全国新赋予地方立法权的设区的市立法工作宣告收官。[1]

问：

1. 设区的市的立法权是哪次宪法修正案规定的？

2. 宪法的此次修改有什么重要意义？

一、《中国人民政治协商会议共同纲领》

在新中国诞生之时，由于三大战役的胜利，国民党反动政权的灭亡已成定局，此时急需有一部宪法性文件，来规范和统一全国人民的行动并指导当时各项重大任务的进行。然而由于人民政权还不巩固，战争还未完全结束，人民群众的组织程度与思想觉悟还有待提高，尤其是普选的各级人民代表大会还不可能召开，所以制定

---

〔1〕郭佳法："地方立法这两年：设区的市行使地方立法权全面推进"，载《中国人大》2017 年第 1 期。

一部正式宪法的条件还不成熟。在中国共产党的号召和领导下，作为人民民主统一战线组织形式的中国人民政治协商会议第一届全体会议于 1949 年 9 月在北京正式开幕，会议通过了《中国人民政治协商会议共同纲领》（以下简称《共同纲领》）。

《共同纲领》包括序言及总纲、政权机关、军事制度、经济政策、文化教育政策、民族政策和外交政策，共七章 60 条。它确认了国家性质和任务；规定了政权组织和原则；赋予了人民广泛的权利和义务；规定了国家的经济、文教、民族、军事、外交等方面的大政方针。

《共同纲领》的历史意义在于：①由于它所规定的是国家制度和社会制度的基本原则以及各项基本政策，并且它是由代行全国人民代表大会职权的中国人民政治协商会议制定的，因此，不管从内容上还是法律效力上看都具有国家宪法的特征，起到了临时宪法的作用；②它是中华人民共和国成立初期团结全国人民共同前进的政治基础和战斗纲领，对于巩固人民政权，加强革命法制，维护人民民主权利，恢复和发展国民经济起着指导作用；③它的许多基本原则在制定 1954 年《宪法》时都得到了确认和进一步发展，因而在我国宪政史上有着重要的历史意义。

二、1954 年《宪法》

在《共同纲领》实施后的几年里，我国的政治和经济形势发生了重大变化。为了适应这一变化，中国共产党中央委员会及时提出了过渡时期的总路线，开始了社会主义改造和建设事业，逐步实现由新民主主义向社会主义过渡。与此同时，人民群众的组织和觉悟程度空前提高。从 1953 年开始，在全国范围内召开了普选的地方各级人民代表大会，政权得到进一步巩固。在这种情况下，《共同纲领》已经远远不能适应客观形势发展的需要，制定一部正式的宪法不仅必要而且可能。

1954 年 9 月 20 日，第一届全国人民代表大会第一次全体会议一致通过《中华人民共和国宪法》，由大会主席团予以公布实施。

1954 年《宪法》是我国第一部正式的社会主义类型宪法，包括序言及总纲、国家机构、公民的基本权利和义务、国旗、国徽、首都共四章 106 条。它在内容上充分反映了社会主义原则和人民民主原则，确认了新中国的基本政治制度，规定了人民民主国家、人民代表大会制度和单一制结构下的民族区域自治制度；确认了我国社会主义过渡时期的经济政策，规定了我国的四种生产资料所有制形式，即国家所有制、合作社所有制、个体劳动者所有制和资本家所有制，并规定了国营经济在国民经济中的领导地位和优先发展的方针；规定了过渡时期的总任务是实现社会主义工业化和完成对农业、手工业和资本主义工商业的社会主义改造；确认了公民的基本权利和义务及国家外交政策等方面的内容。

1954 年《宪法》以《共同纲领》为基础，又是对《共同纲领》的发展。该宪法实施的最初三四年，对国家和社会发挥了重要作用，大大促进了社会主义事业的发展。它的基本原则和结构，为以后的几部宪法确立了基本模式，无论是它的指导思想、基本原则、内容，还是文字等方面都是一部比较好的宪法。

然而，由于种种主客观方面的原因，加上宪法本身在保障监督方面的缺陷，使宪法在颁布以后没有得到切实有效的贯彻实施。尤其是后来政治局势的变化，使宪法失去了应有的权威与尊严。随着"文化大革命"的发生，1954年《宪法》已名存实亡了。

三、1975年《宪法》

"文化大革命"进入第九个年头时，在林彪和"四人帮"两个反革命集团的干扰和影响下，1975年1月17日，第四届全国人民代表大会第一次会议通过了全面修正的《中华人民共和国宪法》。该宪法虽然保持了1954年《宪法》在结构上的基本框架，但条文却从106条减为30条，内容简单，规范疏漏，文字上有许多不确切、不协调之处。在总纲中，把无产阶级专政的科学理论改为"全面专政"，并把这一"专政"的矛头指向人民内部；与此相应，还规定"大鸣、大放、大辩论、大字报，是人民群众创造的社会主义革命的新形式"。在国家机构一章中，取消了国家主席的建制，原由国家元首行使的职权改由全国人大常委会、中共中央主席、中共中央委员会共同行使；地方各级革命委员会是地方各级人民代表大会的常设机关同时又是地方各级人民政府；各级人民法院院长由本级人民代表大会的常设机关任免；撤销了检察机关，其职权改为"由各级公安机关行使"。在公民基本权利和义务一章中，不仅在形式上先列义务，后列权利，以示公民履行义务是主要的，享有权利是次要的，而且取消了1954年《宪法》规定的"公民在法律上一律平等"的原则；删去了1954年《宪法》关于公民实现权利的一些保障条款；同时，公民权利和自由的范围和内容也比1954年《宪法》的规定大为缩小。

1975年《宪法》是我国特定历史条件下的产物。它受"文化大革命"中"左"的路线的严重干扰，从指导思想到具体条款都掺杂了极"左"的内容，把"文革"中的许多错误理论和做法加以法律化、制度化，使之成为国家生活的最高准则，是一部有着缺点和错误的宪法，可以说是我国制宪史上的一次严重倒退。但它保留了1954年《宪法》的某些基本原则，如坚持生产资料的社会主义公有制和无产阶级专政等，因此它基本上还是属于社会主义性质的宪法。

四、1978年《宪法》

1976年10月粉碎了"四人帮"后，中国进入了新的历史时期。为了清除1975年《宪法》中"左"的流毒，恢复被破坏的民主和法制建设，并适应新的历史时期的需要，适时地向全国人民提出建设社会主义现代化强国的任务，必须对1975年《宪法》进行修正，这就产生了1978年《宪法》。

1978年3月5日，由第五届全国人民代表大会第一次会议通过的《中华人民共和国宪法》是新中国成立之后的第三部宪法。该宪法包括序言和四章，共60条。与1975年《宪法》相比，在内容上，提出了"在本世纪内把我国建设成为农业、工业、国防和科学技术现代化的伟大强国"的总任务；强调"国家坚持社会主义的民主原则"；基本恢复1954年《宪法》对公民基本权利的规定，恢复了检察机关的设置及其职权。

1978年《宪法》取消了1975年《宪法》中的某些错误规定，但仍存在一些严重的问题，主要是：在序言中错误地肯定"文革"的"成就"，坚持"阶级斗争为纲"的指导思想和"无产阶级专政下继续革命"的理论；在公民基本权利部分，仍保留"大鸣、大放、大辩论、大字报"的权利；在国家机构部分，仍保留地方国家机关中"革命委员会"的名称，也未能恢复国家主席建制，等等。

为了适应形势发展的需要，第五届全国人民代表大会的第二次和第三次会议曾经先后两次对1978年《宪法》的部分条文进行修改：决定在县和县以上的地方各级人民代表大会设立常务委员会；将地方各级革命委员会更名为地方各级人民政府；将县级人民代表的产生方式由间接选举改为直接选举；将上级人民检察院同下级人民检察院的监督关系改为领导关系；取消公民有"大鸣、大放、大辩论、大字报"的权利。这两次修改，纠正了宪法中的一些严重错误，但是局部的修改并不能解决原则性和实质性问题。因此，对1978年《宪法》进行全面修正，也就势在必行了。

五、1982年《宪法》

（一）1982年《宪法》的制定

1980年9月10日，第五届全国人民代表大会第三次会议接受了中共中央的修宪建议，并成立了宪法修改委员会。经过广泛征集和认真研究各地方、各部门、各方面的意见，于1982年2月提出了宪法修改草案讨论稿。经宪法修改委员会认真讨论、修改，并广泛征求各方面的意见后，形成宪法修改草案，由全国人民代表大会常务委员会公布，交付全民讨论。然后在此基础上进行修改后，宪法修改委员会于1982年11月23日最后通过了正式的宪法修改草案，提交第五届全国人民代表大会第五次会议审议。会议于1982年12月4日通过《中华人民共和国宪法》，并予以公布实施。

1982年《宪法》由序言及总纲，公民的基本权利和义务，国家机构，国旗、国歌、国徽、首都，共四章143条组成。它把坚持四项基本原则作为总的指导思想；进一步完善了人民代表大会制度；规定了社会主义经济制度和国家的根本任务；设置了较为科学的国家机构体系；增加了社会主义精神文明建设的目标和具体内容；赋予公民广泛的权利自由和必要的义务；改善了宪法监督制度；等等。

1982年《宪法》是一部具有中国特色的社会主义类型的宪法。它从中国的国情出发，将马列主义的国家学说同中国的具体实际相结合，具有鲜明的时代特色，是中华人民共和国成立以来最完善的一部宪法。

（二）1982年《宪法》的五次修正案

1982年《宪法》发布后，对于促进我国的政治体制改革和经济体制改革，推动我国社会主义现代化建设和改革开放事业的顺利进行，健全社会主义民主法制建设等都发挥了重要作用。但是，由于1982年《宪法》是在改革开放初期发布的，随着政治经济形势的不断发展变化，其中有些规定已不能适应时代发展的要求。因此，我国陆续制定和颁行了 52 条修正案。

1. 1988 年《宪法修正案》。1988 年 4 月 12 日，第七届全国人民代表大会第一次会议，通过了 2 条宪法修正案。其内容有：

（1）删去第 10 条第 4 款中不得出租土地的规定，并增加规定"土地的使用权可以依照法律的规定转让"，这有利于促使人们节约土地资源和合理利用土地，有利于形成和发展包括房地产市场在内的市场体系。

（2）第 11 条增加规定"国家允许私营经济在法律规定的范围内存在和发展。私营经济是社会主义公有制经济的补充。国家保护私营经济合法的权利和利益，对私营经济实行引导、监督和管理"，肯定了私营经济的合宪地位。

2. 1993 年《宪法修正案》。1993 年 3 月 29 日，第八届全国人民代表大会第一次会议通过了宪法修正案第 3～11 条。主要内容包括：

（1）明确把"我国正处于社会主义初级阶段""根据建设有中国特色社会主义的理论""坚持改革开放"写进宪法，使党的基本路线在宪法中得到集中、完整的表述。

（2）增加了"中国共产党领导的多党合作和政治协商制度将长期存在和发展"，明确了我国现行的政党制度。

（3）把农村中的家庭联产承包为主的责任制作为集体经济组织的基本形式确定下来，有利于实现农村政策的长期稳定。

（4）把社会主义市场经济作为国家的基本经济体制规定下来，并对相关内容作了修改。

（5）把县级人民代表大会的任期由 3 年改为 5 年。

3. 1999 年《宪法修正案》。1999 年 3 月 15 日，第九届全国人民代表大会第二次会议通过了宪法修正案第 12～17 条。主要内容包括：

（1）将邓小平理论写进《宪法》，确立邓小平理论在国家中的指导地位。并根据邓小平理论，对《宪法》序言第七自然段相关内容作了相应修改。

（2）将"我国正处于社会主义初级阶段"修改为"我国将长期处于社会主义初级阶段"。这对于认识社会主义建设的长期性和复杂性、解决深化改革中遇到的种种矛盾、克服急于求成的急躁情绪、避免重犯过去那种超越历史阶段的错误，具有重要而深远的意义。

（3）第 5 条明确规定，"中华人民共和国实行依法治国，建设社会主义法治国家"，这对于发展社会主义民主政治、维护宪法和法律的权威、健全社会主义法律体系、完善行政执法制度和司法制度均具有重要意义。

（4）明确规定"国家在社会主义初级阶段，坚持公有制为主体、多种所有制经济共同发展的基本经济制度，坚持按劳分配为主体、多种分配方式并存的分配制度"，这些对于深化改革开放，进一步解放和发展社会生产力，具有重要的积极作用。

（5）规定"农村集体经济组织实行家庭承包经营为基础、统分结合的双层经营体制", 这有利于这一经济制度的长期稳定和不断完善, 从而促进农村生产力的解放。

(6) 将国家对个体经济和私营经济的基本政策合并修改为 "在法律规定范围内的个体经营、私营经济等非公有制经济, 是社会主义市场经济的重要组成部分"。进一步明确了非公有制经济在我国市场经济中的地位和作用, 有力地推动了非公有制经济的健康发展, 有利于促进我国所有制结构的完善。

(7) 将镇压 "反革命的活动" 修改为镇压 "危害国家安全的犯罪活动"。这对于更好地适应新情况, 与危害国家安全的犯罪作斗争, 具有积极意义。

4. 2004 年《宪法修正案》。2004 年 3 月 14 日, 中华人民共和国第十届全国人民代表大会第二次会议通过了宪法修正案第 18~31 条, 主要内容有:

(1) 将《宪法》序言第七自然段中 "在马克思列宁主义、毛泽东思想、邓小平理论指引下" 修改为 "在马克思列宁主义、毛泽东思想、邓小平理论和 '三个代表' 重要思想指引下", 并将 "沿着建设有中国特色社会主义的道路" 修改为 "沿着中国特色社会主义道路"。确立了 "三个代表" 重要思想在国家政治和社会生活中的指导地位。

(2) 在《宪法》序言第七自然段中 "逐步实现工业、农业、国防和科学技术的现代化" 之后, 增加 "推动物质文明、政治文明和精神文明协调发展" 的内容。把 "三个文明" 及其相互关系写入宪法, 为 "三个文明" 协调发展提供了宪法保障。

(3) 在《宪法》序言关于统一战线的表述中增加 "社会主义事业的建设者", 将统一战线的表述修改为 "在长期的革命和建设过程中, 已经结成由中国共产党领导的, 有各民主党派和各人民团体参加的, 包括全体社会主义劳动者、社会主义事业的建设者、拥护社会主义的爱国者和拥护祖国统一的爱国者的广泛的爱国统一战线, 这个统一战线将继续巩固和发展"。这样修改, 有利于最广泛、最充分地调动一切积极因素。

(4)《宪法》第 10 条第 3 款 "国家为了公共利益的需要, 可以依照法律规定对土地实行征用" 修改为 "国家为了公共利益的需要, 可以依照法律规定对土地实行征收或者征用并给予补偿"。这进一步完善了土地征用制度。

(5)《宪法》第 11 条第 2 款 "国家保护个体经济、私营经济的合法的权利和利益。国家对个体经济、私营经济实行引导、监督和管理" 修改为 "国家保护个体经济、私营经济等非公有制经济的合法的权利和利益。国家鼓励、支持和引导非公有制经济的发展, 并对非公有制经济依法实行监督和管理"。这样修改, 全面、准确地体现了促进非公有制经济健康发展的精神, 也反映了我国社会主义初级阶段基本经济制度的实际情况, 符合生产力发展的客观要求。

(6)《宪法》第 13 条 "国家保护公民的合法的收入、储蓄、房屋和其他合法财产的所有权" "国家依照法律规定保护公民的私有财产的继承权" 修改为 "公民的合法的私有财产不受侵犯。国家依照法律规定保护公民的私有财产权和继承权。国家为了公共利益的需要，可以依照法律规定对公民的私有财产实行征收或者征用并给予补偿"。进一步明确国家对全体公民的合法的私有财产都给予保护，有利于正确处理私有财产保护和公共利益需要的关系。

（7）《宪法》第 14 条增加 1 款："国家建立健全同经济发展水平相适应的社会保障制度。"社会保障直接关系广大人民群众的切身利益，建立健全同经济发展水平相适应的社会保障制度，是深化经济体制改革、完善社会主义市场经济体制的重要内容，是发展社会主义市场经济的客观要求，是社会稳定和国家长治久安的重要保证。

（8）《宪法》第 33 条增加 1 款"国家尊重和保障人权"作为第 3 款，原第 3 款相应地改为第 4 款。这是以宪法权威确认了我国对人权保障的高度重视，亦体现了社会主义制度的本质要求，有利于推进我国社会主义人权事业的发展，有利于我们在国际人权事业中进行交流和合作。

（9）《宪法》第 59 条关于全国人民代表大会组成的规定中，增加了"特别行政区"。在香港、澳门回归祖国后，作这样的修改，符合全国人民代表大会组成的实际情况。

（10）《宪法》第 67 条、第 80 条和第 89 条中，原来关于"戒严"的规定，一律修改为"进入紧急状态"。"紧急状态"包括"戒严"又不限于"戒严"，适用范围更宽，既便于应对各种紧急状态，也同国际上通行的做法相一致。

（11）《宪法》第 81 条关于中华人民共和国主席的职权中，增加"进行国事活动"的规定。对元首外交留有空间，有利于促进国际交往。

（12）《宪法》第 98 条中关于乡、民族乡、镇的人民代表大会"每届任期三年"修改为"每届任期五年"。这样修改，使得各级人大任期一致，有利于协调各级经济社会发展规划、计划和人事安排。

（13）把《宪法》第四章章名修改为"国旗、国歌、国徽、首都"。在第 136 条中增加 1 款："中华人民共和国国歌是《义勇军进行曲》。"赋予了国歌宪法地位，有利于维护国歌的权威性和稳定性，增强全国各族人民的国家认同感和国家荣誉感。

5. 2018 年《宪法修正案》。2018 年 3 月 11 日，第十三届全国人民代表大会第一次会议通过了宪法修正案第 32～52 条，其主要内容包括：

（1）将习近平新时代中国特色社会主义思想载入宪法，确立了习近平新时代中国特色社会主义思想在国家的指导地位。将《宪法》序言第七自然段"在马克思列宁主义、毛泽东思想、邓小平理论和'三个代表'重要思想指引下"改为"在马克思列宁主义、毛泽东思想、邓小平理论、'三个代表'重要思想、科学发展观、习近平新时代中国特色社会主义思想指引下"。这样的修改是将习近平新时代中国特色社会主义思想同马克思列宁主义、毛泽东思想、邓小平理论、"三个代表"重要思想、科学发展观并列为宪法的指导思想，为习近平新时代中国特色社会主义思想在国家的指导思想地位提供了宪法依据。

（2）依法治国和贯彻新发展理念的飞跃。《宪法》序言第七自然段将"社会主义法制"修改为"社会主义法治"，增加了"贯彻新发展理念"，这体现了我们党依法治国理念和方式的新飞跃，有利于推进全面依法治国，建设中国特色社会主义法治体系，加快实现国家治理体系和治理能力现代化，为党和国家事业发展提供根本性、全局性、稳定性、长期性的制度保障。

（3）将"生态文明""社会文明""实现中华民族伟大复兴"等写入宪法。《宪法》序言第七自然段将"推动物质文明、政治文明和精神文明协调发展，把我国建设成为富强、民主、文明的社会主义国家"修改为"推动物质文明、政治文明、精神文明、社会文明、生态文明协调发展，把我国建设成为富强民主文明和谐美丽的社会主义现代化强国，实现中华民族伟大复兴"。将"社会文明、生态文明"写入宪法，体现了国家对社会和生态问题的高度重视，也反映了新时代背景下对经济发展路径转变、优化升级的深刻理解。"实现中华民族伟大复兴"入宪为国家认同和国家统一奠定了宪法基础。

（4）爱国统一战线的修改。《宪法》序言第十自然段将"包括全体社会主义劳动者、社会主义事业的建设者、拥护社会主义的爱国者和拥护祖国统一的爱国者的广泛的爱国统一战线"修改为"包括全体社会主义劳动者、社会主义事业的建设者、拥护社会主义的爱国者、拥护祖国统一和致力于中华民族伟大复兴的爱国者的广泛的爱国统一战线"。修正案进一步充实和完善了爱国统一战线和社会主义民族关系的内容，为新时代统一战线工作提供了根本遵循。

（5）将和谐民族关系理念，上升到宪法高度。《宪法》序言第十一自然段将"平等、团结、互助的社会主义民族关系已经确立，并将继续加强"修改为"平等团结互助和谐的社会主义民族关系已经确立，并将继续加强"，这一修改与"实现中华民族伟大复兴"相得益彰，对我国统一的多民族国家的建构具有划时代的意义。

（6）对外政策的修改。《宪法》序言第十二自然段在"中国坚持独立自主的对外政策，坚持互相尊重主权和领土完整、互不侵犯、互不干涉内政、平等互利、和平共处的五项原则"后增加"坚持和平发展道路，坚持互利共赢开放战略"，将"发展同各国的外交关系和经济、文化的交流"修改为"发展同各国的外交关系和经济、文化交流，推动构建人类命运共同体"，这反映了我国外交理论和实践创新的主要成果，成为我国外交政策理念在国家法治上的最高宣示。

（7）进一步明确坚持党对一切工作的领导这一最高政治原则。将"中国共产党领导是中国特色社会主义最本质的特征"写入具体《宪法》条文，这体现了对习近平新时代中国特色社会主义思想和党的十九大精神的贯彻落实，为坚持党的领导提供了强有力的宪法保障，有利于巩固党的执政地位和执政基础、有利于国家的发展和民族的振兴。

（8）确立了宪法宣誓制度。《宪法》第27条增加了1款，"国家工作人员就职时应当依照法律规定公开进行宪法宣誓"，这彰显了《宪法》本身的重要性以及党中央依法治国、依宪执政的坚定信念。

（9）人民代表大会制度的修改。人民代表大会制度的修改主要体现在对人大职权、人大常委会人员配置以及人大机构设置的修改三个方面。比如：在人大职权方面，《宪法》第62条增加1项，将"选举国家监察委员会主任"作为第7项；在全国人大常委会人员配置方面，将"全国人民代表大会常务委员会的组成人员不得担任国家行政机关、审判机关和检察机关的职务"修改为"全国人民代表大会常务委员会的组成人员不得担任国家行政机关、监察机关、审判机关和检察机关的职务"；在全国人大机构设置的调整方面，将"全国人民代表大会设立民族委员会、法律委员会、财政经济委员会、教育科学文化卫生委员会、外事委员会、华侨委员会和其他需要设立的专门委员会"改为"全国人民代表大会设立民族委员会、宪法和法律委员会、财政经济委员会、教育科学文化卫生委员会、外事委员会、华侨委员会和其他需要设立的专门委员会"。

（10）国家主席任期的修改。将"中华人民共和国主席、副主席每届任期同全国人民代表大会每届任期相同，连续任职不得超过两届"改为"中华人民共和国主席、副主席每届任期同全国人民代表大会每届任期相同"。

（11）国务院的管理制度的修改。国务院行使职权中第6项"领导和管理经济工作和城乡建设"改为"领导和管理经济工作和城乡建设、生态文明建设"，第8项"领导和管理民政、公安、司法行政和监察等工作"改为"领导和管理民政、公安、司法行政等工作"。地方各级政府的管理制度比照国务院的调整而作了相应的修改。生态文明入宪，国务院职权的修改，使我国未来的生态文明建设得到了最高的保障。

（12）地方立法权的调整。《宪法》第100条增加1款，作为第2款"设区的市的人民代表大会和它们的常务委员会，在不同宪法、法律、行政法规和本省、自治区的地方性法规相抵触的前提下，可以依照法律规定制定地方性法规，报本省、自治区人民代表大会常务委员会批准后施行。"

【导入事例2-3】分析：

1. 三亚等城市制定地方性法规是设区的市行使地方立法权的体现。2018年的《宪法修正案》对设区的市的地方立法权作了明确规定。

2. 2018年的《宪法修正案》增加这一规定，有利于规范设区的市制定地方性法规的行为，也有利于设区的市在宪法和法律的范围内，制定符合本行政区域实际的地方性法规，从而更为有效地加强社会治理、促进经济社会发展。

（13）监察制度的改革。《宪法》国家机构一章中增加一节监察委员会的内容，作为第七节。

实务训练

课堂讨论 新中国五次修宪的主要成就。

延伸阅读

宪法宣誓制度入宪

我国法律中关于宣誓制度的规定，此前主要见之于《香港特别行政区基本法》《澳门特别行政区基本法》中，该两部基本法分别对特别行政区长官、主要官员、行政会议成员（委员）、立法会议员、法官和其他司法人员（检察官）等在就职时的宣誓作出了明确规定。

近些年来，随着社会主义民主法治建设实践的不断发展，一些部门和地方开始积极探索宪法宣誓制度。2013 年，党的十八届三中全会提出，要进一步建立健全宪法实施监督机制和程序，把全面贯彻实施宪法提高到一个新水平。2014 年，党的十八届四中全会明确提出，建立宪法宣誓制度，经人大及其常委会选举或者决定任命的国家工作人员在正式就职时要公开向宪法宣誓。2015 年 6 月 24 日，第十二届全国人民代表大会常务委员会第十五次会议根据四中全会决定精神，总结我国近年来一些地方、单位组织公职人员进行就职宣誓活动的实践，通过了关于实行宪法宣誓制度的决定，以立法的形式正式确立了我国的宪法宣誓制度。

自宪法宣誓制度颁布实行以来，十二届全国人大常委会以及地方各部门、各方面认真贯彻落实宪法宣誓制度要求，依法组织开展宪法宣誓活动，宪法宣誓制度深深扎根到国家政治生活中，显示出强大的活力。2018 年 1 月，党的十九届二中全会通过的《中共中央关于修改宪法部分内容的建议》提出把党的十九大确定的重大理论观点和重大方针政策载入国家根本法，建议的重要内容之一是在《宪法》中增加国家工作人员就职时应当依照法律规定公开进行宪法宣誓的内容。2018 年 2 月，十二届全国人大常委会对 2015 年通过的关于实行宪法宣誓制度的决定作出适当修改。2018 年 3 月 11 日，第十三届全国人民代表大会第一次会议通过的《宪法修正案》在《宪法》第一章"总纲"第 27 条增加 1 款，作为第 3 款"国家工作人员就职时应当依照法律规定公开进行宪法宣誓"。这顺利实现了宪法宣誓制度载入宪法的历史飞跃。

延伸阅读

费城奇迹

1787 年，13 个州的代表聚集到费城，制定宪法。这部宪法的制定过程被称作"费城奇迹"。立宪者为什么立宪？是为了促进民主吗？当然，美国立宪者在那个年代就已经明智地看到，民主是一个大趋势，因而，不得不顺应这个潮流，但要说他们是民主的"推手"，那就大错而特错了。正好相反，这批人是典型的既得利益者，用今天的话说就是"富二代""官二代"。华盛顿是美国第一"大地主"，当时拥有的土地最多；起草《独立宣言》的杰弗逊够伟大，但也是奴隶主。占主流的联邦党代表着大地主和新兴资产阶级的利益，联邦立宪的目的正是遏制地方草根民主的盲动，保护他们的财产和利益。托克维尔在《美国的民主》中说，美国人是"理性的利己主义者"；他们会和他人合作，不是想当"雷锋"，而是为了更好地实现自己的长远利益。

思考题

1. 简述近代宪法产生的条件。
2. 简述英国宪法的特点。
3. 简述美国宪法的内容。
4. 简述宪法的发展趋势。
5. 为什么说《共同纲领》起到了临时宪法的作用？
6. 试述我国 2018 年《宪法修正案》的主要内容。

国家性质

学习目标与工作任务

　　通过本章的学习，学生将了解国家性质是国家制度的核心。明确我国的国家性质，领会人民民主专政实质上是无产阶级专政。掌握现阶段统一战线的性质和任务，理解中国共产党领导的多党合作与政治协商制度以及中国共产党领导是中国特色社会主义最本质的特征。了解人民政协的性质和主要职能。培养学生的宪法意识，以宪法思维为基础解释和解决各种法律问题，适应社会的发展和我国的法治建设。

第一节　国家性质概述

【导入事例 3-1】社会主义事业的建设者

　　近年来随着改革开放的不断深化，作为市场经济的重要组成部分，非公有制经济在我国的经济社会发展中的地位和作用越来越突出。非公有制经济人士参政议政的热情和程度也在增强。作为第十届、十一届、十二届全国政协委员及第十三届全国人大代表，苏宁控股集团董事长张近东自 2003 年起，每年 3 月，都以全国政协委员的身份，走进人民大会堂参政议政。2018 年起，他的身份换成全国人大代表。过去的 17 年，张近东提出了建议和提案 70 余件，不仅有关乎国计民生、行业发展的大事，如"三农"、流通、数字经济、零售等；也有涉及广大群众利益的身边事，如家电下乡、电商扶贫、保护母婴健康、构建养老网络、保障农民工子女教育等多个领域。"无论身份如何变化，都应心系人民，为群众'代言'，为民生'发声'，这是人大代表矢志不渝的职责。"[1]

　　问：

　　1. 非公有制经济人士属于我国阶级构成的哪一个阶层？

　　2. 非公有制经济人士通过什么途径参政议政？

---

〔1〕"张近东当选江苏省第十三届全国人大代表，15 年政协委员深感责任更重"，载中国经济网：http://cnews.chinadaily.com.cn/2018-01/30/content_35614233.htm，最后访问时间：2018 年 5 月 15 日。

一、国家性质

国家性质即国家的本质，又称国体，是指社会各阶级在国家中的地位。它包括两个方面：一是指社会各阶级、阶层在国家中所处的统治与被统治地位；二是指社会各阶级、阶层在统治集团内部所处的领导与被领导地位，国家性质主要是由社会各阶级、阶层在国家中所处的统治与被统治地位决定的。明确了这一重要的宪法概念以后，具体到宪法中主要是通过对一个国家内各个阶级、阶层的权利和义务作出最基本规定，表明各阶级在国家中所处的不同社会政治经济地位，从而表明哪些阶级是统治阶级，占据统治地位，掌握国家权力；哪些阶级是被统治阶级，处于被统治地位；在统治阶级内部，哪些阶级是领导阶级，哪些阶级是其同盟者，以及由此产生的统治阶级与被统治阶级、统治阶级内部领导者与被领导者之间的各种社会关系。简言之，就是指这个国家对哪些阶级实行民主和对哪些阶级实行专政。

人类社会出现过四类不同性质的国家，有奴隶制国家、封建制国家、资本主义国家和社会主义国家四种不同类型的国家制度。前三类属于剥削阶级性质的专政，由极少数剥削者占有和支配生产资料并控制国家政权，对社会上绝大多数人实行剥削和统治，民主的主体仅为少数剥削阶级。只有在社会主义类型的国家中是由广大人民享有民主，对极少数敌对势力和敌对分子实行专政的，即无产阶级专政或人民民主专政。

二、国家性质与宪法的关系

宪法作为国家根本法，在规定国家制度时，首先要确认本国的国家性质。国家性质是宪法的一项最主要的内容，各国宪法对此都有反映，但不同类型的宪法对国家性质的反映方式是不一样的。

资本主义国家宪法大都没有关于国家性质的明文规定，在国家的产生与本质问题上，都宣传超阶级的国家观，用"政治团体"的概念掩盖国家的本质，不敢也不愿意在宪法中公开规定自己国家的阶级本质，一般以"主权在民""全民国家"等超阶级的字眼掩盖其资产阶级专政的阶级本质。《美国宪法》序言规定："我们，美国人民，为建立一个更完美的联邦，增进全民福利并谋吾人及子孙永享自由和幸福。"法国1789年的《人权宣言》，宣称人民或国民拥有主权，即主权在民，后来被1791年《法国宪法》及该国以后的多部宪法作为序言部分。德国1919年《魏玛宪法》规定："国权出自人民。"1949年《德国宪法》第20条规定："全部国家权力来自人民。人民通过选举和投票表决并通过特定的立法、行政和司法机关行使这种权力。"资本主义国家宪法一般抽象地将人民主权原则确定为国家权力的来源，用"主权在民""民有、民治、民享"等词句掩盖资产阶级专政的国家本质，实际上"民"更多指少数在经济上占统治地位的资产阶级。

社会主义国家宪法都以规范的形式明确规定了国家性质，即宣称国家政权的实质是无产阶级专政，国家实行社会主义制度。如1936年《苏联宪法》规定："苏维埃社会主义共和国联盟是工农社会主义国家；苏联的一切权力属于城乡劳动者，由各级劳动者代表苏维埃实现之。"《朝鲜宪法》第 1 条规定："朝鲜民主主义人民共和国是代表全体朝鲜人民利益的自主的社会主义国家。"1960 年《捷克斯洛伐克宪法》第 1 条规定："捷克斯洛伐克社会主义共和国是以工人、农民和知识分子的巩固联盟为基础、以工人阶级为首的社会主义国家。"我国历部宪法对国家性质都作了明确的规定。

三、我国的国家性质

我国现行《宪法》第 1 条规定："中华人民共和国是工人阶级领导的、以工农联盟为基础的人民民主专政的社会主义国家。社会主义制度是中华人民共和国的根本制度。中国共产党领导是中国特色社会主义最本质的特征。禁止任何组织或者个人破坏社会主义制度。"这表明，人民民主专政是我国的国家性质。序言进一步确认，"工人阶级为领导的、以工农联盟为基础的人民民主专政，实质上即无产阶级专政"，这表明了人民民主专政的实质和基本内容。

（一）人民民主专政和无产阶级专政的关系

1. 人民民主专政理论是无产阶级专政理论在中国的特殊表现形式。马克思主义认为，革命的根本问题是政权问题，无产阶级革命的根本问题是无产阶级专政问题。无产阶级专政理论是马克思主义国家学说的精髓。所谓无产阶级专政，是马克思主义对资本主义国家内无产阶级战胜资产阶级取得革命胜利后建立起来的人民政权的通称，其核心是要求无产阶级（亦即工人阶级）通过共产党执掌国家领导权并以工农联盟为政权基础。

中国共产党在领导中国革命的过程中，将马克思主义关于无产阶级专政的理论与中国的国情相结合，创造性地提出了人民民主专政的理论，丰富和发展了无产阶级专政的理论。我国采用"人民民主专政"而没有采用"无产阶级专政"的提法，反映了我国的阶级性质，也反映了我国的具体历史国情特点：其一，"人民民主专政"反映了我国革命的历史特点，即中国革命是在半殖民地半封建社会的历史条件下进行的，其革命政权是在反帝反封建和反官僚资本主义的斗争中逐步建立起来的，有其广泛的人民基础。其二，"人民民主专政"表明了我国的阶级状态和政权的阶级基础，即在我国工人阶级比重小，农民占绝对优势，工人阶级（通过中国共产党）是革命的领导阶级，但它必须与农民结成巩固的工农联盟，同时还必须团结一切革命阶级和革命力量，组成最广泛的统一战线，才能完成革命任务。其三，"人民民主专政"的提法最终取决于我国现阶段的多种所有制并存、存在多种分配方式的社会经济结构。其四，"人民民主专政"的提法直接体现了对人民实行民主和对敌人实行专政的两个方面，从而准确地体现了我国国家政权的民主与专政职能。

2. 人民民主专政实质上即无产阶级专政。人民民主专政是无产阶级专政在我国的一种具体表现形式，两者在精神实质和核心内容上是根本一致的，这种实质上的相同主要表现在以下四个方面：

（1）两者的领导阶级一致。工人阶级独掌国家领导权是无产阶级专政的根本标志。我国人民民主专政是由工人阶级（通过中国共产党）领导的，工人阶级是国家的领导阶级，中国共产党是人民民主专政的领导核心。

（2）两者的阶级基础一致。无产阶级专政的最高原则是无产阶级必须同农民结成巩固的联盟，只有这样，才能战胜资产阶级，完成历史使命。我国的人民民主专政就是以工农联盟为基础的，这不但体现了我国政权是绝大多数的人民对极少数敌对分子专政的性质，而且历史实践也表明，只有依靠这两个阶级的力量才能巩固和发展人民民主专政和社会主义制度。

（3）两者的专政职能一致。人民民主专政和无产阶级专政都担负着保障人民当家作主的权利，组织社会主义政治、经济和文化建设，镇压敌对阶级和敌对势力的反抗，保卫祖国抵御外来侵略的职能。

（4）两者的历史使命一致。两者的最终目的和历史使命都是要消灭阶级、消灭剥削，实现社会主义，并创造条件最终实现共产主义。

3. 人民民主专政是民主与专政的结合。在人民内部实行民主是对敌人实行专政的前提和基础。"民主"一词来源于古希腊，本意是指多数人的统治。人民民主的实质即社会上绝大多数人享有管理国家和社会的一切权力，这是社会主义国家政权的本质特征。在我国，对人民实行民主，即社会主义民主，就是人民通过各种途径和措施，享有各项民主权利，参与国家事务和社会事务的管理，实现人民当家作主的地位。我国《宪法》第2条第1款明确规定："中华人民共和国的一切权力属于人民。"这是我国人民民主专政的根本所在，是我国国家制度的本质特征。同时《宪法》还规定了人民代表大会制度、选举制度、民族区域自治制度、基层群众性自治制度等一系列对人民实行民主的制度。所以，人民民主专政的国家是绝大多数人享有民主的新型国家。

对敌人实行专政是对人民民主的有力保障。"专政"一词来源于古罗马，本意是指"独裁"。马克思主义认为，专政这一概念同样是指一种国家制度，即掌握政权的阶级依靠暴力对被统治阶级实行压迫的制度。我国目前正处于社会主义初级阶段，在剥削阶级作为阶级消灭以后，阶级斗争已经不是主要矛盾。由于国内的因素和国际的影响，阶级斗争还将在一定范围内长期存在，在某种条件下还有可能激化。在国内有敌对分子和严重刑事犯罪分子存在，在国际上有对我国进行渗透、颠覆的敌对势力的存在，所以，对敌专政的职能必不可少。我国《宪法》序言规定："中国人民对敌视和破坏我国社会主义制度的国内外的敌对势力和敌对分子，必须进行斗争。"《宪法》第28条规定："国家维护社会秩序，镇压叛国和其他危害国家安全的犯罪活动，制裁危害社会治安、破坏社会主义经济和其他犯罪的活动，惩办和改造犯罪分子。"这表明人民民主专政除了有对人民民主的一面外，还包含对极少数敌人专政的一面。

实践证明，要坚持人民民主专政，必须同时开展两方面的工作，既要坚持人民对敌人的专政，又要切实保障人民内部的民主。可以说，社会主义国家对极少数人实行专政，正是为了保障绝大多数人充分享受民主。同时，只有在人民内部充分发扬民主，才能调动广大人民的积极性、主动性，人民真正当家作主，进而才能加强对敌人的专政。作为一种国家制度，民主与专政是不可分割的。两者相互依存，不可偏废，削弱任何一方，都会导致对整个人民民主专政国家制度的严重损坏。

（二）人民民主专政的阶级构成

1. 工人阶级是我国的领导阶级。工人阶级是人民民主专政的领导力量，工人阶级通过共产党实现对国家的领导是人民民主专政首要的根本标志。中国共产党是以马克思列宁主义、毛泽东思想、邓小平理论、"三个代表"重要思想、科学发展观、习近平新时代中国特色社会主义思想作为自己的行动指南的政党。中国共产党是中国工人阶级的先锋队，同时是中国人民和中华民族的先锋队，是中国特色社会主义事业的领导核心。中国共产党领导是中国特色社会主义最本质的特征。历史表明，没有共产党，就没有新中国；没有共产党，也不可能建设成为富强民主文明和谐美丽的社会主义现代化强国。所以，必须坚持和加强中国共产党的领导，坚决维护中国共产党的领导地位，任何怀疑、削弱、否定中国共产党的领导的想法和做法，都是极端错误和十分有害的。

2. 工农联盟是人民民主专政的基础。无产阶级能否取得国家政权以及取得国家政权后能否巩固其统治，一个关键的问题就是工农联盟。我国是农村人口占绝大多数的发展中国家，农民问题始终是中国革命和建设的根本问题。中国工人阶级与农民阶级在根本利益上的一致性决定了建立工农联盟的可能性。中国工农联盟是在中国共产党的领导下，在长期的革命、建设、改革过程中建立和巩固起来的，是人民民主专政和统一战线的基础，是中国革命、建设、改革取得胜利的根本保证。我国革命、建设、改革的历史经验表明，工人阶级领导的工农联盟是我国新民主主义革命和社会主义革命胜利的重要保障。

3. 知识分子是社会主义建设事业的依靠力量。知识分子不是独立的社会阶级，而是出身于不同的社会阶级的社会阶层，他们是具有知识、技能、专长，从事脑力劳动的劳动者。知识分子同工人、农民一样，依靠自己的劳动取得生活来源，他们与工人、农民的差别不是阶级的差别，而是劳动方式的不同。现阶段我国知识分子早已经是工人阶级的一部分，同工人、农民一起是我国社会主义建设事业的依靠力量。我国现行《宪法》序言指出："社会主义的建设事业必须依靠工人、农民和知识分子。"第23条规定："国家培养为社会主义服务的各种专业人才，扩大知识分子的队伍，创造条件，充分发挥他们在社会主义现代化建设中的作用。"随着人类社会步入信息社会、知识经济社会，知识分子在社会主义建设中的作用更显重要。

4. 其他社会阶层是社会主义事业的建设者。我国社会阶级阶层的发展状况是随着经济社会发展相应变化的，在改革开放和发展社会主义市场经济过程中产生了非公有制经济人士和新的社会阶层人士，他们是社会主义事业的建设者。

非公有制经济人士主要是指个体经济、私营经济这两种经济成分中的代表人士。

要引导非公有制经济人士爱国、敬业、创新、守法、诚信、贡献，做合格的中国特色社会主义事业建设者。要构建亲清新型政商关系，促进非公有制经济健康发展和非公有制经济人士健康成长。

新的社会阶层人士是随着改革开放和社会主义市场经济发展，在非公有制经济领域和社会领域出现的一些新的社会群体，主要包括私营企业和外资企业的管理技术人员、中介组织和社会组织从业人员、自由职业人员、新媒体从业人员，他们是建设中国特色社会主义事业的重要力量。对新的社会阶层人士主要通过"密切联络、反映诉求、强化服务、提升素质、增进团结"来促进他们健康成长，发挥他们在中国特色社会主义事业中的重要作用。

非公有制经济人士、新的社会阶层人士的出现反映了我国社会的巨大进步和阶层结构的巨大变化，他们还不能形成单独的社会阶级，他们的意志和利益往往要通过人民民主专政的国家来反映和保护。要适当增加他们在各级人大代表、政协委员当中的数量，引导他们在既定的政治架构内表达合理的利益诉求，发挥他们在中国特色社会主义事业中的重要作用，为把我国建设成为富强民主文明和谐美丽的社会主义现代化强国，实现中华民族伟大复兴，凝聚新力量。

【导入事例 3－1】分析：

1. 非公有制经济已成为我国国民经济中一支不可缺少的力量。非公有制经济人士主要是指个体经济、私营经济这两种经济成分中的代表人士，属于我国阶级构成中的社会主义事业的建设者。

2. 非公有制经济人士主要通过担任各级人大代表、政协委员等多种途径积极参政议政，在既定的政治架构内表达合理利益诉求，为把我国建设成为富强民主文明和谐美丽的社会主义现代化强国、实现中华民族伟大复兴凝聚新力量。

（三）爱国统一战线

1. 统一战线的概念。统一战线就是指无产阶级及其政党在革命、建设、改革过程中，为了获得最广泛的同盟军以壮大自己的力量，同其他革命阶级以及一切可以团结的人们所结成的政治联盟。它是一个比工农联盟更加广泛的联盟。我国统一战线是中国共产党凝聚人心、汇聚力量的政治优势和战略方针，是夺取革命、建设、改革事业胜利的重要法宝，是增强党的阶级基础、扩大党的群众基础、巩固党的执政地位的重要法宝，是全面建成小康社会、加快推进社会主义现代化、实现中华民族伟大复兴中国梦的重要法宝。[1]

2. 现阶段统一战线的性质和范围。我国《宪法》序言规定，"社会主义的建设事业必须依靠工人、农民和知识分子，团结一切可以团结的力量。在长期的革命、建设、改革过程中，已经结成由中国共产党领导的，有各民主党派和各人民团体参加的，包括全体社会主义劳动者、社会主义事业的建设者、拥护社会主义的爱国者、

---

〔1〕《中国共产党统一战线工作条例（试行）》。

拥护祖国统一和致力于中华民族伟大复兴的爱国者的广泛的爱国统一战线，这个统一战线将继续巩固和发展"。因此，现阶段我国统一战线的性质是爱国统一战线。

"社会主义事业的建设者"作为爱国统一战线的对象是 2004 年全国人大对《宪法》进行修正时增加的，这是为适应我国改革开放后社会阶层结构新变化的客观现实而作出的重要修改，标志着我国统一战线的重要发展。

将"致力于中华民族伟大复兴的爱国者"作为爱国统一战线的对象是 2018 年全国人大对《宪法》进行修正时新增加的，有利于新时代团结更多海内外中华儿女，共同推动党和国家事业发展、致力于实现中华民族伟大复兴的中国梦。只有把全体社会主义劳动者、社会主义事业的建设者、拥护社会主义的爱国者、拥护祖国统一和致力于中华民族伟大复兴的爱国者都团结起来、凝聚起来，实现中国梦才能获得强大持久广泛的力量支持。

爱国统一战线在本质上仍然以工农联盟为基础，但实际上包含着两个联盟：一个是由大陆范围内的全体社会主义劳动者、社会主义事业的建设者和拥护社会主义的爱国者组成的以社会主义为政治基础的联盟，这个联盟必须坚持四项基本原则；另一个是广泛团结台湾同胞、港澳同胞、海外侨胞，以拥护祖国统一和致力于中华民族伟大复兴为政治基础的联盟。凡是赞成祖国统一的和致力于中华民族伟大复兴的，都是爱国统一战线团结的对象。

3. 爱国统一战线的任务。

（1）为把我国建设成为富强民主文明和谐美丽的社会主义现代化强国而努力奋斗。这是我国各族人民的共同理想和要求，是振兴中华的根本所在。

（2）解决台湾问题，实现祖国完全统一。这是包括台湾同胞在内的全体中华儿女的共同愿望，是中华民族根本利益所在，是国家繁荣昌盛和民族兴旺发达的重要保障。

（3）为维护世界和平与促进共同发展而努力。维护世界和平，促进人类进步，推动构建人类命运共同体，推动建设持久和平、共同繁荣的和谐世界，这是包括中国人民在内的全世界各国人民的共同愿望，也是我国进行改革开放和社会主义现代化建设的不可缺少的外部条件。

爱国统一战线的这三大任务是全国各族人民的共同任务，也是人民民主专政的国家政权所要确保完成的任务。

第二节　中国共产党领导的多党合作和政治协商制度

【导入事例 3 -2】专项民主监督助力脱贫攻坚[1]

民主监督，是我国多党合作的一项重要内容。2016 年 6 月以来，受中共中央委

---

〔1〕 "发挥党派优势 助力脱贫攻坚"，载人民政协网：https://www.rmzxb.com.cn/c/2017 - 10 - 10/1830540. shtml，最后访问时间：2022 年 6 月 2 日。

托，各民主党派中央对口贵州、河南、广西、湖南、云南、四川、陕西、甘肃 8 个脱贫攻坚任务重的中西部省区，开展脱贫攻坚民主监督工作。通过调研、走访的形式，深入了解贫困地区在贫困人口精准识别、精准脱贫、重大政策执行等方面存在的困难和问题，提出了一系列监督性意见建议，切实帮助地方党委政府加强和改进了脱贫攻坚的工作。

在脱贫攻坚民主监督中，对于一些由于政策、历史条件所限，地方解决不了的共性问题和突出困难，各民主党派中央还可以通过"直通车"的形式，把意见和建议直接向中共中央、国务院反映。脱贫攻坚民主监督工作开展以来，由各民主党派中央负责人带队共开展调研 166 次，涉及 240 个县（市、州）、542 个村；举办协商、座谈、答复反馈等会议 193 次；向地方党委、政府提出各类意见建议 567 条。各对口省区，虚心接纳，认真整改落实。

问：根据上述事例，分析我国民主党派的民主监督？

一、政党制度概念

政党制度，就是公民通过政党来行使国家权力的制度，是政党参与、执掌和影响国家政权的各项制度的总称。政党制度是现代民主政治制度的重要内容，是公民实现结社权、有组织地参与国家权力分配的制度设计，它往往与选举制度相结合，共同构成维系和实现公民权利与国家权力之间动态平衡的制度化途径。当代各国的政党制度大致有以下几种：一党制、两党制、多党制、一党领导的多党合作制。一个国家实行什么样的政党制度，由该国国情、国家性质和社会发展状况所决定。各国政党制度的不同体现了人类文明发展的多样性。

二、中国共产党领导的多党合作和政治协商制度

我国《宪法》在序言中规定，"中国共产党领导的多党合作和政治协商制度将长期存在和发展"。这是现行《宪法》对我国政党制度的明确表述。

中国的政党制度既不同于西方国家的两党或多党竞争制，也有别于一些国家实行的一党制，而是中国共产党领导的多党合作和政治协商制度，即中国共产党领导、多党派合作，中国共产党执政、多党派参政。各民主党派不是在野党和反对党，而是同中国共产党通力合作的中国特色社会主义参政党。中国共产党领导的多党合作和政治协商制度是我国的一项基本政治制度，是中国共产党、中国人民和各民主党派、无党派人士的伟大政治创造，是从中国土壤中生长出来的新型政党制度，是马克思主义政党理论与中国实际相结合的新型政党制度，是我国社会主义新型政党制度。

中国共产党领导的多党合作和政治协商制度的政治优势在于：既能实现广泛的民主参与，集中各民主党派、各人民团体和各界人士的智慧，促进执政党和各级政府决策的科学化、民主化，又能实现集中统一，统筹兼顾各方面群众的利益要求；既能避免一党执政缺乏监督的弊端，又可避免多党纷争、互相倾轧造成的政治混乱和社会不安定团结。

（一）我国的民主党派

1. 我国大陆现有 8 个民主党派，是中华人民共和国宪法承认并保护的合法政党。①"民革"即中国国民党革命委员会，成立于 1948 年 1 月，并于 1949 年 11 月与民主革命同盟、民联、民促等合并后使用现名。②"民盟"即中国民主同盟，是 1944 年 9 月由"中国民主政团同盟"改组而成，现主要成员来自文教、科技界的知识分子。③"民进"即中国民主促进会，它成立于 1945 年 12 月，其成员现主要活动于文教战线。④"民建"即中国民主建国会，它成立于 1945 年 12 月，由来自知识界、民族工商业者的人员组成。⑤"农工党"即中国农工民主党，它创立于 1927 年 12 月，当时被称为"中华革命党"，1930 年改为"中国国民党临时行动委员会"，1935 年 11 月改为"中华民族解放行动委员会"，1947 年改为现名，主要以医药卫生界人士为发展重点。⑥"致公党"即中国致公党，成立于 1925 年 10 月，其主要成员为归国华侨和侨眷。⑦"九三"即九三学社，成立于 1946 年 5 月，前身为"民主科学社""九三座谈会"（1945 年 9 月 3 日为纪念中国人民抗日战争暨世界反法西斯战争胜利日），主要成员为科技界、文教界的中高级知识分子。⑧"台盟"即台湾民主自治同盟，1947 年台湾"二·二八起义"后成立，主要成员为台湾省籍的爱国民主人士。

这些民主党派是在中国民主革命时期逐步建立的，并在新中国成立后得到了新的发展。此外，还有中华全国工商业联合会，它是具有统一战线性质的民间商会，虽不属政党性质，但在目前的形势下，也起着政党般的重要作用。

2. 我国民主党派的性质和地位。我国民主党派的性质在其产生发展的过程中，随着革命斗争的不断演进而发生了巨大变化。由于这些政党大多成立于中国人民抗日战争（1937~1945 年）和解放战争（1946~1949 年）时期，是在争取实现民族解放和人民民主的斗争中建立的，因此被称为"民主党派"。在新民主主义革命时期，民主党派是民族资产阶级和上层小资产阶级及其知识分子的政党。在当今中国，在人民革命、建设、改革事业中同中国共产党一道前进、一道经受考验并做出重要贡献的各民主党派，已经成为各自所联系的一部分社会主义劳动者、社会主义事业的建设者和拥护社会主义的爱国者的政治联盟，是接受中国共产党领导、同中国共产党通力合作的亲密友党，是中国特色社会主义参政党，属于人民的范畴。

各民主党派参加国家政权，参与重要方针政策、重要领导人选的协商，参与国家事务的管理，参与国家方针政策、法律法规的制定和执行；根据互相监督的原则对执政党的活动进行监督；参加中国共产党领导的政治协商，并且发挥民主党派成员在文化、科学、技术等方面的专长，为社会主义建设提供服务。

（二）中国共产党领导的多党合作的基本特点

1. 中国共产党是中国的执政党，在中国各政党中处于领导地位，各民主党派接受共产党的领导。中国共产党在多党合作和政治协商中处于领导和执政地位，这是多党合作的基本前提和政治基础。

2. 各民主党派是中国特色社会主义的参政党。各民主党派在中国共产党的领导下参政，是人民民主的重要体现。中国共产党同各民主党派实行长期共存、互相监督、肝胆相照、荣辱与共的基本方针，支持民主党派按照中国特色社会主义参政党要求更好地履行职能。

3. 中国共产党与各民主党派形成了团结合作的新型政党关系。中国共产党与各民主党派在长期的共同奋斗中，形成了通力合作的亲密友党关系，建设中国特色社会主义成为中国各政党的共同目标。

4. 中国共产党和民主党派都享有宪法规定的权利和义务范围内的政治自由、组织独立和法律地位平等。各政党都以宪法为根本活动准则，负有维护宪法尊严，保护宪法实施的职责。

（三）中国人民政治协商会议

党的十八大报告提出了"社会主义协商民主是我国人民民主的重要形式"的论断。这是社会主义协商民主概念第一次在党的代表大会报告中被提出，标志着社会主义协商民主理论的正式确立。党的十九大报告再次提出，"协商民主是实现党的领导的重要方式，是我国社会主义民主政治的特有形式和独特优势"，"人民政协是具有中国特色的制度安排，是社会主义协商民主的重要渠道和专门协商机构。人民政协工作要聚焦党和国家中心任务，围绕团结和民主两大主题，把协商民主贯穿政治协商、民主监督、参政议政全过程，完善协商议政内容和形式，着力增进共识、促进团结。加强人民政协民主监督，重点监督党和国家重大方针政策和重要决策部署的贯彻落实"。

1. 中国人民政治协商会议的性质。我国《宪法》序言规定，"中国人民政治协商会议是有广泛代表性的统一战线组织，过去发挥了重要的历史作用，今后在国家政治生活、社会生活和对外友好活动中，在进行社会主义现代化建设、维护国家的统一和团结的斗争中，将进一步发挥它的重要作用。中国共产党领导的多党合作和政治协商制度将长期存在和发展"。

（1）是我国爱国统一战线的组织。在长期的革命、建设、改革过程中，已经结成由中国共产党领导的，有各民主党派和各人民团体参加的，包括全体社会主义劳动者、社会主义事业的建设者、拥护社会主义的爱国者、拥护祖国统一和致力于中华民族伟大复兴的爱国者的广泛的爱国统一战线。中国人民政治协商会议就是包括以上各个方面的、由各党派团体和各族各界代表人士组成的爱国统一战线的组织。

（2）是中国共产党领导的多党合作和政治协商的重要机构，是我国政治生活中发扬社会主义民主的重要形式。人民政协不是国家机关，不属于我国国家机构体系；它也不同于一般的人民团体，它是我国由各个政党共同创立、共同参加、合作共事的政治组织，是各党派、各人民团体、各界代表人士团结合作、参政议政的重要场所。

2. 中国人民政治协商会议的产生和发展。1948 年 4 月 30 日，中共中央发布"五一"劳动节口号，号召"各民主党派、各人民团体、各社会贤达迅速召开政治协商会议，讨论并实现召集人民代表大会，成立民主联合政府"，中共中央的这一提议得到社会各界的广泛响应，标志着各民主党派和无党派人士公开、自觉接受中国共产党的领导。

1949 年 9 月 21 日，来自中国共产党、各民主党派、各人民团体、各地区、人民解放军、各少数民族、国外华侨、宗教界人士及其他爱国人士共 662 名代表，在北京召开了中国人民政治协商会议第一届全体会议，代行尚未产生的全国人大的职权，代表全国人民的意志通过了起临时宪法作用的《共同纲领》，制定了《中央人民政府组织法》和《中国人民政治协商会议组织法》，选举了中央人民政府委员会，选定了国旗、国歌，并决定 10 月 1 日为新中国国庆日，宣告了中华人民共和国的成立，发挥了重要的历史作用。

1954 年第一届全国人民代表大会召开后，中国人民政治协商会议继续在国家的政治生活和社会生活以及对外友好活动中进行了许多工作，作出了重要的贡献。1978 年 12 月中国共产党十一届三中全会以来，在拨乱反正、巩固和发展安定团结的政治局面，实现国家工作中心向经济建设转移，推进改革开放和社会主义现代化建设，争取实现包括台湾在内的祖国统一，反对霸权主义、维护世界和平的斗争中，中国人民政治协商会议进一步发挥了重要作用。

1982 年 12 月 11 日，为适应改革开放和社会发展，中国人民政治协商会议第五届全国委员会第五次会议通过了新的《中国人民政治协商会议章程》，并于 1994 年 3 月作了修改。1989 年 12 月 30 日中共中央颁布的《中共中央关于坚持和完善中国共产党领导的多党合作和政治协商制度的意见》第一次明确地认定民主党派在我国人民民主专政的国家政权中的参政党地位，第一次从国家政治生活的角度比较完整地概括了中国共产党和民主党派的关系，使政治协商制度进一步规范化制度化。

进入新世纪，面对国际形势的深刻变化，我国社会经济的持续、稳步发展，经济结构的变动和社会新阶层人士的出现等新情况，2000 年 3 月 11 日中国人民政治协商会议第九届全国委员会第三次会议和 2004 年 3 月 12 日中国人民政治协商会议第十届全国委员会第二次会议先后对《中国人民政治协商会议章程》作了修正。2005 年 2 月 18 日，中共中央发布了《中共中央关于进一步加强中国共产党领导的多党合作和政治协商制度建设的意见》，它在进一步推进多党合作和政治协商的制度化、规范化、程序化建设上，提出了许多新的理论观点和政策措施。2015 年 2 月 9 日公布的《中共中央关于加强社会主义协商民主建设的意见》、2015 年 5 月 18 日施行的《中国共产党统一战线工作条例（试行）》、2015 年 12 月 10 日中共中央办公厅印发的《关于加强政党协商的实施意见》等一系列重要文件的出台，进一步加强和改善了中国共产党对政协组织的全面领导，进一步秉承和发挥了我国政治制度和政党制度的特点和优势。2018 年 3 月 15 日《中国人民政治协商会议章程修正案》的通过标志着中国人民政治协商会议进入了新的时期，是加强我国社会主义民主政治建设的一件大事，更好地推动了政协的工作。

3. 中国人民政治协商会议的主要职能。

（1）政治协商是对国家大政方针和地方的重要举措以及经济建设、政治建设、文化建设、社会建设、生态文明建设中的重要问题，在决策之前和决策实施之中进行协商。中国人民政治协商会议全国委员会和地方委员会可根据中国共产党、人民代表大会常务委员会、人民政府、民主党派、人民团体的提议，举行有各党派、团体的负责人和各族各界人士的代表参加的会议，进行协商，亦可建议上列单位将有关重要问题提交协商。

（2）民主监督是对国家宪法、法律和法规的实施，重大方针政策、重大改革举措、重要决策部署的贯彻执行情况，涉及人民群众切身利益的实际问题解决落实情况，国家机关及其工作人员的工作等，通过提出意见、批评、建议的方式进行的协商式监督。它不同于人大的监督，不具有法律效力，但却是国家政治生活中发扬社会主义民主的一种重要形式。

（3）参政议政是对政治、经济、文化、社会生活和生态环境等方面的重要问题以及人民群众普遍关心的问题，开展调查研究，反映社情民意，进行协商讨论。通过调研报告、提案、建议案或其他形式，向中国共产党和国家机关提出意见和建议。

4. 中国人民政治协商会议的机构设置。中华人民共和国成立后，中国人民政治协商会议经过不断地发展和完善，在机构设置方面，设全国委员会和地方委员会。全国委员会由中国共产党、各民主党派、无党派人士、人民团体、各少数民族和各界的代表，香港特别行政区同胞、澳门特别行政区同胞、台湾同胞和归国侨胞的代表以及特别邀请的人士组成，设若干界别。从1983年开始，全国各地的市、州、县和市辖区基本上陆续地设立了政协的地方组织。地方委员会的组成，根据当地情况，参照全国委员会的组成决定。

中国人民政治协商会议全国委员会对地方委员会的关系和地方委员会对下级地方委员会的关系是指导关系，中国人民政治协商会议地方委员会对全国委员会的全国性的决议，下级地方委员会对上级地方委员会的全地区性的决议，都有遵守和履行的义务。

（1）中国人民政治协商会议全国委员会。政协全国委员会由主席1人、副主席若干人、秘书长1人、委员若干人组成。政协全国委员会每届任期为5年。政协全国委员会会议分为全体会议和常务委员会会议两种形式。政协全国委员会全体会议每年举行1次，由常务委员会召集。政协全国常务委员会由政协主席、副主席、秘书长和常务委员组成。

（2）中国人民政治协商会议地方委员会。政协地方委员会包括政协省、自治区、直辖市委员会以及政协自治州、设区的市、县、自治县、不设区的市和市辖区委员会，每届任期为5年。政协地方各级委员会每年至少举行1次全体会议。地方各级政协委员会由常务委员会主持。常务委员会由政协主席、副主席、秘书长和常务委员组成。

【导入事例 3 - 2】分析：

1. 中国共产党的领导是多党合作的前提。民主党派不是执政党，也不是在野党，更不是反对党，而是同共产党亲密合作的友党和中国特色社会主义参政党。中共中央委托各民主党派中央开展脱贫攻坚民主监督工作既是对民主党派的高度重视和信任，是中共中央赋予各民主党派的一项新任务，是新形势下民主党派发挥民主监督的新探索，是民主党派履行民主监督的新领域；也是民主党派履行中国特色社会主义参政党的政治责任，是参与全局、服务大局的充分体现。

2. 民主监督是民主党派的一项重要职能。民主党派通过民主监督提意见、做批评，有利于促进科学民主决策，有利于促进民主政治发展。脱贫攻坚民主监督是各民主党派第一次对一项国家重大战略工程和重要政策落实进行监督，拓展了民主监督的渠道，丰富了民主监督的内容和形式，创新了对中共中央重大决策进行监督的形式。

3. 民主监督是多党合作的主要内容。它不同于人大的监督，不具有法律效力，但却是国家政治生活中发扬社会主义民主的一种重要形式，是我国社会主义监督体系的重要组成部分。

实务训练

课堂讨论

近年来，各民主党派认真履行中国特色社会主义参政党职能，多党合作制度优势充分彰显。

政党协商深入开展。近年来，中共中央高度重视多党合作制度建设，先后出台了《中共中央关于加强社会主义协商民主建设的意见》《中国共产党统一战线工作条例（试行）》《关于加强政党协商的实施意见》等一系列重要文件。政党协商内容进一步明确，程序进一步规范，机制进一步完善，成效和水平进一步提高。十八大以来，中共中央、国务院召开或委托中央统战部召开的协商会、座谈会、通报会共百余次，其中中共中央总书记主持召开或出席的就达 20 多次。

参政议政效果显著。5 年来，各民主党派中央结合自身特色和优势，进一步加强参政议政工作，围绕大力推进供给侧结构性改革、深入推进新型城镇化、"一带一路"建设、促进科技发展和自主创新、大力振兴和提升实体经济等重大问题，组织专家学者深入调研，共向中共中央、国务院报送意见建议 539 件。

民主监督创新发展。自 2016 年起，受中共中央委托，各民主党派中央对口 8 个脱贫攻坚任务重的中西部省区，开展了脱贫攻坚民主监督工作。各民主党派中央集中开展脱贫攻坚民主监督，创新了对中共中央重大决策进行监督的形式。

合作共事稳步推进。中共各级党委积极支持民主党派成员在国家机关和人民政协发挥作用，全国 27 个省（区、市）政府配备了党外副省长（副主席、副市长）。[1]

请分析：

1. 上述数字和事实说明了什么？
2. 中国共产党领导的多党合作和政治协商制度的优点是什么？

延伸阅读

《中国的民主》白皮书，国务院新闻办2021年12月4日发表。

《中国新型政党制度》白皮书，国务院新闻办2021年6月25日发表。

思考题

1. 为什么说人民民主专政实质上是无产阶级专政？
2. 简述现阶段统一战线的性质、范围和任务。
3. 中国共产党领导的多党合作的基本特点是什么？
4. 简述中国人民政治协商会议的性质和主要职能。

---

〔1〕"习近平统战'新语'领航新时代多党合作"，载央视网：http://news.cctv.com/2018/02/08/ARTI4j9bMwFNXW8bk99tDAD3180208.shtml，最后访问时间：2018年5月15日。

第四章

政权组织形式

第四章

学习目标与工作任务

　　通过本章的学习，学生将掌握政权组织形式的相关理论，深刻领会人民代表大会制度是我国的根本政治制度，了解如何坚持和完善人民代表大会制度，熟练掌握我国选举制度的基本原则，了解我国选举制度的基本程序，从而提高学生对社会主义民主政治建设重要性的认识。

第一节　政权组织形式概述

【导入事例 4 - 1】"光荣革命"与君主立宪政体

　　1685 年开始，英国詹姆斯二世不顾国内外的强烈反对，违背关于禁止天主教徒担任公职的"宣誓条例"，委任天主教徒到军队、政府部门、教会、大学去担任重要职务。1687 年和 1688 年詹姆斯二世先后发布两个"宽容宣言"，给予包括天主教徒在内的所有非国教教徒以信教自由，并命令英国国教会的主教在各主教区的教坛上宣读，引起英国国教主们的普遍反对。同时詹姆斯二世残酷迫害清教徒，还向英国工商业的主要竞争者——法国靠拢，严重危害了资产阶级和新贵族的利益。1688 年 6 月 20 日，詹姆斯二世得子，其信仰英国国教的女儿玛丽没有希望继承王位。为防止天主教徒承袭王位，资产阶级和新贵族决定推翻詹姆斯二世的统治。由辉格党和托利党的 7 位名人出面邀请詹姆斯二世的女婿、玛丽的丈夫、荷兰执政奥兰治亲王威廉来英国，保护英国的宗教、自由和财产。詹姆斯二世逃亡法国。1688 年 12 月，威廉兵不血刃进入伦敦。1689 年议会宣布詹姆斯二世逊位，由威廉和玛丽共同统治英国，同时议会向威廉提出了一个权利宣言，规定国王未经议会同意不能停止施行任何法律；不经议会同意不能征税；天主教徒不能担任国王，国王不能与天主教徒结婚等。威廉接受了该宣言提出的要求。1689 年 10 月该宣言经议会正式批准成为法律，即《权利法案》。因为这场革命没有流血，历史学家称之为"光荣革命"。

　　问："光荣革命"后英国确立了何种政权组织形式？

一、政权组织形式的概念

政权组织形式，也称为国家的管理形式，是指特定社会的统治阶级采取何种原则和方式去组织反对敌人、保护自己、治理社会的政权机关的组织体系。政权组织形式在一定意义上可以说就是政体，即政体又叫政权组织形式。但是，宪法学界也有人认为，政体和政权组织形式是两个既有联系又有区别的概念，两者不能简单等同。虽然政体和政权组织形式都是实现国家权力的形式，但是政体主要说明国家权力的组织过程和基本形态，着重于体制；政权组织形式着重说明国家权力的机关以及各种机关之间的相互关系，着重于机关。[1]

国体和政权组织形式在任何国家都应该是统一的。国体主要揭示谁是国家的统治者，谁掌握国家的政权，即要明确治国的主体。政权组织形式主要解决统治者如何治理国家，采用什么原则和方式行使国家权力，从而确立国家机关的组织体系，实现统治阶级治理国家的目的和愿望。国体和政权组织形式的关系表现在以下两个方面：

（一）国体决定政权组织形式

国体是国家的阶级本质，它属于国家的内容，而政权组织形式是国家的形式。按照内容决定形式的哲学原理，国体决定政权组织形式，有什么样的国家性质就应该有与之相适应的政权组织形式，但国体相同的国家，政权组织形式并不一定完全相同，各种不同类型的国家都必须采取适合本国的政权组织形式。

（二）政权组织形式对国体有反作用

内容决定形式，形式反映内容，一定事物的内容总是有其特定的表现形式。国体决定政权组织形式，这不意味着政权组织形式是消极、被动和无所作为的。政权组织形式应当以其特定的功能表现和反映统治阶级意志和利益，从而维护国体。当一个国家的政权组织形式和国体相适应的时候，它会促进一个国家政权的稳定、经济的繁荣；当一个国家的政权组织形式和国体不相适应的时候，它会阻碍一个国家政权的稳定、经济的繁荣。因此，任何统治者都不能轻视政权组织形式的建设。

二、政权组织形式的主要种类

历史上，大多数奴隶制和封建制国家采用由君主掌握国家最高权力的君主专制制，我们在这里主要介绍近现代社会各国的政权组织形式，大致可分为两大类：

（一）君主立宪制

君主立宪制，是指君主作为国家元首，依照宪法的规定，实际上享有或者有限享有国家权力的一种政权组织形式。依照君主掌握国家权力的不同，可以把君主立宪制分为两种：

1. 议会君主立宪制，是指君主作为国家元首不掌握国家实权，仅在形式上、礼仪上、象征意义方面代表国家。国家权力主要在议会、政府和司法机关之间进行分

---

〔1〕 何华辉：《比较宪法学》，武汉大学出版社 1988 年版，第136、139、144 页。

配和制约，其中议会为国家最高立法机关，政府（内阁）由议会产生，对议会负责，如果议会对政府（内阁）通过不信任案，政府（内阁）必须辞职或改组，否则由国王解散议会，重新进行大选。英国是最早实行议会君主立宪制的国家，西班牙、葡萄牙、荷兰、比利时、日本、泰国等国家也实行议会君主立宪制。

【导入事例4-1】分析：

"光荣革命"后，英国在世界范围内首次建立了君主立宪制度，君主的权力不再是至高无上的，而是受到法律、议会的严格限制。

2. 二元君主立宪制，是指君主的权力虽然受到宪法的限制，但君主仍然掌握国家的实际权力。议会权力较小，议会成员除一部分由选举产生以外，还有一部分由君主任命或指定。政府（内阁）不对议会负责，只对君主负责，首相由君主任命，政府（内阁）的去留由君主决定。在近代国家，只有以前的尼泊尔、约旦哈希姆王国等少数国家采用二元君主立宪制。

（二）共和制

共和制，是指国家权力属于人民，国家元首依法由选举产生，并有一定任期限制的一种政权组织形式。共和制是近、现代立宪国家普遍采用的一种政权组织形式，根据不同的权力配置，特别是国家元首在中央权力体系中的位置和作用等因素，共和制可以分为以下四种：

1. 议会共和制，是指作为国家元首的总统不掌握国家实权，议会由选举产生，政府由在议会中占据多数席位的政党组成。政府对议会负责，议会可以通过不信任案迫使政府辞职；政府也可以解散议会。德国、意大利、印度、以色列等国家都实行议会共和制。

2. 总统共和制，是指总统既是国家元首，又是政府首脑，国家权力依照宪法和法律的规定由总统、议会和法院进行分权，从而相互平衡、相互制约。其中总统行使行政权，议会行使立法权，法院行使司法权。总统和议会均由选民选举产生，总统不对议会负责，总统也不能解散议会，议会只能对总统依法行使弹劾权，而不能以不信任案迫使总统辞职。这种典型的总统共和制，是由美国首创的。

3. 半总统半议会制，法国1946年建立的是一个强议会、弱行政的议会共和制，由于戴高乐制定的1958年《法国宪法》以及后来对该法的修正，扩大了总统的权力，使总统相对独立和超脱。因此，人们把法国现在的共和制称为"半总统半议会制"。这种共和制的主要特点是，总统是国家元首，拥有较多的国家实权，政府由议会中占据多数席位的政党组成，对议会负责。议会可以对政府提出不信任案，从而使其"倒阁"。

4. 委员会共和制，是指国家立法权由联邦议会掌握，联邦委员会为最高行政机构，它由议会两院联席会议选举产生。联邦委员会由7名委员组成，设有主席和副主席。联邦委员会主席既是国家元首，又是政府首脑，对外代表国家，对内主持联邦委员会，但联邦委员会主席没有超越其他成员之上的特权，委员会实行集体负责制，国家的重要事务都由委员会集体表决，少数服从多数。瑞士是委员会共和制的代表。

此外，社会主义国家也必须建立共和政体，而人民代表会议制是大多数社会主义国家采用的政权组织形式。它是指最高国家权力机关（人民代表大会、国民议会等）由人民选举产生，并行使立法权和重大问题决定权等国家权力，政府行使行政权，法院和检察院行使司法权。最高国家权力机关居于国家机构体系的最高地位，并产生其他中央国家机关，其他中央国家机关对它负责，向它汇报工作，接受它的监督。

第二节   人民代表大会制度

【导入事例 4-2】天津市人大常务委员会罢免天津市市长黄兴国人大代表职务

2016 年 12 月 15 日，天津市第十六届人民代表大会常务委员会第三十二次会议通过决议，决定罢免黄兴国的第十二届全国人民代表大会代表职务，并报送全国人民代表大会常务委员会备案、公告。2015 年 8 月 12 日，天津滨海新区发生特别重大火灾爆炸事故后，代理天津市委书记的黄兴国两次面对媒体，谈爆炸事故经验和教训，还曾多次表态"围绕反腐败斗争部署加强权力的监督"。2016 年 9 月 10 日，中纪委网站发布消息，天津市委代理书记、市长黄兴国涉嫌严重违纪，接受组织调查。他是十八大以来首个落马的直辖市市长，也是十八大之后天津被查落马的第三名省级高官。

问：天津市人大常务委员会罢免天津市市长黄兴国人大代表职务的宪法依据是什么？

一、人民代表大会制度的概念

我国《宪法》第 2 条第 1、2 款规定："中华人民共和国的一切权力属于人民。人民行使国家权力的机关是全国人民代表大会和地方各级人民代表大会。"《宪法》的上述规定和有关实践说明，人民代表大会制度，是指国家的一切权力属于人民，人民通过直接选举或者间接选举选出人民代表，组成全国人民代表大会和地方各级人民代表大会，作为国家权力机关；其他国家机关都由同级人民代表大会产生，并对它负责，向它汇报工作，接受它的监督；而人民代表大会对人民负责，向人民汇报工作，接受人民的监督，以实现人民当家作主的根本政治制度。

人民代表大会制度作为我国的政权组织形式，可以从以下四个方面进行分析：

（一）国家的一切权力属于人民是人民代表大会制度的逻辑起点

国家的一切权力属于人民，既是人民代表大会制度的出发点，又是其终极目标。它体现了人民主权的宪法原则，揭示了人民和国家之间的宪法关系，即人民是国家权力的所有者，人民通过法定程序委托国家机关行使权力。国家机关应对人民负责，按照人民的意愿行使各项国家权力。否则，就从根本上违反了国家的一切权力属于人民的宪法原则。我国《宪法》规定，中华人民共和国的一切权力属于人民。人民行使国家权力的机关是全国人民代表大会和地方各级人民代表大会。全国人民代表大会和地方各级人民代表大会都由民主选举产生，对人民负责，受人民监督。《宪法》这些有关人民代表大会制度的规定集中地体现了国家一切权力属于人民的最高原则。

（二）选民民主选举代表是人民代表大会制度的前提

国家权力属于人民，并不是说人民直接行使国家权力。因为地域的广阔、人口的众多等原因，决定了国家权力的所有者不可能各自直接地、经常地行使属于自己的权力，而只能实行间接民主的人民代表制。按照代议制度的原理，应该由人民的多数依据选举法的规定，选出人民中的少数人作为其代表，由代表组成行使国家权力的最高国家权力机关和地方各级国家权力机关，而国家权力机关的行为必须代表人民的意志和利益。因此，人民在民主普选的基础上选举代表，组成全国人民代表大会和地方各级人民代表大会，作为人民行使权力的国家机关，就构成了人民代表大会制度的前提和基础。

（三）以人民代表大会为基础建立全部国家机构是人民代表大会制度的核心

虽然我国的政权组织形式没有采用孟德斯鸠的三权分立学说，而是把国家的权力集中在各级人大中，但这并不是说所有的国家权力都一律由人民代表大会行使，在具体的国家权力行使上，各个国家机关还是有分工的。其中，立法权、任免权和重大问题决定权等权力都由全国人民代表大会和相关地方人民代表大会行使，行政权由人民政府行使，监察权由监察委员会行使，审判权由人民法院行使，法律监督权由人民检察院行使。政府、监察委员会、法院和检察院均由同级人民代表大会产生，即国家权力机关是产生其他国家机关的主体。因此，我国《宪法》第3条第3款规定，国家行政机关、监察机关、审判机关、检察机关都由人民代表大会产生，对人民代表大会负责，受人民代表大会监督。

（四）对人民负责、受人民监督是人民代表大会制度的关键

列宁认为，任何由选举产生的机关或代表会议，只有承认和实行选举人对代表的罢免权，才能被认为是真正民主的、确实代表人民意志的机关，这是真正民主制的基本原则。因此，我国《宪法》第3条第2款规定，全国人民代表大会和地方各级人民代表大会都由民主选举产生，对人民负责，受人民监督。否则，人民代表大会作为人民选出的代议机关就可能脱离人民，违背人民的利益和愿望。所以，必须加强人民代表大会对人民负责的力度，建立和健全人民监督国家权力机关的法律制度，使负责和监督落到实处。

另外，我们在理解人民代表大会制度的概念时，还要注意人民代表大会制度和人民代表大会是两个既有联系，又有区别的概念。人民代表大会制度是我国的政权组织形式和根本政治制度，是人民行使国家权力的根本途径和方式，而人民代表大会是具体的国家权力机关，是人民代表大会制度中一个非常关键的主体，其职权的

行使以及与其他国家机关的关系，是人民代表大会制度的重要内容。

二、人民代表大会制度是我国的根本政治制度

政治制度是指统治阶级实现国家职能，从而实现自己的统治方式的总称。它包括选举制度、政党制度、司法制度、军事制度等。在我国的各项政治制度中，人民代表大会制度之所以成为根本的政治制度，是因为它处于我国政治制度的核心，对各种政治制度的实施和协调，都发挥着支配和统帅的重大作用。

（一）人民代表大会制度直接地、全面地反映了我国的国体

我国《宪法》第1条第1款规定："中华人民共和国是工人阶级领导的、以工农联盟为基础的人民民主专政的社会主义国家。"这说明，我国的人民民主专政建立在工人阶级领导和工农联盟的基础上，它以知识分子为依靠力量，以社会主义建设、热爱祖国和致力于中华民族伟大复兴为前提条件，形成了新时期广泛的爱国统一战线。人民中的所有阶级、阶层虽然都属于统治阶级的范畴，但是在政权结构中各自的地位和作用又是有区别的。人民代表大会制度直接地、全面地反映了国体中的社会各阶级、各阶层在国家的地位以及相互关系，是政权组织形式体现国家性质的重要方面。

从我国最新一届国家权力机关代表的构成来看，十三届全国人大共选举产生代表2980名。其中，少数民族代表438名，占代表总数的14.70%，全国55个少数民族都有本民族的代表；归侨代表39名；连任代表769名，占代表总数的25.81%。与第十二届相比，妇女代表742名，占代表总数的24.90%，提高了1.5个百分点；一线工人、农民代表468名（其中有45名农民工代表），占代表总数的15.70%，提高了2.28个百分点；专业技术人员代表613名，占代表总数的20.57%，提高了0.15个百分点；党政领导干部代表1011名，占代表总数的33.93%，降低了0.95个百分点。总体来看，第十三届全国人大代表具有广泛的代表性，保证了各地区、各民族、各阶级（层）、各方面都有适当数量代表的要求，它增加了基层代表的比例，使人大代表结构进一步优化。因此，人民代表大会制度直接地、全面地反映了我国的国体，反映了全体社会主义劳动者、社会主义事业建设者以及拥护社会主义、拥护祖国统一和致力于中华民族伟大复兴的爱国者等阶级和阶层之间的联盟。

（二）人民代表大会制度是其他制度赖以建立的基础

人民代表大会制度的产生不以任何制度为依据，从它成立开始，就成为其他制度赖以建立的基础。因为全国人民代表大会代表人民行使国家权力，根据宪法授予的立法权，全国人民代表大会不但可以建立立法制度的本身，而且可以通过立法行为建立其他制度。如选举制度就是全国人民代表大会通过制定《全国人民代表大会和地方各级人民代表大会选举法》（以下简称《选举法》）和其他有关规定建立起来的，婚姻制度、财政制度、税收制度等制度的建立也都是如此。

另外，各级人民代表大会对同级其他国家机关都有任免权和监督权，也就是说，

国家行政机关、监察机关、审判机关、检察机关都由同级人民代表大会产生，并对它负责，向它汇报工作，接受它的监督。这项权力的行使，与立法权结合起来，就可以建立我国的行政制度、监察制度和司法制度。而重大问题决定权的行使，更可以使人民代表大会根据国家和人民的实际需要，建立它认为必须建立的各种制度。因此，凡是属于国家范围内的一切制度都是由它创建的，或者是经它批准以及由它所授权的机关批准才能成立的。

（三）人民代表大会制度反映我国政治生活的全貌

我国目前的政治制度主要有民族区域自治制度、多党合作与政治协商制度等。在上述各项政治制度中，人民代表大会制度作为我国最重要的政治制度，它调整的是基本社会关系，具有全局性和根本性。而其他各项政治制度都有各自调整的社会关系，只能反映我国政治生活的一个侧面，其领域相对于人民代表大会制度而言，具有局部性和非根本性。因此，人民代表大会制度反映我国政治生活的全貌，和其他政治制度相比，它是我国的根本政治制度。

（四）人民代表大会制度是人民行使国家权力的基本途径和方式

我国《宪法》规定，国家的一切权力属于人民。人民行使国家权力的机关是全国人民代表大会和地方各级人民代表大会。人民依照法律规定，通过各种途径和形式管理国家事务，管理经济和文化事业，管理社会事务。依照《宪法》第16条、第17条、第111条等规定，人民有权通过各种群众性组织和其他组织形式参加国家事务的管理；通过职工代表大会和文教、卫生、科研等组织，实现管理经济和文化事业的权利，通过居民委员会和村民委员会等基层群众性自治组织实现管理社会的自治职能。这就说明，我国人民行使民主权利、当家作主的途径和形式是多种多样的，但是最基本的途径还是人民代表大会制度。因为不管从事何种职业，也不管是什么身份，只要符合法定的条件，就可以依法行使选举权和被选举权，通过人民代表大会的组织和活动，实现人民当家作主的权利。

三、人民代表大会制度的历史发展

人民代表大会制度是在我国的长期革命斗争中创建的政治制度。它是中国共产党把马克思主义的普遍原理和中国国情相结合的产物，在长期的革命和建设过程中，人民代表大会制度根植于中国的土壤，经历了曲折的发展过程，形成了具有中国特色的政权组织形式。

早在第一次国内革命战争时期，在中国共产党领导的工人运动和农民运动中，就有了革命政权组织形式的萌芽。例如，省港工人大罢工中成立的"罢工工人代表大会"，上海工人起义后召开的"上海市民大会"及由它选举产生的"上海市民政府"，以及农民运动中建立的"农民协会"等，都是人民代表大会制度的雏形。

在第二次国内革命战争时期，1931年，中国共产党在江西瑞金创建了苏维埃政权，并召开了中国历史上第一次全国工农兵苏维埃代表大会，制定了《中华苏维埃共和国宪法大纲》。其第 3 条规定："中华苏维埃共和国之最高政权为全国工农兵苏维埃代表大会,在大会闭会的时(期)间,全国苏维埃临时中央执行委员会为最高政权机关,在中央执行委员会下组织人民委员会处理日常政务,发布一切法令和决议案。"根据该规定,全国工农兵苏维埃代表大会是最高政权机关,由它选举产生的中央执行委员会是它的常设机关,在它闭会期间行使最高政权。地方各级工农兵苏维埃代表大会组织各地方人民委员会管理各地方的事务。

在抗日战争时期,民族矛盾上升为主要矛盾,中国共产党提出建立广泛的抗日民族统一战线,并以此为原则在革命根据地组织抗日民主政权。抗日民主政权由各级参议会和各级人民政府组成,参议会由人民采取普遍、平等、直接、秘密的方式选举产生。抗日民主政权的一个重要特征是实行"三三制"的组织原则。

在第三次国内革命战争时期,随着解放战争和土地改革运动的迅速发展,在贫农团和农会的基础上,建立了区、乡两级人民代表会议和人民政府,形成了以民主集中制为组织和活动原则的人民代表会议制度,为人民代表会议制度向人民代表大会制度过渡奠定了坚实的基础。

在中华人民共和国成立初期,1949 年制定的《共同纲领》,以临时宪法的形式确认了人民代表大会制度是我国的政权组织形式。但由于当时的条件还不成熟,作为一种过渡,在中央由中国人民政治协商会议代行全国人民代表大会的职权;在地方由各级、各界人民代表会议逐步代行地方人民代表大会的职权。1953 年,新中国第一部《选举法》发布以后,我国进行了第一次全国范围的普选活动,逐级选出了各级人民代表大会的代表。1954 年 9 月,第一届全国人民代表大会第一次会议正式召开,并制定了《宪法》,这标志着我国人民代表大会制度作为国家政权组织形式的正式确立。

然而,在"文化大革命"期间,全国人民代表大会从 1965 年到 1975 年十年都没有开会,人民代表大会制度名存实亡。粉碎"四人帮"以后,第五届全国人民代表大会第一次会议修改通过了 1978 年《宪法》,它对全国人民代表大会和地方各级人民代表大会的组成和职权等问题都作了明确规定。1979 年第五届全国人民代表大会第二次会议审议通过了《地方各级人民代表大会和人民政府组织法》《选举法》。1982 年《宪法》总结了人民代表大会制度的历史经验和教训,通过了许多新的规定和制度,进一步健全和加强了人民代表大会制度。

以习近平同志为核心的党中央高度重视人大制度和人大工作,提出了一系列新思想新论断新要求,深刻揭示我国实行人大制度的历史必然性和重大历史意义,深刻揭示人大制度的内涵和功效,对推动新形势下的人大工作提出了明确要求,为在新的历史起点上坚持和完善人民代表大会制度,推进社会主义民主政治建设,提供了科学的理论指导和行动指南,人民代表大会制度的根本政治制度作用得到更好的发挥,社会主义民主政治的优越性得到充分彰显。

四、坚持和完善人民代表大会制度

在中国近代史上的各个历史时期，各种社会势力围绕着中国建立什么样的政治体制，曾提出过各种主张，进行了各种尝试。但历史经验说明，无论是君主立宪制，还是资产阶级民主共和制，在中国都行不通。

在中国建立什么样的政治制度，是近代以后中国人民面临的一个历史性课题。新中国成立后，我们既没有采用西方三权分立的政权组织形式，也没有照搬苏联联邦苏维埃模式，而是根据中国自己政权建设的经验，创立了人民代表大会制度。它既保证了人民代表大会统一行使国家权力，又使各个国家机关分工负责、密切配合，较好地兼顾了民主和效率，克服了西方国家机关之间互相扯皮、牵制的不良现象。60多年来的实践充分证明，人民代表大会制度具有鲜明中国特色、巨大制度优势和内在自我完善能力，是符合中国国情和实际、体现社会主义国家性质、保证人民当家作主、保障实现中华民族伟大复兴的好制度。坚定中国特色社会主义制度自信，首先要坚定对中国特色社会主义政治制度的自信，坚持走中国特色社会主义政治发展道路，紧紧抓住人民代表大会这一主要民主渠道，充分发挥根本政治制度作用，通过人民代表大会制度牢牢把国家和民族的前途命运掌握在人民手中。当前，我国正处于建设富强民主文明和谐美丽的社会主义现代化强国，实现中华民族伟大复兴的新的历史时期，这就要求我们不断完善社会主义的各项制度，发展社会主义市场经济，发展社会主义民主，健全社会主义法治，贯彻新发展理念，而人民代表大会制度在我国政治、经济的改革开放中，正日益发挥着重要作用。因此，坚持和完善人民代表大会制度，应当着重把握以下方面：

第一，要始终坚持党的领导特别是党中央的集中统一领导。这是实行人民代表大会制度的内在要求，是人民代表大会制度的优势和特点所在，是做好人大工作的根本保证。必须旗帜鲜明讲政治，牢固树立政治意识、大局意识、核心意识、看齐意识，坚决维护党中央权威和集中统一领导，确保通过人民代表大会制度保证党的路线方针政策和决策部署在国家工作中得到全面贯彻和有效执行。

第二，要始终坚持全面依法治国。坚持党的领导、人民当家作主、依法治国有机统一，加快建设社会主义法治国家，树立和维护宪法权威，弘扬社会主义法治精神，充分发挥各级人大及其常委会在全面依法治国中的重要作用，不断推进科学立法、严格执法、公正司法、全民守法进程。

第三，要始终坚持人民主体地位。支持和保障人民通过人民代表大会行使国家权力，支持和保证人民依法享有广泛权利和自由；贯彻以人民为中心的发展思想，不断解决好人民群众最关心最直接最现实的利益问题，实现好维护好发展好最广大人民的根本利益。

第四，要始终坚持民主集中制。从制度上保证各国家机关在党的领导下，按照各自职责和分工，协调一致地开展工作；在中央统一领导下，充分发挥各地方主动性和积极性，保证国家统一高效组织推进各项事业；保证国家制定的法律法规、作出的决议决定，符合实际、体现民意，具有合法性、正当性和权威性。

第五，要始终坚持与时俱进。紧紧围绕完善和发展中国特色社会主义制度、推进国家治理体系和治理能力现代化的总目标，把坚定制度自信和不断改革创新统一起来，按照总结、继承、完善、提高的原则，不断推进人民代表大会制度理论和实践创新，使我国根本政治制度更加成熟、更加定型。

第六，要始终坚持发挥优势和特点。善于通过人民代表大会制度，保证党领导人民有效治理国家，有效维护国家统一、民族团结和社会和谐稳定，充分调动人民群众的积极性、主动性、创造性，为实现国家富强、民族振兴、人民幸福提供制度保障。[1]

【导入事例 4 - 2】分析：

天津市人大常务委员会罢免天津市市长黄兴国人大代表职务的宪法依据是我国《宪法》第 2 条和第 3 条的规定，即"中华人民共和国的一切权力属于人民。人民行使国家权力的机关是全国人民代表大会和地方各级人民代表大会。全国人民代表大会和地方各级人民代表大会都由民主选举产生，对人民负责，受人民监督。国家行政机关、监察机关、审判机关、检察机关都由人民代表大会产生，对它负责，受它监督"。因此，通过罢免人大代表来行使监督权，是宪法赋予各级人大及其常委会的重要权力。

第三节　选举制度

【导入事例 4 - 3】辽宁拉票贿选案

辽宁拉票贿选案是指在 2011 年辽宁省委常委换届选举和 2013 年辽宁省两会换届选举中发生的拉票贿选等非组织活动涉嫌破坏选举犯罪等系列案件。

2016 年 9 月 13 日，临时召开的第十二届全国人民代表大会常务委员会第二十三次会议，让辽宁贿选案正式进入公众视线。会议表决通过了全国人大常委会代表资格审查委员会关于辽宁省人大选举产生的部分第十二届全国人大代表当选无效的报告，确定 45 名全国人大代表当选无效。2016 年 9 月 17 日，辽宁省第十二届人民代表大会第七次会议筹备组发布公告称，辽宁省第十二届人民代表大会第一次会议选举全国人大代表的过程中，有 45 名当选的全国人大代表拉票贿选，有 523 名辽宁省人大代表涉及此案。其中，452 人辞去辽宁省第十二届人民代表大会代表职务。

2017 年 3 月 28 日至 30 日，沈阳、鞍山、抚顺 15 个基层人民法院分别对辽宁 41 名涉拉票贿选人员作出一审宣判。审理法院综合考虑各案被告人的犯罪事实、犯罪情节以及悔罪表现等因素，对营口港务集团有限公司原董事长高某玉等 41 名被告人

---

〔1〕　中共全国人大常委会机关党组："在新的历史起点上坚持和完善人民代表大会制度"，载《求是》2017 年第 17 期。

分别以破坏选举罪、贪污罪、受贿罪、行贿罪判处有期徒刑等刑罚。

辽宁拉票贿选案是新中国成立以来查处的首个发生在省级层面，严重破坏党内选举制度和人大选举制度的重大案件，955 人受到查处，其中中管干部 34 人，涉案人数之多、性质之恶劣、情节之严重，触目惊心。辽宁省委原书记、人大常委会原主任王珉，辽宁省委原常委、政法委原书记苏宏章，辽宁省人大常委会原副主任王阳、郑玉焯等多名省部级干部因此被组织调查，并给予开除党籍、开除公职处分，其违纪所得被收缴，其涉嫌的犯罪问题、线索及所涉款物等都移送司法机关依法处理。

问：我国《选举法》对破坏选举的制裁措施是如何规定的？

【导入事例 4-4】湖南衡阳贿选案

2012 年 12 月 28 日~2013 年 1 月 3 日，湖南省衡阳市召开第十四届人民代表大会第一次会议，共有 527 名市人大代表出席会议。在差额选举湖南省人大代表的过程中，发生了严重的以贿赂手段破坏选举的违纪违法案件。共有 56 名当选的省人大代表存在送钱拉票行为，涉案金额人民币 1.1 亿余元，有 518 名衡阳市人大代表和 68 名大会工作人员收受钱物。湖南省人大常委会 2013 年 12 月 27 日~28 日召开全体会议，对在衡阳市第十四届人民代表大会第一次会议期间，以贿赂手段当选的 56 名省人大代表，依法确认当选无效并予以公告。衡阳市有关县（市、区）人大常委会 28 日分别召开会议，决定接受 512 名收受钱物的衡阳市人大代表辞职。这是 1949 年以来公开披露的涉案金额最大、涉及党政官员和人大代表最多的一起选举舞弊案。湖南省有关方面已对涉案的党员和国家工作人员进行党纪政纪立案调查，对涉嫌犯罪的人员移送司法机关审查。

问：衡阳贿选案对我国民主政治建设的警示有哪些？

【导入事例 4-5】选民罢免人大代表

深圳市南山区某选区黄某等 52 名选民，将一份《关于坚决要求罢免南山区陈某人大代表资格致深圳市人大常委会、南山区人大常委会的函》送到了南山区人大常委会办公室，要求罢免新当选的人大代表陈某。在罢免函中，52 位选民提出了他们要求罢免陈某的理由："身为社区居委会主任、南山区人大代表的陈某，在辖区人民群众生命财产安全受到极大威胁的时候，漠不关心群众疾苦，工作严重渎职。我们一致认为，陈某虽然当选人大代表，但是不能代表人民群众的根本利益，所以她没有资格继续担任人大代表，建议南山区人大常委会罢免陈某南山区人大代表资格。"

问：

1. 黄某等选民是否有权罢免人大代表？

2. 选民罢免人大代表的条件是什么？

一、选举制度的概述

选举制度，是指由法律规定的关于选举国家代表机关代表和国家公职人员的各项制度的总和。其具体内容主要包括选举的基本原则，选举权利的确定，选举的组织程序，选民和代表的关系，以及侵犯选举权利和破坏选举行为的法律责任等。选举制度作为国家上层建筑的重要组成部分是受经济基础决定和影响的。因此，逐步完善选举制度，提高选举质量，还有待改革开放的不断深入。随着我国政治体制和经济体制改革的深化，经济和社会的全面发展，我国的选举制度在国家政治生活中，在健全人民代表大会制度的进程中，将发挥更加重要的作用。

所谓选举法，是指有关选举国家代表机关代表和国家公职人员的法律规范的总和。在我国，选举法可以分为广义和狭义两种，广义的选举法有《选举法》、国家宪法和法律中有关选举的法律规范、地方依宪法和法律制定的地方性选举法律规范等。狭义的选举法仅指《选举法》。宪法学中研究的主要是狭义上的选举法，即《中华人民共和国全国人民代表大会和地方各级人民代表大会选举法》。

我国社会主义选举制度是伴随着人民代表大会制度的建立而逐步发展的。1949年，中华人民共和国成立，中央人民政府委员会于1953年3月发布了《中华人民共和国全国人民代表大会和地方各级人民代表大会选举法》，这是新中国的第一部选举法。它吸收了革命根据地选举制度的实践经验，对我国选举制度的基本原则、方法和程序作了比较详细的规定。

随着我国政治、经济的发展和人民代表大会制度建设的需要，1979年第五届全国人民代表大会第二次会议通过了新的《中华人民共和国全国人民代表大会和地方各级人民代表大会选举法》。由于《宪法》的修正和政治经济的发展，国家于1982年、1986年、1995年、2004年和2010年先后5次对现行《选举法》进行了修正。2015年8月29日，第十二届全国人民代表大会常务委员会第十六次会议第6次修改《选举法》。2020年10月17日，第十三届全国人民代表大会常务委员会第二十二次会议再次通过了《全国人民代表大会常务委员会关于修改〈中华人民共和国全国人民代表大会和地方各级人民代表大会选举法〉的决定》。该决定增加一条，作为第2条："全国人民代表大会和地方各级人民代表大会代表的选举工作，坚持中国共产党的领导，坚持充分发扬民主，坚持严格依法办事。"该决定还对各级人大代表的名额基数作出具体规定和修改，同时将第13条改为第14条，增加一款，作为第2款："依照前款规定重新确定代表名额的，省、自治区、直辖市的人民代表大会常务委员会应当在三十日内将重新确定代表名额的情况报全国人民代表大会常务委员会备案。"不设区的市、市辖区、县、自治县、乡、民族乡、镇的人民代表大会的代表名额根据本决定重新确定等。

二、选举制度的基本原则

（一）选举权的普遍性

选举权，是指具有选举资格的公民依照法定程序选举国家代表机关代表或国家公职人员的权利。它是公民参加国家管理最基本的一项政治权利。选举权和被选举权在一些国家是分开的，但是在我国，选举权和被选举权是统一的，即凡是享有选举权的人，同时也享有被选举权。因此，我们通常所说的选举权实际上包括了选举权和被选举权两个方面，只是在个别情况下才把两者分开。

选举权的普遍性，是指在一个国家内享有选举权的公民的广泛程度。具体可以从以下两个方面理解：

1.《宪法》《选举法》赋予公民享有选举权的条件是非常宽松的，因而享有选举权的主体具有普遍性或广泛性。我国《宪法》第 34 条规定："中华人民共和国年满十八周岁的公民，不分民族、种族、性别、职业、家庭出身、宗教信仰、教育程度、财产状况、居住期限，都有选举权和被选举权；但是依照法律被剥夺政治权利的人除外。"由此可以看出，我国公民享有选举权和被选举权没有特殊的资格限制。公民行使选举权利只需要同时具备三个条件：①取得中国国籍，是中华人民共和国公民；②行使选举权利的公民要年满 18 周岁；③依照宪法和法律享有政治权利。除此之外，公民享有选举权再没有别的限制，即不受民族、种族、性别、职业等九种情形的影响，均享有选举权和被选举权。

2. 在我国成年公民中，事实上享有选举权的人占成年公民总数的绝大多数，依法不能行使选举权利的人只是成年公民中的极少数。1983 年 3 月，第五届全国人民代表大会常务委员会第二十六次会议作出了《全国人大常委会关于县级以下人民代表大会代表直接选举的若干规定》，其主要内容有：①对于被判处有期徒刑、管制、拘役而没有附加剥夺政治权利的人；②对于被羁押，正在受侦查、起诉、审判，而人民检察院或者人民法院没有决定停止其行使选举权利的人；③对于正在取保候审或者被监视居住的人；④对于正在受拘留处罚的人都准予行使选举权。从此，在我国的直接选举中，不准行使选举权的人在成年公民总数中所占的比例更加减少，选举的普遍性更加广泛了。这里应该注意，依法被剥夺政治权利的人不享有选举权和精神病患者不能行使选举权的情况是不同的。我国《选举法》没有把依法被剥夺政治权利的人不享有选举权和精神病患者不能行使选举权并列放在一个条文中。《选举法》第 27 条第 2 款规定："精神病患者不能行使选举权利的，经选举委员会确认，不列入选民名单。"因此，精神病患者并不属于被剥夺选举权的人，从法律的角度来看，他们仍有选举权和被选举权，但如果他们选举时已失去了行使权利的能力，就不被列入选民名单而暂不行使选举权。

（二）选举权的平等性

选举权的平等性，是指每个选民在一次选举中，只能在一个地方参加选举，并且只能享有一个投票权。任何选民都不得因民族、种族、性别、职业、家庭出身、宗教信仰、教育程度、财产状况和居住期限的不同，而享有特权或受到限制和歧视。选举权的平等性既是我国公民在法律面前一律平等的具体表现，也是我国选举制度的一项基本原则。

但是，我国《选举法》在保证选举权平等性的同时，并不单纯追求形式上的平等，而是着重于实质上的平等。过去，根据城市在政治、经济、文化等方面的中心作用和我国城乡人口比例的差异，以及我国的国体等情况，1979 年《选举法》曾经明确规定，全国人民代表大会城乡代表所代表的人口比例为1∶8，省、自治区人民代表大会城乡代表所代表的人口比例为1∶5；自治州、县人民代表大会城乡代表所代表的人口比例为1∶4。随着我国经济和社会的发展，城乡差别缩小和农村人口相对减少的实际变化，1995年我国在修正《选举法》时对城乡人民代表大会代表所代表的人口数作了相应的调整。把城市与农村每一代表所代表的人口比例一律确定为1∶4，即全国、省级、市级、县级人民代表大会代表中，农村每一代表所代表的人口数是城市每一代表所代表的人口数的4倍。这些都是从当时农村和城市人口比例的实际情况出发而作的特殊规定，它避免了简单、机械地按人口选举，造成农民代表过多，其他阶级、阶层代表过少的局面。随着我国经济的飞速发展和城镇化的推进，我国2010年11月进行了第六次全国人口普查，居住在城镇的人口占49.68%，居住在乡村的人口占50.32%，说明我国城镇化率已接近50%。正因如此，2010年我国修正后的《选举法》明确规定：全国人民代表大会和地方各级人民代表大会代表名额，按照每一代表所代表的城乡人口数相同的原则，以及保证各地区、各民族、各方面都有适当数量代表的要求进行分配。也就是说我国已经实行了城乡按相同人口比例选举人大代表，即城市与农村每一代表所代表的人口比例为1∶1。因此，实行城乡同比选举，实现人人平等、地区平等、民族平等，是我国2010年修正后的《选举法》体现的基本原则，其中，除城乡平等外，地区平等也是2010年《选举法》修正的一个亮点。在我国，同级行政区域的法律地位应当平等，不论人口多少，在国家权力机关都应有一定数量的代表，应有相同的地区基本名额数。[1]

此外，我国是一个多民族的国家，汉族人口多，其他民族人口少，如果不考虑这些实际情况，机械地按人口数量选举人民代表大会代表，就可能造成少数民族代表太少，甚至在一些地方人口特少的民族没有人民代表大会代表的状况。因此，我国《选举法》对人民代表大会中少数民族代表所代表的人口数作出特殊规定，从而体现了选举活动中各民族一律平等的原则。《选举法》第18条规定，全国少数民族应选全国人民代表大会代表，由全国人民代表大会常务委员会参照各少数民族的人口数和分布等情况，分配给各省、自治区、直辖市的人民代表大会选出。人口特少的民族，至少应有代表一人。《选举法》第19条第1款规定，有少数民族聚居的地方，每一聚居的少数民族都应有代表参加当地的人民代表大会。根据同一少数民族占境内总人口数的百分比，《选举法》分别作出具体规定：①聚居境内同一少数民族的总人口数占境内总人口数30%以上的，每一代表所代表的人口数应相当于当地人民代表大会每一代表所代表的人口数。②聚居境内同一少数民族的总人口数不足境内总人口数15%的，每一代表所代表的人口数可以适当少于当地人民代表大会每

---

〔1〕 我国2021年5月11日公布的第七次全国人口普查数据，居住在城镇的人口占63.89%，居住在乡村的人口占36.11%。与2010年第六次全国人口普查相比，城镇人口比重上升14.21个百分点，说明我国城镇化率已超过50%。

一代表所代表的人口数，但不得少于1/2；实行区域自治的民族人口特少的自治县，经省、自治区的人民代表大会常务委员会决定，可以少于1/2。人口特少的其他聚居民族，至少应有代表一人。③聚居境内同一少数民族的总人口数占境内总人口数15%以上、不足30%的，每一代表所代表的人口数，可以适当少于当地人民代表大会每一代表所代表的人口数，但分配给该少数民族的应选代表名额不得超过代表总名额的30%。④散居的少数民族应选当地人民代表大会的代表，每一代表所代表的人口数可以少于当地人民代表大会每一代表所代表的人口数。

（三）直接选举和间接选举并用

所谓直接选举，是指由选民直接投票选举国家代表机关代表和国家公职人员的一种选举方式。简单地说，"选民选代表"的方式就是直接选举。

所谓间接选举，是指由下一级国家代表机关代表选出上级国家代表机关代表，或者由选民选举代表（或选举人）再去选举上级国家代表机关代表的一种选举方式。简单地说，"代表选代表"的方式就是间接选举。

我国《选举法》第3条规定，全国人民代表大会的代表，省、自治区、直辖市、设区的市、自治州的人民代表大会的代表，由下级人民代表大会选举。不设区的市、市辖区、县、自治县、乡、民族乡、镇的人民代表大会的代表，由选民直接选举。所以，按照《选举法》的规定，在我国，县、乡两级人民代表大会代表采取直接选举方式，全国、省级、设区的市级人民代表大会代表采取间接选举方式。1979年《选举法》将我国直接选举的范围由1953年《选举法》规定的乡、镇扩大到县、自治县，有利于选民发扬直接民主，实现人民群众直接参与政治生活的权利；有利于选民直接监督代表，并通过代表监督国家机关，密切基层政权与人民群众之间的关系；有利于克服官僚主义，调动人民群众积极投身于县、乡两级基层政权建设。

（四）无记名投票

无记名投票又叫秘密投票，它是和记名投票、鼓掌、举手表决等公开表达自己意愿相对应的一种投票方式。其基本含义是选举人在填写选票时，只对候选人通过一定的方式表示赞成、反对或弃权，也可以另选他人，而无须表明投票人身份。选票填好后，由选举人亲自把选票投入选票箱，这样可以保证选举人毫无顾忌地参加选举，真实地表达自己的意愿，真正选出自己所信任的人。也只有选举人表达了自己真实的想法，才有助于提高选举的质量，尽量避免选举中的徇私舞弊和打击报复，切实保护选举人的合法权利。正因为无记名投票是一种更为民主的选举方式，所以，我国1979年《选举法》改变了1953年《选举法》所规定的"举手表决和无记名投票并用"的原则，明文规定"全国和地方各级人民代表大会代表的选举，一律采用无记名投票的方法。选民如果是文盲或者因残疾不能写选票的，可以委托他信任的人代写"。这就是说，无论直接选举还是间接选举，选民或代表在投票选举时都应该采用无记名投票的方法。而且，2010年我国修正后的《选举法》新增加了"选举时应当设有秘密写票处"的规定。

（五）选举的物质保障和法律保障

我国的选举制度历来十分重视保障公民选举权利的实现，维护广大人民群众通过选举参与国家政治生活的基本权利。依照我国《选举法》的规定，公民选举权的保障性原则主要体现在两个方面：

1. 选举的物质保障，主要体现在我国《选举法》第 8 条的规定："全国人民代表大会和地方各级人民代表大会的选举经费，列入财政预算，由国库开支。"这一规定表明，在我国选举人不用因为行使选举权利而支出费用，避免因为选举经费不足而放弃选举权利。事实上，每到全国人民代表大会和地方各级人民代表大会换届选举时，无论是直接选举，还是间接选举，都要进行选举宣传、组织活动，其所需费用均由地方财政和中央财政支出。正是由于选举经费列入财政预算，有国库开支的足额支出，才保证了选举活动的顺利进行，从而为人民代表大会的召开和国家权力机关工作的运行奠定了良好的基础。

2. 选举的法律保障，主要体现在我国《选举法》第十一章专门规定了对破坏选举的制裁。2004 年 10 月 27 日第十届全国人民代表大会常务委员会第十二次会议修正了《选举法》，针对地方选举中贿选、拉票时有发生的情况，特地对贿选进行了界定；并对破坏选举的制裁措施，在原有的行政处分和刑事处分之外，增加了行政处罚的规定。2010 年修正的《选举法》增加了"主持选举的机构发现有破坏选举的行为或者收到对破坏选举行为的举报，应当及时依法调查处理；需要追究法律责任的，及时移送有关机关予以处理"的规定。2020 年修正的《选举法》将第 57 条改为第 58 条，其第 2 款修改为"国家工作人员有前款所列行为的，还应当由监察机关给予政务处分或者由所在机关、单位给予处分"。

我国《选举法》第 58 条规定，为保障选民和代表自由行使选举权和被选举权，对有下列行为之一，破坏选举，违反治安管理规定的，依法给予治安管理处罚；构成犯罪的，依法追究刑事责任：①以金钱或者其他财物贿赂选民或者代表，妨害选民和代表自由行使选举权和被选举权的；②以暴力、威胁、欺骗或者其他非法手段妨害选民和代表自由行使选举权和被选举权的；③伪造选举文件、虚报选举票数或者有其他违法行为的；④对于控告、检举选举中违法行为的人，或者对于提出要求罢免代表的人进行压制、报复的。国家工作人员有前款所列行为的，还应当由监察机关给予政务处分或者由所在机关、单位给予处分。以本条第 1 款所列违法行为当选的，其当选无效。

另外，中央和地方还制定了一些相关的选举实施细则、办法，以保障选举的顺利进行。在我国现行法律体系中，除《选举法》规定保障选举权利的合法行使外，其他相关的法律也有明确规定。例如，我国《刑法》第 256 条规定："在选举各级人民代表大会代表和国家机关领导人员时，以暴力、威胁、欺骗、贿赂、伪造选举文件、虚报选举票数等手段破坏选举或者妨害选民和代表自由行使选举权和被选举权，情节严重的，处三年以下有期徒刑、拘役或者剥夺政治权利。"

【导入事例 4-3】分析：

我国《选举法》第 58 条规定，为保障选民和代表自由行使选举权和被选举权，对有下列行为之一，破坏选举，违反治安管理规定的，依法给予治安管理处罚；构成犯罪的，依法追究刑事责任：①以金钱或者其他财物贿赂选民或者代表，妨害选民和代表自由行使选举权和被选举权的；②以暴力、威胁、欺骗或者其他非法手段妨害选民和代表自由行使选举权和被选举权的；③伪造选举文件、虚报选举票数或者有其他违法行为的；④对于控告、检举选举中违法行为的人，或者对于提出要求罢免代表的人进行压制、报复的。国家工作人员有前款所列行为的，还应当由监察机关给予政务处分或者由所在机关、单位给予处分。以本条第 1 款所列违法行为当选的，其当选无效。

【导入事例 4-4】分析：

1. 人大代表选举是人民代表大会制度的基础。湖南省衡阳市发生的以贿赂手段破坏选举的违纪违法案件，性质严重，影响恶劣，给我们以深刻警示。必须切实加强对人大代表选举工作的组织领导，坚持严格依法按程序办事，切实加强人大代表思想、作风建设，坚决维护人民代表大会制度的权威和尊严，维护社会主义民主政治的权威和尊严，维护宪法法律的权威和尊严。

2. 对拉票贿选案的处理，有力维护了我国的人民代表大会制度。人民代表大会制度是我国的根本政治制度，是坚持党的领导、人民当家作主、依法治国有机统一的根本制度安排。搞拉票贿选，是对我国人民代表大会制度和社会主义民主政治的公然挑战。选举制度作为我国人民代表大会制度的组织制度基础，是我国社会主义民主法治的重要组成部分。选举是否公正，直接关系到公民选举权和被选举权能否得到实现，直接关系到各级人大代表能否真正代表人民的利益。因此，严肃选举纪律，严禁权钱交易，才能确保选举风清气正。

三、选举的组织和程序

(一) 选举的组织

选举的组织，是指选举法规定负责和主持全国人民代表大会代表和地方各级人民代表大会选举工作的机构。我国《选举法》第 9 条规定，全国人民代表大会常务委员会主持全国人民代表大会代表的选举。省、自治区、直辖市、设区的市、自治州的人民代表大会常务委员会主持本级人民代表大会代表的选举。不设区的市、市辖区、县、自治县、乡、民族乡、镇设立选举委员会，主持本级人民代表大会代表的选举。不设区的市、市辖区、县、自治县的选举委员会受本级人民代表大会常务委员会的领导。乡、民族乡、镇的选举委员会受不设区的市、市辖区、县、自治县的人民代表大会常务委员会的领导。省、自治区、直辖市、设区的市、自治州的人民代表大会常务委员会指导本行政区域内县级以下人民代表大会代表的选举工作。由此可以看出，我国选举的组织是根据直接选举和间接选举的区域进行划分的。凡间接选举的地方，其同级人大常委会就是间接选举人民代表大会代表的选举组织。

凡直接选举的地方，设立选举委员会作为县、乡两级人民代表大会代表的选举组织。

选举委员会一般设主任 1 人，副主任若干人，委员若干人。选举委员会的主要职责是，划分选区，分配各选区代表名额；进行选民登记，审查选民资格，公布选民名单，受理对于选民名单不同意见的申诉，并作出决定；确定选举日期；了解核实并组织介绍代表候选人的情况；根据较多数选民的意见，确定和公布正式代表候选人名单；主持投票选举；确定选举结果是否有效，公布当选代表名单以及法律规定的其他职责。选举委员会应当及时公布选举信息。按照我国《选举法》第 10 条的规定，不设区的市、市辖区、县、自治县的选举委员会的组成人员由本级人民代表大会常务委员会任命。乡、民族乡、镇的选举委员会的组成人员由不设区的市、市辖区、县、自治县的人民代表大会常务委员会任命。选举委员会的组成人员为代表候选人的，应当辞去选举委员会的职务。

（二）选区划分

选区是指在直接选举中，以一定数量的人口为基础划分的，选举人民代表大会代表的特定区域，也是人民代表大会代表联络选民接受监督的基本单位。我国《选举法》第 25 条规定："不设区的市、市辖区、县、自治县、乡、民族乡、镇的人民代表大会的代表名额分配到选区，按选区进行选举。选区可以按居住状况划分，也可以按生产单位、事业单位、工作单位划分。选区的大小，按照每一选区选一名至三名代表划分。"《选举法》第 26 条规定："本行政区域内各选区每一代表所代表的人口数应当大体相等。"

我国划分选区的基本原则是方便选民行使选举权利和自由。1953 年《选举法》曾规定，按居民居住状况划分选区。1979 年《选举法》根据经济和社会发展的实际情况规定，选区可以按居住状况划分，也可以按生产单位、事业单位、工作单位划分。这样划分选区的标准灵活多样，居住在一起的选民或在同一单位工作的选民，彼此之间互相了解，便于选民挑选自己所熟悉和信赖的人当选人大代表，也便于选民参加选举活动和选举组织工作的顺利进行，同时，便于选民监督代表和代表联络选民。

（三）选民登记

选民登记是指对每一个享有选举权利的公民，从法律上确认其选民资格的行为。选民登记是选举工作的重要环节，是公民取得选民资格的法定程序。

1986 年经过修正的《选举法》进一步简化了选民登记程序，确认了"一次登记，长期有效"的选民登记原则。即在每次选举前进行选民登记时，只对上次选民登记后新满 18 周岁的公民，被剥夺政治权利期满后恢复政治权利的公民，以及新迁入本选区并享有选举权的公民予以选民登记。对选民经登记后迁出原选区的，列入新迁入选区的选民名单；对于原选区选民死亡或者依照法律被剥夺政治权利的人，应从选民名单上除名。这样大部分选民登记工作就可以省略，从而提高了选民登记的工作效率，使选民登记做到"三不登"，即不重登、不错登和不漏登。

在选民资格审查结束后，选举委员会应在选举日的 20 日以前公布选民名单，并发给公民选民证。公民如果对选民名单有不同的意见，可以在选民名单公布之日起5日内向选举委员会提出申诉。选举委员会对申诉意见，应在3日内作出处理决定。申诉人如果对处理决定不服的，可以在选举日的5日以前向人民法院提起诉讼，人民法院应在选举日前作出判决。人民法院的判决为最后决定。

（四）代表候选人的提名和确定

提名和确定代表候选人是依照一定的法律程序，将众多分散的选民意愿逐渐集中起来的过程。虽然它不是直接选举代表，但由于代表候选人的多少和质量直接关系着选举结果，因此，它是能否选出大多数选民都满意的人大代表的关键所在。

1. 代表候选人的提名。现行《选举法》规定，全国和地方各级人民代表大会的代表候选人，按选区或者选举单位提名产生。过去，1979年《选举法》曾经规定，"选民1人提议，有3人以上附议"就可以推荐代表候选人。这一规定在实践中经常造成所提候选人过多的状况，有的选区提名数竟达应选代表的百倍以上，致使选民讨论、协商时的意见不容易集中，选举中选票分散引起重选，给选举造成麻烦。

鉴于上述情况，1986年第六届全国人民代表大会常务委员会第十八次会议对《选举法》作了重要的修正，规定了"各政党、各人民团体，可以联合或者单独推荐代表候选人，选民或代表10人以上联名可以推荐代表候选人"的提名机制。表面上看，从3人增加到10人，这似乎仅仅是数量上的变化，实际上由于需要10人以上联合提名，扩大了选民在提名过程中反复协商、讨论的范围，提名时的考虑更为郑重，有助于提高候选人的质量，使其更有群众基础。同时，代表候选人相对集中，也便于下一步确定正式代表候选人。需要注意的是，我国修正后的《选举法》第30条第3款明确规定，各政党、各人民团体联合或者单独推荐的代表候选人的人数，每一选民或者代表参加联名推荐的代表候选人的人数，均不得超过本选区或者选举单位应选代表的名额。另外，在县级以上地方各级人民代表大会选举上一级人民代表大会代表时，其代表候选人不限于本级人民代表大会代表。

2. 差额选举。差额选举是与等额选举相对应的一种选举方式，实行差额选举，就是所提代表候选人名额多于应选的代表名额。它可以给选民较大的选择余地，使选民选出自己所满意的代表，从而提高选民的参与意识。同时，差额选举必然使一部分人当选，另一部分人落选，这样可以更好地激励当选者，增强其群众观念，强化其公仆意识和为人民服务的责任心。正因为差额选举具有众多好处，所以我国1979年公布的《选举法》就确立了各级人大代表一律实行差额选举制度，1986年全国人大常委会又进一步明确了差额选举的有关规定。2010年我国再次修正《选举法》后明确规定，全国和地方各级人民代表大会代表实行差额选举，代表候选人的人数应多于应选代表的名额。由选民直接选举的代表候选人的名额，应多于应选代表名额的1/3至1倍；由地方各级人民代表大会选举上一级人民代表大会代表候选人的名额，应多于应选代表名额的1/5至1/2。

3. 确定代表候选人。我国《选举法》第32条第1款规定，由选民直接选举人民代表大会代表的，代表候选人由各选区选民和各政党、各人民团体提名推荐。选举委员会汇总后，将代表候选人名单及代表候选人的基本情况在选举日的 15 日以前公布，并交各该选区的选民小组讨论、协商，确定正式代表候选人名单。正式代表候选人名单及代表候选人的基本情况应当在选举日的 7 日以前公布。

实践中，我国《选举法》规定的公布候选人名单的时间，各地基本上都能严格遵守，但如果提出的候选人过多、过于分散，本该"交各该选区的选民小组讨论、协商，根据较多数选民的意见，确定正式代表候选人名单"的程序就有可能走过场，从而挫伤选民提名和参选的积极性。为改变上述情况，我国 1995 年修正《选举法》，增加了预选的规定，即县级以上地方各级人大选举上一级人大代表时，如果所提候选人的人数超过《选举法》规定的最高差额比例，进行预选，根据预选时得票多少的顺序，来确定正式代表候选人名单。2004 年修正的《选举法》又进一步规定，由选民直接选举的人民代表大会代表候选人过多时，如果所提候选人的人数超过选举法规定的最高差额比例，经选民小组反复讨论、协商，仍不能对正式代表候选人形成较为一致意见的，进行预选，根据预选时得票多少的顺序，确定正式代表候选人名单。这种预选制度的通过和实施对我国选举的民主性，必将起着积极的推动作用，它是发扬民主，保障选举能够按大多数人意愿来确定候选人的好形式，它为选民和代表提供了自由选择的余地，有利于调动选民和代表参加选举的积极性，提高选民和代表的主人翁意识。

4. 介绍候选人。介绍候选人是选举组织程序的重要步骤。推荐代表候选人的政党、人民团体和选民、代表应向选举委员会或者大会主席团介绍代表候选人的情况。接受推荐的代表候选人应当向选举委员会或者大会主席团如实提供个人身份、简历等基本情况。提供的基本情况不实的，选举委员会或者大会主席团应当向选民或者代表通报。在正式候选人产生以后，选举委员会或人民代表大会主席团应当向选民或者代表介绍候选人的情况。选举委员会根据选民或者代表候选人的要求，应当组织代表候选人与选民见面，介绍本人的情况，回答选民的问题。但是，根据《选举法》第 34 条的规定，在选举日必须停止对代表候选人的介绍。

（五）投票选举和确定选举结果

投票选举是选举程序的最后一个重要环节。在选民直接选举人民代表大会的代表时，选民根据选举委员会的规定，凭身份证或者选民证领取选票。选举委员会应当根据各选区选民分布状况，按照方便选民投票的原则设立投票站，进行选举；选民居住比较集中的，可以召开选举大会，进行选举；老弱病残或者居住分散并且交通不便的选民，可以在流动票箱投票。投票选举由选举委员会主持。

全国和地方各级人民代表大会代表的选举，一律采用无记名投票的方法。选举时应当设有秘密写票处。如果选民是文盲或者因残疾不能填写选票的，可以委托他信任的人代写选票。如果选民在选举期间外出，经选举委员会同意，可以书面委托其他选民代为投票，但每一选民接受的委托不得超过 3 人，并应当按照委托人的意愿代为投票。选举人对于代表候选人可以投赞成票，也可以投反对票，或者弃权，还可以另选其他该选区的任何选民。投票结束后，由选民或者代表推选的监票、计票人员和选举委员会或者人民代表大会主席团的人员将投票人数和票数加以核对，作出记录，并由监票人签字。代表候选人的近亲属不得担任监票人、计票人。之后，选举进入确认选举结果阶段。

1. 确定选举是否有效。投票结束后，由选民或者代表推选监票、计票人员和选举委员会或人民代表大会主席团的人员将投票人数和票数加以核对，作出记录，并由监票人签字。每次选举所投的票数，多于投票人数的无效，等于或少于投票人数的有效。每一张选票所选的人数，多于应选代表人数的作废，等于或者少于应选代表人数的有效。

2. 确定正式代表的当选。在直接选举时，选区全体选民的过半数参加投票，选举有效；代表候选人获得参加投票的选民过半数的选票，始得当选。在间接选举时，代表候选人获得全体代表的过半数选票，始得当选。如果获得过半数的代表名额超过应选代表名额时，以得票多者当选。如遇票数相等不能确定当选人时，应当就票数相等的候选人再次投票，以得票多的当选。如果获得过半数选票的当选代表人数少于应选代表的名额时，不足的名额另行选举。另行选举时，根据在第一次投票时得票多少的顺序，按照《选举法》规定的差额比例，确定候选人名单。如果只选 1 人，候选人应为 2 人。另行选举县级和乡级的人民代表大会代表时，代表候选人以得票多的当选，但是得票数不得少于选票的 1/3；县级以上的地方各级人民代表大会在另行选举上一级人民代表大会代表时，代表候选人获得全体代表过半数的选票，始得当选。

3. 公布选举结果。选举结果由选举委员会或者人民代表大会主席团依法确定是否有效，并予以宣布。公民不得同时担任两个以上无隶属关系的行政区域的人民代表大会代表。对于当选的人民代表大会代表，由各选区公布，并颁发代表证。

（六）对代表的罢免

对不称职的人民代表大会代表行使罢免权，是选举人的一项重要权利，也是监督人民代表大会代表的一项具体措施。我国《选举法》规定，全国和地方各级人民代表大会的代表，受选民和原选举单位的监督。选民或原选举单位都有权罢免自己选出的代表。对于县级的人民代表大会代表，原选区选民 50 人以上联名，对于乡级的人民代表大会代表，原选区选民 30 人以上联名，可以向县级的人民代表大会常务委员会书面提出罢免要求。罢免要求应当写明罢免理由，被提出罢免的代表有权在选民会议上提出申辩意见，也可以书面提出申辩意见。县级人民代表大会常务委员会应当将罢免要求和被提出罢免的代表的书面申辩意见印发原选区选民。表决罢免要求，由县级人民代表大会常务委员会派有关负责人主持。

县级以上地方各级人民代表大会举行会议的时候，主席团或 1/10 以上的代表联名，可以提出对由该人民代表大会选出的上一级人民代表大会代表罢免案，在人民代表大会闭会期间，县级以上地方各级人民代表大会常务委员会主任会议或者常务委员会 1/5 以上组成人员联名，可以向常务委员会提出由该级人民代表大会选出的上一级人民代表大会代表的罢免案，被提出罢免的代表有权在主席团和大会全体会议上提出申辩意见或者书面申辩意见。在人民代表大会开会期间，罢免案经会议审议后，由主席团提请全体会议表决；在人民代表大会闭会期间，罢免案经会议审议后，由主任会议提请全体会议表决。

罢免代表采用无记名的表决方式。罢免县、乡两级人民代表大会代表，须经原选区过半数的选民通过。罢免县级以上地方各级人民代表大会选出的代表，须经各该级人民代表大会过半数的代表通过。在人民代表大会闭会期间，须经常务委员会组成人员的过半数通过。罢免的决议，须报送上一级人民代表大会常务委员会备案。人民代表大会代表职务被罢免，其相应的职务随之撤销。县级以上各级人民代表大会常务委员会组成人员，全国、省级和设区的市级人民代表大会专门委员会成员的代表职务被罢免，其常务委员会组成人员或者专门委员会成员的职务相应地撤销。乡级人民代表大会主席、副主席的代表职务被罢免的，其主席、副主席的职务相应地撤销。

【导入事例 4 - 5】分析：

1. 黄某等选民有权罢免人大代表。我国《选举法》规定，全国和地方各级人民代表大会的代表，受选民和原选举单位的监督。人大代表是选民选举的民意代言人，由这些人组成的人民代表大会，就是同级国家权力机关。代表由选民产生，要对选民负责，受到选民监督，而罢免就是监督的重要形式。如果选民对其不满意，选民可以依照法定程序行使罢免权。

2. 我国《选举法》规定，对于县级的人民代表大会代表，原选区选民 50 人以上联名，对于乡级的人民代表大会代表，原选区选民 30 人以上联名，可以向县级的人民代表大会常务委员会书面提出罢免要求。

（七）关于代表的辞职和补选

全国人民代表大会代表，省、自治区、直辖市、设区的市、自治州的人民代表大会代表，可以向选举他的人民代表大会的常务委员会书面提出辞职。常务委员会接受辞职，须经常务委员会组成人员的过半数通过。接受辞职的决议，须报送上一级人民代表大会常务委员会备案、公告。

县级的人民代表大会代表可以向本级人民代表大会常务委员会书面提出辞职，乡级的人民代表大会代表可以向本级人民代表大会书面提出辞职。县级的人民代表大会常务委员会接受辞职，须经常务委员会组成人员的过半数通过。乡级的人民代表大会接受辞职，须经人民代表大会过半数的代表通过。接受辞职的，应当予以公告。

代表在任期内，因故出缺，由原选区或者原选举单位补选。代表在任期内调离或者迁出本行政区域的，其代表资格自行终止，缺额另行补选。县级以上地方各级人民代表大会闭会期间，可以由本级人民代表大会常务委员会补选上一级人民代表大会代表。在补选出缺的代表时，代表候选人的名额可以多于应选代表的名额，也可以同应选代表的名额相等。

实务训练

指导学生通过调查分析填写表格，并在全班交流。

安徽警官职业学院学生社会实践调查表

系　　　专业　　　年级　　　班　　　　　　　学号：

姓名		政治面貌		职务	
实践单位	单位名称			负责人	
	单位地址			联系电话	
实践时间					
实践项目和内容		我国人大代表和政协委员行使职权情况调查表			
实践过程	项目	对象		备注	
		人大代表	政协委员	请注明其姓名	
	现职务			请注明其与调查相关的级别职务	
	职业			当选（或任现职）前	
	年龄				
	民族				
	文化程度				
	当选时间			请注明年月	
	任现职期限			请注明年	
	如何当选			请注明其当选途径	
	行使职权情况			请列举与其行使职权相关的情况	
	对其满意程度			请用：非常满意、满意、比较满意、不了解、不敢说、不满意、强烈不满等表明。	
实践单位评语					

负责人签字（公章）：

年　月　日

续表

社会实践总结	
	学生本人签字： 年　月　日

延伸阅读

习近平在中央人大工作会议上发表重要讲话

坚持和完善人民代表大会制度　不断发展全过程人民民主

新华社北京10月14日电　中央人大工作会议2021年10月13日至14日在北京召开。中共中央总书记、国家主席、中央军委主席习近平出席会议并发表重要讲话，强调人民代表大会制度是符合我国国情和实际、体现社会主义国家性质、保证人民当家作主、保障实现中华民族伟大复兴的好制度，是我们党领导人民在人类政治制度史上的伟大创造，是在我国政治发展史乃至世界政治发展史上具有重大意义的全新政治制度。我们要坚持中国特色社会主义政治发展道路，坚持和完善人民代表大会制度，加强和改进新时代人大工作，不断发展全过程人民民主，巩固和发展生动活泼、安定团结的政治局面。

习近平在讲话中指出，人民代表大会制度，坚持中国共产党领导，坚持马克思主义国家学说的基本原则，适应人民民主专政的国体，有效保证国家沿着社会主义道路前进。人民代表大会制度，坚持国家一切权力属于人民，最大限度保障人民当家作主，把党的领导、人民当家作主、依法治国有机结合起来，有效保证国家治理跳出治乱兴衰的历史周期率。60多年来特别是改革开放40多年来，人民代表大会制度为党领导人民创造经济快速发展奇迹和社会长期稳定奇迹提供了重要制度保障。

习近平强调，党的十八大以来，党中央统筹中华民族伟大复兴战略全局和世界百年未有之大变局，从坚持和完善党的领导、巩固中国特色社会主义制度的战略全局出发，继续推进人民代表大会制度理论和实践创新，提出一系列新理念新思想新要求，强调必须坚持中国共产党领导，必须坚持用制度体系保障人民当家作主，必须坚持全面依法治国，必须坚持民主集中制，必须坚持中国特色社会主义政治发展道路，必须坚持推进国家治理体系和治理能力现代化。

习近平指出，当今世界正经历百年未有之大变局，制度竞争是综合国力竞争的重要方面，制度优势是一个国家赢得战略主动的重要优势。历史和现实都表明，制度稳则国家稳，制度强则国家强。我们要毫不动摇坚持、与时俱进完善人民代表大会制度，加强和改进新时代人大工作。

习近平强调，要全面贯彻实施宪法，维护宪法权威和尊严。全国人大及其常委会要完善宪法相关法律制度，保证宪法确立的制度、原则、规则得到全面实施，要加强对宪法法律实施情况的监督检查。地方各级人大及其常委会要依法行使职权，保证宪法法律在本行政区域内得到遵守和执行，自觉维护国家法治统一。

习近平指出，要加快完善中国特色社会主义法律体系，以良法促进发展、保障善治。要加强党对立法工作的集中统一领导，把改革发展决策同立法决策更好结合起来，统筹推进国内法治和涉外法治，统筹立改废释纂，加强重点领域、新兴领域、涉外领域立法。要发挥好人大及其常委会在立法工作中的主导作用，深入推进科学立法、民主立法、依法立法。

习近平强调，要用好宪法赋予人大的监督权，实行正确监督、有效监督、依法监督。各级人大及其常委会要聚焦党中央重大决策部署，聚焦人民群众所思所盼所愿，推动解决制约经济社会发展的突出矛盾和问题。要加强对法律法规实施情况的监督，完善人大监督制度。各级"一府一委两院"要严格执行人大及其常委会制定的法律法规和作出的决议决定，依法报告工作，自觉接受人大监督。

习近平指出，要充分发挥人大代表作用，做到民有所呼、我有所应。要丰富人大代表联系人民群众的内容和形式，更好接地气、察民情、聚民智、惠民生。各级人大常委会要加强代表工作能力建设，支持和保障代表更好依法履职。人大代表肩负人民赋予的光荣职责，要站稳政治立场，履行政治责任，密切同人民群众的联系，展现新时代人大代表的风采。

习近平强调，要强化政治机关意识，加强人大自身建设。各级人大及其常委会要不断提高政治判断力、政治领悟力、政治执行力，全面加强自身建设，成为自觉坚持中国共产党领导的政治机关、保证人民当家作主的国家权力机关、全面担负宪法法律赋予的各项职责的工作机关、始终同人民群众保持密切联系的代表机关。

习近平指出，要加强党对人大工作的全面领导。各级党委要把人大工作摆在重要位置，完善党领导人大工作的制度，定期听取人大常委会党组工作汇报，研究解决人大工作中的重大问题。要支持人大及其常委会依法行使职权、开展工作，指导和督促"一府一委两院"自觉接受人大监督。各级人大常委会党组要认真执行党的领导各项制度，落实好全面从严治党主体责任。

习近平强调，民主是全人类的共同价值，是中国共产党和中国人民始终不渝坚持的重要理念。评价一个国家政治制度是不是民主的、有效的，主要看国家领导层能否依法有序更替，全体人民能否依法管理国家事务和社会事务、管理经济和文化事业，人民群众能否畅通表达利益要求，社会各方面能否有效参与国家政治生活，国家决策能否实现科学化、民主化，各方面人才能否通过公平竞争进入国家领导和管理体系，执政党能否依照宪法法律规定实现对国家事务的领导，权力运用能否得到有效制约和监督。

习近平指出，民主不是装饰品，不是用来做摆设的，而是要用来解决人民需要解决的问题的。一个国家民主不民主，关键在于是不是真正做到了人民当家作主，要看人民有没有投票权，更要看人民有没有广泛参与权；要看人民在选举过程中得到了什么口头许诺，更要看选举后这些承诺实现了多少；要看制度和法律规定了什么样的政治程序和政治规则，更要看这些制度和法律是不是真正得到了执行；要看权力运行规则和程序是否民主，更要看权力是否真正受到人民监督和制约。如果人民只有在投票时被唤醒、投票后就进入休眠期，只有竞选时聆听天花乱坠的口号、竞选后就毫无发言权，只有拉票时受宠、选举后就被冷落，这样的民主不是真正的民主。

习近平强调，民主是各国人民的权利，而不是少数国家的专利。一个国家是不是民主，应该由这个国家的人民来评判，而不应该由外部少数人指手画脚来评判。国际社会哪个国家是不是民主的，应该由国际社会共同来评判，而不应该由自以为是的少数国家来评判。实现民主有多种方式，不可能千篇一律。用单一的标尺衡量世界丰富多彩的政治制度，用单调的眼光审视人类五彩缤纷的政治文明，本身就是不民主的。

习近平指出，党的十八大以来，我们深化对民主政治发展规律的认识，提出全过程人民民主的重大理念。我国全过程人民民主不仅有完整的制度程序，而且有完整的参与实践。我国全过程人民民主实现了过程民主和成果民主、程序民主和实质民主、直接民主和间接民主、人民民主和国家意志相统一，是全链条、全方位、全覆盖的民主，是最广泛、最真实、最管用的社会主义民主。我们要继续推进全过程人民民主建设，把人民当家作主具体地、现实地体现到党治国理政的政策措施上来，具体地、现实地体现到党和国家机关各个方面各个层级工作上来，具体地、现实地体现到实现人民对美好生活向往的工作上来。

习近平强调，人民代表大会制度是实现我国全过程人民民主的重要制度载体。要在党的领导下，不断扩大人民有序政治参与，加强人权法治保障，保证人民依法享有广泛权利和自由。要保证人民依法行使选举权利，民主选举产生人大代表，保证人民的知情权、参与权、表达权、监督权落实到人大工作各方面各环节全过程，确保党和国家在决策、执行、监督落实各个环节都能听到来自人民的声音。要完善人大的民主民意表达平台和载体，健全吸纳民意、汇集民智的工作机制，推进人大协商、立法协商，把各方面社情民意统一于最广大人民根本利益之中。

来源：新华网 2021 年 10 月 14 日

延伸阅读

关于第十三届全国人民代表大会代表选举工作情况的报告
——2018 年 2 月 23 日第十二届全国人民代表大会常务委员会第三十三次会议

全国人民代表大会常务委员会：

根据宪法和有关法律的规定，按照《第十二届全国人民代表大会第五次会议关于第十三届全国人民代表大会代表名额和选举问题的决定》，第十三届全国人大代表于 2018 年 1 月选出。截至 2018 年 1 月底，各省、自治区、直辖市和香港特别行政区、澳门特别行政区、台湾省、中国人民解放军等 35 个选举单位先后召开会议，共选举产生第十三届全国人大代表 2980 名。现将第十三届全国人大代表选举工作的有关情况报告如下：

一、关于第十三届全国人大代表选举工作的总体情况

选举全国人大代表是国家重要政治活动。以习近平同志为核心的党中央高度重视全国人大代表选举工作。习近平总书记多次发表重要讲话、作出重要指示，要求确保选举工作风清气正、选举结果人民满意。在以习近平同志为核心的党中央坚强领导下，依纪依法严肃查处湖南衡阳破坏选举案、辽宁拉票贿选案，彰显了党中央坚定不移推进全面依法治国、坚决维护人民代表大会制度尊严的鲜明态度和坚定决心。2017 年 2 月，中共中央转发中共全国人大常委会党组关于做好第十三届全国人大代表选举工作的有关意见，对选举工作作出部署、提出要求。习近平总书记的重要指示、党中央的决策部署，为做好第十三届全国人大代表选举提供了根本遵循，保证了选举工作正确政治方向。

全国人大常委会贯彻落实党中央决策部署，根据宪法、选举法的有关规定，制定有关法律文件，主持第十三届全国人大代表的选举，指导各选举单位做好代表选举工作。2017 年 4 月 27 日，第十二届全国人民代表大会常务委员会第二十七次会议审议通过了《第十三届全国人民代表大会代表名额分配方案》《第十三届全国人民代表大会少数民族代表名额分配方案》《台湾省出席第十三届全国人民代表大会代表协商选举方案》。

各选举单位坚持以习近平新时代中国特色社会主义思想为指导，深入贯彻落实党的十九大和十九届一中、二中全会精神，坚持党的领导、人民当家作主、依法治国有机统一，严格贯彻执行宪法和有关法律，认真做好第十三届全国人大代表的选举工作。通过选举，把拥护中国共产党的领导，拥护中国特色社会主义制度，牢固树立政治意识、大局意识、核心意识、看齐意识，模范遵守宪法法律，密切联系群众，在本职工作中发挥带头作用，自觉遵守社会公德，廉洁自律，公道正派，勤勉尽责，具备履职意愿和履职能力，具有良好社会形象，得到群众广泛认同的人选选举为第十三届全国人大代表。

2017 年 12 月中旬至 2018 年 1 月，31 个省、自治区、直辖市的人民代表大会会议，香港特别行政区的选举会议，澳门特别行政区的选举会议，由各省、自治区、直辖市和中央国家机关、中国人民解放军中的台湾省籍同胞组成的协商选举会议，中国人民解放军的军人代表大会会议，共选举产生第十三届全国人大代表 2980 名。

在选出的代表中，少数民族代表 438 名，占代表总数的 14.70%，全国 55 个少数民族都有本民族的代表；归侨代表 39 名；连任代表 769 名，占代表总数的 25.81%。与十二届相比，妇女代表 742 名，占代表总数的 24.90%，提高了 1.5 个百分点；一线工人、农民代表 468 名（其中有 45 名农民工代表），占代表总数的

15.70%，提高了 2.28 个百分点；专业技术人员代表 613 名，占代表总数的 20.57%，提高了 0.15 个百分点；党政领导干部代表 1011 名，占代表总数的 33.93%，降低了 0.95 个百分点。总体来看，第十三届全国人大代表具有广泛的代表性，保证了各地区、各民族、各方面都有适当数量代表的要求。

二、关于香港、澳门特别行政区选举第十三届全国人大代表的工作

第十二届全国人大第五次会议通过的《中华人民共和国香港特别行政区选举第十三届全国人民代表大会代表的办法》和《中华人民共和国澳门特别行政区选举第十三届全国人民代表大会代表的办法》规定，香港特别行政区、澳门特别行政区选举第十三届全国人大代表由全国人大常委会主持。香港特别行政区、澳门特别行政区应选第十三届全国人大代表的名额分别为 36 名、12 名。香港特别行政区、澳门特别行政区分别成立第十三届全国人大代表选举会议，选举产生第十三届全国人大代表。同时规定，参选人在代表参选人登记表中应当作出声明：拥护中华人民共和国宪法和特别行政区基本法，拥护"一国两制"方针政策，效忠中华人民共和国和特别行政区；未直接或者间接接受外国机构、组织、个人提供的与选举有关的任何形式的资助。2017 年 9 月 1 日，第十二届全国人民代表大会常务委员会第二十九次会议分别通过香港特别行政区、澳门特别行政区第十三届全国人大代表选举会议成员名单。

受全国人大常委会的委托，全国人大常委会副委员长兼秘书长王晨赴香港、澳门分别主持了第十三届全国人大代表的选举工作。2017 年 11 月 22 日、24 日，香港选举会议、澳门选举会议分别举行第一次全体会议，根据全国人大常委会委员长会议的提名，推选产生了主席团。2017 年 12 月 17 日、19 日，澳门选举会议、香港选举会议分别举行第二次全体会议，香港选出 36 名第十三届全国人大代表，澳门选出 12 名第十三届全国人大代表。

三、关于选举台湾省第十三届全国人大代表的工作

根据《台湾省出席第十三届全国人民代表大会代表协商选举方案》，台湾省暂时选举第十三届全国人大代表 13 名，由各省、自治区、直辖市和中央国家机关、中国人民解放军中的台湾省籍同胞组成的协商选举会议选举产生，协商选举会议由全国人大常委会委员长会议指定召集人召集。2017 年 10 月 16 日，第十二届全国人民代表大会常务委员会第一百零二次委员长会议指定黄志贤为台湾省出席第十三届全国人大代表协商选举会议召集人。截至 2017 年 12 月上旬，各推选单位严格按照民主程序，通过召开台胞代表会议等多种方式，共协商选定了 121 名协商选举会议代表。2018 年 1 月 22 日至 25 日，台湾省出席第十三届全国人大代表协商选举会议在北京举行，采用差额选举和无记名投票的方式，选举产生 13 名台湾省第十三届全国人大代表。

第十三届全国人大代表的选举工作，坚持党的领导，坚持发扬民主，坚持严格依法办事，坚持严明换届纪律，在各地方、各部门的共同努力下，圆满顺利进行，实现了预期的目标，为在新时代发展社会主义民主政治，保障人民当家作主，加强国家政权建设，长期坚持、不断完善人民代表大会制度奠定了坚实基础。

按照法律规定，全国人大常委会代表资格审查委员会已经对当选的第十三届全国人大代表的代表资格进行审查，提请第十二届全国人民代表大会常务委员会第三十三次会议确认并公布代表名单。

思考题

1. 简述国体和政权组织形式的关系。
2. 为什么说人民代表大会制度是我国的根本政治制度？
3. 如何坚持和完善我国的人民代表大会制度？
4. 试述我国选举制度的基本原则。
5. 人大代表的正式当选是如何确定的？

第五章

国家结构形式

通过本章的学习，学生将掌握国家结构形式的概念及分类，能够区分单一制和复合制。理解民族区域自治制度的含义，掌握民族自治机关和民族自治地方的自治权。掌握特别行政区的概念，理解中央与特别行政区的关系，了解特别行政区的政治体制和法律制度。培养学生用宪法原理分析现实问题的能力。

第一节　国家结构形式概述

【导入事例 5－1】一个国家　各州不同

2016 年 7 月 1 日，美国弗吉尼亚州通过一项法律，将法定结婚最低年龄从 12 岁提高到 16 岁。新法规将最低结婚年龄提升至 18 岁，在特殊情况下，经过法庭允许，最小 16 岁的孩童也可以结婚。在美国，对于法定结婚年龄的规定在各州之间略有差异，到 2016 年 6 月底有 6 个州的法律允许 16 岁以下的女孩结婚，唯一的条件就是得到女孩父母的许可。[1]2017 年 6 月 22 日纽约州将自愿结婚年龄下限由 14 岁上调至 17 岁，并禁止 17 岁以下未成年人结婚，17 岁～18 岁的青少年需得到法庭及父母同意才能结婚。美国实行联邦制，每个州都有自己相对独立的立法权。虽然联邦法律规定，美国公民的法定结婚年龄为 18 岁，但各州有权对结婚年龄作出不同的限制。[2]

问：为什么美国各个州规定的结婚年龄可以各不相同？

一、国家结构形式的概念

国家结构形式是指特定国家的统治阶级根据一定原则采取的调整国家整体与部

---

〔1〕 "美国弗吉尼亚州终于禁止童婚 法定最低婚龄升至 16 岁"，载观察者网：http://www. guancha. cn/america/2016_07_05_366439. shtml，最后访问时间：2018 年 5 月 15 日。

〔2〕 "美国纽约州正式禁止童婚"，载中国日报网：http://world. chinadaily. com. cn/2017－06/22/ content_29846601. html，最后访问时间：2018 年 5 月 15 日。

分，中央与地方相互关系的形式。政权组织形式是从横向角度表现国家政权体系，国家结构形式是从纵向角度表现国家政权体系。国家结构形式对于统治阶级实现统治职能同样具有极为重要的意义。

二、影响国家结构形式的因素

特定国家采取何种国家结构形式往往受各种因素的影响和制约，不同的因素对不同的国家影响程度是不同的，国家结构形式的选择往往是统治者就各种因素综合权衡的结果。

（一）历史因素

历史因素是指一个国家形成和发展的历史传统，它既包括统治阶级在国家结构形式方面代代相沿的统治经验，也包括国民在历史发展过程中，就国家结构形式问题形成的一种相对稳定的心理定势。如法国在历史上有相当长时期的封建中央集权，国家政治经济统一，所以近代以来亦采用单一制，而德国所属封建邦国长期处于分裂状态，统一的过程漫长而曲折，缺乏一个强有力的中央政府，实为德国采取联邦制的重要原因。同时，原殖民地国家的殖民者为了分而治之，因而在他们的殖民地上一般建立联邦制，如加拿大、澳大利亚、印度等，而且在殖民历史结束后，还包埋祸根（如印巴克什米尔地区争端）。

（二）民族因素

民族因素是指一个国家的民族构成、分布状况、民族关系、民族经济的发展等要素。如果统治阶级选择的国家结构形式不利于民族问题的解决，那么势必会影响统治阶级的统治地位。国家结构问题主要是民族问题，国家内部的民族关系和民族问题最终要反映在国家结构形式上。因此，单一民族国家一般实行单一制，如日本、朝鲜等，而多民族国家比较复杂，还要看民族关系、居住状况和是否存在主导民族等因素而决定。

（三）其他原因

1. 经济因素。经济基础决定上层建筑。国家的原始结构形式，如城邦制和等级分封制是与自给自足的自然经济相适应的，君主专制中央集权制在欧洲是经济生活中的资本主义因素同政治生活中的封建王权结合的产物。现代社会中，统一市场和全球竞争的需要对联邦制国家构建强有力的中央政府提出了必然要求。

2. 政治因素。国家结构形式是国家的统治阶级采取的，统治者的政治需要是国家结构形式选择的重要因素。社会主义国家原则上采用单一制，认为只有在单一制下实行民主集中制才能有效维护无产阶级的利益，并认为联邦制削弱经济联系，不利于民族的团结，因而不符合无产阶级的政治利益。

3. 国家的地理环境等因素也可能对国家结构形式产生影响，如世界上的大国由于疆域广阔，导致人口众多，情况复杂，中央统一的管理困难重重，故多采用联邦制。

虽然各个国家所采取的国家结构形式是由该国的具体情况决定的，但是各个国家不论其国家结构形式如何，本质上总是反映该国的阶级本质，适合于统治阶级的需要。

三、国家结构形式的种类

按照建立国家整体与其组成部分之间相互关系的不同原则，国家结构形式一般可分为单一制和复合制。在复合制中又分为联邦制和邦联制。由于邦联不具有真正的国家性质，因此实际上具有普遍意义的国家结构形式就是单一制和联邦制。

（一）单一制

单一制是由若干个不享有独立主权的一般行政单位或者自治单位联合组成的统一主权的国家。

单一制国家的主要特征是：①从法律体系看：国家只有一部宪法，再由国家立法机关根据宪法制定其他法律、法规，构成完整统一的法律体系。②从国家机构看：国家只有一套完整的国家机关体系，包括立法机关、行政机关、司法机关。③从权力划分看：各地方单位是经中央政府人为划分的，受其统一领导，各地方政府的权力只能来自中央政府的授权并由国家以法律直接确认，因而不具有脱离中央而独立的权力。④从对外关系看：单一制国家具有独立的完全的国际法主体资格，能够代表该国进行对外活动的只能是中央政府，各地方行政区域无论自治权力范围有多广泛，都不是具有主权特征的政治实体。⑤公民具有统一的国籍。

（二）联邦制

联邦制是由两个或者多个成员单位如邦、州、共和国等组成的国家。一般说来，联邦成员单位原本拥有独立主权，只是为了某个共同目的，而与其他成员单位组成联盟国家。

联邦制国家的主要特征是：①从法律体系看：联邦制国家既有联邦宪法，又存在州或邦各自的宪法。②从国家机构看：联邦制国家有两套国家机构体系，除设有联邦立法机关、政府和司法系统外，各成员国还设有各自的立法机关、政府和司法系统。③从权力划分看：联邦制国家宪法大都采用联邦列举、成员单位概括或保留的形式来划分权限。凡宪法未明白规定为联邦之权力者，即所谓剩余权力的归属问题，有的规定保留于各州，如美国、墨西哥；有的规定联邦和各省权力分别列举，剩余权力归于联邦，如加拿大。无论哪一种归属，都是在保证联邦行使国家的立法、外交、军事、财政等主要国家权力的同时，又规定各成员国享有较大范围的自治权。④从对外关系看：联邦是对外交往的国际法主体，而联邦组成单位虽然一般没有对外交往的主体资格，但有些联邦国家却允许其成员国享有一定的外交权。⑤联邦制国家公民既有联邦的国籍，又有成员国的国籍。如苏联各加盟共和国的公民不仅拥有其所属的加盟共和国的国籍，而且具有苏联国籍。

（三）邦联

邦联是由若干独立的国家基于某种特定的目的而结成的比较松散的国家联合。

邦联的主要特征是：①邦联不是国家实体，不具有主权这一国家的根本属性，而邦联的各成员国却保留有自己的主权，都是独立的国家，各国之间的关系属于国际关系；②各国经过平等协商制定协议把各自的一部分权力委托给邦联机构；③邦联没有统一的宪法，没有设在各组成单位之上的中央政府，也没有统一的军队、赋税、预算、国籍等；④邦联议会或成员国首脑会议是邦联的中央机构，但这只是一种协商机构，其决议必须经其成员国认可方有约束力；⑤各成员国可以自由退出邦联。

【导入事例5-1】分析：

美国的国家结构形式是联邦制，从法律体系看，联邦制国家既有联邦宪法和法律，又存在州或邦各自的宪法和法律，每个州都有自己相对独立的立法权。虽然联邦法律规定，美国公民的法定结婚年龄为18岁，但各州有权对结婚年龄作出不同的限制。

第二节　我国的国家结构形式

【导入事例5-2】单一制与新疆维吾尔自治区

新疆自古以来就是多民族聚居地区，是祖国不可分割的一部分。生活在新疆的各民族都是在历史上先后移居而来的。汉族是较早进入新疆地区的民族之一。公元前138年，汉武帝派张骞出使西域，西汉政权与西域各城邦建立了联系。至汉朝末年，汉族人民在新疆各地已经形成大分散和各屯田点小集中的分布格局。1949年中华人民共和国成立时，新疆共有13个民族成分，呈现以维吾尔族为主体，各民族"大杂居、小聚居、混杂居住"的特点。南疆以维吾尔族为主，北疆以汉族和哈萨克族为主，柯尔克孜、锡伯、塔吉克和达斡尔等民族分布比较集中，其他民族大多为杂居。新疆维吾尔自治区于1955年成立，在国家统一领导下，在少数民族聚居地区实行民族区域自治，使少数民族自己管理本自治地方的内部事务。几十年来，新疆取得的发展和进步是在中华人民共和国这个统一的多民族国家中实现的。但多年来，境内外分裂势力不顾新疆各族人民福祉，鼓吹民族分裂主义，在新疆策划组织实施了一系列暴力恐怖活动，危害国家统一、社会稳定和民族团结，严重干扰和破坏了新疆的发展与进步。

问：通过对本事例的分析，说明我国为什么要采用单一制国家结构形式？

我国实行单一制的国家结构形式。现行《宪法》序言规定，"中华人民共和国是全国各族人民共同缔造的统一的多民族国家"。总纲第4条第3款规定，"各少数民族聚居的地方实行区域自治，设立自治机关，行使自治权。各民族自治地方都是中华人民共和国不可分离的部分"。

另外，《宪法》中关于我国行政区划以及中央与地方职权的划分等规定都表明我国采用单一制的国家结构形式。

（一）我国采用单一制国家结构形式的原因

1. 历史原因。从我国的历史发展看，秦王朝统一中国废除了分封制，建立了以郡县制为核心的中央集权政治体制，奠定了统一的多民族国家的基础。从此，单一制的国家结构形式就一直是中国社会的主流。尽管也有分裂割据的状态，但时间较短，国家统一的局面一直居于主导地位，这一过程也促进了民族关系的进一步融合。少数民族不仅建立过许多地区性国家政权，而且几次入主中原都以封建中国正统自居，并且把中华各民族纳入其封建版图之内。每一次统一都促进了内地与边疆少数民族之间在行政管理、技术交流、文化生活等诸方面的交流和民族关系的进一步融合，互通有无，使人们对统一国家产生了强烈的心理认同，奠定了实行单一制国家结构形式的坚实心理定势。我国现行的单一制国家结构形式正是这种历史传统的延续。

2. 民族原因。从我国民族关系看，我国是一个多民族的国家，56 个民族间的经济、文化交流从未中断。各民族和睦相处共同开拓和保卫了祖国的疆土，共同创造了中华民族灿烂的文明。在中国共产党的正确领导下，各民族为建立新中国做出过巨大的贡献。因此，统一的多民族国家结构形式，既是对历史事实的认同，也是中国各民族人民的共同意愿。

从我国各民族人口数量看，据 2021 年第七次全国人口普查公布的数据，汉族人口占 91.11%；各少数民族人口占 8.89%。各民族的居住状况，则呈现出"大杂居、小聚居、大分散、小集中"的特点，决定了在我国只有实行单一制下的民族区域自治，才能最终实现各民族平等地管理国家和本民族内部事务的权利，使人口较少及散居的少数民族不致被排除于国家事务管理之外，从而达到真正的民族平等、民族团结、民族互助和民族和谐。

3. 经济发展的需要。我国进行社会主义现代化建设必须充分考虑各种不平衡因素。各少数民族居住地区占全国总面积的 64%。这些地区大多地广人稀，资源丰富、物产独特，但由于历史原因，这些地区生产力水平低，技术落后，经济发展较缓慢。汉族居住地区面积小，但人口多，生产和技术水平高，经济较发达。建立统一的国家，可以扬长避短，发挥各自优势，充分利用祖国资源，推动物质文明、政治文明、精神文明、社会文明、生态文明协调发展，共同完成把我国建设成为富强民主文明和谐美丽的社会主义现代化强国的任务。

4. 国际环境的要求。整个中国近代史是一部各族人民共同抵抗外国侵略者的斗争史，西方的敌对势力多次挑拨我国的民族关系，鼓吹"分而治之""建立独立民族国家"，在我国边疆地区挑起事端。近年来，西方国家在对中国和平演变未果的情况下，利用西藏、新疆等少数民族问题，搞分裂中国的活动。面临着国外敌人的侵略威胁和破坏活动，中国各族人民只有继续加强祖国的统一和民族的团结，才能巩固和发展各族人民的革命成果，才能保障社会主义现代化建设，达到各民族的共同繁荣，实现中华民族伟大复兴。

总之，我国采取单一制的国家结构形式，建立统一的多民族国家，既是我国历史发展的必然结果，也是我国民族状况的必然要求，符合各族人民的根本利益。

（二）我国单一制国家结构形式的主要特点

1. 体现国家权力结构关系中的民主集中特性。《宪法》第3条第4款规定："中央和地方的国家机构职权的划分，遵循在中央的统一领导下，充分发挥地方的主动性、积极性的原则。"说明在单一制国家结构形式中，全国性的事务由中央统一领导，地方享有一定的自主管理权，按照民主集中制的原则分级管理，既体现出中央的主导地位，又调动了地方的积极性。

2. 以一般行政区域为主。一般行政单位基本上是省（自治区、直辖市）、县（自治县、县级市）、乡（民族乡、镇）。其中在省和自治区内，工商业发达、人口密集的居民点可以按照国务院颁布的城、乡划分标准设市、镇的建制，便于城乡管理、经济交流和结合；在直辖市的设区实行两级建制。这些都便于中央对地方按照单一制原则进行管理。

3. 通过建立民族区域自治制度解决单一制下的民族问题。我国是多民族国家，因此，实行民族区域自治，赋予民族自治地方的自治机关以自治权，是妥善处理单一制国家的民族关系，充分尊重各少数民族自身特点的基本途径。

4. 通过建立特别行政区制度解决单一制下的历史遗留问题。为了香港、澳门、台湾回归祖国，我国政府依法在香港、澳门建立了特别行政区，允许特别行政区实行与国家其他地区不同的政治、经济、社会制度，保留原有的资本主义制度和生活方式不变。

【导入事例5-2】分析：

我国采用单一制国家结构形式的原因在于：①历史原因。我国自秦始皇统一中国以来建立的就是统一的中央集权制国家，国家统一的局面一直居于主导地位。长期的历史传统，决定了我们必须建立单一制的国家结构形式。②民族原因。我国是一个多民族国家，各民族的历史状况和民族关系决定了我国不适宜采取联邦制，而应该采取单一制的国家结构形式。③经济发展的需要。自然资源分布和经济发展不平衡的状况，决定了我国建立单一制有利于各民族的共同繁荣。④国际环境的要求。我国所处的国际环境，决定了建立单一制有利于国家的统一和各民族的团结。

第三节 我国的行政区划

【导入事例5-3】安徽部分行政区划调整：枞阳归铜陵寿县归淮南[1]

2015年10月、12月国务院先后批复同意对安庆市、铜陵市、六安市、淮南市部分行政区划进行调整，将安庆市枞阳县划归铜陵市管辖；撤销铜陵市铜官山区、

---

〔1〕"安徽部分行政区划调整：枞阳归铜陵寿县归淮南"，载安徽网：http://www.ahwang.cn/p/1485562.html，最后访问时间：2022年6月2日。

狮子山区，设立铜陵市铜官区；撤销铜陵县，设立铜陵市义安区；将六安市寿县划归淮南市管辖；设立六安市叶集区，将霍邱县的叶集镇、三元镇、孙岗乡划归叶集区管辖。

此次行政区划调整是安徽省经济社会发展到一定阶段的必然要求，是尊重城市发展规律、顺应经济社会发展需要和人民群众愿望的重大决策部署，充分考虑了相关市县的地域环境、资源条件、空间结构、交通状况、产业发展和群众意愿，有利于城市规模同资源环境承载能力相适应、促进区域城乡协调发展，有利于完善部分市辖区结构、统筹规划建设管理、激发内生动力，有利于优化生产力布局、提升资源配置效率，为经济社会发展插上翅膀。

问：安庆市、铜陵市、六安市、淮南市行政区划调整为什么要经国务院批准？

一、行政区划的概述

（一）行政区划的概念

行政区域划分又称行政区划，是指统治阶级依据一定的原则将国家的领土划分成若干大小不同、层次不同的区域，建立相应的政权机关，以便进行国家管理的制度。行政区域划分是人为的，不是自然形成的，它是阶级社会的产物，反映着国家的阶级本质。

（二）我国行政区划遵循的基本原则

我国作为人民民主专政的社会主义国家，为了实现民族平等和民族团结，便于人民群众参加国家管理，有利于经济的发展及社会主义现代化建设，在划分行政区域时，一般坚持下列基本原则：

1. 有利于经济发展的原则。有利于经济发展是划分行政区域的重要原则。这个原则要求在划分行政区域时，要考虑到所划分的区域内的经济条件和状况，既要有利于该地区当前的经济发展，又要着眼于其将来经济发展的方向和布局，尤其是不能将有内在联系或已经形成的一定经济区域人为地分割开来，以免影响该地区的经济发展和繁荣。

2. 有利于民族团结的原则。我国是 56 个民族组成的多民族国家，长期以来形成了各民族大杂居、小聚居的分布状况，行政区域的划分就要充分地照顾这一特点和状况。一方面，要尽量将历史传统、风俗习惯相同或接近的民族划分到一个行政区域内，这样既有利于各民族间的团结、合作，又便于实行民族区域自治。另一方面，为加速少数民族地区的经济发展，改变其落后的面貌，划分行政区域时也要有利于少数民族与发达地区的经济、文化交流，促进各民族的共同繁荣。

3. 有利于国家管理的原则。便于国家管理的原则包含着两方面：一是便于人民群众参加国家管理。为此在划分行政区域时，要考虑到所划分区域的人口数量和密度，并照顾交通状况及历史上形成的政治、经济、文化中心等因素，最大限度地有利于人民群众充分地行使当家作主的民主权利，对国家事务和社会事务实施管理。二是便于国家机关实施行政管理。行政管理的水平取决于众多因素，行政区域划分得是否合理、科学是其中一个重要的方面。

4. 照顾自然条件和历史状况的原则。自然条件主要是指自然资源以及地形、人口分布、交通运输等因素，这是经济发展的必备条件，也是实现民族繁荣和人民群众对国家进行管理的物质基础。历史状况则是指历史上形成的行政区域。由于我国历史悠久，很多行政区域存在的历史较长，对人们的心理、感情、习惯都产生了重要的影响。因此，在划分行政区域时要给予充分的照顾，尽量不要进行大的变动，以维护一定区域内社会的稳定。我国幅员辽阔，各地区经济发展不平衡，划分行政区划既要考虑各地区的实际经济发展状况，又要考虑自然条件和历史状况，只有充分考虑到自然条件，才能优化行政区划结构，只有充分考虑到一个地区的文化习俗、居民的居住状况，才能强化行政区划的内在联系性，最终促进各地区的经济发展。

5. 巩固国防原则。行政区划要充分反映国防建设的需要，要为把我国长达两万多公里的陆疆边防线和漫长海防线建设成为御敌于国门之外的钢铁长城服务。

二、我国《宪法》对行政区划的规定

（一）我国的行政区域划分

根据 1982 年《宪法》第 30 条的规定，我国的行政区划为：全国分为省、自治区、直辖市；省、自治区分为自治州、县、自治县、市；县、自治县分为乡、民族乡、镇。直辖市和较大的市分为区、县。自治州分为县、自治县、市。《宪法》第 31 条还规定：国家在必要时得设立特别行政区。在特别行政区内实行的制度按照具体情况由全国人民代表大会以法律规定。

（二）行政区划变更的审批程序

行政区划变更实行分级审批管理。全国人民代表大会行使批准省、自治区、直辖市的建置和决定特别行政区的设立及其制度的职权；国务院行使批准省、自治区、直辖市的区域划分，批准自治州、县、自治县、市的建置和区域划分的职权；省、自治区、直辖市的人民政府决定乡、民族乡、镇的建置和区域划分。另外，根据国务院关于行政区划管理的规定，有关县、市、市辖区的部分行政区域界线的变更，授权省、自治区、直辖市人民政府审批。批准变更时，同时报民政部备案。

【导入事例 5-3】分析：

根据《宪法》关于行政区划变更的审批程序的规定，国务院行使批准自治州、县、自治县、市的建置和区域划分的职权，省、自治区、直辖市的人民政府决定乡、民族乡、镇的建置和区域划分。另外，根据国务院关于行政区划管理的规定，有关县、市、市辖区的部分行政区域界线的变更，授权省、自治区、直辖市人民政府审批。批准变更时，同时报民政部备案。

安庆市、铜陵市、六安市、淮南市为地级市，它们的行政区域划分的变更要经过国务院的批准。

第四节　我国的民族区域自治制度

【导入事例 5 - 4】民族自治地方的自治权

2018 年 7 月 27 日，《恭城瑶族自治县传统村落保护条例》（以下简称《条例》）获得广西壮族自治区十三届人民代表大会常务委员会四次会议批准。这是广西目前首部传统村落保护法规，也是全国目前第一部民族自治县保护传统村落的单行条例，《条例》的批准实施，把恭城瑶族自治县传统村落保护纳入法治化管理轨道。《条例》从 2016 年 3 月开始起草，在 2018 年 2 月经恭城瑶族自治县第七届人民代表大会第三次会议通过，2018 年 3 月报请自治区人大批准，到 2018 年 7 月 27 日，获得广西壮族自治区第十三届人民代表大会常务委员会第四次会议批准。[1]

问：

1. 广西恭城瑶族自治县人大为什么能够制定单行条例？

2. 广西恭城瑶族自治县人大制定单行条例的审批程序是什么？

一、民族区域自治制度的概念

我国《宪法》序言规定，中华人民共和国是全国各族人民共同缔造的统一的多民族国家。民族区域自治制度是指在统一的祖国大家庭内，在中央政府的统一领导下，依据宪法和法律的规定，以少数民族聚居地区为基础，建立相应的自治地方，设立自治机关，行使自治权，以保障少数民族当家作主管理本民族内部事务的政治制度。民族区域自治制度是我国的一项基本政治制度，是中国特色解决民族问题的正确道路的重要内容和制度保障。

二、民族区域自治制度的特点

1. 民族区域自治是国家统一领导与民族自治的结合。各民族自治地方都是国家统一领导下的行政区域，是中华人民共和国不可分离的组成部分，民族自治地方的自治机关是中央人民政府统一领导下的一级地方政府。民族自治地方是建立在统一的国家领土内的行政单位，实行民族区域自治的民族不能脱离中央的统一领导而搞独立。民族区域自治是以祖国的统一、领土完整为前提的。各民族自治地方同中央人民政府的关系，都是地方同中央的关系。所以，我国民族区域自治是在统一的前提下的自治，民族区域自治并未根本改变我国单一制国家的中央地方权力配置关系，而是丰富了其内涵。

2. 以少数民族聚居区为基础。实行民族区域自治的各民族自治地方都是以少数民族聚居的地区为基础建立起来的，它既不同于脱离一定地域的"民族自治"，也

---

〔1〕"《恭城瑶族自治县传统村落保护条例》获自治区人大常委会批准"，载广西桂林市恭城瑶族自治县人民政府门户网站：http://www.gongcheng.gov.cn/jrgc/zhxw/201807/t20180731_1209696.html，最后访问时间：2022 年 6 月 2 日。

不同于实行地方分权国家所实行的"地方自治"。脱离一定的地域，就会成为空中楼阁，无法实行真正的自治，无法行使自治权利；离开少数民族，就成为"地方自治"，就达不到保证各少数民族管理本民族内部事务的权利的目的。所以，我国的民族区域自治必须以各少数民族聚居区为基础才能建立。我国的民族区域自治不同于外国的地方自治制度，也不同于我国特别行政区的地方自治，后者在性质上属于一种较纯粹的区域自治。

3. 民族自治地方行使自治权。民族区域自治是民族内部事务、地方性事务的自治，而不能就主权性、外交性事务进行自治。民族区域自治的实现方式是在自治地方内，建立自治机关，并赋予其广泛的自治权。民族区域自治的目的，是让聚居的少数民族能够根据本民族政治、经济和文化传统方面的特点，实行特殊政策，保证本民族的自主性，并促进本民族更快地发展。享有自治权是少数民族聚居区实行民族区域自治的核心和标志。

三、民族自治地方

我国民族自治地方的设立是根据当地民族关系、经济发展等条件，并参酌历史情况而确定的。民族自治地方是指在我国少数民族聚居的地方，依法建立的实行民族区域自治的行政单位，它分为自治区、自治州、自治县三级。行政地位分别相当于省、设区的市和县。

我国的民族自治地方大致有三种类型：①以一个少数民族聚居区为基础建立的自治地方，如宁夏回族自治区、延边朝鲜族自治州；②以一个人口较多的少数民族聚居区为基础，包括其他一个或几个较少的少数民族聚居区建立的自治地方，如新疆维吾尔自治区、广西壮族自治区；③以两个或两个以上少数民族聚居地为基础联合建立的自治地方，如湘西土家族苗族自治州、黔东南苗族侗族自治州。在上述各民族自治地方内，通常都包括了一定数量的汉族居民。

中华人民共和国成立之前的1947年，就建立了中国第一个省级少数民族自治地方——内蒙古自治区。中华人民共和国成立后，中国政府开始在少数民族聚居的地方全面推行民族区域自治。1955年新疆维吾尔自治区成立；1958年广西壮族自治区成立；1958年宁夏回族自治区成立；1965年西藏自治区成立。

在55个少数民族中，有44个建立了自治地方，实行区域自治的少数民族人口占少数民族总人口的71%，民族自治地方的面积占全国国土总面积的64%左右。[1]在一些少数民族聚居地域较小、人口较少并且分散的地方，不宜建立自治地方，但是可以按宪法规定设立民族乡。民族乡不是民族自治地方，但也是少数民族实现当家作主、管理本民族内部事务的重要途径，作为我国民族区域自治制度的重要补充形式。

我国民族自治地方的设立维护了少数民族的政治权利和其他合法权益，增强了

---

〔1〕《中国的民族政策与各民族共同繁荣发展》白皮书。

少数民族群众的主人翁意识和中华民族自豪感，凝聚起各民族共享尊严、共谋发展、共创美好生活的强大力量。

四、民族自治机关

（一）民族自治机关的概念

民族自治机关是指在民族自治地方设立的行使同级相应地方国家机关职权、同时行使自治权的国家机关，它包括自治区、自治州、自治县的人民代表大会和人民政府。

民族自治地方的人民代表大会是各民族自治地方的国家权力机关，民族自治地方的行政机关、监察机关、审判机关、检察机关都由本级人民代表大会产生，对它负责，受它监督。民族自治地方的人民政府是本级人民代表大会的执行机关，是地方国家行政机关，它对本级人民代表大会和上一级人民政府负责并报告工作，在本级人民代表大会闭会期间向其常务委员会负责并报告工作。各级民族自治地方的人民政府都是国务院统一领导下的国家行政机关，都服从国务院。

民族自治地方的监察委员会、人民法院和人民检察院是按照统一的国家法律行使监察权、审判权和检察权的国家机关。它们没有自治权，不属于自治机关的范畴。

（二）民族自治机关的组成及其特点

民族自治机关具有双重性质：一方面，它们在法律地位上是国家的一级地方政权机关，在产生方式、任期、机构设置和组织活动原则方面，与一般地方国家机关完全相同，并行使相应的一般地方国家机关的职权；另一方面它们是民族自治地方行使宪法和有关法律授予的自治权的国家机关，其组成人员要体现少数民族实行区域自治和民族平等、民族团结、民族和谐的原则。

按宪法和民族区域自治法的规定，民族自治机关的组成有下述特点：

1. 民族自治地方的人民代表大会代表名额和比例贯彻民族平等、民族团结、民族和谐的原则。民族自治地方的人民代表大会中，除实行区域自治的民族的代表外，其他居住在本行政区域内的民族也应当有适当比例的代表。实行区域自治的民族和其他少数民族代表的名额和比例，由省、自治区、直辖市的人民代表大会常务委员会决定。

2. 民族自治地方的人民代表大会常务委员会应当有实行区域自治的民族的公民担任主任或者副主任。自治区主席、自治州州长、自治县县长由实行区域自治的民族的公民担任。

3. 民族自治地方人民政府的其他组成人员以及自治机关所属工作部门的干部中，应当合理配备实行区域自治的民族和其他少数民族的人员。

五、民族自治地方的自治权

民族自治地方的自治机关除行使宪法和法律规定的一般地方国家机关的职权外，还行使宪法、民族区域自治法以及有关法律授予的自治权。自治权是民族区域自治的核心，是各少数民族管理本民族内部事务和地方性事务的主要标志，是坚持各民族平等、团结、互助、和谐和共同繁荣的重要手段。

（一）制定自治条例和单行条例

民族自治地方的人民代表大会有权依照当地民族的政治、经济和文化的特点，制定自治条例和单行条例。自治条例是民族自治地方的人民代表大会制定的有关本地方实行区域自治的组织和活动原则、自治机关的构成和职权以及其他有关重大问题的规范性文件；单行条例是民族自治地方的人民代表大会在自治权的范围内，根据当地民族的政治、经济和文化特点，制定的关于某一方面具体事项的规范性文件。自治区制定的自治条例和单行条例报全国人大常委会批准后才能生效，并报国务院备案；自治州、自治县制定的自治条例和单行条例，报省或者自治区人大常委会批准后生效，并报全国人大常委会和国务院备案。

（二）对上级国家机关的决议、命令和指示的变通执行或者停止执行

上级国家机关的决议、决定、命令和指示，如有不适合民族自治地方实际情况的，自治机关可以报经该上级国家机关批准，变通执行或者停止执行；该上级国家机关应当在收到报告之日起 60 日内给予答复。民族自治地方根据本地实际对国家发布的《民法典》《选举法》《土地法》《草原法》等多项法律作出变通和补充规定。西藏自治机关在执行全国性法定节假日的基础上，将"藏历新年""雪顿节"等藏民族的传统节日列入自治区的节假日。根据西藏特殊的自然地理因素，西藏自治区将职工的周工作时间规定为 35 小时，比全国法定工作时间少 5 小时。

（三）自主地管理地方财政

凡是属于民族自治地方的财政收入，由自治机关自主地安排使用；地方财政入不敷出时，由上级财政机关补助；民族自治地方享受国家拨给的各项专用资金和临时性的民族补助专款；按照国家规定设机动资金，预算中预备费的比例多于一般地区；在执行国家税收时，对属于地方财政收入的某些税收，经自治区（省）决定或批准，自治地方可以实行减税或免税，实行税收优惠政策。比如，在西藏，国家长期实行"税制一致、适当变通"的税收政策，在新疆，率先进行资源税改革。

（四）自主地管理地方性经济建设

民族自治地方的自治机关在国家的指导下，可以自主地安排和管理地方性的经济建设事业；根据本地方的特点和需要，制定经济建设的方针、政策和计划；合理地调整生产关系，改革经济管理体制。民族自治地方依照国家规定，可以开展对外经济贸易活动，经国务院批准，可以开辟对外贸易口岸；与外国接壤的民族自治地方经国务院批准，可以开展边境贸易。

（五）自主地管理教育、科学、文化、卫生、体育事业

民族自治地方的自治机关可以自主地发展民族教育，扫除文盲，举办各类学校，决定本地方的教育规划、学校的设置等内容，并可以为少数民族牧区和经济困难、居住分散的少数民族山区，设立寄宿为主和助学金为主的公办民族小学和民族中学。同时，民族自治地方的自治机关应该自主地发展具有民族形式和民族特点的文化艺术，

积极推进本地方的科学、卫生、体育等事业的发展。此外，民族自治地方可以同其他地方，包括国外，开展教育、科学技术、文化艺术、卫生、体育等方面的交流和协作。

（六）组织维护社会治安的公安部队

民族自治地方的自治机关依照国家的军事制度和当地的实际需要，经国务院批准，可以组织本地方维护社会治安的公安部队。

（七）使用本民族的语言文字

民族自治地方的自治机关在执行职务的时候，根据本民族自治地方自治条例的规定，可以使用当地通用的一种或者几种语言文字。西藏学校教育全面实行藏汉双语教育，藏语文在学习中传承。目前，农牧区和部分城镇小学实行藏汉语文同步教学，主要课程用藏语授课。

六、我国的民族政策

民族区域自治制度符合我国的具体国情，它有利于中央和民族自治地方的协调，既保持了单一制的国家结构，又有利于发挥地方的自主性和积极性，关键的是它使少数民族实现了自治权和民主参政的权利。为了巩固和健全我国的民族区域自治制度，党和国家采取了许多相应的方针、政策和措施。

（一）维护和发展平等团结互助和谐的社会主义民族关系

《共同纲领》专门规定了民族政策，明确规定，"中华人民共和国境内各民族一律平等、实行团结互助，反对帝国主义和各民族内部的人民公敌，使中华人民共和国成为各民族友爱合作的大家庭。反对大民族主义和狭隘民族主义，禁止民族间的歧视、压迫和分裂各民族团结的行为"。1951年中央人民政府政务院发布了《关于处理带有歧视或侮辱少数民族性质的称谓、地名、碑碣、匾联的指示》，1952年制定了《中华人民共和国民族区域自治实施纲要》和《政务院关于保障一切散居的少数民族成分享有民族平等权利的决定》，1984年全国人大通过了《中华人民共和国民族区域自治法》，2001年2月全国人民代表大会常务委员会通过《全国人民代表大会常务委员会关于修改〈中华人民共和国民族区域自治法〉的决定》，平等、团结和互助的民族关系得到进一步加强。2018年3月全国人大通过的《宪法修正案》明确规定，"平等团结互助和谐的社会主义民族关系已经确立，并将继续加强"。

（二）反对民族歧视和民族压迫

我国《宪法》第4条第1款明文规定，中华人民共和国各民族一律平等。国家保障各少数民族的合法的权利和利益，维护和发展各民族的平等团结互助和谐关系。禁止对任何民族的歧视和压迫，禁止破坏民族团结和制造民族分裂的行为。大汉族主义无视中国是多民族国家，不承认少数民族的特点，歧视少数民族，不尊重少数民族的风俗习惯等；地方民族主义盲目排外，闭关自守，不愿接受其他民族的经验和帮助，过分强调民族的特殊性，而忽视民族间的平等团结互助和谐。因此我们既要反对大民族主义，主要是大汉族主义，也要反对地方民族主义。尊重少数民族风俗习惯，反对一切形式的民族歧视。依法处理涉及民族因素的矛盾和纠纷，同一切分裂祖国的行为作坚决斗争，维护国家统一、民族团结和社会稳定。

（三）大力帮助少数民族发展经济和文化

由于历史原因，少数民族地区的经济文化相对较为落后，因此，帮助少数民族发展经济文化教育事业，改变落后状态，既是实行民族平等、团结、互助、和谐的重要方面，也是实行民族区域自治制度的重要措施。现行《宪法》第4条第2款规定，国家根据各少数民族的特点和需要，帮助各少数民族地区加速经济和文化的发展。国家尽一切努力，促进全国各民族的共同繁荣。《民族区域自治法》在序言中规定：国家根据国民经济和社会发展计划，努力帮助民族自治地方加速经济和文化发展。必须大量培养少数民族的各级干部、各种专业人才和技术工人。

实行民族区域自治制度，中国少数民族依法自主地管理本民族事务，民主地参与国家和社会事务的管理，保证了中国各民族不论大小都享有平等的政治、经济、社会和文化权利，共同维护国家统一和民族团结，反对分裂国家和破坏民族团结的行为，形成了各民族相互支持、相互帮助、共同团结奋斗、共同繁荣发展的和谐社会。

【导入事例5-4】分析：

1. 民族自治地方的人民代表大会有权依照当地民族的政治、经济和文化的特点，制定自治条例和单行条例。广西恭城瑶族自治县是我国的民族自治地方，因此，广西恭城瑶族自治县人大有权制定单行条例。

2. 单行条例是民族自治地方的人民代表大会在自治权的范围内，根据当地民族的政治、经济和文化特点，制定的关于某一方面具体事项的规范性文件。自治区制定的自治条例和单行条例报全国人大常委会批准后才能生效，并报国务院备案；自治州、自治县制定的自治条例和单行条例，报省或者自治区人大常委会批准后生效，并报全国人大常委会和国务院备案。

《恭城瑶族自治县传统村落保护条例》属于自治县制定的单行条例，经过恭城瑶族自治县的人民代表大会通过后，要报广西壮族自治区人大常委会批准后才能生效，并报全国人大常委会和国务院备案。

第五节 特别行政区制度

【导入事例5-5】台风天鸽袭澳门中央政府批准澳门驻军协助救灾[1]

2017年8月23日澳门遭受几十年未遇的强台风"天鸽"袭击，造成了人员伤亡和财产损失。台风"天鸽"和由此引发的严重风暴潮，对澳门居民的工作和生活造成了严重影响。澳门特别行政区政府已经采取各种措施，积极部署应对，努力减

---

〔1〕"台风天鸽袭击澳门 中央政府批准澳门驻军协助救灾"，载新浪网：http://news.sina.com.cn/c/nd/2017-08-25/doc-ifykiqfe1486964.shtml，最后访问时间：2022年6月2日。

少台风造成的损失，为加快恢复正常社会秩序、减少风灾带来的各种危害和影响，根据《澳门特别行政区基本法》和《澳门特别行政区驻军法》的规定，行政长官提请中央政府批准澳门驻军协助澳门救助灾害，并及时得到批准。从 8 月 25 日起，澳门驻军协助澳门特区政府和市民一起进行灾后的各项援助和建设工作，这是澳门回归后驻军首次参与协助救灾行动。

问：中国人民解放军在澳门驻军协助救灾的法律依据是什么？

一、特别行政区概述

（一）特别行政区是"一国两制"构想的产物

"一国两制"是"一个国家，两种制度"的简称，是指在统一的社会主义国家内，在中央政府的统一领导下，经过最高国家权力机关决定，容许局部地方由于历史的原因不实行社会主义的制度，而依法保持不同于全国现行制度的特殊制度。

1984 年 12 月中英两国政府签订了《关于香港问题的联合声明》，1987 年 4 月中葡两国政府签订了《关于澳门问题的联合声明》，两个联合声明都决定我国将按照"一国两制"的构想，在香港和澳门分别建立特别行政区。

香港、澳门回归祖国以来，"一国两制"实践取得举世公认的成功。事实证明，"一国两制"是解决历史遗留的香港、澳门问题的最佳方案，也是香港、澳门回归后保持长期繁荣稳定的最佳制度。

（二）特别行政区的概念和设立的法律依据

1. 特别行政区的含义。特别行政区是指在我国版图内，根据我国宪法和法律的规定设立的具有特殊的法律地位，实行特别的社会、经济制度的行政区域。特别行政区是统一的中华人民共和国境内的一级行政区域，是为了通过和平方式解决历史遗留的香港、澳门、台湾问题而设立的特殊的地方行政区域。

2. 特别行政区设立的法律依据。我国《宪法》第 31 条规定："国家在必要时得设立特别行政区。在特别行政区内实行的制度按照具体情况由全国人民代表大会以法律规定。"《宪法》第 62 条又规定，全国人民代表大会有权"决定特别行政区的设立及其制度"。这些规定为在我国设立特别行政区提供了宪法依据。

1990 年 4 月第七届全国人民代表大会第三次会议通过的《中华人民共和国香港特别行政区基本法》和 1993 年 3 月第八届全国人民代表大会第一次会议通过的《中华人民共和国澳门特别行政区基本法》，分别在序言中宣布：为了维护国家的统一和领土完整，有利于香港、澳门的稳定和繁荣，考虑到香港、澳门的历史和现实情况，国家决定，在对香港、澳门恢复行使主权时，根据我国宪法的规定，在香港、澳门分别设立特别行政区，并按照"一国两制"的方针，不在香港、澳门实行社会主义制度和政策。

二、中央与特别行政区的关系

（一）中央代表国家对特别行政区行使主权

我国现行《宪法》第 31 条和第 62 条第 14 项关于特别行政区的设立及其所实行的制度由全国人大决定的规定，表明了特别行政区对中央的隶属关系；两个基本法的第 12 条关于特别行政区是中华人民共和国一个享有高度自治权的地方行政区域，直辖于中央人民政府的规定，是宪法规定的具体化。可见，特别行政区是中华人民共和国的一部分，是一级地方行政区域；特别行政区政府是中华人民共和国的一级地方政府，直辖于中央人民政府；中央人民政府与特别行政区的关系是在单一制国家结构形式内中央与地方之间的关系，特别行政区享有高度自治权，但它不享有国家主权，没有外交和国防方面的权力，也不是一个独立的政治实体。其法律地位相当于省、自治区和直辖市。

根据基本法的规定，由中央管理特别行政区的事务主要有：①负责管理与特别行政区有关的外交事务；②负责管理特别行政区的防务；③任命行政长官和主要官员；④决定特别行政区进入紧急状态；⑤解释特别行政区基本法；⑥修改特别行政区基本法等。

（二）特别行政区享有高度自治权

1. 特别行政区在行政管理方面享有高度自治权。它是指特别行政区有权依照基本法的规定自行处理有关行政事务，包括特别行政区的经济、财政、金融、贸易、工商业、土地、航运、民航、教育、科学、文化、体育、宗教、劳工、社会服务等事项。特别行政区保持财政独立，财政收入不上缴中央人民政府，中央人民政府不在特别行政区征税；特别行政区的货币体系独立，其发行权属于特别行政区政府。

2. 特别行政区在立法方面享有高度自治权。《香港特别行政区基本法》《澳门特别行政区基本法》的第 8 条和第 17 条都规定，特别行政区享有立法权，其原有法律，除同基本法相抵触或经特别行政区的立法机关作出修改者外，予以保留。特别行政区的立法机关制定的法律须报全国人民代表大会常务委员会备案，但备案不影响该法律的生效。

3. 特别行政区在司法方面享有高度自治权。特别行政区法院独立进行审判，不受任何干涉；特别行政区享有独立的司法权和终审权。特别行政区的司法独立于行政和立法之外，其活动不受任何干涉。法官履行审判职责的行为不受法律追究。凡是在特别行政区内发生的任何案件，特别行政区的终审法院的判决为最终判决。特别行政区在司法上拥有终审权。

4. 自行处理有关对外事务的权力。①特别行政区政府的代表，可作为中华人民共和国政府代表团的成员，参加由中央人民政府进行的与特别行政区直接有关的外交谈判。②可以"中国香港"和"中国澳门"的名义，在经济、贸易、金融、航运、通信、旅游、文化、体育等领域单独同世界各国、各地区及有关国际组织保持和发展关系，签订和履行有关协议。可以"中国香港"或"中国澳门"的名义参加不以国家为单位参加的国际组织和国际会议。③特别行政区可根据需要在外国设立官方或半官方的经济和贸易机构，报中央人民政府备案。④中央人民政府授权特别行政区政府依照法律给持有特别行政区永久性居民身份证的中国公民签发中华人民共和国特别行政区护照，给在特别行政区的其他合法居留者签发中华人民共和国特别行政区的其他旅行证件。

三、特别行政区的政治体制

行政、立法和司法是政治体制中最基本的三个部分，这三者的关系构成了政治体制的基本内容。根据港澳特别行政区政治体制的特点，其三者的关系应当是：行政主导、立法与行政既制衡又配合、司法独立。

（一）行政主导

行政主导体制就是以行政长官为权力核心，行政长官具有较高地位及广泛职权，并在特别行政区的政治生活中起主要作用的政治体制。

1. 行政长官。行政长官作为特别行政区的首长，既要对中央人民政府负责，也要对特别行政区负责，从而最终实现港人治港、澳人治澳的目标。行政长官制参考并改造了特别行政区成立前行之有效的行政主导体制，形成了香港、澳门特别行政区以行政主导为特色的政权组织形式——行政长官制。行政长官由年满40周岁，在香港或澳门通常居住连续满20年并在外国无居留权（《澳门特别行政区基本法》无此规定）的特别行政区永久性居民中的中国公民担任。香港特别行政区行政长官在就职时，必须依法宣誓拥护香港特别行政区基本法，效忠香港特别行政区。《澳门特别行政区基本法》第102条规定，澳门特别行政区行政长官在就职时，除了依照第101条规定必须依法宣誓拥护澳门特别基本法，效忠澳门特别行政区之外，还必须宣誓效忠中华人民共和国。

特别行政区行政长官任期5年，可连任一次。行政长官就任时应向香港特别行政区终审法院首席法官或者澳门特别行政区终审法院院长申报财产，记录在案。此外，澳门特别行政区行政长官在任职期内不得具有外国居留权，不得从事私人营利活动。行政长官短期不能履行职务时，由政务司长、财政司长、律政司长依次临时代理其职务。行政长官缺位时，应在6个月内依法产生新的行政长官。

行政长官具体行使如下职权：①立法方面的职权。签署立法会通过的法案，公布法律；签署立法会通过的财政预算案，将财政预算、决算报中央人民政府备案。②领导与执行权。领导特别行政区政府，执行基本法和依照基本法适用于特别行政区的其他法律；决定政府政策，发布行政命令；提名并报请中央人民政府任命主要官员；依照法定程序任免公职人员；执行中央人民政府就本法规定的有关事务发出的指令；代表特别行政区政府处理中央授权的对外事务和其他事务。③司法方面的职权。依照法定程序任免各级法院法官，《澳门特别行政区基本法》还规定行政长官可以依照法定程序任免各级法院院长，任免检察官；依法赦免或减轻刑事罪犯的刑罚；处理请愿、申诉事项。

2. 行政机关。特别行政区政府是特别行政区的行政机关，必须遵守法律，对特别行政区立法会负责；执行立法会通过并已生效的法律；定期向立法会作施政报告；答复立法会议员的质询。政府首长是特别行政区行政长官；政府设政务司、财政司、律政司和各局处、署，行政机关主要官员由行政长官提名报请中央人民政府任命。

特别行政区的主要官员由在香港或澳门居住连续满 15 年并在外国无居留权（《澳门特别行政区基本法》无此规定）的特别行政区永久性居民中的中国公民担任。根据《香港特别行政区基本法》第 62 条和《澳门特别行政区基本法》第 64 条的规定，特别行政区政府主要行使下列职权：①制定并执行政策；②管理各项行政事务；③办理本法规定的中央人民政府授权的对外事务；④编制并提出财政预算、决算；⑤提出法案、议案，草拟行政法规；⑥委派官员列席立法会会议听取意见或代表政府发言。

　　3. 行政主导的表现。①行政长官地位显要。行政长官既是特别行政区政府的首长，领导特别行政区政府，又是特别行政区的首长，法律地位崇高，特别行政区的重大决策实际上都由行政长官会同行政会议（行政会）作出。②行政参与立法程序。立法程序从全过程来看，从起草到公布生效，包含很多环节。其中某些环节实际上并非由立法会完成，而是由行政方面负责完成的。例如，政府拟定法律草案，向立法机关提出法案；政府编制并提出财政预算案；立法会通过的法律、预算必须经行政长官签署、公布方能生效；行政长官对立法会通过的法律有相对否决权；等等。③议案讨论的行政优先原则。向立法会提出的议案为数很多，其中有的是政府提出的，有的是立法会议员个人或者联合提出的。法律明确规定，政府提出的议案应当优先列入议程。④行政长官有权依照法律规定的程序解散立法会。⑤其他。例如依照法律规定，行政长官可以向立法会申请临时拨款；决定政府官员或其他负责公务的人员是否向立法会作证和提供证据等。

　　（二）行政与立法既互相制约又互相配合

　　1. 立法机关。根据《香港特别行政区基本法》《澳门特别行政区基本法》基本法的规定，特别行政区立法会是特别行政区的立法机关，立法会由选举产生，产生办法根据特别行政区的实际情况和循序渐进的原则确定，最终达到全部议员由普选产生的目标。特别行政区立法会除第一届任期为 2 年外，每届任期 4 年；如经行政长官依法解散，须于 3 个月内重新选举产生。立法会议员每届 60 名，其任职资格是在外国无居留权（《澳门特别行政区基本法》无此项规定）的特别行政区永久性居民中的中国公民；但非中国籍的或在外国有居留权的香港特别行政区永久性居民也可以当选为立法会议员，其所占比例不得超过香港特别行政区立法会全体议员的 20%。立法会议员在立法会上的发言，不受法律追究；在出席会议时和赴会途中不受逮捕。香港特别行政区立法会主席由年满 40 周岁，在香港通常居住连续满 20 年并在外国无居留权的香港特别行政区永久性居民中的中国公民担任。澳门特别行政区立法会主席、副主席由在澳门通常居住连续满 15 年的澳门特别行政区永久性居民中的中国公民担任。特别行政区立法会主席行使下列职权：主持会议；决定议程；决定开会时间；在休会期间可召开特别会议；应行政长官的要求召开紧急会议；立法会议事规则所规定的其他职权。

　　立法会主要行使如下职权：①立法权。根据基本法规定并依照法定程序制定、修改和废除法律。②财政权。根据政府的提案，审核、通过财政预算；批准税收和公共开支或者批准由政府承担的债务。③监督权。听取行政长官的施政报告并进行辩论；对政府的工作提出质询；就任何有关公共利益的问题进行辩论；对严重违法或者渎职行为而不辞职的行政官员进行弹劾，具体办法是委托终审法院首席法官、终审法院院长负责组成独立的调查委员会进行调查。如该调查委员会认为有足够证据构成上述指控，立法会以全体议员2/3多数通过，可提出弹劾案，报请中央人民政府决定。④任免权。根据基本法的规定，立法会有权同意终审法院法官和高等法院首席法官的任免。此外，立法会还有权接受公民的申诉并作出处理。

2. 立法与行政的制约。前面已经阐明行政对立法的制约，而立法对行政的制约主要有：①政府必须遵守、执行立法会通过的法律。②立法会听取、辩论行政长官的施政报告；有权对政府工作提出质询，政府应负责答复。③行政长官任免终审法院院长、高等法院院长，事先须经立法会同意。④政府征税及公共开支须经立法会批准。⑤对行政长官不签署而发回重议的法案，立法会经全体议员2/3多数再次通过原案时，除非解散立法会，行政长官必须签署。⑥行政长官因2次拒绝签署法案而解散立法会，如果新选出的立法会仍以全体议员2/3多数通过原法案，而行政长官仍拒绝签署，则行政长官必须辞职。⑦立法会因拒绝通过政府提出的财政预算或其他重要法案而被解散，但重新选出的立法会仍拒绝通过原来的财政预算案或其他重要法案，则行政长官必须辞职。⑧立法会有权依照法律规定的程序提出对行政长官的弹劾案。

3. 行政与立法互相配合。主要表现是特别行政区的行政会议的成员，由行政长官从行政机关的主要官员、立法会议员和社会人士中委任；行政长官在作出重要决策，向立法会提交法案，制定附属立法（或行政法规）和解散立法会之前，须征询行政会议（行政会）的意见；行政长官如不采纳行政会议（行政会）多数成员的意见，应将具体理由记录在案。

（三）司法独立

香港特别行政区各级法院是行使审判权的司法机关。其组织系统是：终审法院、高等法院、区域法院、裁判署法庭和其他专门法院。终审法院行使终审权，设4名常任法官。在审理案件时，由5人组成的终审法庭进行，其中1人可以邀请其他普通法适用地区的法官参加审判。香港特别行政区高等法院设上诉法庭和原讼法庭。香港特别行政区法院独立进行审判，不受任何干涉，司法人员履行审判职责的行为不受法律追究。

香港特别行政区没有单独的检察机关，其检察职能属于律政司，由律政司司长主管，是香港特区政府中的行政部门。

澳门特别行政区设立终审法院、中级法院、初级法院和行政法院。终审法院行使特别行政区终审权。初级法院可以根据需要设立若干专门法庭。行政法院是管辖行政诉讼和税务诉讼的法院。不服行政法院裁决，可以向中级法院上诉。澳门特别行政区法院独立进行审判，只服从法律，不受任何干涉。

澳门特别行政区设立检察院独立行使法律赋予的检察职能，不受任何干涉。

四、特别行政区的法律制度

香港和澳门特别行政区成立以后，实行独立的法律制度。就其法律文件的层次而言，主要包括以下方面：

（一）特别行政区基本法

基本法是根据我国宪法，由全国人大制定的一部基本法律，它体现了国家的方针政策，反映了包括香港同胞和澳门同胞在内的全国人民的意志和利益。虽然主要在特别行政区适用，但属于全国性法律，而非地方性法律。其地位仅低于宪法而高于其他法律规范性文件。在特别行政区法律体系中，基本法又处于最高的法律地位。任何其他法律都不得和基本法相抵触，为了维护基本法的权威性和稳定性，只有全国人民代表大会才能有权修改基本法。在基本法的解释权上，全国人民代表大会常务委员会享有立法解释权，同时它也授权特别行政区法院就其自治权范围内的事项进行司法解释。

（二）予以保留的原有法律

《香港特别行政区基本法》第8条规定："香港原有法律，即普通法、衡平法、条例、附属立法和习惯法，除同本法相抵触或经香港特别行政区的立法机关作出修改者外，予以保留。"《澳门特别行政区基本法》也作了类似规定。原有法律予以保留是必须具备一定条件的，即不与基本法相抵触，或者未经特别行政区的立法机关作出修改。总的来说，凡属于殖民统治性质或者带有殖民主义色彩、有损我国主权的法律，都应废止或者修改。基本法对如何处理与其相抵触的原有法律有明文规定。如《香港特别行政区基本法》第160条规定："香港特别行政区成立时，香港原有法律除由全国人民代表大会常务委员会宣布为同本法相抵触者外，采用为香港特别行政区法律，如以后发现有的法律与本法抵触，可依照本法规定的程序修改或停止生效。在香港原有法律下有效的文件、证件、契约和权利义务，在不抵触本法的前提下继续有效，受香港特别行政区的承认和保护。"

（三）特别行政区立法机关制定的法律

特别行政区享有立法权，除有关国防、外交和其他按照基本法的有关规定不属于特别行政区自治范围的法律之外，立法会可以制定任何其有权制定的法律，包括民法、刑法、诉讼法、商法等法律。只要特别行政区立法机关制定的法律符合基本法中关于中央管理的事务和中央与特别行政区关系的条款，符合法定程序，就可以在特别行政区生效适用。否则，全国人大常委会在征询特别行政区基本法委员会意见后，可将有关法律发回，但不作修改。经全国人大常委会发回的法律立即失效。

（四）适用于特别行政区的全国性法律

根据《香港特别行政区基本法》附件三和《澳门特别行政区基本法》附件三的规定，以及全国人民代表大会常务委员会通过的有关增减基本法附件三的决定，在特别行政区实施的全国性法律包括：《中国人民政治协商会议关于中华人民共和国国都、纪年、国歌、国旗的决议》《关于中华人民共和国国庆日的决议》《国籍法》《中华人民共和国外交特权与豁免条例》《中华人民共和国领事特权与豁免条例》

《国旗法》《国徽法》《领海及毗连区法》《专属经济区和大陆架法》《外国中央银行财产司法强制措施豁免法》《香港特别行政区驻军法》《澳门特别行政区驻军法》。2017年11月4日，第十二届全国人民代表大会常务委员会第三十次会议表决通过决定，在《香港特别行政区基本法》附件三和《澳门特别行政区基本法》附件三中增加全国性法律《国歌法》。2020年6月30日，第十三届全国人民代表大会常务委员会第二十次会议表决通过决定，在《香港特别行政区基本法》附件三中增加全国性法律《香港特别行政区维护国家安全法》，并由香港特别行政区在当地公布实施。

此外，在特定情况下，如果全国人民代表大会常务委员会决定宣布战争状态或因特别行政区内发生特别行政区政府不能控制的危及国家统一或安全的动乱而决定特别行政区进入紧急状态，中央人民政府可发布命令将有关全国性法律在特别行政区实施。

（五）适用于特别行政区的国际条约

大致可分为两类：一类是特别行政区成立前就已在香港或者澳门适用而在特别行政区成立后经转换仍在香港或者澳门适用的国际条约；另一类是特别行政区成立后才开始在香港或者澳门适用的国际条约。

【导入事例5-5】分析：

特别行政区是中华人民共和国的一部分，是一级地方行政区域；特别行政区政权是中华人民共和国的一级地方政权，直辖于中央人民政府；中央人民政府与特别行政区的关系是在单一制国家结构形式内中央与地方之间的关系，特别行政区享有高度自治权，但它不享有国家主权，没有外交和国防方面的权力，也不是一个独立的政治实体。其法律地位相当于省、自治区和直辖市。中央代表国家对特别行政区行使主权。

《澳门特别行政区基本法》第14条规定："中央人民政府负责管理澳门特别行政区的防务。澳门特别行政区政府负责维持澳门特别行政区的社会治安。"《澳门特别行政区驻军法》第2条规定："中央人民政府派驻澳门特别行政区负责防务的军队，称中国人民解放军驻澳门部队（以下称澳门驻军）。澳门驻军由中华人民共和国中央军事委员会领导，其部队组成、员额根据澳门特别行政区防务的需要确定。澳门驻军实行人员轮换制度。"《澳门特别行政区驻军法》第3条规定："澳门驻军不干预澳门特别行政区的地方事务。澳门特别行政区政府在必要时，可以向中央人民政府请求澳门驻军协助维持社会治安和救助灾害。"

实务训练

人大释法：遏制"港独"，维护法律权威[1]

近年来，香港社会出现了一股"港独"思潮，一些人打出"港独"旗号，成立"港独"组织，甚至进行非法暴力活动。在2016年10月12日进行的香港特别行政区第六届立法会议员就职宣誓仪式上，少数候任议员故意违反宣誓要求，公开宣扬

〔1〕 张宝山："人大释法：遏制'港独'，维护法律权威"，载《中国人大》2017年第2期。

"港独"，侮辱国家和民族，被裁定宣誓无效后，仍然强闯立法会，致使立法会无法正常开会。这些言行违反《宪法》和《香港特别行政区基本法》，也违反香港特别行政区有关法律，严重触碰"一国两制"底线，危及国家统一、领土完整和国家安全，危害国家核心利益和广大香港居民的根本利益，性质恶劣。

2016 年 11 月 7 日，第十二届全国人民代表大会常务委员会第二十四次会议经表决，全票通过了《全国人民代表大会常务委员会关于〈中华人民共和国香港特别行政区基本法〉第 104 条的解释》。《香港特别行政区基本法》第 104 条规定，香港特别行政区行政长官、主要官员、行政会议成员、立法会议员、各级法院法官和其他司法人员在就职时必须依法宣誓拥护中华人民共和国香港特别行政区基本法，效忠中华人民共和国香港特别行政区。

解释指出，《香港特别行政区基本法》第 104 条规定的"拥护中华人民共和国香港特别行政区基本法，效忠中华人民共和国香港特别行政区"，既是该条规定的宣誓必须包含的法定内容，也是参选或者出任该条所列公职的法定要求和条件。"就职时必须依法宣誓"的含义包括宣誓是该条所列公职人员就职的法定条件和必经程序；宣誓必须符合法定的形式和内容要求；宣誓人拒绝宣誓，即丧失就任该条所列相应公职的资格；宣誓必须在法律规定的监誓人面前进行。监誓人负有确保宣誓合法进行的责任，对符合本解释和香港特别行政区法律规定的宣誓，应确定为有效宣誓。对不符合本解释和香港特别行政区法律规定的宣誓，应确定为无效宣誓，并不得重新安排宣誓。

解释指出，《香港特别行政区基本法》第 104 条所规定的宣誓，是该条所列公职人员对中华人民共和国及香港特别行政区作出的法律承诺，具有法律约束力。宣誓人必须真诚信奉并严格遵守法定誓言。宣誓人作虚假宣誓或者在宣誓之后从事违反誓言行为的，依法承担法律责任。

案例分析：

1. 全国人大常委会为什么要作出这样的解释？
2. 全国人大常委会作出这样的解释有什么意义？

延伸阅读

《中国的民族政策与各民族共同繁荣发展》白皮书。
《"一国两制"在香港特别行政区的实践》白皮书。

思考题

1. 简述单一制和联邦制的异同。
2. 我国采用单一制国家结构形式的原因是什么？
3. 我国《宪法》对行政区划的规定有哪些？
4. 简述民族自治机关的组成及其特点。
5. 简述中央与特别行政区的关系。

第六章

经济制度

学习目标与工作任务

通过本章的学习，学生将了解经济制度的概念、现阶段我国的经济制度、分配制度，掌握我国的多种经济形式和它们各自的性质、地位以及国家对其实施的政策。重点掌握我国现行《宪法》对土地问题的规定和对公民私有财产的保护，并学会运用相关知识分析实际案例或事件。

第一节　经济制度概述

【导入事例 6-1】《个人所得税法》修正

2018 年 6 月 19 日，第十三届全国人民代表大会常务委员会第三次会议在北京人民大会堂举行。为落实税收法定原则，推进个人所得税改革，逐步建立综合与分类相结合的个人所得税制，国务院提出了《关于提请审议个人所得税法修正案草案的议案》。作为直接关系几千万人的万亿级税收，《个人所得税法》草案经过全国人大常委会一审之后，6 月 29 日通过中国人大网正式向社会大众公开并征求意见，引起了社会的广泛关注。截至 2018 年 7 月 28 日，共收到意见和建议超过 13 万条。2018 年 8 月 31 日，第十三届全国人民代表大会常务委员会第五次会议表决通过了《全国人民代表大会常务委员会关于修改〈中华人民共和国个人所得税法〉的决定》。修正后的《个人所得税》自 2019 年 1 月 1 日起施行。修正案完善有关纳税人的规定，对部分劳动性所得实行综合征税，优化调整税率结构，拟将综合所得基本减除费用标准提高到每月 5000 元（6 万元/年），引入教育、医疗、住房等方面的专项附加扣除，扩大适用低税率范围，并增加反避税条款。从修改内容看，新一轮税改堪称 1994 年以来改革力度最大的一次，也将是百姓获益最大的一次改革，被业内视为对现有个人所得税制的一次根本性改革。

问：税收制度是国家经济政策的重要体现，作为规范国家和纳税人之间税收分配关系的法律制度，其制定主体有哪些？

一、经济制度概说

经济制度是指一国通过宪法和法律所确认和调整的，以一定的生产资料所有制形式为核心的各种基本经济关系的规则、原则和政策的总和。

经济制度具体包括以下几方面内容：生产资料所有制形式；社会产品分配形式；劳动力与生产资料的结合形式；国家对各种经济成分的基本政策与管理国民经济的原则、方式、方法等。其中生产资料所有制是由国家性质决定的，是经济制度中的决定性因素，决定着经济制度的性质。

经济制度与经济基础有着密切的联系，但并不是同一个概念。经济基础是一定社会占统治地位的生产关系的总和，经济基础构成了经济制度的核心内容。但经济制度除了经济基础的内容外，还包括其他方面的内容，如国家对各种经济成分的基本政策，以及管理国民经济的原则、方式、方法等。经济制度一旦表现为宪法规范或法律规范，便进入社会上层建筑体系之中。宪法学所研究的经济制度正是作为上层建筑体系中制度范畴之一的经济制度，而不是作为社会生产关系总和的经济基础。

经济制度是国家宪法的基本内容。宪法对于经济制度的规定，具有两个方面的作用：首先，通过确认生产资料所有制的性质与形式、经济体制以及分配方式，反映客观的经济基础。其次，通过保障公民的经济权利与自由，授予并制约政府调控经济的权力，调整经济关系，协调经济活动。

【导入事例 6－1】分析：

《个人所得税法》的修正主要涉及的是税收制度问题，税收制度是经济制度的重要组成部分，宪法性规范《立法法》第 8 条第 6 项规定，"税种的设立、税率的确定和税收征收管理等税收基本制度"只能制定法律。而根据现行《宪法》，有权制定和修改法律的国家机关是全国人大及其常委会，国务院只能向全国人大或者全国人大常委会提出审议《个人所得税法（修正案草案）》的议案。宪法与宪法性规范正是通过这种授权和制约，达到保障公民经济权利和自由的目的。

近代意义的宪法产生以来，经济制度便成为宪法必不可少的内容，各国宪法都有关于经济制度的规定，但不同性质的宪法，对于经济制度规定的形式是不同的。一般来说，资本主义国家宪法对于经济制度的规定通常采用比较隐蔽的形式，而社会主义国家宪法对于经济制度的规定则往往采用公开的形式。当然，从目前的情况来看，随着经济立宪发展趋势的扩大，各国宪法，包括资本主义国家宪法对经济制度的规定，也日益公开化、具体化。据统计，各国宪法中涉及"经济组织""经济体制""经济结构""经济制度""经济秩序""经济政策"等内容的就有 84 部，涉及公共利益或一般利益的有 96 部，涉及对知识产权保护的有 118 部。而包括中国在内的亚洲国家的宪法对于有关经济制度的问题尤其重视。正如有学者指出的那样，亚洲国家立宪主义最基本的功能在于促进经济的发展，即在经济领域中以宪法特有功能创造财富，逐步消灭贫困；经济问题已出现宪法化趋势。我国现行《宪法》发布以后的 5 次修正，主要内容也都是有关经济制度方面的。

二、现阶段我国经济制度的特点

我国现阶段经济制度包括社会主义公有制经济和非公有制经济两种形式。社会主义公有制经济包括全民所有制经济和集体所有制经济，非公有制经济包括个体经济、私营经济和外资经济。经济制度的特点根源于其赖以建立的经济基础，不同类型的国家的经济制度有本质的区别。即使是同一类型的国家或者同一国家，由于在不同的时期所实行的经济体制和基本经济政策不同，其经济制度也是呈现出不同的特点而具有鲜明的时代特色。

我国的现行《宪法》经过 5 次修正后，对经济制度的规定更加符合我国社会主义初级阶段的生产关系的实际情况，具有浓厚的社会主义初级阶段的中国特色，其特征具体表现在以下几个方面：

（一）现行《宪法》通过规定国家的根本任务，确立了我国社会主义初级阶段经济制度的目的

我国《宪法》序言规定，"我国将长期处于社会主义初级阶段。国家的根本任务是，沿着中国特色社会主义道路，集中力量进行社会主义现代化建设。中国各族人民将继续在中国共产党领导下，在马克思列宁主义、毛泽东思想、邓小平理论、'三个代表'重要思想、科学发展观、习近平新时代中国特色社会主义思想指引下，坚持人民民主专政，坚持社会主义道路，坚持改革开放，不断完善社会主义的各项制度，发展社会主义市场经济，发展社会主义民主，健全社会主义法治，贯彻新发展理念，自力更生，艰苦奋斗，逐步实现工业、农业、国防和科学技术的现代化，推动物质文明、政治文明、精神文明、社会文明、生态文明协调发展，把我国建设成为富强民主文明和谐美丽的社会主义现代化强国，实现中华民族伟大复兴"。

经济建设在整个社会主义现代化建设中起着关键的作用，它是通过经济制度的调整和经济体制的运行得以开展和实现的。党的十九大报告指出，我国经济已由高速增长阶段转向高质量发展阶段，正处在转变发展方式、优化经济结构、转换增长动力的攻关期，建设现代化经济体系是跨越关口的迫切要求和我国发展的战略目标。因此，保证社会主义经济建设的顺利进行，促进经济持续、快速、协调地有序发展，建设现代化经济体系是我国现阶段经济制度的主要目的。

（二）现行《宪法》确立了以社会主义公有制为主体、多种所有制并存的所有制结构

我国是社会主义国家，社会主义制度是我国的根本制度。现行《宪法》第 6 条明确规定，中华人民共和国的社会主义经济制度的基础是生产资料的社会主义公有制，即全民所有制和劳动群众集体所有制。从而确立了生产资料的社会主义公有制在经济制度的所有制结构中的主体地位。由于我国处于社会主义初级阶段，生产力发展水平还比较低，非社会主义的生产关系在一定范围内仍有存在的合理性和必要性。为此，1999 年《宪法修正案》第 14 条、第 16 条规定，"国家在社会主义初级阶段，坚持公有制为主体、多种所有制经济共同发展的基本经济制度"，"在法律规

定范围内的个体经济、私营经济等非公有制经济，是社会主义市场经济的重要组成部分"。《宪法》的上述规定，确认了非公有制经济形式的应有地位，从而构成了具有中国特色的以公有制为主体、多种所有制并存的所有制结构。

（三）现行《宪法》确立了以按劳分配为主体、多种分配方式并存的分配制度

分配制度作为社会经济制度的一个重要方面，是由生产资料所有制的性质决定的。我国现阶段实行以按劳分配为主体、多种分配方式并存的分配制度，是由我国社会主义初级阶段以公有制为主体、多种所有制经济并存的所有制结构决定的。

现行《宪法》第6条第1款明确规定："……社会主义公有制消灭人剥削人的制度，实行各尽所能、按劳分配的原则。"而1999年《宪法修正案》第14条也明确规定："国家在社会主义初级阶段，坚持公有制为主体、多种所有制经济共同发展的基本经济制度，坚持按劳分配为主体、多种分配方式并存的分配制度。"所谓按劳分配，就是对于劳动者创造的社会总产品，在扣除生产过程中需要的部分和公共消费的部分之后，作为个人消费品，根据每个劳动者提供的劳动数量和质量进行分配，实行多劳多得、少劳少得的原则。实行按劳分配是公有制经济的特征之一，公有制经济在国家经济中的地位决定了按劳分配在我国分配制度中的主体地位。由于我国现阶段还存在非公有制的经济形式，还有非公有制经济与公有制经济的经济交往，因而不可避免地存在与这些经济形式和经济交往相联系的一些非按劳分配的分配方式，这些分配方式主要有各种风险收入、机会收入、利息收入和股份收入等。总之，与以公有制为主体、多种所有制经济共同发展的基本经济制度相适应，我国在社会主义初级阶段实行以按劳分配为主体、多种分配方式并存的分配制度，这是适合中国国情的。

（四）建立和完善社会主义市场经济体制是现阶段我国经济制度的重要任务

经济体制即国家的经济管理体制。计划经济体制和市场经济体制是两种对立的经济体制。在计划经济体制下，国家通过计划来配置社会资源，企业的经营管理必须按照国家下达的计划来进行。而在市场经济体制下，国家通过价格、税收、利率等经济杠杆来调动市场，由市场来配置社会资源，企业的生产和经营活动由企业根据市场的需求自行决定。

计划经济是由行政命令推动、用政府管制加以约束的高度稳定的经济秩序，但它缺乏应有的活力。与此相反，市场经济是以经济主体自身利益为动力，用法律制度约束的充满活力的经济体制。在市场机制的引导下，各个企业和个人为增加自身利润与福利所进行的努力，在很大程度上能够自发地促进整个经济的增长。在宪法保护财产权与契约自由、限制国家权力干预经济的制度刺激下，西方各国早期商品经济获得了迅速发展。正如马克思、恩格斯在《共产党宣言》中指出的那样，"资产阶级在它不到一百年的阶级统治中所创造的生产力，比过去一切世代创造的全部生产力还要多，还要大"。

在中华人民共和国成立后相当长的时期内，由于当时主观和客观条件的限制，我国一直实行计划经济。1982年《宪法》第15条规定："国家在社会主义公有制基础上

实行计划经济。国家通过经济计划的综合平衡和市场调节的辅助作用，保证国民经济按比例地协调发展。"这一规定虽然没有完全排除市场因素在社会主义经济建设中的作用，但仍然坚持公有制必须实行计划经济的观念。随着生产力的发展和经济体制改革的不断深入，人们突破了把计划经济当作社会主义制度的基本特征的传统观念，认识到了市场本身不存在姓"资"姓"社"的问题，社会主义公有制并不排斥市场经济，而是兼容的。资本主义经济可以有计划，社会主义经济也可以有市场，市场与计划不是资本主义与社会主义的本质区别。市场经济是经济分工与协作的产物，作为一种经济形式，是生产社会化与现代化不可逾越的阶段。在社会主义条件下建立市场经济体制是我国商品经济发展的必然要求。因此，1993 年《宪法修正案》第 7 条对 1982 年《宪法》的前述规定进行了修改，规定"国家实行社会主义市场经济"。党的十九大提出，必须加快完善社会主义市场经济体制。经济体制改革必须以完善产权制度和要素市场化配置为重点，实现产权有效激励、要素自由流动、价格反应灵活、竞争公平有序、企业优胜劣汰。要求全面实施市场准入负面清单制度，清理废除妨碍统一市场和公平竞争的各种规定和做法，支持民营企业发展，激发各类市场主体活力。

当然，实行社会主义市场经济，并不等于完全排斥国家管理，国家仍要发挥、并应依法发挥其在管理经济方面的宏观调控作用。为此，现行《宪法》第 15 条第 2、3 款规定："国家加强经济立法，完善宏观调控。国家依法禁止任何组织或者个人扰乱社会经济秩序。"党的十九大报告提出，要深化商事制度改革，打破行政性垄断，防止市场垄断，加快要素价格市场化改革，放宽服务业准入限制，完善市场监管体制。同时要创新和完善宏观调控，发挥国家发展规划的战略导向作用，健全财政、货币、产业、区域等经济政策协调机制。

三、我国社会主义经济建设的目的、方针和途径

经济建设是社会主义现代化建设的中心内容，宪法作为国家的根本大法，对我国社会主义经济建设的目的、方针和途径作了原则性的规定。

（一）社会主义经济建设的目的

现行《宪法》第 14 条第 3 款规定："国家合理安排积累和消费，兼顾国家、集体和个人的利益，在发展生产的基础上，逐步改善人民的物质生活和文化生活。"中华人民共和国成立以来，我国稳定解决了十几亿人的温饱问题。而经过改革开放以来四十多年的努力实践，我国社会生产力水平总体上显著提高，社会生产能力在很多方面进入世界前列。当前，中国特色社会主义已进入新时代，总体上实现小康，不久将全面建成小康社会，人民美好生活需要日益广泛，不仅对物质文化生活提出了更高要求，而且在民主、法治、公平、正义、安全、环境等方面的要求日益增长。我国社会主要矛盾已经转化为人民日益增长的美好生活需要和不平衡不充分的发展之间的矛盾。因此，我国社会主义经济建设的目的就是，要在继续推动发展的基础上，着力解决好发展不平衡不充分问题，大力提升发展质量和效益，更好满足人民在经济、政治、文化、社会、生态等方面日益增长的需要，更好推动人的全面发展、

社会全面进步。

（二）社会主义经济建设的基本方针

我国《宪法》第14条第1款规定："国家通过提高劳动者的积极性和技术水平，推广先进的科学技术，完善经济管理体制和企业经营管理制度，实行各种形式的社会主义责任制，改进劳动组织，以不断提高劳动生产率和经济效益，发展社会生产力。"这一规定表明，坚持以经济建设为中心，解放和发展生产力是我国社会主义经济建设必须坚持的基本方针。党的十九大报告指出："解放和发展社会生产力，是社会主义的本质要求。我们要激发全社会创造力和发展活力，努力实现更高质量、更有效率、更加公平、更可持续的发展！"只有坚持这一基本方针，才能有效地逐步解决好我国现阶段人民日益增长的美好生活需要和不平衡不充分的发展之间的矛盾，才能保障我国社会主义现代化建设的顺利发展，才能保证现代化经济体系的顺利建成。

（三）社会主义经济建设的途径

按照现行《宪法》规定，实现社会主义经济建设的途径主要包括：

1. 提高劳动者的积极性和技术水平。为了提高劳动者的积极性，《宪法》第42条第2款规定，国家通过各种途径，创造劳动就业条件，加强劳动保护，改善劳动条件，并在发展生产的基础上，提高劳动报酬和福利待遇。为了保证劳动者提高技术水平，《宪法》第42条第4款明确规定，国家对就业前的公民进行必要的劳动就业训练。党的十九大报告指出："激发和保护企业家精神，鼓励更多社会主体投身创新创业。建设知识型、技能型、创新型劳动者大军，弘扬劳模精神和工匠精神，营造劳动光荣的社会风尚和精益求精的敬业风气。"

2. 推广先进的科学技术。科学技术是第一生产力，是提高劳动生产率和经济效益的决定性因素之一，关系着我国社会主义现代化建设的进程，因此，要尽力采用和推广先进的科学技术，并在世界高科技领域中争取应有的位置。党的十九大报告强调要加快建设创新型国家，并提出了强化基础研究、加强应用基础研究、加强国家创新体系建设、深化科技体制改革、倡导创新文化保护知识产权、培养造就全梯队科技人才等一系列举措。

3. 完善经济管理体制和企业经营管理制度，实行各种形式的社会主义责任制，改进劳动组织。1993年《宪法修正案》第8、9条分别赋予了国有企业和集体经济组织的经营管理自主权和民主管理体制。《宪法》第16条规定，国有企业在法律规定的范围内有权自主经营。国有企业依照法律规定，通过职工代表大会和其他形式，实行民主管理。《宪法》第17条规定，集体经济组织在遵守有关法律的前提下，有独立进行经济活动的自主权。集体经济组织实行民主管理，依照法律规定选举和罢免管理人员，决定经营管理的重大问题。

另外，国家还先后颁布了一系列法律、法规，以保证完善经济管理体制，以及实现企业的自主经营和现代化管理。党的十九大报告也要求完善各类国有资产管理体制，改革国有资本授权经营体制等。

4. 坚持改革开放。1978 年 12 月，党的十一届三中全会制定了改革开放的政策，明确地向全党和全国人民提出了大力发展对外经济关系。1993 年 3 月，第八届全国人大修正《宪法》，将"坚持改革开放"作为我国长期坚持的基本国策载入了宪法。2013 年 11 月，党的十八届三中全会审议通过的《中共中央关于全面深化改革若干重大问题的决定》，该决定阐述了中国全面深化改革的重大意义，总结了中国改革开放 35 年来的历史性成就和宝贵经验，提出了到 2020 年全面深化改革的指导思想、总体思路、主要任务、重大举措。这标志着从 1978 年开始中国改革开放进入到新阶段。2017 年 10 月，党的十九大报告提出要"推动形成全面开放新格局"。要求以"一带一路"建设为重点，坚持引进来和走出去并重；要求拓展对外贸易，培育贸易新业态新模式，推进贸易强国建设；要求实行高水平的贸易和投资自由化便利化政策；要求全面实行准入前国民待遇加负面清单管理制度，大幅度放宽市场准入，扩大服务业对外开放，保护外商投资合法权益。

第二节　社会主义公有制经济

【导入事例6-2】温州住宅土地使用权到期事件

2016 年 4 月，温州部分市民因住宅土地使用年限到期或即将到期，面临要花费近房价三成，即数十万元高额土地出让金"买地"才能重新办理土地证的遭遇，在社会各界引发热议和关注。温州市国土局表示，媒体报道"收取几十万元出让金才能续期"是对信息的误读。国务院 1990 年发布的《中华人民共和国城镇国有土地使用权出让和转让暂行条例》中明确，居住用地使用权最高年限 70 年。20 年前的温州，为了顺利推进国有土地使用权出让工作，在不超过居住用地最高年限的前提下，按 20 年到 70 年分档，由受让方自行选择办理出让手续，并交纳相应的土地出让金额，造成了 20 年后温州有一部分市民住宅土地使用权到期的情况。《物权法》（现已废止）规定住宅建设用地使用权届满自动续期，但"自动续期"该如何续，目前国家尚未出台相关实施细则。基层国土部门在实际操作过程中无法可依、无章可循，不能办理相关续期手续，只能报上级研究决定，妥善化解这类问题。2016 年 12 月 23 日，原国土资源部（现为自然资源部）召开《自然资源统一确权登记办法（试行）》新闻发布会，当时的国土资源部副部长王广华在发布会上透露，对于少数住宅建设用地使用权到期问题如何处理，原国土资源部出台了过渡性措施，即业主不需要提出续期申请，不需要缴费，可正常办理交易和登记手续。

问：根据现行《宪法》所规定的土地制度，谈谈你对住宅土地使用权到期后续期问题的看法。

一、公有制经济的建立

社会主义公有制经济是由社会全体劳动者或社会部分劳动者共同占有生产资料

并实现按劳分配的经济形式，它包括全民所有制经济和劳动群众集体所有制经济两种。我国社会主义公有制经济不可能在私有制经济内部和平地、自发地产生，而只能以人民革命的胜利和人民民主专政国家政权的建立为前提条件，主要通过"剥夺剥削者"建立起来。同时我国也曾经广泛采用自愿交换和自发组织的方式，赎买民族资本主义工商业，改造个体经济，来建立和发展社会主义公有制经济。

具体地说，我国社会主义公有制经济，主要是通过以下方式建立起来的：

（一）取消帝国主义在华经济特权，没收官僚资本

中华人民共和国成立前，我国是一个半封建半殖民地国家，依靠帝国主义在华特权扶持起来的外国资本和依靠国民党政府势力建立起来的官僚买办资本，控制和垄断了中国的经济命脉。中华人民共和国成立后，国家废除了一切不平等条约，取消了帝国主义在华特权，收回了被帝国主义长期把持的海关，实行了对外贸易管制，将帝国主义在华企业先后通过各种方式转变为国有资产。根据《共同纲领》"没收官僚资本归人民的国家所有"的规定，国家没收了官僚资本，使之转归国家所有。

（二）通过赎买方式，对民族资本主义工商业进行社会主义改造

所谓赎买方式，就是采用国家资本主义的形式改造民族资本主义工商业。中国的民族资本主义工商业不同于官僚资本，具有两重性：一方面它代表着中国生产力的发展水平，与帝国主义、封建主义和官僚资本主义存在着矛盾和斗争；另一方面，它又与这些势力有着千丝万缕的联系，具有软弱性和落后性。根据这种情况，国家对民族资本主义工商业实行了利用、限制和改造的长期赎买政策。到 1956 年底，基本上完成了对民族资本主义工商业的社会主义改造。

（三）改造个体经济，建立社会主义集体经济

改造个体经济主要是针对农村农民个体经济和城乡手工业个体经济的改造，改造的方式就是走合作化的道路。在农村，合作化依次经过了互助组、初级农业生产合作社和高级农业生产合作社三个阶段。在城乡手工业的改造方面，依次经过了工业供销小组、手工业供销合作社和手工业生产合作社几个阶段。到 1956 年底，基本完成了农业和手工业生产的合作化，建立了城乡社会主义集体经济。

二、国有经济

（一）国有经济的概念和范围

国有经济，即社会主义全民所有制经济，是由社会主义国家代表全体人民占有生产资料，并实行按劳分配的一种经济形式。其主要特点是：全体社会劳动成员共同占有生产资料，在全社会的范围内实现劳动者和生产资料的结合，任何单个的或部分的劳动者都不能直接拥有这种生产资料；人与人的关系是平等的，并实行民主管理和按劳分配。

在计划经济体制下，国家不仅代表人民占有生产资料，而且直接组织生产经营。因此，全民所有制经济过去也就是国营经济。1993 年《宪法修正案》将原《宪法》文本中的"国营经济"改为"国有经济"，这一修改将"国家经营"与"国家所

有"分离开来，适应了我国经济体制从计划经济向社会主义市场经济转变的需要。

根据现行《宪法》的规定，我国国有经济的范围主要包括：

1. 矿藏、水流、森林、山岭、草原、荒地、滩涂等自然资源，都属于国家所有，即全民所有；由法律规定属于集体所有的森林和山岭、草原、荒地、滩涂除外。

2. 城市的土地属于国家所有。农村和城市郊区的土地，由法律规定属于国家所有的，也属于国家所有。

3. 银行、邮电、铁路、公路、航空、海运等方面的国有企业、事业单位及其设施，也属于国家所有。

（二）国有经济的法律地位

1993 年《宪法修正案》第 5 条规定："国有经济，即社会主义全民所有制经济，是国民经济中的主导力量。国家保障国有经济的巩固和发展。"

国有经济在我国国民经济中占有主导地位。它控制着国民经济的命脉，有助于国家通过强大的经济实力，实现对国民经济的宏观调控，保证国民经济平稳、持续和协调地发展。这不仅能保证国有经济根据全社会的利益进行有效运行，而且能为社会创造大量的物质财富。由于国有经济控制着国民经济中的支柱性产业，影响和制约着其他经济形式的发展，因此，国有经济在国民经济中的主导力量使其成为我国政权的重要物质基础。

三、集体经济

集体经济，即城乡劳动群众集体所有制经济，它是指部分劳动群众共同占有生产资料，劳动者与生产资料在该集体范围内结合，并实行按劳分配的一种经济形式。现行《宪法》第 8 条第 3 款明确规定："国家保护城乡集体经济组织的合法的权利和利益，鼓励、指导和帮助集体经济的发展。"集体经济是社会主义公有制经济，它与国有经济的不同之处主要在于：其生产资料分别属于各个不同集体单位的劳动者，生产资料与劳动者的结合仅局限于该集体单位内部。集体经济主要包括农村集体经济和城镇集体经济两种形式。

1999 年《宪法修正案》第 15 条规定："农村集体经济组织实行家庭承包经营为基础、统分结合的双层经营体制。农村中的生产、供销、信用、消费等各种形式的合作经济，是社会主义劳动群众集体所有制经济。参加农村集体经济组织的劳动者，有权在法律规定的范围内经营自留地、自留山、家庭副业和饲养自留畜。"在经营机制方面，农村集体经济组织实行家庭承包经营为基础、统分结合的双层经营体制。这种双层经营体制，是指以承包为纽带，家庭为基础，实行统、分经营相结合的经营管理制度。应该注意的是，家庭经济在农村具有双重性。作为承包户，它是集体经济组织的一种形式；作为对自留地、自留山、家庭副业的经营者和自留畜的饲养者，它又具有劳动者个体经济的性质，是对农村集体经济的补充。

现行《宪法》第 8 条第 2 款明确规定："城镇中的手工业、工业、建筑业、运输业、商业、服务业等行业的各种形式的合作经济，都是社会主义劳动群众集体所有制经济。"1975 年《宪法》和 1978 年《宪法》都把农村经济与集体经济等同起来，没有关于城镇集体经济的规定。1982 年《宪法》第一次明确了城镇集体经济在社会主义公有制经济中的地位和作用，使之成为公有制经济的重要组成部分。城镇集体经济体现了共同富裕的原则，可以广泛吸收分散的社会资金，缓解就业压力，增加公共积累和国家税收。繁荣集体经济对于保持公有制经济的主体地位具有重要意义。

四、《宪法》关于土地问题的规定

1982 年《宪法》对土地的规定主要有以下内容：一是确认了土地公有制的两种形式，即"城市的土地属于国家所有。农村和城市郊区的土地，除由法律规定属于国家所有的以外，属于集体所有；宅基地和自留地、自留山，也属于集体所有"。二是规定了土地使用的基本原则，即"国家为了公共利益的需要，可以依照法律规定对土地实行征用。任何组织或者个人不得侵占、买卖、出租或者以其他形式非法转让土地。一切使用土地的组织和个人必须合理地利用土地"。这些规定为保护土地的所有权、合理使用土地奠定了宪法基础，也为制定和完善《土地管理法》等相关法律、法规提供了宪法依据。

随着商品经济的发展和经济体制改革的进一步深入，社会和经济发展对土地的使用需求日益增加，1982 年《宪法》关于土地问题的规定已不能适应客观需要，一定程度上影响了对土地的合理使用，制约了经济的发展。1988 年的《宪法修正案》第 2 条对《宪法》第 10 条第 4 款作了修改，规定"任何组织或个人不得侵占、买卖或者以其他形式非法转让土地。土地的使用权可以依照法律的规定转让"。这一修正是对我国基本土地制度的重大发展和完善，在土地公有制的基础上确认了土地所有权与使用权的分离，并为土地使用权的合法转让提供了宪法依据，使土地的使用制度符合了经济发展的客观要求，具有重要意义。

2004 年第十届全国人民代表大会第二次会议通过的《宪法修正案》第 20 条对《宪法》第 10 条第 3 款作了修改，规定"国家为了公共利益的需要，可以依照法律规定对土地实行征收或者征用并给予补偿"。这一修正进一步完善了《宪法》对土地问题的规定，有助于保护土地所有者和使用者的合法权益。

【导入事例 6 - 2】分析：

从全国范围内来看，大部分住宅的土地使用权年限都是 70 年。但不论是最高年限 70 年，还是低于这个年限，公众关注的是，住宅土地使用权到期之后如何续期，目前，关于住宅用地使用年限续期的法律依据主要是《物权法》（现已废止）第 149 条规定，"住宅建设用地使用权期间届满的，自动续期"。目前的法律条文由于缺乏细则，如何"自动续期"存在不确定性，难以操作。2016 年 11 月 27 日，《中共中央国务院关于完善产权保护制度依法保护产权的意见》发布。该意见明确提出：研究住宅建设用地等土地使用权到期后续期的法律安排，推动形成全社会对公民财产长久受保护的良好和稳定预期。

第三节 非公有制经济

【导入事例6-3】网约车管理

2016年7月27日，交通运输部、工信部等7部委联合发布《网络预约出租汽车经营服务管理暂行办法》，对网约车平台公司、网约车车辆和驾驶员、网约车经营行为、监督检查、法律责任等诸多方面作出规制。针对网约车这一新兴产业及其背后所代表的"共享经济"等新理念，各地新政亦相继出台，"京人京车"、兰州网约车新政均引起各方热议。2016年12月，安徽省合肥市正式公布《合肥市网络预约出租汽车经营服务管理实施细则（暂行）》。2018年5月30日起，合肥市开展网约车非法经营行为整治，集中整治网约车平台未取得《网络预约出租汽车经营许可》、违规向未取得经营许可车辆和驾驶员派单、驾驶员或车辆无证经营、线上显示与线下实际提供服务车辆或人员不一致等违法行为。首批网约车平台罚单中，滴滴平台公司收到10份行政处罚决定书，罚款共计5万元。

问：上述材料中相关国家机关的做法，体现了《宪法》关于非公有制经济的什么政策？

一、非公有制经济的主要形式

（一）个体经济

个体经济，是指城乡劳动者个人占有少量的生产资料，并以自己的劳动或其家庭成员的劳动为基础的一种自负盈亏的经济形式。个体经济主要包括城乡个体手工业、农副产品加工业、零售商业、餐饮业、修理业、运输业和其他服务行业。个体经济除个人及其家庭经营外，也可以雇请一两个帮工或者带三五个学徒。

个体经济是一种十分古老的经济形式，它的小型、分散、多样、灵活的特点使之具有很强的适应性，不仅为生产力水平低下的社会所必需，即使在生产力高度发达的国家，仍不失其存在的价值。在我国，个体经济的存在和发展，对于增加就业，满足人民群众多方面的物质文化生活需要，具有积极意义；个体经济参与市场竞争，能够促进国有企业和集体企业改善经营管理，提高产品与服务质量；发展城乡劳动者个体经济，可以繁荣市场、积累社会财富，促进国民经济健康发展。因此，在我国经济生活中，个体经济具有不可替代的作用。

（二）私营经济

私营经济是一种私人占有一定规模的生产资料，使用雇佣劳动，自负盈亏的经济形式。私营经济是劳动者个体经济发展的产物，个体劳动者在市场竞争过程中，通过发展生产、扩大经营规模，就形成了私营经济，因此，私营经济的存在从某种意义上讲具有客观必然性。

中共十一届三中全会以后，在改革、开放、搞活的经济方针指导下，个体工商户、农村专业户和家庭手工业不断发展，形成较大投资和经营规模，雇工人数较多，从而衍化形成私营经济。到 20 世纪 80 年代后期，私营经济作为一种经济形式，在我国国民经济中已占有一定的地位。现在私营经济的发展规模越来越快，特别是东部沿海地区，私营经济已经成为地方财政、税收的一个主要来源。与个体经济相比，私营经济具有相对较为雄厚的资金积累，便于采用现代企业管理制度，经营规模和经济实力已不容忽视。私营经济以雇佣劳动为基础，以追求利润为目的，具有改善生产条件、优化生产要素结构、创新经营管理体制、扩大经营规模的强烈要求，对于促进社会生产力发展和市场经济体制完善、改善人民生活和扩大就业等方面都具有不可忽视的作用。

（三）三资经济

现行《宪法》第 18 条规定："中华人民共和国允许外国的企业和其他经济组织或者个人依照中华人民共和国法律的规定在中国投资，同中国的企业或者其他经济组织进行各种形式的经济合作。在中国境内的外国企业和其他外国经济组织以及中外合资经营的企业，都必须遵守中华人民共和国的法律。它们的合法的权利和利益受中华人民共和国法律的保护。"

根据我国有关法律的规定和外商在中国的情况，中外合资经济、中外合作经济和外商独资经济是外商投资经济的三种形式（以下简称"三资经济"）。中外合资经济是指由中国的企业或者其他经济组织与外商共同投资，共同经营，按照注册资本的比例分配利润和承担风险的一种经济形式。中外合作经济是由中国的企业或者其他经济组织与外商合作，由我方提供土地使用权、劳务、厂房和其他设施，由外商提供资金、技术、设备和原材料，合作兴办企业，双方的责任、权利义务、收益分配根据协议由合同加以规定的一种经济形式。外商独资经济是外商根据我国法律的规定，投资经营，产品自销，自负盈亏的一种经济形式。

三资经济是对外开放政策的产物，有利于我国吸引外资，弥补建设资金的不足；同时也有利于引进科学技术、设备和先进的管理方法，提高我国的技术水平和经营管理水平。

二、非公有制经济的法律地位及国家政策

1999 年《宪法修正案》第 16 条规定："在法律规定范围内的个体经济、私营经济等非公有制经济，是社会主义市场经济的重要组成部分。"2004 年《宪法修正案》第 21 条进一步明确规定："国家保护个体经济、私营经济等非公有制经济的合法的权利和利益。国家鼓励、支持和引导非公有制经济的发展，并对非公有制经济依法实行监督和管理。"

【导入事例 6-3】分析：

这些做法体现了我国《宪法》对非公有制经济的政策是：国家保护个体经济、私营经济等非公有制经济的合法的权利和利益。国家鼓励、支持和引导非公有制经济的发展，并对非公有制经济依法实行监督和管理。

以社会主义公有制经济为主体的多种经济形式并存的经济结构，是我国现阶段经济制度的重要特点。我国现阶段生产力发展水平还不高，经济布局还存在一些不合理的地方，资金、科学技术和管理经验仍需进一步引进，非公有制经济作为我国社会主义市场经济的重要组成部分，它们在一定范围内的存在和发展具有客观的合理性和必然性。实践证明，《宪法》规定多种经济形式存在和发展是正确的，它极大地促进了我国经济的发展。

实务训练

"2021 年度平台经济反垄断处罚金额累计突破 200 亿元"入选 2021 年度中国十大宪法事例

2021 年 2 月 7 日，国务院反垄断委员会发布《关于平台经济领域的反垄断指南》。截至 2021 年 12 月，国家市场监管总局共发布反垄断处罚案例 120 余起，其中 90 余起与平台企业相关，罚款金额累计超过 200 亿元。2021 年 4 月 10 日，国家市场监管总局依法对阿里巴巴集团控股有限公司在中国境内网络零售平台服务市场实施"二选一"垄断行为作出 182.28 亿元罚款。10 月 8 日，国家市场监管总局依法对美团实施"二选一"垄断行为作出行政处罚，罚款 34.42 亿元。11 月 20 日，国家市场监管总局对 43 起未依法申报违法实施经营者集中案件立案调查，涉及阿里巴巴、腾讯、京东、百度、滴滴、美团等公司，对涉案企业分别处以 50 万元的顶格处罚。

案例分析：未依法申报违法实施经营者集中，B 站被罚 50 万元

2021 年 12 月 31 日，国家市场监管总局对哔哩哔哩股份有限公司收购 VERSA Inc. 股权未依法申报违法实施经营者集中案作出行政处罚决定，并发布行政处罚决定书，现将行政处罚决定书予以公告。

国家市场监督管理总局行政处罚决定书

国市监处罚〔2021〕130 号

当事人：哔哩哔哩股份有限公司（Bilibili Inc.）

住所：开曼群岛乔治城埃尔金大道 190 号，KY1 - 9008

根据《中华人民共和国反垄断法》（以下简称《反垄断法》）《经营者集中审查暂行规定》，本机关于 2021 年 9 月 3 日对哔哩哔哩股份有限公司（Bilibili Inc.，以下简称哔哩哔哩）收购 VERSA Inc.（以下简称马卡龙）股权涉嫌未依法申报违法实施经营者集中案进行立案调查。

经查，该案构成未依法申报违法实施经营者集中，但不具有排除、限制竞争的效果。本机关按照《中华人民共和国行政处罚法》（以下简称《行政处罚法》）的规定，向哔哩哔哩送达了《行政处罚告知书》，告知当事人拟作出的行政处罚内容及事实、理由、依据，并告知当事人依法享有的陈述、申辩、要求听证的权利。哔哩哔哩书面来函放弃陈述、申辩和要求听证的权利。本案现已调查、审理终结。

一、基本情况

（一）交易方。

收购方：哔哩哔哩。2013年于开曼群岛注册成立。2018年3月28日在美国纳斯达克交易所上市，2021年3月29日在香港交易所上市，主要从事网络视频平台服务业务，2019年全球营业额为（略）人民币（币种下同），中国境内营业额为（略）。

被收购方：马卡龙。2017年于开曼群岛注册成立，由天工控股有限公司、腾讯控股有限公司（以下简称腾讯）共同控制。主要从事手机端图片剪辑软件的经营活动，2019年全球营业额和中国境内营业额均为（略）。

参与集中的其他经营者：腾讯。1999年11月于英属维尔京群岛注册成立，2004年2月迁册至英属开曼群岛，2004年6月在香港联交所上市，通过协议控制境内主要运营实体深圳市腾讯计算机系统有限公司。主要业务包括社交和通信服务、社交网络平台、游戏、网络视频服务、互动娱乐直播等，2019年全球营业额为（略），中国境内营业额为（略）。

（二）交易概况。

该交易系股权收购。2020年1月16日，哔哩哔哩与马卡龙签署《B轮优先股认购协议》，交易后持有马卡龙14.71%的股权，并取得共同控制权。2020年2月14日完成股权变更登记。

二、违法事实及理由

（一）本案构成未依法申报违法实施的经营者集中。

根据《反垄断法》第二十条规定"经营者集中是指下列情形：（一）经营者合并；（二）经营者通过取得股权或者资产的方式取得对其他经营者的控制权；（三）经营者通过合同等方式取得对其他经营者的控制权或者能够对其他经营者施加决定性影响"。2020年1月16日，哔哩哔哩收购马卡龙14.71%股权，并取得共同控制权，属于《反垄断法》第二十条规定的经营者集中。

2019年度，哔哩哔哩全球营业额为（略），中国境内营业额为（略）；腾讯全球营业额为（略），中国境内营业额为（略），达到《国务院关于经营者集中申报标准的规定》第三条规定的申报标准，属于应当申报的情形。

根据《反垄断法》第二十一条规定"经营者集中达到国务院规定的申报标准的，经营者应当事先向国务院反垄断执法机构申报，未申报的不得实施集中"。2020年2月14日，马卡龙完成股权变更登记，在此之前未依法申报，违反《反垄断法》第二十一条，构成违法实施的经营者集中。

（二）本案不具有排除、限制竞争的效果。

本机关就哔哩哔哩收购马卡龙股权对市场竞争的影响进行了评估，评估认为，该项经营者集中不会产生排除、限制竞争的效果。

三、行政处罚依据和决定

《反垄断法》第四十八条规定"经营者违反本法规定实施集中的，由国务院反垄断执法机构责令停止实施集中、限期处分股份或者资产、限期转让营业以及采取其他必要措施恢复到集中前的状态，可以处五十万元以下的罚款"。《反垄断法》第四十九条规定"对本法第四十六条、第四十七条、第四十八条规定的罚款，反垄断执法机构确定具体罚款数额时，应当考虑违法行为的性质、程度和持续的时间等因素"。

根据上述规定，基于调查情况和评估结论，本机关决定给予哔哩哔哩 50 万元罚款的行政处罚。

《行政处罚法》第六十七条规定"作出罚款决定的行政机关应当与收缴罚款的机构分离。除依照本法第六十八条、第六十九条的规定当场收缴的罚款外，作出行政处罚决定的行政机关及其执法人员不得自行收缴罚款。当事人应当自收到行政处罚决定书之日起十五日内，到指定的银行或者通过电子支付系统缴纳罚款。银行应当收受罚款，并将罚款直接上缴国库"。

当事人应当自收到本行政处罚决定书之日起十五日内，携缴款码到 15 家中央财政非税收入收缴代理银行（工、农、中、建、交、中信、光大、招商、邮储、华夏、平安、兴业、民生、广发、浙商）任一银行网点、网上银行缴纳罚款。缴款码：（略）。

当事人如对上述行政处罚决定不服，可以自收到本行政处罚决定书之日起六十日内，向国家市场监督管理总局申请行政复议；或者自收到本行政处罚决定书之日起六个月内，依法向人民法院提起行政诉讼。行政复议或者行政诉讼期间，本行政处罚决定不停止执行。

国家市场监管总局

2021 年 12 月 31 日

问：上述行政处罚决定书涉及何种经济形式？它们的地位和国家对其政策是什么？

实务训练

课堂讨论

党的十八届三中全会审议通过了《中共中央关于全面深化改革若干重大问题的决定》（以下简称《全面深化改革决定》）。该决定提出，保障农民宅基地用益物权，改革完善农村宅基地制度，慎重稳妥推进农民住房财产权抵押、担保、转让。

问：《宪法》和《土地管理法》关于宅基地的所有权和使用权是如何规定的？《全面深化改革决定》内容是否意味着小产权房可以自由流转？

延伸阅读

"一带一路"倡议建设成就

2017 年是"一带一路"建设取得突破性进展的一年。从"一带一路"国际合作高峰论坛，到中国共产党与世界政党高层对话会；从蒙内铁路正式通车，到亚马尔液化天然气项目首条生产线投产······"一带一路"成为国际热词,"一带一路"建设进入新的阶段。

2017年5月,在北京举行的"一带一路"国际合作高峰论坛成为"一带一路"建设进入新阶段的标志性事件。习近平主席在会上提出,要把"一带一路"建成和平之路、繁荣之路、开放之路、创新之路、文明之路。论坛形成政策沟通、设施联通、贸易畅通、资金融通、民心相通5大类,共76大项、270多项具体成果。2017年12月初,来自120多个国家近300个政党和政治组织的领导人聚首北京,参加中国共产党与世界政党高层对话会。在这场盛会上,习近平主席说:"我提出'一带一路'倡议,就是要实践人类命运共同体理念。4年来,共建'一带一路'已成为有关各国实现共同发展的巨大合作平台。"

2017年12月19日,亚洲基础设施投资银行在北京宣布,亚投行理事会新批准库克群岛、瓦努阿图、白俄罗斯和厄瓜多尔4个意向成员加入。不到两年,亚投行成员总数从57个扩大至84个,成员从亚洲扩大到全球。

2017年,"一带一路"建设进入深入落实阶段,制度机制设计持续细化、更加规范。2017年5月,原环境保护部、外交部、发展改革委、商务部四部委联合印发《关于推进绿色"一带一路"建设的指导意见》,原环境保护部发布《"一带一路"生态环境保护合作规划》。国家标准委2017年12月22日发布《标准联通共建"一带一路"行动计划(2018—2020年)》。近年来,民营企业"走出去"步伐明显加快,在带动相关产品、技术、服务出口,推进"一带一路"建设等方面作出了积极贡献。2017年12月18日,国家发展改革委、商务部、人民银行、外交部和全国工商联发布《民营企业境外投资经营行为规范》,从完善经营管理体系等五方面对民营企业境外投资经营进行引导和规范。

"一带一路"倡议提出以来,我国通过平等协商,已与125个国家、29个国际组织签署173份"一带一路"合作文件,同30多个国家开展了机制化产能合作,在相关24个国家推进建设75个境外经贸合作区,中国企业对相关国家投资累计超过500亿美元,创造近20万个就业岗位。

"一带一路"建设以来取得的成果有:

1. 基础设施互联互通加快推进。设施联通是"一带一路"建设的核心内容和优先领域。五年来,高效畅通的国际大通道加快建设。中老铁路、中泰铁路、匈塞铁路建设稳步推进,雅万高铁全面开工建设。斯里兰卡汉班托塔港二期工程竣工,科伦坡港口城项目施工进度过半;希腊比雷埃夫斯港建成重要中转枢纽。

中缅原油管道投用,实现了原油通过管道从印度洋进入中国;中俄原油管道复线正式投入使用,中俄东线天然气管道建设按计划推进。截至2019年3月,中欧班列累计开行数量已经超过1.4万列,班列通达境外15个国家50个城市。

2. 经贸投资合作成效显著。中国与沿线国家的贸易和投资合作不断扩大,形成了互利共赢的良好局面。2017年,中国对"一带一路"沿线国家的进出口总额达到

14 403.2亿美元，同比增长13.4%，高于中国整体外贸增速5.9个百分点，占中国进出口贸易总额的36.2%。

其中，中国对"一带一路"沿线国家出口7742.6亿美元，同比增长8.5%，占中国总出口额的34.1%；自"一带一路"沿线国家进口6660.5亿美元，同比增长19.8%，占中国总进口额的39.0%，近五年来进口额增速首次超过出口。

3. 金融合作深入发展。金融合作是"一带一路"国际合作的重要组成部分。通过加强金融合作，促进货币流通和资金融通，可以为"一带一路"建设创造稳定的融资环境，引导各类资本参与实体经济发展和价值链创造，推动世界经济健康发展。

中国在8个"一带一路"沿线国家建立了人民币清算安排。已有11家中资银行在27个沿线国家设立了71家一级机构。国际接受度不断提升。

在以和平合作、开放包容、互学互鉴、互利共赢为核心的新丝路精神指引下，"一带一路"倡议持续凝聚国际合作共识，在国际社会形成了共建"一带一路"的良好氛围。"一带一路"倡议对中国意义深远，其中较重要意义莫过于给中国带来巨大的经济方面的收益。"一带一路"倡议中的中国东牟亚太经济圈，西系欧洲经济圈，形成世界上跨度较大的经济大走廊，我国在这一经济走廊的形成和发展过程中探寻具有中国特色的经济增长之路。"一带一路"建设中的五通建设包括道路联通、贸易畅通、货币流通，这三通可以从不同方面带动我国经济的发展，可以更好地发挥中国外汇储备的作用，促进经济要素更广泛地流动，使资源得到优化配置；可以促进市场深度融合，发掘我国市场的潜力，带动投资和消费，创造需求和就业；货币流通更有利于增强人民币的坚挺力，推进人民币向国际化方向发展。"一带一路"倡议的实施有利于我国的改革开放战略，可以为我国全面深化改革创造良好的机遇和外部环境。

思考题

1. 什么是经济制度？
2. 现阶段我国经济制度的特点有哪些？
3. 我国社会主义经济建设的目的、方针和途径分别是什么？
4. 现行《宪法》规定了哪几种经济形式？它们的性质、地位和国家政策如何？
5. 我国《宪法》是如何规定土地问题的？

第七章

社会主义精神文明建设

学习目标与工作任务

　　通过本章的学习，学生将明确我国社会主义精神文明建设的指导思想和根本任务，掌握社会主义精神文明建设的内容，理解物质文明、政治文明、精神文明、社会文明和生态文明的含义。从而可以培养学生的辩证思维能力和分析归纳能力，教育学生学好科学文化知识，加强自身的思想道德修养，进而使我国精神文明建设和整个社会协调发展。

第一节　社会主义精神文明建设概述

　　【导入事例7-1】 安徽铜陵的绿化提升工程

　　在安徽省铜陵市郊区大通镇，穿过一段不长的山道，进入新一村林区，满目青翠，景随步移。当初这里是荒山，杂草丛生，现在可是一片花开四季的园林，春天可以看樱花、海棠、红叶李，夏天有紫薇花海，秋天有红枫和黄金槐，冬天有梅园和美人茶。这片面积4000亩的林地已成植物观赏体验园，近4年间已经植下超过100万株各类苗木花卉。同时铜陵市推进森林增长和绿化提升工程，先后实施长江防护林、石质山造林攻坚等一批林业重点工程，打造巾帼林青年林等纪念林品牌，积极引导农林大户植树。2013年以来，全市新增人工造林16.6万亩，建成森林长廊示范段173.9公里，森林覆盖率提升了2.6个百分点，达到26.17%，2017年成功创建国家森林城市。

　　问：铜陵市的绿化提升工程体现了我国文明建设中的哪一内容？

　　一、精神文明的含义

　　文明是相对蒙昧、野蛮而言的一种社会发展与进步的状态。就内容而言，文明包括物质文明、政治文明、精神文明、社会文明和生态文明五个方面。

　　物质文明指的是人类社会改造客观世界所获得的物质成果，表现为物质生产的进步和物质生活的改善。

政治文明指的是以民主为核心，包含自由、平等、正义、法治等思想、制度和行为的形成及其进步状态。

精神文明是人类社会在改造客观世界的同时对自己主观世界改造所获得的精神成果，一般表现为教育的发达、科学的进步和思想道德观念的提高。

社会文明指人类社会的开化状态和进步程度，是人类改造客观世界和主观世界所获得的积极成果的总和，是物质文明、政治文明、国家文明和人类文明等方面的统一体。

生态文明是人类文明发展的一个新的阶段，即工业文明之后的文明形态，是指人类遵循人、自然、社会和谐发展这一客观规律而取得的物质与精神成果的总和；是人与自然、人与人、人与社会和谐共生、良性循环、全面发展、持续繁荣为基本宗旨的文化伦理形态。

我国社会主义精神文明是阶级社会最高类型的一种精神文明，是中国特色社会主义的重要组成部分。它是以马列主义、毛泽东思想、邓小平理论、"三个代表"重要思想、科学发展观和习近平新时代中国特色社会主义思想为指导，建立在社会主义公有制基础之上的，由人民大众创造、为人民大众服务的精神文明。社会主义精神文明建设就是在物质文明、政治文明、社会文明、生态文明的建设过程中，通过理想教育、道德教育、文化教育、纪律和法制教育以及其他有关的途径和形式，提高全民族思想道德素质，并发展社会主义事业。

【导入事例 7-1】分析：

铜陵市的绿化提升工程体现了我国文明中的生态文明建设。安徽省将打造水清岸绿产业优美的长江（安徽）经济带作为生态文明建设"一号工程"，铜陵市的绿化提升工程正是"一号工程"的一部分。安徽省加快造林绿化步伐，打造绿色生态廊道，实现森林覆盖率提高，发展生态文明建设，八百里皖江掀开了崭新的发展篇章。

二、我国社会主义精神文明建设的指导思想和主要目标

在改革开放和发展社会主义市场经济的新形势下建设社会主义精神文明，是一项艰巨的开创性事业。确立并坚持正确的指导思想和指导方针，对推进社会主义精神文明建设至关重要。

（一）精神文明建设的指导思想

加强社会主义精神文明建设是一项重大的战略任务。我国社会主义精神文明建设的指导思想是：以马克思列宁主义、毛泽东思想、邓小平理论、"三个代表"重要思想、科学发展观和习近平新时代中国特色社会主义思想为指引，坚持党的基本路线和基本方针，加强思想道德建设，发展教育科学文化。以科学的理论武装人，以正确的舆论引导人，以高尚的精神塑造人，以优秀的作品鼓舞人，团结和动员各族人民把我国建设成为富强民主文明和谐美丽的社会主义现代化强国，实现中华民族伟大复兴。这也是我国精神文明建设的总要求。

（二）社会主义精神文明建设的根本任务

社会主义精神文明建设的根本任务，是适应社会主义现代化建设的需要，培育有理想、有道德、有文化、有纪律的社会主义公民，提高整个中华民族的思想道德素质和科学文化素质。在社会主义条件下，努力改善全体公民的素质，必将使社会劳动生产率不断提高，使整个社会的面貌发生深刻变化。从根本上说，精神文明建设是培养人的，它的成果体现在人的素质的提高和全面发展上。

（三）社会主义精神文明建设的主要目标

1. 在全民族牢固树立建设中国特色社会主义的共同理想，牢固树立坚持党的基本路线不动摇的坚定信念。

2. 实现以思想道德修养、科学教育水平、民主法治观念为主要内容的公民素质的显著提高，实现以积极健康、丰富多彩、服务人民为主要要求的文明生活质量的显著提高，实现以社会风气、公共秩序、生活环境为主要标志的城乡文明程度的显著提高。

3. 推动物质文明、政治文明、精神文明、社会文明、生态文明协调发展，把我国建设成为富强民主文明和谐美丽的社会主义现代化强国，实现中华民族伟大复兴。

第二节 社会主义精神文明建设的内容

【导入事例7-2】《厉害了，我的国》

中央电视台和中国电影联合出品的纪录电影《厉害了，我的国》自2018年3月2日登陆全国院线，上映首日3小时突破中国纪录电影票房纪录，成为同档期影片上座率第一，首映当日票房突破4400万元。截至2018年3月15日凌晨，票房已经超过一亿元，创下国内纪录电影票房和观影人数新纪录。

问：纪录电影《厉害了，我的国》的热映有什么意义？

我国社会主义精神文明建设包括教育科学文化建设和思想道德建设两个方面，我国《宪法》明确规定了这两个方面的主要内容。

一、教育科学文化建设

教育科学文化建设是指教育、科学、文化、新闻出版、卫生体育、保护历史文化遗产等各项文化事业的发展和人民群众知识水平的提高。它作为社会主义精神文明建设的一个主要方面，是建设中国特色的社会主义现代化事业的重要内容，是进行物质文明、政治文明、精神文明、社会文明、生态文明建设的重要条件，它解决的是整个民族的科学文化素质和现代化建设的智力支持问题。

我国《宪法》指出，我国将长期处于社会主义初级阶段。国家的根本任务是，沿着中国特色社会主义道路，集中力量进行社会主义现代化建设。我国各族人民的奋斗目标是，逐步实现工业、农业、国防和科学技术的现代化，推动物质文明、政治文明、精神文明、社会文明、生态文明协调发展，把我国建设成为富强民主文明和谐美丽的社会主义现代化强国,实现中华民族伟大复兴。如果没有教育科学文化建设,人们就不能掌握现代化科学技术和进行科学管理,也就谈不上工业、农业、国防、和科学技术的现代化。因此,现行《宪法》根据我国现代化建设的需要和我国的实际情况,在第19条、第20条、第21条和第22条分别对教育、科学、卫生体育、文化等方面的建设作出了规定。

(一)发展社会主义教育事业

社会主义教育事业是实现社会主义现代化建设的基础。江泽民在党的十五大报告中进一步指出:"发展教育和科学,是文化建设的基础工程。培养同现代化要求相适应的数以亿计高素质的劳动者和数以千万计的专门人才,发挥我国巨大人力资源的优势,关系二十一世纪社会主义事业的全局。"百年大计,教育为本,进行四个现代化,科技是关键,教育是基础,是今后我国国民经济发展的战略重点。为此,我国《宪法》第19条从以下几个方面对我国的教育制度作了规定:

1.《宪法》第19条第1款规定:"国家发展社会主义的教育事业,提高全国人民的科学文化水平。"社会主义教育事业关系到我国社会主义现代化建设的成败和中华民族的兴亡。发展教育事业是国家的一项基本教育政策,也是我国教育制度的目的。

2.《宪法》第19条第2款规定:"国家举办各种学校,普及初等义务教育,发展中等教育、职业教育和高等教育,并且发展学前教育。"这表明,我国的教育中,学校是专门的教育机构,要举办从事不同层次教育的学校。根据国家有关政策的规定,发展教育事业重点是普及义务教育,积极发展职业教育和成人教育,适度发展高等教育,优化教育结构。为此,国家先后制定了《教育法》《义务教育法》《教师法》等法律法规,系统地规定了教育领域的基本问题。

3.《宪法》第19条第3款规定:"国家发展各种教育设施,扫除文盲,对工人、农民、国家工作人员和其他劳动者进行政治、文化、科学、技术、业务的教育,鼓励自学成才。"这表明国家在教育方面所负的义务和目的,同时由于国家的教育经费毕竟有限,因而也鼓励自学成才;此外我国教育制度还十分重视对劳动者进行全方位的综合教育。

4.《宪法》第19条第4款规定:"国家鼓励集体经济组织、国家企业事业组织和其他社会力量依照法律规定举办各种教育事业。"这里说的是社会办学问题,要求发挥社会各界的积极性,多出人才,以满足社会各方面的需要。

5.《宪法》第19条第5款规定:"国家推广全国通用的普通话。"中华民族由56个民族组成,因此,国家推广全国通用的普通话,全国人民能用同一种语言、语音进行交流,这是文明的一个标志。

《宪法》的上述规定,详细地说明了国家在教育事业方面的方针、政策、范围、措施、途径等是明确、完整和具体的。

（二）发展社会主义科学事业

科学包括自然科学和社会科学两大类。科学技术是第一生产力，是提高劳动生产率的决定性因素。在当今，科学技术正在更大的范围内以更快的速度转化为生产力。对于发展生产力，巩固和发展社会主义制度，推动历史的前进和人类的全面发展具有极其重要的意义。因此，《宪法》第20条规定："国家发展自然科学和社会科学事业，普及科学和技术知识，奖励科学研究成果和技术发明创造。"这表明，发展自然科学和发展社会科学在我国科技制度中处于同等重要的位置，是我国科技制度的基本要求。奖励科学研究成果和技术发明创造，普及科学和技术知识，是国家科技制度的重要内容，也是推动科学技术发展的重要途径。随着科教兴国战略和可持续发展战略的确立，科学技术作为第一生产力的作用越来越突出，进一步加强科技制度建设，对国家和社会具有重要意义。

【导入事例7-2】分析：

《厉害了，我的国》浓缩了中国五年来的飞速发展。党的十八大以来，国内生产总值年均增速在世界主要经济体中位居第一，科技创新全球瞩目。人类历史上最大的射电望远镜FAST、全球最大的海上钻井平台"蓝鲸2号"……透过影像方式，《厉害了，我的国》记录了中国桥、中国路、中国车、中国港、中国网等一个个非凡的超级工程以及背后的故事，展示了科技强国征程中里程碑式的科研成果，让筑梦征程中的我们更加自信。

（三）发展卫生和体育事业

卫生事业和体育事业的发展水平，是国家和社会文明进步程度的标志之一。发展卫生、体育事业，提高人民的健康水平，使他们在学习、工作、劳动和社会生活中发挥聪明才智，对加速我国社会主义现代化建设事业的发展有着极为重要的意义。《宪法》第21条第1款规定："国家发展医疗卫生事业，发展现代医药和我国传统医药，鼓励和支持农村集体经济组织、国家企业事业组织和街道组织举办各种医疗卫生设施，开展群众性的卫生活动，保护人民健康。"这就要求国家和社会共同发展卫生保健事业，在经济发展的基础上，初步形成职工基本医疗保险、城镇居民基本医疗保险和新型农村合作医疗保险为内容的覆盖城乡全体居民的基本医疗保障制度框架。这同2004年《宪法修正案》增加的"国家建立健全同经济发展水平相适应的社会保障制度"精神一致。

体育制度也是我国精神文明建设的组成部分。《宪法》第21条第2款规定："国家发展体育事业，开展群众性的体育活动，增强人民体质。"这是我国关于体育问题的基本国策，是体育制度的重要内容。

（四）发展文学艺术和其他文化事业

发展文学艺术和其他文化事业，是培养人们健康情趣、提高人们精神素质的重要手段，也是精神文明建设的重要内容。《宪法》第22条第1款规定："国家发展为人民服务、为社会主义服务的文学艺术事业、新闻广播电视事业、出版发行事业、图书馆博物馆文化馆和其他文化事业，开展群众性的文化活动。"该款说明了我国发展文化事业的原则是为人民服务和为社会主义服务。另外，发展新闻出版发行等各项事业，注意规范新闻出版业的舆论导向问题，能够为经济建设的平稳发展创造一种既安定又活泼的法治环境。《宪法》第22条第2款规定："国家保护名胜古迹、珍贵文物和其他重要历史文化遗产。"该款则体现了国家重视对名胜古迹、珍贵文物和其他重要历史文化遗产的保护。我国是一个文明古国，文化遗产是增加民族自豪感、进行爱国主义教育最好的教材，也是世界文化的宝库，同时又是发展旅游业的基础之一。但是，中华人民共和国成立以来的损毁，已在一定程度上使我国失去了古国风貌，所以保护文物古迹便被写入了《宪法》。同时，在这两个方面，我国已颁布了许多法律、法规，如《出版管理法》《文物保护法》等，以发展文学艺术和其他文化事业。

二、思想道德建设

思想道德建设是精神文明建设的灵魂，它决定着精神文明建设的性质和方向，对社会的政治经济发展有巨大的推动作用，并保证国家的各项事业沿着正确的方向发展。公民在思想道德方面的认识，关系到我国社会安定进步、国家和平兴盛。因此，我国《宪法》第24条规定："国家通过普及理想教育、道德教育、文化教育、纪律和法制教育，通过在城乡不同范围的群众中制定和执行各种守则、公约，加强社会主义精神文明建设。国家倡导社会主义核心价值观，提倡爱祖国、爱人民、爱劳动、爱科学、爱社会主义的公德，在人民中进行爱国主义、集体主义和国际主义、共产主义的教育，进行辩证唯物主义和历史唯物主义的教育，反对资本主义的、封建主义的和其他的腐朽思想。"据此，社会主义思想道德建设的基本内容概括为以下四个方面：

（一）普及理想教育，倡导社会主义核心价值观

理想是人们的精神支柱，直接影响着人们的精神状态和思想境界。1985年3月7日，邓小平在全国科技工作会议上指出："我们一定要经常教育我们的人民，尤其是我们的青年，要有理想。"倡导社会主义核心价值观，建设有中国特色的社会主义，把我国建设成为富强民主文明和谐美丽的社会主义现代化强国，实现中华民族伟大复兴，这是现阶段全国各族人民的共同理想。这个共同理想，是从社会主义初级阶段这一基本国情出发的，它集中了全国各族人民的利益和期望，是保证全国各族人民的在政治上、道义上、精神上一致，克服一切困难，争取胜利的强大思想武器。坚持用这个共同理想来动员和团结全体人民，其意义就在于从我国的实际出发，鼓励先进，照顾多数，把先进性的要求同广泛性的要求结合起来。

党的十八大提出，倡导富强、民主、文明、和谐，倡导自由、平等、公正、法治，倡导爱国、敬业、诚信、友善，积极培育和践行社会主义核心价值观。富强、民主、文明、和谐是国家层面的价值目标，自由、平等、公正、法治是社会层面的价值取向，爱国、敬业、诚信、友善是公民个人层面的价值准则。培育和践行社会

主义核心价值观要从小抓起、从学校抓起。坚持育人为本、德育为先，围绕立德树人的根本任务，把社会主义核心价值观纳入国民教育总体规划，贯穿于基础教育、高等教育、职业技术教育、成人教育各领域，落实到教育教学和管理服务各环节，覆盖到所有学校和受教育者，形成课堂教学、社会实践、校园文化多位一体的育人平台，不断完善中华优秀传统文化教育，形成爱学习、爱劳动、爱祖国的有效形式和长效机制，努力培养德智体美全面发展的社会主义建设者和接班人。

（二）普及道德教育，树立和发扬社会主义道德风尚

道德是调整人与人之间包括个人与集体、社会之间关系的重要行为规范。社会主义道德建设要以为人民服务为核心，以集体主义为原则，以爱祖国、爱人民、爱劳动、爱科学、爱社会主义为基本要求，大力倡导文明礼貌、助人为乐、爱护公物、保护环境、遵纪守法的社会公德，大力倡导爱岗敬业、诚实守信、办事公正、服务群众、贡献社会的职业道德，大力倡导尊老爱幼、男女平等、夫妻和睦、勤俭持家、邻里团结的家庭美德，在全社会形成团结互助、平等友爱、共同前进的人际关系。为人民服务是社会主义道德的集中体现，集体主义是社会主义道德的基本精神。在发展社会主义市场经济条件下，更要在全体人民中大力提倡为人民服务和集体主义精神，引导人民树立正确的世界观、人生观、价值观。

（三）要高度重视并积极开展爱国主义教育

爱国主义教育是提高全民族整体素质和加强社会主义精神文明建设的基础性工作，是引导人们树立正确理想、信念、人生观、价值观的共同基础。爱国主义历来是动员和鼓舞中国人民团结奋斗的一面旗帜，是推动我国社会历史前进的巨大力量，是全国各族人民共同的精神支柱，在维护祖国统一和民族团结、抵御外来侵略和推动社会进步中，发挥了重大作用。爱国主义是一个历史范畴，在社会发展的不同阶段、不同时期有不同的具体内容。在当代中国，爱国主义和爱社会主义在本质上是统一的，建设有中国特色的社会主义是新时期爱国主义的主题。爱国主义主要表现为献身于建设和保卫社会主义现代化事业，献身于促进祖国统一的事业。1982年9月9日，邓小平在中国共产党第十二次全国人民代表大会上指出："中国人民有自己的民族自尊心和自豪感，以热爱祖国、贡献全部力量建设社会主义祖国为最大光荣，以损害社会主义祖国利益、尊严和荣誉为最大耻辱。"这是对我国现阶段爱国主义特征最精辟的概括。在新的历史条件下，加强爱国主义教育，继承和发扬爱国主义传统，对于振奋民族精神，增强民族凝聚力，团结全国各族人民自力更生、艰苦创业，为建设有中国特色社会主义宏伟事业而奋斗，具有重要的现实意义和深远的历史意义。

（四）反对资本主义、封建主义和其他的腐朽思想

进行社会主义思想道德建设，不仅要积极继承和发扬世界各民族历史，包括我国几千年历史所留下的一切优良美好的思想道德遗产，在内容和形式上积极创新，充分体现时代精神和创新精神，为我国社会主义现代化建设服务，而且还必须坚决

地同资本主义、封建主义和其他的腐朽思想作斗争，这是保证人民民主专政的国家性质不被改变，社会主义现代化建设的大厦根基不被动摇的客观要求。在我国，由于经历了长时期的封建社会和半殖民地半封建社会的发展过程，社会上还存在一些腐蚀人们精神世界、危害社会主义事业的腐朽思想。加上四十多年的对外开放使得一些社会丑恶现象时有泛起，一些损公肥私、拜金主义、敲诈勒索、宗法观念、特权思想、男尊女卑等腐朽思想和腐败行为毒害着社会空气，腐蚀着人们的思想，同时也直接或间接地干扰和影响着国家经济建设的顺利进行，这是与社会主义思想道德建设要求不相符的，是法律和道德所严厉禁止的。因此，在新的历史条件下，要不断巩固马克思列宁主义、毛泽东思想、邓小平理论、"三个代表"重要思想、科学发展观、习近平新时代中国特色社会主义思想在意识形态领域的指导地位，弘扬和培养民族精神，深入进行党的基本理论、基本路线、基本纲领的宣传教育，引导人们在遵守基本行为准则的基础上，追求更高的思想道德目标，把依法治国同以德治国结合起来，为社会保持良好的风尚，营造高尚的思想道德基础。在提倡优良思想道德的同时，还必须用行政手段、法律手段对有关的不良行为进行制止和惩处。

实务训练

课堂讨论

陈贤本是安徽滁州的一名律师，有着舒适安逸的生活。然而她却放弃了这一切，成为"'1+1'中国法律援助行动"志愿者，前往祖国边疆为基层群众开展法律援助。2014 年，她报名参加了"'1+1'中国法律援助志愿者行动"，去西藏昌都开展法律援助工作。2015 年陈贤再次递交申请，想要继续留在雪域高原，然而考虑到陈贤的身体状况，组织便把她派往内蒙古开展法律援助工作。与 2014 年时孤身一人不同，陈贤的丈夫曹旭也出现在这次法律援助志愿者队伍当中。2016 年 7 月，陈贤和曹旭结束了在内蒙古的法律援助工作。然而他们并没有停下脚步，而是又奔赴去新疆的路上，在那里开始新的生活。陈贤夫妻俩都是律师，本来有着可观的收入和安逸舒适的生活，然而他们却放弃了一切，来到边疆地区开展法律援助，过着清苦的日子。困苦不能动摇他们的意志，风雪不能阻止他们的脚步，他们一起在边疆跋涉，播撒正义的种子。陈贤夫妻俩用他们的足迹告诉我们，助人没有止境，法援永远在路上。2016 年 12 月，陈贤荣登"中国好人榜"，获得"全国道德模范""CCTV2016 年度法治人物""'1+1'法律援助志愿行动优秀律师""安徽省道德模范"。

请结合社会主义精神文明建设的内容，分析和探讨陈贤身上体现的精神。

延伸阅读

生态环境领域立法不断完善

打破"九龙治水"局面，护航一江清水向东流。我国第一部流域法律——《长江保护法》由第十三届全国人民代表大会常务委员会第二十四次会议审议通过，并于 2021 年 3 月 1 日起正式施行。《长江保护法》涉及相关法规文件数量多，情况复杂，一年来，全国人大常委会法工委对标《长江保护法》，协同相关部门，通过多种方式，汇集各方意见建议，对涉及长江流域保护的法规、规章、规范性文件进行专项清理，确保其符合上位法规定。截至 2021 年 12 月，清理发现需要修改或者废止的规范性文件 322 件，其中行政法规 3 件，部门规章和规范性文件 14 件，省级地方性法规 107 件，自治条例 5 件，单行条例 15 件，地方政府规章和规范性文件 178 件。目前有关方面已修改 18 件、废止 41 件。

节选（《人民日报》2022 年 4 月 14 日，第 18 版）

延伸阅读

习近平在北京大学师生座谈会上的讲话

2014 年我来北大同师生代表座谈时对广大青年提出了具有执着的信念、优良的品德、丰富的知识、过硬的本领这 4 点要求。借此机会，我再给广大青年提几点希望。

一是要爱国，忠于祖国，忠于人民。爱国，是人世间最深层、最持久的情感，是一个人立德之源、立功之本。孙中山先生说，做人最大的事情，"就是要知道怎么样爱国"。我们常讲，做人要有气节、要有人格。气节也好，人格也好，爱国是第一位的。我们是中华儿女，要了解中华民族历史，秉承中华文化基因，有民族自豪感和文化自信心。要时时想到国家，处处想到人民，做到"利于国者爱之，害于国者恶之"。爱国，不能停留在口号上，而是要把自己的理想同祖国的前途、把自己的人生同民族的命运紧密联系在一起，扎根人民，奉献国家。

二是要励志，立鸿鹄志，做奋斗者。苏轼说："古之立大事者，不惟有超世之才，亦必有坚忍不拔之志。"王守仁说："志不立，天下无可成之事。"可见，立志对一个人的一生具有多么重要的意义。广大青年要培养奋斗精神，做到理想坚定，信念执着，不怕困难，勇于开拓，顽强拼搏，永不气馁。幸福都是奋斗出来的，奋斗本身就是一种幸福。1939 年 5 月，毛泽东同志在延安庆贺模范青年大会上说："中国的青年运动有很好的革命传统，这个传统就是'永久奋斗'。我们共产党是继承这个传统的，现在传下来了，以后更要继续传下去。"为实现中华民族伟大复兴的中国梦而奋斗，是我们人生难得的际遇。每个青年都应该珍惜这个伟大时代，做新时代的奋斗者。

三是要求真，求真学问，练真本领。"玉不琢，不成器；人不学，不知道。"知识是每个人成才的基石，在学习阶段一定要把基石打深、打牢。学习就必须求真学问，求真理、悟道理、明事理，不能满足于碎片化的信息、快餐化的知识。要通过学习知识，掌握事物发展规律，通晓天下道理，丰富学识，增长见识。人的潜力是无限的，只有在不断学习、不断实践中才能充分发掘出来。建设社会主义现代化强国，发展是第一要务，创新是第一动力，人才是第一资源。希望广大青年珍惜大好学习时光，求真学问，练真本领，更好为国争光、为民造福。

四是要力行，知行合一，做实干家。"纸上得来终觉浅，绝知此事要躬行。"学到的东西，不能停留在书本上，不能只装在脑袋里，而应该落实到行动上，做到知行合一、以知促行、以行求知，正所谓"知者行之始，行者知之成"。每一项事业，不论大小，都是靠脚踏实地、一点一滴干出来的。"道虽迩，不行不至；事虽小，不为不成。"这是永恒的道理。做人做事，最怕的就是只说不做，眼高手低。不论学习还是工作，都要面向实际、深入实践，实践出真知；都要严谨务实，一分耕耘一分收获，苦干实干。广大青年要努力成为有理想、有学问、有才干的实干家，在新时代干出一番事业。我在长期工作中最深切的体会就是：社会主义是干出来的。

同学们、老师们！

辛弃疾在一首词中写道："乘风好去，长空万里，直下看山河。"我说过："中国梦是历史的、现实的，也是未来的；是我们这一代的，更是青年一代的。中华民族伟大复兴的中国梦终将在一代代青年的接力奋斗中变为现实。"新时代青年要乘新时代春风，在祖国的万里长空放飞青春梦想，以社会主义建设者和接班人的使命担当，为全面建成小康社会、全面建设社会主义现代化强国而努力奋斗，让中华民族伟大复兴在我们的奋斗中梦想成真！（节选）

2018 年 5 月 2 日

思考题

1. 我国社会主义精神文明建设的指导思想和根本任务是什么？
2. 我国社会主义精神文明建设的主要内容是什么？
3. 社会主义核心价值观的基本内容是什么？
4. 加强社会主义思想道德建设对促进社会和谐有哪些意义？

第八章

公民的基本权利和义务

　　保护人权是宪法的出发点和最终的归宿，以人权为基础形成的宪法权利是宪法教学的最重要内容。学习本章内容要求学生全面掌握公民的基本理论，充分了解我国《宪法》规定的公民基本权利和义务的内容与特点，重点掌握公民行使权利和自由的原则。

第一节　公民的基本权利和义务概述

【导入事例 8 - 1】双重国籍

　　英籍华人刘某夫妇的小孩刘某甜刚拿到英国护照，因为有急事回国，刘某夫妇就没有给刘某甜办中国签证，而是拿着未过期的中国护照回国。回国时出示中国护照顺利过关，但是刘某甜返回英国，在机场向中国出入境边防检查站出示英国护照时，被中国出入境边防检查站要求出示签证，否则不能出关。2018 年 2 月 11 日中国驻英国大使馆、2018 年 8 月 29 日中国驻荷兰大使馆分别发布特别提醒，部分已加入外国国籍的人，涉嫌骗取、使用中国护照，大使馆已遵照中国有关法律和政策规定进行处理。

　　问：中国出入境边防检查站为什么不给刘某甜出关？

一、公民及其相关概念

　　公民是一个法律概念，通常是指具有一国国籍，根据该国宪法和法律享有权利和承担义务的自然人（个人）。凡具有某国国籍的人就是某个国家的公民。

　　公民一词，在不同历史类型的国家有着不同的含义。在古希腊、古罗马国家，公民只是专指由奴隶主、自由职业和外来居民构成的少数市民，他们在政治上、经济上处于特权地位。在封建的君主制国家，隶属或臣服于君主的不同等级身份的人们，被称为臣民，没有公民的称谓。公民这个称谓普遍地适用于全体社会成员，是从资产阶级革命开始的。资产阶级思想家为了反对封建专制制度，提出了"自由、平等、博爱"的口号和"主权在民"的原则，主张国家的每一个成员都是平等的公民，国家属于公民全体。随着资产阶级革命的胜利，公民这一称谓才为资产阶级国家宪法所确认。

当代世界多数国家都使用公民这个称谓。在外国宪法中，如日本、瑞士等国由于历史和文化的传统使用国民一词。在《美国宪法》中，公民、人民、国民具有相同含义。在我国，曾经有过国民的提法，与公民的含义基本等同，1949 年的《共同纲领》第 8 条规定了国民的基本义务，这是在公民意义上使用国民一词。1953 年我国第一部《选举法》发布后，就将国民一词改为公民了。

公民和人民在我国《宪法》中都出现过，但是它们是两个不同的概念，两者有以下区别：

1. 概念内涵不同。公民与国籍相关，是宪法权利和人权的直接主体，更具有宪法学的意义；人民是相对于敌人而言的，它是指以其存在和活动推动历史向前发展的那些社会阶层、阶级和社会集团，具有鲜明的阶级性和历史性。在我国现阶段，人民是指全体社会主义劳动者、社会主义事业的建设者、拥护社会主义的爱国者、拥护祖国统一和致力于中华民族伟大复兴的爱国者，因此它更具有政治学的意义。

2. 概念外延不同。公民的外延大于人民的外延，公民的外延除了人民的成员外，还应包括被定性为罪犯、人民公敌的本国公民。

3. 逻辑属性不同。公民表述的是自然人个人的非集合概念，表明了作为个体的公民在一国法律关系中的宪法和法律地位；人民表述的是自然人群体的集合概念，反映了当代社会国家权力的唯一源泉和归宿。

4. 法律后果不同。公民中的人民，享有宪法和法律规定的一切权利并履行全部义务；公民中的敌人，则不能享有全部权利，也不能履行公民的某些光荣义务。

二、公民与国籍

（一）国籍的概念

国籍是指一个人属于某个国家的一种法律上的身份。也就是说，国籍是确定自然人公民身份的唯一法律条件。一个人具有某国国籍就表明他（她）与该国具有固定的、经常的法律联系，是国家实行外交保护的法律依据。一个人一旦取得某一国的国籍后，就享有该国宪法和法律规定的权利，承担相应的义务，在国际上，该国有权保护其合法权益。我国现行《宪法》第 33 条第 1 款规定："凡具有中华人民共和国国籍的人都是中华人民共和国公民。"《宪法》第 33 条第 4 款规定："任何公民享有宪法和法律规定的权利，同时必须履行宪法和法律规定的义务。"

（二）国籍的取得

根据各国法律的规定，国籍的取得主要有两种基本形式：

1. 出生取得：即因当事人的出生事实而取得国籍，这种国籍也叫原始国籍、固有国籍，世界上大多数国家都采用原始国籍。对于因出生而取得国籍，各国的规定不尽相同，主要有三个原则：

（1）血统主义原则，即依当事人出生血统而决定国籍，无论其出生何地，都根据其父母的国籍而决定其国籍。

（2）出生地主义原则，即当事人依出生地而取得国籍，而不管其父母为哪国国籍。

（3）折衷主义原则，即以血统主义为主，以出生地主义为辅；或者以出生地主义为主，以血统主义为辅；或者不分主次，将血统主义和出生地主义相结合。

2. 继有取得：基于当事人的申请或特定事实的出现而取得国籍，这种国籍也叫继有国籍。这种国籍的取得程序和条件由有关国家法定。一般而言，又分为两类：其一，依申请取得国籍基于当事人自愿；其二，依特定事实取得国籍，主要指因婚姻、收养、因侵略战争发生导致主权沦陷和领土转移、因全民公决导致领土分割或合并、因内乱或根据双边或多边条约造成国家解体或联合等，都会导致原领土上居民国籍的变更。

（三）我国国籍法的规定

我国现行《国籍法》共计18条，第4～6条规定我国在原始国籍上采取血统主义和出生地主义相结合、侧重于血统主义的原则。即父母双方或一方为中国公民，本人出生在中国，具有中国国籍；父母双方或一方为中国公民，本人出生在外国，具有中国国籍，但父母双方或一方为中国公民并定居在外国，本人出生时即取得外国国籍的，不具有中国国籍；父母无国籍或国籍不明，定居在中国，本人出生在中国，具有中国国籍。

我国《国籍法》第7条规定，外国人或无国籍人申请加入中国国籍，必须具备两个前提，即申请人自觉遵守中国的宪法和法律和申请人自愿。同时，申请还要符合下列条件：①是中国人的近亲属，即申请人的配偶、父母、子女、兄弟姐妹中有一人为中国公民；②定居在中国；③有其他正当理由，如为中国革命和建设做出过杰出贡献等。要取得中国国籍，申请人必须办理申请手续。我国《国籍法》第15条规定："受理国籍申请的机关，在国内为当地的市、县公安局，在国外为中国外交代表机关和领事机关。"市、县公安机关和中国外交代表机关和领事机关只是受理申请并审查申请人是否符合法律规定，最后审批权属于中华人民共和国公安部。我国《国籍法》第16条规定："加入、退出和恢复中国国籍的申请，由中华人民共和国公安部审批。经批准的，由公安部发给证书。"只有经公安部批准，并获得证书后，申请人才具有中国国籍，成为中华人民共和国的公民。

此外，我国公民只能拥有一个国籍，我国不承认双重或多重国籍。我国《国籍法》第8条规定，获得中国国籍的，不再保留外国国籍。《国籍法》第9条规定，定居外国的中国公民，自愿加入或取得外国国籍的，即自动丧失中国国籍。《国籍法》第12条还规定了申请外国国籍的限制条件："国家工作人员和现役军人，不得退出中国国籍。"

【导入事例 8 - 1】分析：

我国《国籍法》规定，中华人民共和国不承认中国公民具有双重或多重国籍。定居外国的中国公民，自愿加入或取得外国国籍的，即自动丧失中国国籍。本案中，刘某甜持有英国护照即加入了英国国籍，所以自动丧失中国国籍，其使用中国护照过关，即涉嫌骗取、使用中国护照，其持有的英国护照必须有中国签证，才能进出中国。

三、公民的基本权利和义务的概念

（一）公民权利

公民权利是指公民依照宪法和法律的规定，有从事一定行为和要求他人作出或不作出某种行为，以实现某种愿望或获得某些利益的可能性。它包含三方面的内容：首先，公民的权利必须是法定的。公民享有什么权利通常是由宪法和法律作出规定的，这样也就能得到国家的物质保证和法律保障。其次，权利是一种行为，包括作为和不作为，而且该行为同一定的权益有关。公民既可以自己去实施某种行为或不实施某种行为；也可以要求国家机关、社会团体、企事业组织或者其他公民去实施或不实施某种行为，从而使本人得到某种权益或实现某种愿望。最后，权利具有选择性，对于某项权利，公民可以行使，也可以放弃。公民行使或放弃自己的权利，或者选择以何种方式、条件去实现自己的权利，在法律允许的范围内，由公民自己决定。

（二）公民义务

公民义务是指宪法和法律规定的，公民应该履行的对国家、社会和他人的某种责任。公民对义务的履行不得取舍，国家以强制力保障公民对国家、社会以及他人履行自己的义务。由于公民义务是法定的责任，是以强制力作为保障的，如果公民不履行义务，国家就要强制其履行，情节严重的还要追究法律责任。所以义务不具有选择性，国家宪法和法律规定的义务，公民必须履行。

（三）公民的基本权利和义务

公民的权利和义务是多方面的，其范围和内容极其广泛。如果按照权利义务的重要性及其法律表现形式，可将公民权利义务分为两大类：基本权利义务和其他权利义务。作为国家根本大法的宪法只能把公民权利和义务中最基本、最重要的那部分作出原则规定，故称为基本权利和义务。

公民的基本权利，是指由宪法规定的，公民为实现自己必不可少的利益、主张或自由，从而为或不为某种行为的资格或可能性。基本权利又叫宪法权利，是公民根本的、首要的、具有决定意义的权利，是公民不可缺少、不可替代、不可转让的权利，在权利体系中处于核心地位。公民的基本义务即宪法义务，是指由宪法规定的，为实现公共利益，公民必须为或不为某种行为的必要性。它是公民对他人、社会和国家的首要法律义务。

四、公民权与人权

（一）人权的起源

人权，起初是资产阶级为反对封建专制和宗教特权而提出的一个口号。在人类历史上，公民和政治权利的确是近代资产阶级第一次提出的人权概念。由于当时资产阶级提出人权口号的主要目的是反对王权、等级特权和神权，向封建专制夺权，所以，公民和政治权利就自然成为人权的核心。世界上第一个把人权提到纲领性文件和根本法地位的是 1776 年美国的《独立宣言》。1789 年法国制宪会议通过了第一个直接以"人权"为名的《人权宣言》。随着资产阶级革命的胜利，这些国家的宪法大都把人权作为公民权利加以确认。

随着当代世界联系性的日益加强，人权保护越来越受到国际社会的普遍关注、赞赏和支持。第一次世界大战后，通过凡尔赛条约、其他条约和国际联盟等，初步形成人权国际保障体制，人权原则得到承认。二战后，保护人权在国际法中有了更明确的地位，人权问题进入国际范围。联合国普遍促进人权和基本自由的努力，已成为各国共识。1948 年联合国大会通过了《世界人权宣言》，重申"人皆生而自由；在尊严及权利上均各平等"，并规定个人自由和政治权利的内容，第一次确认经济、社会和文化权利是人权的重要内容。1966 年联合国通过了《公民权利和政治权利公约》《经济、社会、文化权利国际公约》，再次肯定了人权包含公民和政治权利与经济、社会和文化权利这两大类权利。1977 年联合国通过了关于人权概念的决议案。指出，人权不仅是个人人权和基本自由，而且还包括民族和人民的权利和基本自由。1979 年联合国人权委员会又通过了有关人权的新决议，强调国家主权、民族自决权、发展权和基本人权。这样人权内容已经发生了很大的变化，它从公民、政治权利扩大到社会生活的各个方面。

（二）人权与公民权的区别

人权与公民权两个概念含义相近，有些场合下可以互相替代。当一个国家的法律把人所应当享有的最基本的必不可少的权利规定为公民权利时，这些权利既是人权又是公民权利。但人权与公民权又是两个不同的概念。人权是"人们应当平等地享有的权利"；公民权是公民依法享有的人身、政治、经济、文化等方面的权利。二者的差异主要表现在以下几个方面：

1. 主体不完全相同。狭义的公民权的主体仅限于有本国国籍的公民；而人权的主体指的是自然人，除本国公民外，还包括在本国领域内的外国人和无国籍人；公民权的主体是单个人，而人权的主体既包括单个人，也包括集体、群体，如民族、国家、妇女、儿童等。

2. 属性不同。公民权仅有法律属性；而人权除了法律属性外，还有道德属性和政治属性。从每个人应当享有的权利的角度看，人权属于道德范畴即应有权利。从 20 世纪 50 年代起，以美国为首的西方国家将人权作为国际政治斗争的工具，干涉其他国家的内政，给人权涂上了浓重的政治色彩，因而人权具有了政治属性。

3. 表达方式的差异。公民权，一般各国都在宪法中明确规定；而人权，有的国家在宪法中有规定，有的国家并未在宪法中规定（目前将人权写入宪法的国家近 40 个）。当然，宪法中未规定人权的国家不等于没有人权，因为国际法也是人权法的重要渊源，凡是加入人权公约的国家都必须尊重和保障相关人权。

4. 实施和监督机制的差异。公民权的实现靠国内法保障，有执法司法机关的监督、社会监督、群众监督和舆论监督。人权的实现除了国内法和国内机关的保障外，还有国际法和国际人权组织的监督。如《公民权利和政治权利公约》的保障机制就包括报告制度、国家间指控制度和个人申诉制度。

第二节　我国公民的基本权利

【导入事例 8 - 2】 安徽涡阳"五周杀人案"

1996 年 8 月 25 日晚，安徽省涡阳县新兴镇南张村大周自然村村民周某顶的女儿周素某在家中被害死亡，周某顶及妻子刘某英、女儿周春某被害受重伤，儿子周保某被害受轻伤。安徽省阜阳市人民检察院以周某坤、周某华、周某春、周某国、周某化犯故意杀人罪向阜阳市中级人民法院提起公诉，附带民事诉讼原告人提起附带民事诉讼。阜阳市中级人民法院于 1999 年 3 月 29 日作出刑事附带民事判决，认定周某坤、周某华、周某春、周某国、周某化犯故意杀人罪，5 人中 2 人被判处死缓，1 人被判处无期徒刑，2 人被判处有期徒刑 15 年（截至 2018 年 1 月，5 名原审被告人皆已刑满获释，其中被羁押最长时间者周某坤，失去自由近 21 年）。宣判后，周某坤等五人及附带民事诉讼原告人均不服，分别提出上诉。安徽省高级人民法院二审以原判认定事实不清、证据不足为由，撤销原判，发回重审。阜阳市中级人民法院重审后作出刑事附带民事判决，以故意杀人罪判处周某坤、周某华死刑，缓期二年执行，剥夺政治权利终身，其他判决内容与前次相同。宣判后，周某坤等五人及附带民事诉讼原告人均不服，分别提出上诉。2000 年 10 月 8 日，安徽省高级人民法院二审裁定维持原判。原审裁判发生法律效力后，周某坤、周某华、周某春、周某国、周某化及其近亲属提出申诉。2017 年 1 月 23 日，安徽高级人民法院立案复查并决定对本案进行再审。2018 年 4 月 11 日下午 4 点，安徽省高级人民法院再审宣判：周某坤等五人犯故意杀人罪事实不清、证据不足，指控的犯罪不能成立；原审被告人无罪。宣判后，安徽省高级人民法院告知周某坤等原审被告人有申请国家赔偿的权利，并对被害人及其近亲属做好抚慰工作。

问：

1. 本案中五位当事人的哪些合法权利受到了侵犯？

2. 该案给我们的启示是什么？

一、平等权

我国《宪法》第 33 条第 2 款规定，"中华人民共和国公民在法律面前一律平等"，这是社会主义法治的基本原则，也是我国公民的一项基本权利，被称为平等权。

在我国，中华人民共和国成立之初起临时宪法作用的《共同纲领》曾规定有民族平等和男女平等。1954 年《宪法》明确规定：公民在法律上一律平等。后来由于"左"的影响，法律平等权利被视为资产阶级的原则，因为抹杀了法的阶级性，从而受到批判，成为法学界的禁区。因此，1975 年《宪法》及 1978 年的《宪法》取消了这一规定。1982 年《宪法》恢复了这一正确原则，公民的平等权重新成了公民应有的宪法权利。

在现代国家中，平等权首先表现为法律面前人人平等原则。这已经被世界各国广泛接受，其具体内容有：

第一，公民不分民族、种族、性别、职业、家庭出身、宗教信仰、教育程度、财产状况、居住期限，都一律平等地享有宪法和法律规定的权利，同时平等地履行宪法和法律规定的义务。

第二，任何人的合法权益都一律平等地受到保护，对违法行为一律依法予以追究。

第三，在法律面前，不允许任何公民享有法律以外的特权，任何人不得强迫任何公民承担法律以外的义务，不得使公民受到法律以外的处罚。

正确理解"公民在法律面前一律平等"主要包括以下方面：

1. "公民在法律面前一律平等"是指法律实施上的平等，而不是讲立法上的平等。有学者认为，它既是执法原则，又是立法原则，这是不正确的。因为法律是有阶级性的，我国的法律只能反映和体现工人阶级和广大人民的意志和利益，不能反映被统治阶级的意志和利益。所以人民同敌对势力和敌对分子在立法上是不能讲平等的。否则，我们的法律也就不能成为打击敌人，惩罚犯罪，保护人民的有力工具。然而，国家的法律颁布后，在贯彻执行当中，对所有公民都应当讲平等。因为只有严格依法办事，不论对什么人都一律平等对待，才能有效地维护法律的统一和尊严，才能维护人民的根本利益。所以"公民在法律面前一律平等"与法律的阶级性是一致的。

2. "公民在法律面前一律平等"并不是平均主义。公民的平等权是以法律为尺度的，按照法律的规定，人们在社会上处于同等的地位，在政治、经济、文化等各方面享有同等的权利。而平均主义则是要求取消一切差别，在各方面实行绝对均等的思想。它不仅同按劳分配的原则相抵触，而且是脱离社会发展规律的不切实际的空想。我们知道，按照法律规定去行使权利和履行义务就是平等。不应把这种平等权利错误地理解为不平等。比如，我国宪法和法律规定，不满 18 周岁的公民不享有选举权和被选举权。这并不说明符合法定年龄和不足法定年龄的公民之间存在着不平等，而是由于公民参与国家政治生活需要有一定的行为能力。可见，我们坚持"公民在法律面前一律平等"的原则，既不搞平均主义，又要反对特权。

3. "公民在法律面前一律平等"只是宪法和法律规定范围内的平等，还不完全是事实上的平等。在我国，男女之间、社会分工之间等方面目前还存在着历史遗留的事实上的不平等现象。要消除这种现象，光靠法律手段是不够的，当然法律手段是促进和保障国家事实上平等的不可缺少的重要手段。但要消除男女之间、社会分工之间等方面事实上的不平等，其根本途径是发展社会生产力。只有大力发展经济文化建设事业，才能彻底消除男女之间、社会分工之间等方面的不平衡，实现男女之间、社会分工之间等方面真正的平等。

二、政治权利和自由

（一）选举权与被选举权

选举权是指根据《宪法》和《选举法》的规定，公民具有选举代议机关代表和国家机关公职人员的权利。被选举权就是根据宪法和法律的规定，公民有被选举为代议机关代表和国家机关公职人员的权利。我国《宪法》第 34 条规定："中华人民共和国年满十八周岁的公民，不分民族、种族、性别、职业、家庭出身、宗教信仰、教育程度、财产状况、居住期限，都有选举权和被选举权；但是依照法律被剥夺政治权利的人除外。"

选举权与被选举权是公民参加管理国家，实现当家作主的一项基本权利。在我国，被剥夺政治权利的严重刑事犯罪分子是不能享有选举权和被选举权的。因此，这项基本权利是划分人民和敌人的政治、法律分界线，体现了我国一切权力属于人民的根本性质，也是公民行使其他权利的基础。

（二）言论、出版、集会、结社、游行、示威自由

1. 言论自由。言论自由是公民对于政治和社会的各项问题，有通过语言方式表达思想和见解的自由。公民可以通过口头、书面、著作及电影、戏剧、音乐、广播、电视等手段发表自己的意见。这是公民政治自由中最重要的一项权利，其他自由都是言论自由的具体化和扩大化。

言论自由在公民的各项政治自由中居于首要的地位。因为言论是公民表达思想和见解的基本形式，也是交流思想、传播信息的基本工具，它还是联结人民群众、形成人民意志的重要手段。所以，从某种意义上讲，一个国家言论自由的程度从一个侧面反映了这个国家的民主化程度。

从法理和立法的实践来看，任何自由都必须在法律的范围内行使，我国公民的言论自由也同样应该在法律规定的范围内行使。根据我国法律的规定，公民在行使言论自由权利时，必须受到如下限制：其一，不得用言论进行反对政府或败坏社会公德，危害国家和社会安宁的宣传和煽动；其二，不得用言论进行诬告、陷害其他公民的活动；其三，不得用言论侮辱、诽谤、诋毁其他公民的人格尊严。

2. 出版自由。出版自由是公民以出版物形式表达其思想和见解的自由。出版自由是言论自由的一种表达形式。作为公民的一项基本权利，出版自由既是交流思想和见解的手段，也是进行思想教育和促进科学文化事业的一种手段。出版自由是现代法治国家民主制度的重要组成部分。和言论自由一样，出版自由也要按照法律规定享有和行使。联合国颁布的人权文件也对出版自由规定了以下限制性要求：①出

版物不得有妨害私人安全、名誉、信用或秘密的记载，违者犯罪；②凡报纸记载的涉及私人名誉、信用或安全者，该报对于当事人便负有登载他的答复函件的义务，这种义务便构成当事人的答复权；③出版物不得恶意诽谤政府或企图颠覆现政府的存在；等等。

由于出版物印刷品发行量大，流传范围广，影响深远，所以世界各国都很重视公民的出版自由，并且建立起相应的管理制度。其管理措施大致分为两类：一是预防制，这是一种事前干预的办法；二是追惩制，这是发现违法事后予以法律追究的办法。现今英、美等许多国家大都采取追惩制。我国现在实行的是预防制和追惩制相结合的办法。

3. 结社自由。结社自由是公民为一定宗旨，依照法定程序组织或参加具有持续性的社会团体的自由。公民的结社因目的不同，可以分为两种：一种是以营利为目的结社。如商业结社中的公司、集团、中心等。此种结社通常由民法、商法、公司法等来调整。还有一种是非营利为目的结社。其中又分为政治性结社，如组织政党、政治团体等；以及非政治性结社，如组织学术、慈善、文化艺术等团体。各国的法律，通常对政治性结社予以严格限制。

结社自由是社会生活和民主生活不可缺少的部分，是社会生活走向民主化的标志。在我国，凡符合宪法和法律的规定，并履行一定法律程序而组成的社会团体，都受到国家的保护。现在我国除了中国共产党外，还有八个民主党派以及工会、青年团、妇女联合会等各种社会团体，不仅如此，为了繁荣科学和文化艺术，我国还有各种学会等学术团体。我国法律既保护人民享有结社自由，又禁止和取缔不法分子假借非法组织从事破坏活动。

4. 集会、游行、示威自由。集会自由是指公民为了共同的目的，临时聚集在一定的场所，发表意见，表达意愿的自由。集会自由是言论自由的延伸和扩展。通过集会可以扩大言论的影响，在集会时，经过讨论，可使有关问题深刻化、条理化，从而能够更好地实现言论自由所要达到的目的。

集会和结社，两者都是多数人集聚在一起讨论问题或表达意愿的活动。但两者的不同之处是，集会是临时性的聚焦，而结社则是长期的、持续性的结合，并且具有固定的组织、章程和制度。

游行自由是指公民有在公共道路、露天公共场所列队行进、表达共同意愿的自由。

示威自由是指公民有在露天公共场所或者公共道路上以集会、游行、静坐等方式，表达要求、抗议或者支持、声援等强烈意愿的自由。

集会、游行、示威自由都是公民表达其意愿的重要表现形式，直接反映了公民的宪法地位。三者不同之处是：表达意愿的程度、方式和方法有所差异。由于集会、游行、示威自由权利的行使，多发生在公共道路或露天场所，参加或观看的人数众多，情绪感染性强，对社会影响大，所以公民在行使这些自由权利时，既要符合法律规定的要求，又要注意不得损害国家的、集体的、社会的利益和其他公民的自由和权利。

为了更好地保障公民行使集会、游行、示威的权利，维护社会安定团结，保证社会主义现代化建设的顺利进行，1989年10月31日第七届全国人民代表大会常务委员会第十次会议通过并公布了《集会游行示威法》。该法对集会、游行、示威的概念和标准；主管机关和具体管理程序及措施，如申请和获得许可的程序，对集会、游行、示威的场所、时间、行为的规范；以及违法行为应承担的法律责任等，作出了明确的规定。《集会游行示威法》是实现《宪法》赋予公民集会、游行、示威自由权利的重要依据和法律保障，同时也是对滥用此项权利行为的必要的限制。

三、宗教信仰自由

(一) 宗教信仰自由的概念

宗教信仰自由是指公民依据内心的信念，自愿地信仰宗教和参加宗教活动的自由。它的具体内容包括：每个公民都有按照自己的意愿信仰宗教的自由，也有不信仰宗教的自由；有信仰这种宗教的自由，也有信仰那种宗教的自由；在同一宗教里，有信仰这个教派的自由，也有信仰那个教派的自由；有过去不信教而现在信教的自由，也有过去信教而现在不信教的自由；有按宗教信仰参加宗教仪式的自由，也有不参加宗教仪式的自由。我国《宪法》第36条第1、2款规定："中华人民共和国公民有宗教信仰自由。任何国家机关、社会团体和个人不得强制公民信仰宗教或者不信仰宗教，不得歧视信仰宗教的公民和不信仰宗教的公民。"这表明宗教信仰是公民自己的私事，由公民个人按自己的愿望自由选择。国家法律对信教和不信教的公民一视同仁，而且也不允许国家机关、社会团体或者个人干涉公民的宗教信仰自由。

(二) 我国保护宗教信仰自由的原因

宗教是一种唯心主义的思想意识形态，就其本质来说，它是与马克思主义的世界观相对立的。我国宪法之所以保护宗教信仰自由是因为：

1. 宗教是人类社会一定历史阶段的必然现象，有它产生、发展、消亡的条件和过程。只要人们还有一些不能从思想上解释和解决的问题，就难以避免有宗教信仰现象。而且按照唯物论的观点，当社会还没有发展到使宗教赖以存在的历史条件完全消失的时候，宗教就会存在。因此，马克思主义者应从实际出发，实事求是地对待宗教问题。

2. 宗教信仰属于思想范畴问题，对待公民的思想认识的问题，只能采取民主的方法、说服教育的方法去解决，绝不能强迫命令，粗暴压制。我们只能通过普及、提高公民的文化科学知识，宣传马克思主义科学的世界观，不断提高公民的文化水平和思想觉悟，通过公民自觉和加以引导，而不是用行政手段和禁止干涉的办法来解决思想范畴问题。

3. 宗教具有长期性、群众性、民族性和国际性的特点。我国的宗教历史悠久，佛教已有2000年的历史，道教有1700年的历史，伊斯兰教有1300多年的历史。天主教与基督教则主要是鸦片战争以后发展起来的。在我国，信仰宗教的群众在总人口中所占的比例不大，但绝对数字不小，其中信仰伊斯兰教的有2800多万人，信仰天主教的600多万人，信仰基督教的有2300多万人，佛教和道教在我国群众中更有相当的影响且信徒众多，但普通信徒没有严格的入教程序，人数难以精确统计。根据2018年《中国保障宗教信仰自由的政策和实践》白皮书显示，中国信教公民已近2亿人。因此，保护宗教信仰自由有利于团结全国各地区、各民族、各行各业的信教群众，积极为社会主义现代化建设努力奋斗。

我国是多民族的国家，有些民族是整体信奉某一宗教的，信仰伊斯兰教的有回族、维吾尔族、哈萨克族等十多个民族。佛教（包括藏传佛教）在蒙、藏、傣族等少数民族中几乎是全民族信仰的宗教。正确的宗教政策有利于民族团结和社会安定。如果强行取缔宗教，会伤害民族感情，不利于共同建设社会主义。

同时，宗教具有国际性的特点，宗教在世界各地有着广泛的社会影响。据统计，全世界信仰宗教的人员已达42亿多人，约占世界总人口的80%。宗教的国际影响持续扩大，宗教的政治参与和社会影响持续增长，成为局部战争、文明冲突、国际政治和人权斗争的重要因素。而且世界主流宗教大多是跨国界的宗教，我国的五大宗教除道教以外，其他都是从国外传进来的，与国外的宗教有一定的历史关系，也必然受到国际宗教形势的影响。宗教问题还牵涉我国与友好邻邦的关系，我们的邻邦有不少国家是信奉某种宗教为国教的，宗教的存在与发展有利于国家之间的文化交流和友好往来。在我国对外开放不断扩大和宗教领域国际交流广泛开展的大背景下，国际宗教问题对我国宗教的影响越来越明显，在认识和处理我国的宗教问题、妥善处理中国宗教与外国宗教关系时，不能忽视宗教国际性的特点。

（三）我国的宗教政策

1. 国家保护正常的宗教活动。我国《宪法》第36条第3款规定："国家保护正常的宗教活动。任何人不得利用宗教进行破坏社会秩序、损害公民身体健康、妨碍国家教育制度的活动。"

正常的宗教活动，是指宗教活动应当在核准登记的宗教场所和经政府宗教事务部门认可的场合内进行。正常的宗教活动应当是公开的、有组织的活动，信教公民在正式开放的寺观教堂等宗教场所进行的礼拜、诵经、讲道、过宗教节日以及教徒在自己家中进行的修持念经、祷告等活动，这些都是受到国家法律保护的。

国家依法保护正常宗教活动和宗教界合法权益，制止非法宗教活动，禁止利用宗教宣传极端思想和从事极端活动，抵御境外势力利用宗教进行渗透，打击利用宗教进行的违法犯罪活动。任何人都必须在国家法律范围内开展宗教活动，不得利用宗教干预行政、司法、教育等国家职能的实施，不得利用宗教从事危害社会稳定、民族团结和国家安全的活动，不得利用宗教进行损害公民的身体健康、妨碍国家教育制度的活动。

另外，贯彻宗教信仰自由还必须划清正当的宗教活动与封建迷信活动的界限，正常的宗教活动有公开合法的组织，有正式的教义、教规和固定的活动仪式，而迷信活动则装神弄鬼、占卜、算命、招摇撞骗，损害人民健康甚至危害人民的生命。我国法律规定对这些违法犯罪行为必须予以制止和打击。

2. 坚持独立自主自办原则。我国《宪法》第 36 条第 4 款规定："宗教团体和宗教事务不受外国势力的支配。"

宗教团体和宗教事务不受外国势力的支配，是我国宪法确定的原则。我国依照宪法和法律，支持各宗教坚持独立自主自办原则，各宗教团体、宗教教职人员和信教公民自主办理宗教事业。独立自主自办原则是中国人民在民族独立、社会进步的斗争中，基于天主教和基督教长期被殖民主义、帝国主义所控制和利用，被称作"洋教"的屈辱历史，由中国信教公民自主作出的历史性选择。这一原则，顺应了中国人民谋求民族独立、人民解放的历史潮流，顺应了实现中华民族伟大复兴的中国梦的时代要求，使中国宗教的面貌焕然一新，得到国际宗教友好人士的普遍理解、尊重和支持。坚持独立自主自办原则，不是要断绝中国宗教组织同境外宗教组织的正常联系。我国支持和鼓励各宗教在独立自主、平等友好、相互尊重的基础上，开展对外交流交往，建立、发展、巩固同海外宗教界的友好关系，增信释疑，展示良好形象。对境外组织和个人利用宗教从事各种违反中国宪法、法律、法规和政策的活动，控制中国宗教组织、干涉中国宗教事务，甚至企图颠覆中国政权和社会主义制度，我国必然坚决反对并将依法处置。

在我国，全国性爱国宗教组织共有 8 个，即中国佛教协会、中国道教协会、中国伊斯兰教协会、中国天主教爱国会、中国天主教教务委员会、中国爱国主教团、中国基督教爱国运动委员会和中国基督教协会，此外还有若干宗教性社会团体和地方宗教组织。这些组织代表宗教教徒的合法权益，组织和带领着宗教教徒办好正常的宗教活动。我国的宗教团体实行自传、自治、自养的方针，宗教事务由中国人自己来办，不受外国势力的干涉和控制，成为我国各宗教组织共同遵循的原则。

四、人身自由

（一）人身自由不受侵犯

人身自由是指公民的人身（包括精神和肉体）不受非法限制、剥夺、搜查、拘留和逮捕的权利。我国《宪法》第 37 条第 1 款、第 2 款规定："中华人民共和国公民的人身自由不受侵犯。任何公民，非经人民检察院批准或者决定或者人民法院决定，并由公安机关执行，不受逮捕。"因此，在我国公安机关要求逮捕犯罪嫌疑人、被告人时，除在特殊情况可以依照法律采取紧急措施先行拘留外，必须首先经过人民检察院批准或决定，或者人民法院决定。公安机关在执行逮捕时，必须向被逮捕人出示逮捕证。公安机关在逮捕后，除有碍侦查或者无法通知的情形外，应把逮捕的原因和羁押的处所，在 24 小时以内，通知被逮捕人的家属或者其所在单位。

此外，我国《宪法》第 37 条第 3 款规定："禁止非法拘禁和以其他方法非法剥夺或者限制公民的人身自由，禁止非法搜查公民的身体。"非法拘禁是指以拘押、禁闭或者其他强制方法，非法剥夺他人人身自由。以其他方法非法剥夺、限制公民的人身自由，是指以非法管制、拘役、徒刑以及非法讯问、非法跟踪盯梢等方法剥夺、限制公民的人身自由的行为。非法搜查公民的身体，是指司法机关违反法律规定的程序或者依法不享有搜查权的组织和个人，对公民的身体强行进行搜查。根据《刑事诉讼法》的规定，只有侦查人员在办理刑事案件中才可依其职权和法定程序对公民的身体进行搜查，而且搜查妇女身体必须由女性工作人员进行。国家机关工作人员利用职权实施的非法拘禁、刑讯逼供、报复陷害、非法搜查等侵犯公民人身权利的犯罪以及侵犯公民民主权利的犯罪，由人民检察院立案侦查。

（二）人格尊严不受侵犯

人格尊严是公民人身权利的重要组成部分，是对公民人身自由不受侵犯权利的补充和扩展。为了保障公民的人身自由权利，1982年《宪法》对此作了专条规定：中华人民共和国公民的人格尊严不受侵犯。禁止用任何方法对公民进行侮辱、诽谤和诬告陷害。这是我国《宪法》第一次写明保护公民的人格尊严的内容。

人格就是公民作为人所必须具有的资格。从法律上来讲，人格是指作为权利和义务主体的自主的资格。人格尊严是指与人身有密切联系的姓名、肖像、名誉、荣誉、隐私等不容侵犯的权利。其基本内容包括：

1. 公民享有姓名权。即公民有权依法决定、使用、变更或者许可他人使用自己的姓名，但是不得违背公序良俗。

2. 公民享有肖像权。即公民有权依法制作、使用、公开或者许可他人使用自己的肖像。

3. 公民享有名誉权。即公民要求社会和他人对自己的人格尊严给予尊重的权利。任何组织或者个人不得以侮辱、诽谤等方式侵害他人的名誉权。

4. 公民享有荣誉权。即公民因对社会有所贡献而得到的荣誉称号、奖章、奖品、奖金等，任何组织或者个人不得非法剥夺他人的荣誉称号，不得诋毁、贬损他人的荣誉。

5. 公民享有隐私权。隐私是公民的私人生活安宁和不愿为他人知晓的私密空间、私密活动、私密信息。公民享有隐私权。任何组织或者个人不得以刺探、侵扰、泄露、公开等方式侵害他人的隐私权。

我国是人民当家作主的社会主义国家，人们之间的关系是平等的、同志式的关系，人们互相爱护、互相尊重，这是我国公民享有人格尊严权利的客观基础。对于公民的人格尊严，不仅国家要保护它不受侵犯，而且公民自己也须努力培养高尚的品质和情操，自觉地尊重公民的人格，否则，公民的人格尊严就很难受到有效的保障。为了切实保障公民的人格尊严不受侵犯，我国《刑法》第246条明确规定，以暴力或者其他方法公然侮辱他人或者捏造事实诽谤他人，情节严重的，处三年以下有期徒刑、拘役、管制或者剥夺政治权利。

2020年5月28日，第十三届全国人民代表大会第三次会议审议通过了《民法典》，其中人格权独立成编是亮点之一。人格权编条文不少，对人格权的内容进行了细化规定。肖像权方面，《民法典》去掉了"以盈利为目的"，增加了"丑化、污损"的规定，是裁判经验的总结，也更符合侵犯肖像权的实质情况。此外在规定何为肖像权的时候，强调了"可以被识别的外部形象"，没有局限在脸部。姓名权、名称权方面，《民法典》第1017条规定了笔名、艺名、网名、译名、字号、姓名和名称的简称，参照姓名权和名称权保护的规定；第1015条规定了关于自然人姓氏的选取，即怎么给孩子取姓氏，或者给自己取姓氏。这些都体现了与时俱进的精神。名誉权方面，《民法典》规定了新闻报道和舆论监督、文学艺术作品、报刊网络媒体侵犯名誉权的情形，同时规定捏造、歪曲事实，未尽到合理核实义务，使用侮辱性言辞等贬损他人名誉都属于侵犯名誉权的行为。隐私权方面，《民法典》明确了除法律另有规定或者权利人明确同意外，任何组织或者个人不得实施以下较为常见的五种侵犯隐私权的行为：①以电话、短信、即时通信工具、电子邮件、传单等方式侵扰他人的私人生活安宁；②进入、拍摄、窥视他人的住宅、宾馆房间等私密空间；③拍摄、窥视、窃听、公开他人的私密活动；④拍摄、窥视他人身体的私密部位；⑤处理他人的私密信息。

此外，《民法典》还在人格权编增加了一些新的内容，规定了公民的个人信息受法律的保护，处理个人信息的，应当遵循合法、正当、必要原则，不得过度处理。《民法典》采用了人格权独立成编的创新体例，突出体现了"人的保护"的价值定位。民法人格权保护的勃兴，与现代宪法高扬人权、强调人格尊严保护之间有着密切的关系。在某种意义上，民法加强人格权的保护是宪法基本权利的价值辐射作用的结果。

（三）公民的住宅不受侵犯

公民的住宅不受侵犯是指任何机关、团体或者个人，非经法律许可，不得非法侵入或者非法搜查公民的住宅。我国《宪法》第39条规定："中华人民共和国公民的住宅不受侵犯。禁止非法搜查或者非法侵入公民的住宅。"公民的住宅不受侵犯是同公民的人身自由密切相连的一项基本权利。公民的住宅是公民日常生活、工作和休息的基地，保护公民住宅不受侵犯，就是保护公民居住安全，使公民生活安定，从而有利于公民的学习、工作和生产，有利于公民对子女的培养和教育，也有利于社会的安定团结。

根据我国有关法律规定，公安机关、检察机关为了收集犯罪证据、查获犯罪人，需要对公民的住宅进行搜查时，必须严格依照法律规定的程序进行。必须向被搜查人出示搜查证。在搜查时，应有被搜查人或者他的家属、邻居或者其他人在场。搜查后，要将搜查的情况写成笔录，由侦查人员和被搜查人或者他的家属、邻居或者见证人签名盖章。除此以外，任何人都不得侵入、搜查或者查封公民的住宅。

为了保障公民的住宅不受侵犯，我国《刑法》还具体规定，非法搜查他人住宅，或者非法侵入他人住宅的，处三年以下有期徒刑或者拘役。上述这些规定，使公民的住宅受到更好的保护，公民的切身利益得到了有力的保障。

（四）公民的通信自由和通信秘密受法律保护

公民的通信自由和通信秘密是指公民的通信（包括电报、电话、传真、QQ、邮件等），非经本人同意或非经法定程序而不受他人隐匿、毁弃、拆阅或窃听。通信是公民进行社会交往的一种正常活动，也是公民日常生活中不可缺少的一项基本权利，保护这种权利，对于维护正常的社会生活秩序和公民的切身利益非常重要。为此，《宪法》第40条规定："中华人民共和国公民的通信自由和通信秘密受法律的保护。除因国家安全或者追查刑事犯罪的需要，由公安机关或者检察机关依照法律规定的程序对通信进行检查外，任何组织或者个人不得以任何理由侵犯公民的通信自由和通信秘密。"同时我国《刑法》第252条具体规定："隐匿、毁弃或者非法开拆他人信件，侵犯公民通信自由权利，情节严重的，处一年以下有期徒刑或者拘役。"此外，邮电职工，如私拆或者隐匿、毁弃邮件、电报的，要依法以渎职罪论处。

但是在一定的条件下，我国公安机关和检察机关为了国家安全或追查刑事犯罪的需要，可以依法对公民的通信进行检查。我国《刑事诉讼法》第143条第1款规定："侦查人员认为需要扣押犯罪嫌疑人的邮件、电报的时候，经公安机关或者人民检察院批准，即可通知邮电机关将有关的邮件、电报检交扣押。"

五、批评、建议、申诉、控告、检举和取得赔偿权

我国《宪法》第41条第1款规定："中华人民共和国公民对于任何国家机关和国家工作人员，有提出批评和建议的权利；对于任何国家机关和国家工作人员的违法失职行为，有向有关国家机关提出申诉、控告或者检举的权利，但是不得捏造或者歪曲事实进行诬告陷害。"这些权利的行使既可以监督国家机关及其工作人员的工作，也可以维护公民自身的合法权益免遭国家机关和国家工作人员的不法侵害。

批评权是指公民对国家机关及其工作人员在工作中的缺点和错误，有提出批评意见的权利。

建议权是指公民对国家机关及其工作人员的工作提出建设性意见的权利。

批评权和建议权的区别在于前者针对国家机关和国家工作人员工作中的缺点和错误，后者仅针对国家机关和国家工作人员的工作。在我国，公民行使批评权和建议权的途径是多种多样的，公民可通过新闻报刊、来信来访、座谈讨论会等形式来行使这两项权利。

申诉权是指公民的合法权益，因行政或司法机关作出的错误或违法的决定、裁判，或者因国家工作人员的违法失职行为而受到侵害，公民有向有关机关申述理由，请求重新处理的权利。根据我国法律规定，我国公民行使申诉权，主要有两种情况：一是对已经发生法律效力的裁判，当事人及其利害关系人可向人民法院或检察院提出申诉，请求改正或撤销原裁判；二是公民对行政主体所作出的行政行为不服，可以向其上级机关或相关机关提出申诉，要求改正或撤销原决定。

控告权是指公民对任何国家机关及其工作人员的违法失职行为，有向有关国家机关进行揭发、指控的权利。

检举权是指公民对违法失职的国家机关及其工作人员，有向有关国家机关揭发事实，请求依法处理的权利。

控告权与检举权一样，都是公民同违法失职行为作斗争的手段。但两者又存在着区别：①控告人往往是受国家机关及其工作人员的违法失职行为不法侵害的人，而检举人一般与事件无直接联系；②控告是为了保护自己的权益而要求依法处理，而检举一般是出于正义感和维护公共利益的目的。

我国公民的控告权和检举权可以通过以下途径行使：①对违法犯罪行为向司法机关提出；②对违反政纪的行为向主管单位或者上级机关提出；③对国家机关的违法决定向同级权力机关或者上级机关提出；④对国家机关中党的组织或党员的违法犯罪行为向同级或上级党的纪律检查委员会提出。

批评、建议、控告、检举、申诉都是公民行使监督权的具体形式。公民行使这一权利受到宪法和法律的保护。"对于公民的控告、检举、申诉，有关国家机关必须查清事实，负责处理，任何人不得打击压制和打击报复。"但是公民在行使监督权时也不得捏造或者歪曲事实进行诬告陷害。

取得赔偿权。是指由于国家机关和国家工作人员违法行使职权侵犯公民合法权利而受到损失的人，有依法取得赔偿的权利。我国《宪法》第41条第3款规定："由于国家机关和国家工作人员侵犯公民权利而受到损失的人，有依照法律规定取得赔偿的权利。"1994年第八届全国人民代表大会常务委员会第七次会议通过了《国家赔偿法》，对公民取得赔偿的范围、程序、赔偿方式和计算标准等项内容作了具体规定。《国家赔偿法》的通过，对进一步发扬社会主义民主，健全社会主义法治，维护公民的合法权益，促进社会主义现代化建设是非常必要的。

【导入事例8-2】分析：

1. 安徽涡阳"五周杀人案"是一个冤假错案。五人都入狱服刑被剥夺人身自由，其中最长的一位长达21年。本案中公检法机关侵犯了五人的人身自由权、申诉权，同时五人还有取得国家赔偿的权利。

2. 正义可能会迟到，但它永远不会缺席。社会尤其是当事人对公正的期待与争取是确保司法体现法治精神的最大动力之源。公检法机关要严格公正规范文明执法，严格遵守法律程序制度，确保自身的执法办案活动严格依法进行。在各个环节，都要严格把握法律规定的条件，严把事实关、证据关、程序关和适用法律关。同时更要重视保障犯罪嫌疑人、被告人的诉讼权利。

六、社会经济权利

社会经济权利是指公民从社会获得基本生活条件，享有经济物质利益方面的权利，它是公民参加国家政治生活、实现其他权利的物质保障。

对公民的社会经济权利加以详细规定，是从1919年德国《魏玛宪法》开始的。第二次世界大战后，各国宪法都将这种权利规定于本国宪法之中。根据我国《宪法》的规定，我国公民的社会经济权利主要包括如下几项：

（一）劳动的权利和义务

劳动权是指凡是有劳动能力的公民，都有按照自己劳动的数量和质量取得劳动报酬的权利。它是公民赖以生存的基本权利，也是行使其他权利的基础。其中劳动就业权是劳动权的核心内容，是公民行使劳动权的前提。

在社会主义制度下，我国劳动者的地位和劳动的性质不同于旧社会。公民的劳动不单纯是为了谋生，从根本上说，是为了国家和集体利益，是为了把我国建设成为富强民主文明和谐美丽的社会主义现代化强国，实现中华民族伟大复兴贡献力量。我国《宪法》第 42 条第 1 款规定："中华人民共和国公民有劳动的权利和义务。"第 2 款规定："国家通过各种途径，创造劳动就业条件，加强劳动保护，改善劳动条件，并在发展生产的基础上，提高劳动报酬和福利待遇。"第 3 款规定："劳动是一切有劳动能力的公民的光荣职责。国有企业和城乡集体经济组织的劳动者都应当以国家主人翁的态度对待自己的劳动。国家提倡社会主义劳动竞赛，奖励劳动模范和先进工作者。国家提倡公民从事义务劳动。"第 4 款规定："国家对就业前的公民进行必要的劳动就业训练。"

因此，公民的劳动权受国家和社会的保障，它既是公民的一项权利，同时也是公民应尽的义务，每个公民都要为社会主义现代化强国建设出力，这些规定也为公民劳动权的实现提供了具体保证措施。

1994 年全国人大常委会制定了《劳动法》，规定了我国劳动者享有平等就业和选择职业的权利、取得劳动报酬的权利、接受职业培训技能权利等。规定了国家通过促进经济和社会发展，创造就业条件，扩大就业机会，鼓励社会兴办产业、拓展经营，以增加就业。2012 年全国人大常委会又修正了《劳动合同法》，进一步完善了劳动合同制度，明确劳动合同双方当事人的权利和义务，保护劳动者的合法权益，构建和发展和谐稳定的劳动关系。

（二）休息权

休息权是与劳动权紧密联系的重要权利，是劳动权的必要补充，休息权是劳动权存在和发展的基础。它是指为了保护劳动者的身体健康和提高劳动效率，规定劳动者享受休假或休养的权利。我国《宪法》第 43 条规定："中华人民共和国劳动者有休息的权利。国家发展劳动者休息和休养的设施，规定职工的工作时间和休假制度。"《宪法》确认休息权的目的在于使劳动者的体力和精力得到恢复，以便更好地参加社会主义建设。

在我国，为了保障劳动者的休息权，国家规定 8 小时工作制，在一些特殊部门，如某些化工单位实行 6 小时工作制。国家还规定了休假制度，以实现劳动者的休息权：每周 2 天的休息日，国家规定的节假日；职工根据规定享有的探亲假期以及职工到休养所、疗养院、避暑胜地和其他休息地点作较长时间的修养等。

（三）财产所有权

财产所有权是指公民对其财产可自由占有、使用、处分和受益，而不受他人、国家和社会非法干涉和侵犯的权利。我国《宪法》第13条规定："公民的合法的私有财产不受侵犯。国家依照法律规定保护公民的私有财产权和继承权。国家为了公共利益的需要，可以依照法律规定对公民的私有财产实行征收或者征用并给予补偿。"

财产所有权是各国宪法都特别重视的一项基本权利。早期的资本主义宪法大多数确立了一条基本原则，即私有财产神圣不可侵犯。这一权利是公民从事社会活动的物质性基础权利，与生命权、自由权和平等权并称为支撑公民权利体系的四大支柱。最早规定财产权的宪法性文件是1789年法国的《人权宣言》，后来1793年《法国宪法》、1791年《美国宪法》修正案都确认了公民的财产权。

我国1982年《宪法》原来规定，"国家保护公民的合法的收入、储蓄、房屋和其他合法财产的所有权"，但没有明确规定保护公民的私有财产权。2004年我国《宪法》第4次修正案正式写入"公民的合法的私有财产不受侵犯"条款。具体包括以下几个方面：①确立"公民的合法的私有财产不受侵犯"。肯定私有财产权作为基本权利的地位和价值；扩大公民财产权保障的范围；确立了国家不得侵犯以及保障公民财产权的义务和责任。②增加了对私有财产的征收和征用及补偿条款。为了正确处理私有财产的保护和公共利益的需要、公民权利和国家权力之间的关系，我国确立了私有财产的征收、征用制度。《宪法》规定对私有财产可以征收、征用，但是要为了公共利益的需要；而规定给予补偿，则是对私有财产在特殊情况下的一种保护。征收、征用制度在《宪法》中的确立，完善了我国财产权的保障制度，为具体法律进一步完善相关制度提供了宪法依据，有利于平衡和协调私有财产保护和公共利益需要的关系。③法律保护私有财产权和继承权。这是我国《宪法》第一次明确对公民的私有财产的确认，为市场经济条件下保护公民财产所有权以外的继承权和其他物权、债权以及知识产权等方面的财产权提供了法律保障。

（四）物质帮助权

物质帮助权是指公民在永久丧失劳动能力或暂时丧失劳动能力而不能及时获得必要的生活资料的情况下，有从国家和社会获得基本生活保障的权利。我国《宪法》第45条第1款规定："中华人民共和国公民在年老、疾病或者丧失劳动能力的情况下，有从国家和社会获得物质帮助的权利。"

为保证这一权利的实施，国家采取了许多具体措施，包括三项主要内容：①老年公民的物质求助权，国家实行企事业组织职工和国家机关工作人员的退休制度，保障他们在达到一定年龄以后享受退休津贴，安度晚年。农村孤寡老人有获得"五保"的权利等。②患病公民的物质求助权，我国公民在患病期间有从国家或社会获得医疗帮助和物质帮助的权利。③丧失劳动能力的公民的物质求助权，这主要是盲、聋、哑、四肢等器官残缺残疾人的权利。国家和社会帮助安排盲、聋、哑和其他有残疾的公民的劳动、生活和教育。如国家和社会兴办专门学校，组织残疾人进行必要的文化科学知识学习，按照残疾人不同的生理情况，创造特别的劳动条件，使他们能做力所能及的劳动。公民所享受的这些物质帮助的权利，随着我国经济建设事业的发展将会不断得到提高。

七、公民的文化教育权利

教育是经济和社会发展的基础，是"立国之本"。如果国家没有好的教育制度，公民没有较高的文化素质，社会和国家的发达是不可能的。我国《宪法》对公民的文化教育权利所作的重要规定，对于提高全民族的文化科学水平，促进国家物质文明、政治文明、精神文明、社会文明和生态文明的建设有着重大意义。

（一）公民有受教育的权利和义务

受教育既是我国公民的基本权利，同时也是一项法定义务。我国《宪法》第46条第1款规定："中华人民共和国公民有受教育的权利和义务。"

受教育的权利和义务是指公民有在国家和社会提供的各类学校和机构中学习文化科学知识的权利，有在一定条件下依法接受各种形式的教育的义务。它与劳动权一样，是构成个人发展其个性的基本手段之一。

我国《宪法》之所以要规定公民有受教育的权利和义务，是因为：

1. 公民接受教育是整个科学文化发展的基础，要提高科学文化的发展水平，促进科学技术的进步，首要前提必须是广大人民群众有文化、有知识。而要做到这点，就必须大力发展教育事业，使人人都有接受教育的机会，否则，就无从谈及文化科学技术的发展。

2. 公民接受教育是进行物质文明、政治文明、精神文明、社会文明和生态文明建设的前提条件。积极提高公民的文化知识和科学技术知识，对于促进社会主义"五个文明建设"有着重要的意义。因为进行社会主义建设，需要先进的科学技术知识，需要有千千万万掌握了先进科学技术和具有高度觉悟的劳动者，而这样的人才要靠发展教育去培养。因此，一方面国家有义务创办各种教育机构和文化设施，以保证公民享有受教育的权利；另一方面，公民也有义务通过各种形式的教育，去提高文化和业务水平，以适应国家现代化建设的需要。

公民有受教育的权利和义务的基本内容是：①学龄前儿童有接受学前教育的机会；②适龄儿童有接受初等教育的权利和义务；③公民有接受中等教育、职业教育和高等教育的权利和机会；④成年人有接受成人教育的权利；⑤公民有从集体经济组织、国家企业事业组织和其他社会力量举办的教育机构接受教育的机会；⑥就业前的公民有接受就业训练的权利和义务。

（二）公民有进行科学研究、文学艺术创作和其他文化活动的自由

我国《宪法》第47条第1句规定："中华人民共和国公民有进行科学研究、文学艺术创作和其他文化活动的自由。"科学研究自由是公民在从事自然科学和社会科

学研究时，有选择科学研究课题，研究和探索问题，交流学术思想，发表个人学术见解的自由。文学艺术创作自由是指公民按照法律的规定，可以自由地发挥个人的文学艺术创作才能，创作诗歌、小说、散文、戏剧、报告文学、音乐、舞蹈、雕塑、绘画、电影等各种形式的文学艺术作品的自由。此外，根据《宪法》的规定，我国公民还享有从事体育活动以及有益于身心健康的文化娱乐活动等其他文化活动的自由。从事科学研究、文学艺术创作和其他文化活动，是公民在科学文化领域中的一些基本权利，也是社会主义现代化建设的客观需要。

为了保障公民上述自由权利的实现，《宪法》第47条第2句还规定："国家对于从事教育、科学、技术、文学、艺术和其他文化事业的公民的有益于人民的创造性工作，给以鼓励和帮助。"此外，国家还先后颁布了一些法律，如《学位条例》《自然科学奖励条例》等，从法律上进一步保证了这项自由权利的实现。

八、特定主体的权利

这是宪法对特定公民权利与自由的特别保护条款。由于这类权利主体的公民一般为社会弱势群体的成员，其权利更容易受到他人和社会的忽视和侵害。因此，为体现公民权的平等、公正和人道性，平衡这类成员与社会和他人之间在权利或权力上的严重失重和偏失，有必要通过宪法或专门法的形式予以法律倾斜。

（一）保护妇女的权利和利益

由于历史和现实的原因，妇女经常被作为歧视对象，不能与男子享有平等的地位。20世纪以来，各国宪法都对妇女的平等权利予以特别重视，通过立法和司法活动，以提高妇女的地位，保障妇女在各方面享有与男子同等的权利。联合国亦颁布了大量与妇女权利有关的条约、公约、决议、宣言等多项文件。如《妇女政治权利公约》（1994年）、《消除对妇女一切形式歧视公约》（1979年）等。我国《宪法》第48条规定："中华人民共和国妇女在政治的、经济的、文化的、社会的和家庭的生活等各方面享有同男子平等的权利。国家保护妇女的权利和利益，实行男女同工同酬，培养和选拔妇女干部。"为此，我国专门制定了《妇女权益保障法》，来保障妇女的合法权益，并对妇女权利的保护作出了具体的规定：

1. 政治权利方面。国家保障妇女享有与男子平等的政治权利，妇女有权通过各种途径和形式，管理国家事务，管理国家经济和文化事业，管理社会事务，妇女享有与男子平等的选举权和被选举权。

2. 经济权利方面。国家保障妇女享有相同就业机会的权利，享有自由选择职业和同工同酬的权利，升级和工作保障的权利，生活救济的权利，在工作中享有健康和安全保障的权利。

3. 文化教育权利方面。学校和有关部门应当执行国家有关规定，保障妇女在入学、升学、毕业分配、授予学位、派出留学等方面享有与男子平等的权利。父母或者其他监护人必须履行保障适龄女性儿童、少年接受教育的义务。

4. 社会和婚姻家庭权利方面。国家保护妇女与男子享有平等的人身权，保护妇女的人身安全和生命健康不受侵犯。同时，妇女享有与男子平等的婚姻家庭权利，国家保护妇女的婚姻自主权，妇女对依照法律规定的夫妻共同财产享有与其配偶平等的占有、使用、收益和处分的权利，保护离婚妇女的房屋所有权等。

（二）保护退休人员和烈军属的权利

我国《宪法》第 44 条规定："国家依照法律规定实行企业事业组织的职工和国家机关工作人员的退休制度。退休人员的生活受到国家和社会的保障。"

目前，我国已颁布了一系列法律、法规，对退休的年龄、条件和退休后的工资待遇、生活待遇作了详细规定，这些规定使我国《宪法》规定的退休制度得到了具体切实的贯彻落实。

烈士家属、残废军人是我国社会主义建设事业的重要力量，他们为革命和建设事业流血牺牲，做出了重大贡献，国家和人民应该尊重他们，并努力做好优抚工作，这对鼓舞士气，增强国防力量，提高广大群众的爱国主义思想有着重要意义。为此，我国《宪法》第 45 条第 2 款规定："国家和社会保障残废军人的生活，抚恤烈士家属，优待军人家属。"我国《兵役法》也对残废军人、退役军人、烈属、牺牲、病故家属，以及现役军人家属的优待和安置问题作了专门规定，从而在法律上具体保证了《宪法》这一规定的贯彻实施。

（三）保护婚姻、家庭、母亲、儿童和老人

现行《宪法》第 49 条第 1 款、第 4 款规定："婚姻、家庭、母亲和儿童受国家保护。……禁止破坏婚姻自由，禁止虐待老人、妇女和儿童。"《宪法》的这些规定，既是国家立法的依据，也是公民应当遵守的法律规范和道德准则。

婚姻是指男女双方在自愿结合的基础上，经国家婚姻登记机关登记批准而结成的夫妻关系。

家庭是指由婚姻关系、血缘关系或收养关系而形成的人们共同生活的组织，是最基本的社会单位。家庭是婚姻的结果，婚姻是家庭的条件，国家保护婚姻家庭，就是指法律承认和保护合法的婚姻家庭关系，承认和保护夫妻双方以及家庭其他成员的正当权利，同时也相应要求夫妻双方及家庭其他成员履行法定的义务。

保护老人、妇女、儿童的合法权益，直接关系着妇女、老人的切身利益和下一代的健康成长，关系着社会主义婚姻家庭制度的巩固和发展，也关系着我们祖国的繁荣昌盛。为此，我国《民法典》《老年人权益保障法》等专门法律对婚姻、家庭、母亲、儿童和老人的保护作了较为详尽的法律规定。

（四）关怀青少年和儿童的成长

儿童因身心尚未成熟，在其出生和出生以后均需要特殊的保护和照顾。儿童与成年人一样，他们的法律权利应当得到国家、社会和家庭的平等保障。

我国《宪法》第 46 条第 2 款规定："国家培养青年、少年、儿童在品德、智力、体质等方面全面发展。"我国的《未成年人保护法》《教育法》等法律专门规定了以下几项：①享受社会安全的权利。主要包括父母应特别照顾和保护儿童，保证儿童有足够的营养、住宅、娱乐和医疗设施。②享有特殊保护的权利。儿童应在物质条件得到保障的环境下生活，社会对无家可归和难以生活的儿童给予特殊照顾，儿童生活有困难，有权获得社会救济。

青少年和儿童是祖国的未来，做好培养青少年和儿童的工作，是保证社会生产力能够持续扩大，不断补充劳动大军和干部、专家队伍的大问题。因此，根据《宪法》的规定，国家创办了托儿所、幼儿园和各类学校；建立儿童剧院和文化娱乐场所；出版多种多样的青少年和儿童读物，使他们从小在德、智、体、美诸方面得到全面的发展。

（五）保护华侨、归侨和侨眷的合法权利和利益

现行《宪法》第50条规定："中华人民共和国保护华侨的正当的权利和利益，保护归侨和侨眷的合法的权利和利益。"这一规定，体现了党和国家对广大华侨、归侨和侨眷的关怀。

华侨是居住在外国的中国公民。我国华侨人数很多，分布在世界各地。他们不仅是国家的主人，而且是我们发展同各国人民友谊的纽带。由于华侨身处国外，情况有些特殊，因此，国家一方面要求华侨遵守所在国法律，同所在国的人民和睦相处，为发展所在国的经济文化事业，为促进所在国人民同我国人民的友谊和两国之间的经济文化交流起积极的作用；另一方面，根据国际上的通例，国家维护华侨的正当权利和利益，反对强迫华侨改变国籍，反对歧视和迫害华侨。对于一切反华、排华、迫害华侨的行为，国家通过外交途径予以保护。

归侨是已经回到祖国定居的华侨。由于他们长期旅居国外，在生活习惯和其他方面都具有各自的特点，与国内居民有所不同。侨眷则是华侨在国内的亲属，他们家居两地，相互间既有着经济、通信、互访往来等家庭和亲属间的联系，又和祖国人民的命运紧密相连。因此国家把归侨、侨眷的合法权益保护作为专门问题写入《宪法》，这体现了国家对广大华侨、归侨和侨眷的关怀。1990年9月，第七届全国人民代表大会常务委员会第十五次会议通过的《归侨侨眷权益保护法》规定了一套较为完整的归侨、侨眷保护制度，并对他们的合法权益作出了明确的规定，从而使《宪法》第50条的这一规定在立法上得到了具体的落实。

九、外国人的权利和义务

需要说明的是，外国人的权利和义务并不是我国《宪法》第三章"公民的权利和义务"规定的，而是在第一章总纲最后一条规定的，在这里介绍主要是编排技术上的安排。

我国《宪法》第32条第1款规定："中华人民共和国保护在中国境内的外国人的合法权利和利益，在中国境内的外国人必须遵守中华人民共和国的法律。"这是关于中国境内外国人的权利义务的规定，即在中国境内的外国人不属于我国公民，不能享有中国公民享有的基本权利。但根据国际惯例和人权保护国际化的趋势，不少国家在实践中逐渐放宽外国人享有权利的范围，确认外国人在该国基本权利体系中

行使某种主体资格。如外国人的人身权利、财产权利、诉讼权等基本权利受宪法和法律保护。保护外国人在我国境内的合法权益，有利于加强各国人民的交往与合作，有利于实现对外开放政策。

我国《宪法》第32条第2款规定："中华人民共和国对于因为政治原因要求避难的外国人，可以给予受庇护的权利。"庇护权也叫"政治避难权"或者"居留权"，是指一国公民因为政治原因请求另一国准予其进入该国居留，或已进入该国请求准予在该国居留，经该国政府批准，而享有受庇护权的权利。政治避难者在所在国的保护下，不被引渡或者驱逐。在国际上，给予庇护权和拒绝引渡，这是国家主权范围内的事情，但是根据国际惯例，一国不能给予他国的一般刑事犯罪以庇护权。获得庇护的外国人，在政治生活和社会生活方面，享有外国侨民的待遇，同时，应当遵守居留国的法律，居留国不能允许他们在该国境内从事反对他国的活动。

第三节　我国公民的基本义务

【导入事例8-3】河南虞城五名青年拒服兵役被处罚案

2015年12月24日，微信公众号"虞城县征兵办公室"发布《虞城县人民政府关于对丁某华等5人拒服兵役行为的处理公告》。丁某华等五人自愿报名参军到部队服役，但在部队服役期间因怕苦怕累、不愿受部队纪律约束，以各种理由逃避服兵役。虞城县人民政府认为丁某华等五人的行为违反了《兵役法》《河南省征兵工作条例》以及相关法律法规，决定对其进行以下处罚：①经济处罚1万元，由所在乡镇执行，罚款上交县财政，列支下年度乡镇征兵经费。如当事人拒不执行，移交县人民法院强制执行。②不得将其录用为公务员或者参照公务员法管理的工作人员。③两年内公安机关不得为其办理出国（境）手续。④两年内教育部门不得为其办理升学手续。⑤党（团）员由所在党（团）组织按照权限严肃处理。⑥将其列入虞城县拒服兵役人员黑名单，通过新闻媒体向全社会公告，并上传公安网备案。

问：拒服兵役被处罚案给我们的启示是什么？

一、维护国家统一和各民族团结

我国《宪法》第52条规定："中华人民共和国公民有维护国家统一和全国各民族团结的义务。"

维护国家统一就是维护国家主权的独立和领土完整，是我国公民的最高法律义务。国家主权是国家最重要的属性，是国家独立自主地处理国内外事务、管理自己国家的最高权力。主权作为国家的固有权力，表现为：①对内的最高统治权。就是指国家对自己领土内的人和事实行管辖的权力。②对外的独立权。即国家自主地行使国家权力，不受任何外来干涉。③自卫权。为了维护政治独立和领土完整，国家对外来侵略或威胁进行防卫的权力。

领土为一国的地理构成要素，是处于国家主权支配下的地球上的特定部分。它是国家主权的重要组成部分。维护国家领土完整，同一切分裂祖国的行为进行斗争，是实现公民权的必要条件之一。

在我国，维护国家统一的重要标志是维护民族团结。我国是统一的多民族国家，能否正确处理民族关系对国家的统一和稳定将产生重要的影响。维护民族团结是指公民有责任维护国内各民族之间的平等、团结和互助关系，同一切破坏民族团结和制造民族分裂的行为进行斗争。全国各族人民都要把维护民族团结作为自己的崇高责任，任何人都不得以任何形式制造民族矛盾和民族冲突。

二、遵守宪法和法律，保守国家秘密，爱护公共财产，遵守劳动纪律，遵守公共秩序，尊重社会公德

（一）遵守宪法和法律

我国宪法和法律是全国各族人民意志和利益的集中表现，是保护人民、打击敌人、惩罚犯罪、保障和促进社会主义现代化建设的有力工具。遵守宪法和法律是公民应履行的最根本的义务。在法律完备的法治国家，只要公民守法，也就等于公民履行了宪法和法律的义务。法治国家必须以公民守法为条件，否则法治就失去了建立的可能。

（二）保守国家秘密

国家秘密是指涉及国家安全和利益，依照宪法和法律确定的在一定期限和地域范围内不为公众所知悉的信息。保守国家秘密就是要保护国家秘密不被泄露和遗失。这是对公民权利尤其是知情权行使的必要法律限制。

（三）爱护公共财产

公共财产在我国主要指全民所有制和集体所有制形式的公有财产，是国家存在和发展、实现民族振兴和繁荣的物质基础，也是公民享受各项权利的根本物质保障。我国《宪法》第 12 条规定："社会主义的公共财产神圣不可侵犯。国家保护社会主义的公共财产。禁止任何组织或者个人用任何手段侵占或者破坏国家和集体的财产。"

（四）遵守劳动纪律

劳动纪律是指劳动者在从事社会生产和进行工作的时候，必须遵守和执行的劳动秩序和劳动规则及其工作程序。它是劳动者从事社会生产和实现自身价值的职业规则，是公民行使社会经济文化权利所必需的职业规则设定。

（五）遵守公共秩序

公共秩序是由法律规定或认可的，人们在社会共同生活中形成的稳定有序的社会规则体系。公共秩序包括公共场所的活动秩序、交通秩序、社会管理秩序、工作秩序、居民生活秩序等。遵守公共秩序是保证我国安定团结的政治局面，进行社会主义现代化建设的重要条件。因此，自觉遵守公共秩序既是一项法律义务，也是一种道德要求。对公民中少数扰乱公共秩序的行为，有的虽然还没有构成犯罪，但也必须给以社会舆论的谴责和行政纪律的约束。对那些严重扰乱和破坏社会公共秩序的行为，则应视其具体情况，依法给予处罚和制裁。

（六）尊重社会公德

社会公德是一定社会占统治地位的道德准则，主要通过社会舆论、信念、习惯、传统和教育力量以及个人内心的荣誉感和对共同事业的责任心来维持、贯彻和执行。我国社会公德的基本内容就是"爱祖国、爱人民、爱劳动、爱科学和爱社会主义"（以下简称"五爱"）。开展"五爱"教育是加强社会公德教育的重要内容。这一义务是对公民行使各项权利的道德义务设定。

三、维护祖国安全、荣誉和利益

我国《宪法》第 54 条规定："中华人民共和国公民有维护祖国的安全、荣誉和利益的义务，不得有危害祖国的安全、荣誉和利益的行为。"这条规定是对总纲第 24 条所提倡的"爱祖国"规范的具体化。祖国安全是指国家的领土完整和主权独立不受干扰，国家各项秘密得以保守，社会秩序不被破坏。祖国荣誉是指国家的尊严不受侵犯，国家信誉不受破坏，国家的荣誉不受玷污，国家名誉不受侮辱。祖国的利益包括的范围很广，对外主要是指全民族的政治、经济、文化、荣誉等方面的权利与利益；对内主要是相对于个人利益、集体利益而言的国家利益。

祖国的安全、荣誉和利益是我国人民的安全、荣誉和利益的集中体现。维护祖国的安全、荣誉和利益是全体公民的神圣义务，任何公民不得以任何方式侵犯、危及、损害祖国的安全、荣誉和利益。我们在坚持对外开放政策的同时，必须继续在全国人民中进行维护国家荣誉和民族尊严的教育，提高民族自尊心和自信心，既要反对闭关自守、盲目排外，又要反对奴颜婢膝、崇洋媚外的行为。

四、保卫祖国，依法服兵役的义务

我国《宪法》第 55 条规定："保卫祖国、抵抗侵略是中华人民共和国每一个公民的神圣职责。依照法律服兵役和参加民兵组织是中华人民共和国公民的光荣义务。"这项义务包括保卫祖国、抵抗侵略、服兵役和参加民兵组织的义务，其中服兵役的义务是关键。在上古国家初生时期，当兵保卫祖国本是本国人民的权利，奴隶是不能服兵役的。随着社会生活的复杂化发展，各国都把当兵设定为一种公民或国民对国家的义务，但仍然保留了当兵保家卫国的权利意义。所以，我国《宪法》将保卫祖国、抵抗侵略规定为公民的神圣职责，依法服兵役和参加民兵组织就成为公民的一项光荣义务。

为了进一步落实《宪法》规定，我国《兵役法》具体规定了我国的兵役制度，主要内容有：

1. 我国实行以义务兵役制为主体的义务兵与志愿兵相结合、民兵与预备役相结合的兵役制度。

2. 我国公民不分民族、种族、职业、家庭出身、宗教信仰和教育程度，都有义务依照《兵役法》的规定服兵役。公民有严重生理缺陷或者严重残疾不适合服兵役的免服兵役。依照法律被剥夺政治权利的人，不得服兵役。

3. 公民履行服兵役义务的形式主要有三种：一是参加人民解放军和武装部队，这是服现役；二是参加民兵组织和经过预备役登记，这是服预备役；三是高等院校和高级中学的学生，按国家规定参加军事训练。

【导入事例 8-3】分析：

我国《宪法》第 55 条第 2 款规定，依照法律服兵役和参加民兵组织是中华人民共和国公民的光荣义务。依法履行义务，是每一个公民应尽的职责。公民依法享有国家宪法和法律所确认的权利和自由，并受到国家法律的保护；同时，依法承担相应的法律义务。此案可以让我们得到这样的启示：公民的基本义务是社会和国家对公民最重要的、最基本的要求，它决定着公民在国家生活中的政治与法律地位。对国家来讲，公民的基本义务就是国家的权利，国家有权要求公民按照宪法和法律的规定，作出一定行为或者不作出一定行为，否则，就要受到舆论的谴责、纪律的处分，严重的还要受到法律的制裁。

五、依法纳税义务

我国《宪法》第 56 条规定："中华人民共和国公民有依照法律纳税的义务。"税收是国家依照法律规定按法定比例向有纳税义务的公民和社会组织征收的定量货币。与服兵役的义务一样，纳税也是公民对国家应负的古老的传统义务。国家产生的标志之一就是居民纳税，因为公共机构的设立和公共权力的行使必须建立在国家财政的基础上，而国家财政的主渠道就是税收。没有税收，就没有国家管理和对社会的服务，也就没有国家本身。另外，税收也是我国社会主义建设资金积累的重要来源，是国家调节国民经济的重要杠杆。这是国家凭借权力参与社会财富分配和再分配的法律和政治手段，也是实现社会公平的重要经济工具。

纳税义务的履行实际上也给公民和社会组织带来了相关权利，因为履行了纳税义务的公民等社会主体不仅有权享受国家利用税收提供的各种公共设施和服务（如医疗、教育、社会安全、法律保障、公共交通、环境条件等），也有权要求国家积极改善这些设施和提供更优质服务。纳税义务的履行为公民权利的行使提供了更坚实的物质保证。纳税以公民的自觉性为基础，辅以国家的强制手段，所有负有义务的单位和个人，都必须自觉履行纳税义务；任何偷税、漏税的行为都是违法的，都应承担一定的法律责任。

六、其他方面的义务

除了上节已经介绍过的劳动和受教育的义务以外，我国《宪法》第 49 条第 2款、第 3 款还规定："夫妻双方有实行计划生育的义务。父母有抚养教育未成年子女的义务，成年子女有赡养扶助父母的义务。"这是我国公民在家庭生活方面对国家、社会、家庭和个人应尽的重要义务。《宪法》作出这样的规定，表明家庭生活不单是个人的事情，而且是关系到国家事务的大事。

第四节 我国公民基本权利义务的特点及行使原则

【导入事例 8 - 4】 曾某名誉权纠纷案

2018 年 5 月 12 日 17 时许，淮安市清江浦区恒大名都小区高层住宅发生火灾，淮安市消防支队水上大队城南中队副班长谢勇，在抢险灭火过程中不幸坠楼，壮烈牺牲。2018 年 5 月 13 日，公安部批准谢勇同志为烈士并颁发献身国防金质纪念章。2018 年 5 月 14 日，曾某对谢勇烈士救火牺牲一事在微信群中公然发表"不死是狗熊，死了就是英雄"等一系列侮辱性言论，歪曲谢勇烈士英勇牺牲的事实。该微信群共有成员 131 人，群内多人阅见曾某发表侮辱英烈的言论并对其行为予以谴责。曾某的上述行为歪曲了事实，丑化了英雄形象，且该言论被多名网友阅见，造成了较为恶劣的社会影响，并侵害了谢勇烈士名誉，损害了社会公共利益。江苏省淮安市人民检察院作为公益诉讼起诉人依法向法院提出诉讼请求，要求判令曾某通过媒体公开赔礼道歉、消除影响。

问：通过该案分析如何正确处理国家、社会和公民之间的合法权利和利益？

一、我国《宪法》关于公民基本权利与义务规定的特点

（一）公民权利和自由的广泛性

我国现行《宪法》对公民权利和自由的规定，不论从主体、范围看，还是从内容的深度看都是十分广泛的。权利和自由的广泛性主要表现为：

1. 享有权利和自由的主体非常广泛。现阶段，我国的权利主体包括全体社会主义劳动者、社会主义事业的建设者、拥护社会主义的爱国者、拥护祖国统一和致力于中华民族伟大复兴的爱国者。就是对那些极少数被剥夺政治权利的公民来说，他们仍然享有与其身份相适应的某些公民权利。

2. 公民基本权利的范围具有广泛性。我国现行《宪法》规定的公民基本权利是历部宪法中最多的，它包含了政治、社会经济、文化教育、人身自由、家庭生活等诸方面。随着国家政治、经济、文化生活的发展，公民享有的权利和自由将更为广泛。

（二）公民权利和义务的平等性

根据宪法和法律的规定，我国公民权利义务的平等性主要包括如下方面：

1. 在宪法和法律的范围内，我国公民一律平等地享有权利和承担义务。即我国公民不分民族、种族、性别、职业、家庭出身、宗教信仰、教育程度、社会地位、财产状况、居住期限等，一律平等地享受宪法和法律规定的权利和自由，平等地履行宪法和法律规定的义务。

2. 司法机关对任何公民在适用法律时，一律平等对待，即对一切公民的合法权益依法保护，对任何公民的违法犯罪行为，都平等地予以追究和制裁。

必须指出的是，在我国，公民权利和义务平等性是指公民在适用法律和遵守法律上的平等，而不包括立法上的平等。立法上公民之间不能平等，公民中人民与敌人不能平等，人民内部不同的阶层也要区别对待。但是，法律一经制定，在适用法律上则应人人平等，毫无差别。

（三）公民权利和义务的现实性

1. 我国《宪法》对公民权利和自由的规定，是从实际出发，即从我国经济文化发展水平的现状出发。具体而言，主要表现为三个方面：

（1）凡是客观上迫切需要，主观上又能实现的，宪法就予以规定。如我国 1954 年《宪法》就规定了"公民在法律上一律平等"的原则，但 1975 年《宪法》和 1978 年《宪法》取消了这一规定。经过历史证明，没有这项原则容易滋生特权，使国家的民主和法治受到严重破坏。因此，在 1982 年修正《宪法》时就予以恢复，并根据实际情况，改为"公民在法律面前一律平等。"

（2）根据客观实际，能实现的就规定，不能实现的就不规定，能实现到什么程度就规定到什么程度。如关于劳动权的规定，现行《宪法》的规定与我国目前的具体情况是相适应的。受我国目前生产力发展水平的决定，国家不能全部解决劳动者就业问题，只能为劳动者创造更多的机会。因此，《宪法》第 42 条第 2 款规定为："国家通过各种途径，创造劳动就业条件……"

（3）权衡利弊，不宜规定的就不规定。如公民迁徙自由，虽然世界上大多数国家宪法都规定了公民的此种自由，但我国由于经济发展的不平衡，沿海与内地、城市与农村差距过大，如确认公民有迁徙自由，势必造成经济发达的沿海地区、大城市人口过于集中，会给生产和生活带来很多困难。因此，现行《宪法》仍然没有恢复 1954 年《宪法》规定的公民有迁徙的自由，待条件成熟以后，《宪法》再予以确认。

2. 我国《宪法》规定公民的基本权利和自由时，注重法律保障和物质保障。如关于公民选举权的规定，国家不仅对侵犯和破坏公民选举权利的行为追究法律责任，而且还为选举提供经费，以保证公民参加选举。宪法和法律这样的规定就是为了保障公民的权利和自由得以真正实现。

（四）公民权利和义务的一致性

公民权利和义务的一致性是指权利和义务具有相互依存、相互促进、互为条件的辩证统一的关系。具体表现为：

1. 公民享受权利，同时要履行义务。我国《宪法》第 33 条第 4 款明确规定："任何公民享有宪法和法律规定的权利，同时必须履行宪法和法律规定的义务。"不允许任何人只享受权利而不履行义务，也不允许强迫任何人只履行义务而不享受权利。权利是法定的，不可非法剥夺，具有自愿性，某些权利是可以放弃的，如选举权、休息权等。而义务具有强制性，不能放弃。另外权利的行使和义务的履行不存在时间上的先后关系。

2. 权利和义务本身是相互依存的。权利和义务本身是一个问题的两个方面。如

《宪法》第49条第3款规定："父母有抚养教育未成年子女的义务，成年子女有赡养扶助父母的义务。"该规定从形式上看父母和子女都有义务，但从权利和义务的双方来看，父母对子女履行抚养教育义务，这对子女则是一种权利；相反，成年子女履行赡养扶助父母的义务，这对父母则是一种权利。又比如，《宪法》规定所有公民都享有人格权，而对某个公民来说，他享有这项权利，其他人就要承担保护其人格权不受侵犯的义务。

3. 有些权利和义务是彼此结合的，具有双重性。例如，《宪法》规定公民有劳动的权利和义务，公民有受教育的权利和义务。劳动和受教育，既是公民权利又是公民义务。

4. 权利和义务是互相促进，相辅相成的。公民享受广泛的权利，且得到保证，就可以激发人民群众的主人翁责任感，调动人们的积极性和创造性，这样，就可以促进人们更加自觉地履行义务。公民自觉地履行义务，国家建设事业发展了，公民就能享受更多的权利。在我国社会主义制度下，公民个人利益同集体利益、国家利益根本一致，这种一致性表现在权利和义务的关系上，就是国家为人民、人民为国家的新型关系。

二、公民行使权利和自由的原则

我国《宪法》第51条规定："中华人民共和国公民在行使自由和权利的时候，不得损害国家的、社会的、集体的利益和其他公民的合法的自由和权利。"这条规定的位置正好是在基本权利之后和基本义务之前，是一条承上启下的条文，是防止公民滥用权利的限制性规范，也是公民正确行使权利和自由的指导原则。

（一）权利和自由的相对性

公民的权利和自由是相对的，权利相对于义务而言，自由则相对于纪律而言。没有无义务的权利，也没有无权利的义务。只有权利，没有义务，那权利只是空洞的，无法享有的；只有义务，没有权利，那义务也不会得到很好的履行。因此，我国《宪法》在关于公民基本权利的规定里，除授权性规范外，还有相应的义务性规范。例如，《宪法》在授予公民人格尊严不受侵犯的权利时，又明确规定"禁止用任何方法对公民进行侮辱、诽谤和诬告陷害"。

（二）权利和自由的限制性

1. 受法律的限制。公民行使权利和自由存在特定的法律界限，就是不得妨碍他人的权利和自由，不违反国家承认的公民权利和自由的目的，不滥用法定的权利和自由。正如法国的《人权宣言》第4条所指出的："自由就是指有权从事一切无害于他人的行为。"法国启蒙思想家孟德斯鸠就曾说过，自由是做法律所许可的一切事情的权利；如果一个公民能够做法律所禁止的事情，他就不再有自由了，因为其他人也同样会有这个权利。

2. 受社会经济发展程度的制约。正如马克思曾经说过，权利永远不能超出社会的经济结构以及由经济结构所制约的社会文化发展。公民享有的权利和自由是法定的，而法律在本质上是由经济基础决定的。因此，法律规定的权利和自由也必须受制于社会经济生活条件。对公民而言，必须从我国的经济发展水平出发，不能超越经济发展的实际可能，对权利和自由提出过高要求；就国家而言，必须根据不同时期的社会经济状况，调整和发展公民的权利和自由。可以预见，随着我国生产力水平的不断发展和提高，我国公民享有的权利和自由的范围将会日益扩展。

（三）不损害整体利益

我国公民在行使自己的权利和自由时，不能违背体现广大人民意志和利益的法律。我们的法治，一方面要充分保障公民享有法律范围内的权利和自由，另一方面也要对一切践踏人民民主权利的行为加以制约。否则，广大人民群众的自由和合法权益就会得不到保障，安定团结的政治局面就会遭到破坏。另外，我国是人民当家作主的国家，国家利益同公民个人利益从根本上说是一致的。因此，我国公民在行使自由和权利的时候，不得损害国家的、社会的、集体的利益和其他公民的合法的自由和权利。

【导入事例 8 - 4】分析：

本案中，曾某利用微信群，发表带有侮辱性质的不实言论，歪曲烈士谢勇英勇牺牲的事实，对谢勇烈士不畏艰难、不惧牺牲、无私奉献的精神造成负面影响，已经超出了言论自由的范畴，构成了对谢勇烈士名誉的侵害。江苏省淮安市人民检察院要求被告曾某通过媒体公开赔礼道歉、消除影响的诉讼请求合理、合法。

2021 年 10 月 6 日，网民罗某在个人微博上发布了关于长津湖战役的不当评论，引起舆论关注与指责。海南省三亚市城郊人民检察院在履行公益诉讼检察职责中认为，罗某的言论侵害了抗美援朝志愿军英雄烈士的名誉、荣誉，伤害了广大人民对抗美援朝志愿军英雄烈士的特殊民族情感，严重损害了社会公共利益。根据《英雄烈士保护法》《民事诉讼法》《人民检察院公益诉讼办案规则》等相关规定，海南省三亚市城郊人民检察院于 2021 年 10 月 8 日决定对罗某侵害英雄烈士名誉、荣誉的违法行为进行民事公益诉讼立案并展开调查。2021 年 10 月海南检察机关以涉嫌侵害英雄烈士名誉、荣誉罪对罗某批准逮捕。

因此，公民享有言论自由权，但公民在行使言论自由时不得损害国家的、社会的、集体的利益和其他公民的合法的自由和权利。网络不是法外之地，任何人不得肆意歪曲、亵渎英雄事迹和精神。诋毁烈士形象是对社会公德的严重挑战，侵犯了社会公共利益和其他公民的合法的自由和权利。

实务训练

侵犯公民个人信息罪案

薛某做代理车险业务，荆某、陈某、赵某、张某、白某均系交警辅警，年龄在26 岁至 33 岁之间。2016 年 9 月，薛某得知售卖车辆信息报酬较高。同年 9 月至 11月期间，薛某联系了需要信息的客户，荆某联系陈某、赵某、张某、白某等，通过公安交警综合应用平台非法获取公民个人车辆信息（包括车牌信息、车辆基本信息、车辆抵押信息等），通过微信转发给薛某，再由薛某售卖给需要信息的客户。获利后，薛某统一将钱款支付给荆某，再由荆某通过微信或者现金的方式分发给其他人员。

案发后，公安机关从陈某手机中提取公民个人信息照片 3133 张，从赵某手机中提取公民个人信息照片 2206 张，从白某手机中提取公民个人信息照片 1914 张，从张某手机中提取公民个人信息照片 867 张。其中，薛某获利约 2 万元，荆某获利约 1.5 万元，陈某获利约 1.6 万元，赵某获利约 9200 元，张某获利约 8200 元，白某获利约 7500 元。

问：薛某等人侵犯了公民的什么权利？

延伸阅读

联合国人权机构

联合国人权机构是联合国的一个组成机构，包括人权理事会、人权理事会咨询委员会、联合国人权事务高级专员、人权公约监督机构、非政府组织委员会。

1. 人权理事会（Human Rights Council）：根据联大第 60/251 号决议，理事会职能主要包括：促进对所有人人权与基本自由的普遍尊重；处理侵犯人权情况并提出建议；推动各国全面履行人权义务；推动联合国系统人权主流化；在与会员国协商同意后，帮助会员国加强人权能力建设，促进人权教育并提供技术援助；提供人权问题专题对话论坛；向联大提出进一步发展国际人权法的建议；向联大提交年度报告等。决议授权理事会在一年内对人权委员会原有工作机制和方法进行全面评估和改革，制定未来工作方法和运作规则。经过一年的艰苦磋商，2007 年 6 月 19 日，人权理事会如期完成建章立制工作，确立了普遍定期审议、人权特别机制、专家咨询机制、来文申诉机制的运作方式，并制定了理事会议程、工作方法和议事规则。

2. 人权理事会咨询委员会（The Human Rights Council Advisory Committee）：根据经社理事会 1946 年 6 月 21 日第 9（Ⅱ）号决议，联合国人权会设立"防止歧视和保护少数小组委员会"（Sub-Commission on Prevention of Discrimination and Protection of Minorities）。1999 年 7 月 27 日，经社理事会决定将其更名为"促进和保护人权小组委员会"（Sub-Commission on the Promotion and Protection of Human Rights，以下简称"人权小组会"）。人权小组会系人权委员会下属机构，主要职能是对有关重要人权问题进行研究并向人权委员会提出报告。

3. 联合国人权事务高级专员（以下简称"人权高专"，UN High Commissioner for Human Rights）及其办公室（Office of the High Commissioner for Human Rights）：人权高专系根据 1993 年联大第 48/141 号决议设立，是联合国系统内负责人权事务的最高行政长官，副秘书长级。由联合国秘书长任命，经联合国大会核准产生。人权高专主要负责协调联合国在人权领域的活动，任期 4 年，可连任 1 次。

4. 人权公约监督机构（Treaty-basedBodies）：人权公约监督机构系根据人权公约规定所设立，负责审查、监督缔约国执行公约情况。目前联合国共有八个人权公约监督机构，分别是：根据《公民权利和政治权利国际公约》设立的"人权事务委员会"；经社理事会为监督《经济、社会及文化权利国际公约》执行情况设立的"经济、社会及文化权利委员会"；根据《消除一切形式种族歧视国际公约》设立的"消除种族歧视委员会"；根据《消除对妇女一切形式歧视公约》设立的"消除对妇女歧视委员会"；根据《禁止酷刑和其他残忍、不人道或有辱人格的待遇或处罚公约》设立的"禁止酷刑委员会"；根据《儿童权利公约》设立的"儿童权利委员会"；根据《保护所有移徙工人及其家庭成员权利国际公约》设立的"保护所有移徙工人及其家庭成员权利委员会"；根据《残疾人权利公约》设立的"残疾人权利委员会"。

5. 非政府组织委员会（Committee on Non-Governmental Organizations）：非政府组织委员会系联合国经社理事会（以下简称"经社会"）下属常设委员会，根据经社会决议于1946年成立，最初由中国、法国、英国、苏联、美国5国组成。1950年，巴基斯坦和秘鲁加入委员会，1966年扩大至13国。1981年7月，经社会决定将委员会从13个增至19个，由5个非洲国家、4个亚洲国家、4个拉美国家、4个西方国家和2个东欧国家组成。成员任期最初为1年，从1975年起改至4年，每4年改选一次，可连选连任。委员会成员目前为中国、美国、俄罗斯、英国、安哥拉、布隆迪、埃及、几内亚、苏丹、印度、巴基斯坦、卡塔尔、罗马尼亚、哥伦比亚、古巴、多米尼克、秘鲁、以色列和土耳其。

思考题

1. 试比较公民的基本权利和人权的区别。
2. 我国公民的基本权利有哪些？
3. 为什么我国《宪法》要规定公民的宗教信仰自由？
4. 如何理解"法律面前人人平等"？
5. 我国公民的基本义务有哪些？
6. 如何理解公民行使权利和自由的原则？

第九章

国家机构

通过本章的学习，学生将了解国家机构体系和我国国家机关的组织活动原则，掌握全国人民代表大会及其常务委员会的性质、地位、组成、职权和会议制度，国家主席的性质、地位、任期，国务院的性质、组成、职权和领导体制，中央军事委员会的性质、地位、任期和领导体制，地方国家机关的性质、地位等相关内容，人民法院和人民检察院的性质、地位和职能，重点掌握监察委员会的性质、地位、职能、职责。

第一节　国家机构概述

【导入事例 9-1】"煤改气"一刀切

作为北方雾霾的重要源头之一，冬季取暖的散煤燃烧自然在整治之列。为攻坚大气治理，2017 年 2 月 17 日《京津冀及周边地区 2017 年大气污染防治工作方案》出台，国家开始陆续在北京周边设立"禁煤区"。与此同时，各地开始大力推进"煤改气""煤改电"工程。很多地方张挂起各色各样的宣传条幅，有些宣传语以一副恫吓的口吻，烧煤卖煤就要"抓抓抓"。一些老百姓家里灶台被拆了，烟囱被堵上了，卖散煤的被拘留了。然而，这场席卷华北的"煤改气"大工程，却出现了电、气的管道线路未按时完工和无气源供应的窘境。已经装上电、气设备的部分家庭，因为价格原因，并未使用已经装的电、气设备。

问：

1. "煤改气""煤改电"本来是件好事却引起质疑，原因是什么？

2. 如何评价有关国家机关和基层部门的相关行为？

一、国家机构的含义

国家机构是全部国家机关的总和，是统治阶级为实现其国家职能而建立的国家机关的总称。从纵向看，国家机构包括中央国家机关和地方国家机关；从横向看，国家机构包括权力机关、行政机关、监察机关、审判机关、检察机关和军事领导机关。国家机构不是各个国家机关的简单排列和组合，而是一个十分严密的权力组织体系，构成一个有机的整体。国家机关指的是一个国家各个具体的国家权力部门，国家机构则是由各种国家机关按照一定的结构形式组成，各种不同的国家机关相互之间存在有机的联系，共同组成一个实现国家统治的统一的整体，这个整体就是国家机构。每一个国家机关内部也有自己的结构和组织，本身也构成一个整体，但各个国家的机关具有各自不同的功能，执行着不同的任务。国家机构是整体，国家机关是部分，前者是机器，后者是机器的零件。

二、我国国家机构的组织活动原则

国家机构的组织活动原则是指依照宪法和法律的规定，国家机关在其组织和活动的过程中必须遵守和执行的准则。我国国家机构的组织和活动原则主要有以下几个方面：

（一）民主集中制原则

民主集中制是社会主义民主制度的最本质体现，是社会主义国家政权的根本组织和活动原则，因而也是我国国家机构共同遵循的组织和活动的基本原则。现行《宪法》第 3 条第 1 款规定："中华人民共和国的国家机构实行民主集中制的原则。"

民主集中制是民主与集中相结合的制度。一方面，民主要受到集中的制约，民主是集中指导下的、能够造成和实现正确集中的民主；另一方面，集中也要受到民主的制约，集中是在民主基础上的、始终包含着民主成分和因素的集中。民主和集中相辅相成、不可分割。就民主而言，发扬民主的过程是由大多数人决定问题的过程。国家机关对重大问题的决定，要广泛听取群众的各方面意见，充分调动广大群众的积极性和主动性，使他们充分行使当家作主的权力，从而实现人民群众的根本利益和要求。就集中而言，集中过程也是汇集大多数人意见的过程。国家机关要在听取大多数人意见的基础上形成统一的意志，形成正确的决定，集中统一处理国家事务，以保证政策和法律的统一。

根据现行《宪法》第 3 条的规定，我国国家机构实行民主集中制原则，主要表现为三个方面的关系：

1. 各级人民代表大会由民主选举产生，对人民负责，受人民监督。全国人民代表大会和地方各级人民代表大会都是在民主的基础上由人民选派代表组成，选民或原选举单位有权罢免不称职的代表，这表明了人民代表大会有着坚实的民主基础。全国人民代表大会的主要工作是制定法律，集体决定国家的重大问题，这种工作过程又是把人民的意志集中起来的过程，这是民主基础上的集中。

2. 国家行政机关、监察机关、审判机关和检察机关都由人民代表大会产生，对它负责，受它监督。各级人民代表大会是人民行使国家权力的机关，它充分体现和反映民意，由它产生其他国家机关，表明国家机关都是在民主基础上产生的，是民主的体现；同时，国家机关一经产生便具有相对的独立性，国家机关根据宪法和法律的规定集中地处理属于各自职权范围内的国家事务，这又体现了集中。

3. 中央和地方国家机构职权的划分，遵循在中央的统一领导下，充分发挥地方的主动性、积极性的原则。地方国家机关有处理地方事务的职权，才不会导致权力过分集中到中央，中央国家机关在行使职权时必须要充分考虑各地方的不同情况和特点，在此基础上实行统一领导。

（二）责任制原则

责任制原则是指国家机关及其工作人员行使职权和履行职务均应对其后果负责的制度。在我国，权力和责任是紧密联系而且相互统一的，因此，有权力者必有责任，不行使权力者不承担责任，不存在没有权力的责任，也不存在没有责任的权力。我国《宪法》第 27 条第 1 款规定，一切国家机关实行精简的原则，实行工作责任制。因此，在不同的国家机关内部，由于机关性质的不同而有不同的工作责任制，具体表现为集体负责制和个人负责制两种形式。

1. 集体负责制是指全体组成人员和领导成员的地位和权力平等，在重大问题的决定上，由全体组成人员集体讨论，并且按照少数服从多数的原则作出决定，集体承担责任。根据《宪法》的规定，全国人民代表大会及其常委会、地方各级人大及其常委会在行使职权时，实行集体领导和集体负责制，即一切重大问题的决定必须举行会议，由全体组成人员集体讨论并集体作出决定。在议决过程中，每个代表或委员的权利是平等的，每个人只有一个投票权，实行少数服从多数的原则。集体负责制能够集思广益，充分发挥集体的智慧和作用，避免主观性、片面性，而且还可以避免国家权力过分地集中于个人或极少数人手中，防止独断专行。

2. 个人负责制是由首长个人决定问题并承担相应责任的领导体制，又称首长负责制。我国现行《宪法》第 88 条第 1 款规定，总理领导国务院的工作。副总理、国务委员协助总理工作。《宪法》第 93 条第 3 款规定，中央军事委员会实行主席负责制。《宪法》第 105 条第 2 款规定，地方各级人民政府实行省长、市长、县长、区长、乡长、镇长负责制。因此，我国各级行政机关和军事机关都实行个人负责制。个人负责制分工明确，权责相当，既能够发挥首长个人智慧和才能，提高工作责任和效率，又可以避免出现无人负责或推卸责任的现象，同时，实行个人负责制的国家机关多为执行机关，在工作中并不排斥民主基础上的集体讨论，因此，个人负责制也是民主集中制的表现形式。

（三）社会主义法治原则

法治是与人治相对立的一种原则，它包含的内容相当丰富。法治原则首先是作为宪法的原则而存在，各国宪法在体现法治原则时尽管形式不同，但都强调法律面前人人平等，反对特权，保障公民的基本权利和自由，反对滥用职权等。同样，法治原则也贯穿于我国的一切国家机关之中，体现为国家机构的组织、国家机关的职权和行使职权的程序都得由法律规定，并且都必须严格遵守。否则，都可以视为违法行为，都要受到法律的追究。

我国《宪法》第 5 条第 4 款规定："一切国家机关和武装力量、各政党和各社会团体、各企业事业组织都必须遵守宪法和法律。一切违反宪法和法律的行为，必须予以追究。"因此，一切国家机关都要严格按照国家的宪法和法律组织和开展活动，切实做到有法可依、有法必依、执法必严、违法必究。社会主义法治原则的核心就是依法治国，建设社会主义法治国家。

国家机关贯彻法治原则，对于当前的中国具有非常重大的意义。我们要建设社会主义的法治国家，掌握国家权力的国家机关，实行法治原则，把握法治建设各环节工作规律至关重要。目前，少数国家机关工作人员认为，严格依法办事的法治原则主要是针对司法机关及其工作人员，与己无关。这种错误思想和认识，其消极作用是不可低估的。为此，进一步健全和完善我国的法律制度，加强法律监督，严格执法，防止国家机关及其工作人员失职或越权，对切实维护人民的合法权利和利益，保障国家的长治久安，都是十分迫切的。

（四）精简、效率原则

精简和效率原则指国家机关及其工作人员的设置必须依法确定限额，定员定岗，职责明确，层次清楚，精兵简政；处理国家事务时能够及时、正确、妥善。任何现代国家的国家机构在实现其政治统治和社会管理的职能时，都要求尽可能节约财政开支，减轻社会负担，勤政廉政，克服官僚主义。

我国是人民当家作主的国家，国家的阶级本质决定了国家机关应该是精简、高效的。但由于我国国家机关建立和发展的历史原因，国家机关在以后的发展中形成了一些诸如党政机构重叠、机构臃肿、职责不明、办事效率低、吃"大锅饭"和终身制等弊端。尽管国家机关曾进行过多次机构改革，但经常出现精简——膨胀——再精简——再膨胀的循环现象。中华人民共和国成立至今，我国国务院机构进行过多次调整。2018 年，国务院机构改革方案出炉，新一轮国务院机构改革正式开启。我国机构改革的目标是：建立办事高效、运转协调、行为规范的政府行政管理体系，完善国家公务员制度，建设高素质的专业化行政管理队伍，逐步建立适应社会主义市场经济体制的中国特色的行政管理体制。改革的总的要求是全面贯彻党的十九大精神，坚持以马克思列宁主义、毛泽东思想、邓小平理论、"三个代表"重要思想、科学发展观、习近平新时代中国特色社会主义思想为指导，适应新时代中国特色社会主义发展要求，坚持稳中求进工作总基调，坚持正确改革方向，坚持以人民为中心，坚持全面依法治国，以加强党的全面领导为统领，以国家治理体系和治理能力现代化为导向，以推进党和国家机构职能优化协同高效为着力点，改革机构设置，优化职能配置，深化转职能、转方式、转作风，提高效率效能，为决胜全面建成小康社会、开启全面建设社会主义现代化国家新征程、实现中华民族伟大复兴的中国梦提供有力制度保障。[1]

---

〔1〕《深化党和国家机构改革方案》，中共中央 2018 年 3 月印发。

（五）为人民服务原则

为人民服务原则是指国家机关及其工作人员应从人民群众的利益出发，树立群众意识，坚持群众路线，做好人民的公仆，努力为人民服务。我国是人民民主专政的社会主义国家，国家的一切权力属于人民，人民是国家的主人。一切国家机关工作人员都应当是人民的勤务员。我国《宪法》第 27 条第 2 款规定："一切国家机关和国家工作人员必须依靠人民的支持，经常保持同人民的密切联系，倾听人民的意见和建议，接受人民的监督，努力为人民服务。"这一原则在国家机构中具体表现为：

1. 全国人民代表大会及其常务委员会、有关地方人民代表大会及其常务委员会作为制定国家和地方的法律、法规、政策，领导各方面工作的机关，其一切立法和决策活动都要从最大多数人的最高利益出发，为人民的根本利益服务。

2. 各级国家机关及其工作人员在工作中必须认真贯彻"从群众中来，到群众中去"的工作方法，密切联系群众，倾听他们的意见和要求，尊重人民的国家主人的地位，确立为人民服务的具体办法和措施，不断取得人民的信任和支持，从而使各个国家机关能够和人民群众呼吸相通、艰苦与共，提高为人民服务的效能。

3. 开辟各种途径，广泛地吸引人民群众参加国家管理，这既是我国政权本质的要求，也是贯彻群众路线的重要形式和有效方法。如组织人民群众参加宪法草案以及其他重要法律、法规草案和重大决策的讨论；认真处理人民的来信来访；建立人民代表联系群众的制度；吸引群众通过各种会议、报刊、座谈等发表个人意见、建议等。

4. 倾听群众的批评和意见，接受人民群众的监督。为防止人民的公仆异化为"人民的主人"，必须将各个国家机关及其工作人员为人民服务的状况，交给人民检验、评判和监督。只有将国家机关及其工作人员置于广大人民群众的监督之下，才能体现我国政权的人民性。

【导入事例 9 - 1】分析：

1. 因为有关国家机关和基层部门的相关行为违背了民主集中制、社会主义法治和为人民服务等原则。

由于国家行政机关由人民代表大会产生，而人民代表大会又由人民选举产生，所以行政机关的行为应该充分体现和反映民意，对人民负责，受人民监督。有关国家机关在前期谋划方案的时候，应该多倾听群众意见，广泛征求民意，有关基层执法部门在推进的过程中，要考虑到不同群众的实际情况，注意节奏的缓急和各方利益的协调，对于资金有困难的群众做好补贴工作，而不是操之过急，搞一刀切。

2. 依法行政，建设法治政府，要求政府及其各部门要把公众参与、专家论证、风险评估、合法性审查、集体讨论决定确定为重大行政决策法定程序，做到依法决策、科学决策、民主决策。有关国家机关应该在对我国天然气储藏、开采等问题深入开展调查研究的基础上再制定政策，在保持部分原有采暖模式基础上科学规划供暖，这样才不会出现在推进的过程中出现天然气供应不足的窘境。

依法行政，建设法治政府，还要求执法部门应该规范执法行为，做到文明执法。基层执法部门在"煤改气"执法的过程中，应充分考虑执法对象的切身感受，而不是悬挂各种恫吓的宣传的标语等方式来粗暴地推进工作。

第二节　全国人民代表大会及其常务委员会

【导入事例 9－2】"赵冬苓提案收回税收立法权"

2013 年"两会"期间，赵冬苓等 32 位全国人大代表的"税收立法权收归人大"提案，因社会高度关注而被称为当年全国人大的"第一议案"。赵冬苓议案提出时，我国 18 个税种中，仅有 3 个税种依照国家法律征收，其余包括房产税、车辆购置税等 15 种税，都是由国务院制定暂行条例征收。在赵冬苓看来，这种做法是不对的。"无代表、不纳税"，也就是说纳税一定要经过纳税人的同意。该提案直接推动了 2015 年《立法法》对税收法定原则更为明确的承认，"税种的设立、税率的确定和税收征收管理等税收基本制度"被列为法律保留事项。2017 年 8 月 28 日，首个全国人大收回立法权的税种《烟叶税法》草案正式进入全国人大常委会审议，这是落实税收法定原则后，第一个从暂行条例上升为法律的税种。2020 年，《契税法》《城市维护建设税法》获第十三届全国人民代表大会常务委员会第二十一次会议表决通过。截至 2021 年 6 月初，我国 18 个税种中已有 12 个立法，除了最新通过的这两部税法外，还包括《车辆购置税法》《车船税法》《船舶吨税法》《个人所得税法》《耕地占用税法》《环境保护税法》《企业所得税法》《烟叶税法》《资源税法》《印花税法》。

问：

1. 全国人大代表提出议案的条件是什么？
2.《契税法》为什么由全国人大常委会审议通过？

一、全国人民代表大会

（一）性质和地位

我国《宪法》规定，全国人民代表大会是最高国家权力机关，行使国家立法权。全国人民代表大会是全国人民的代表机关，代表全国人民行使国家的最高权力，它既是全国人民意志和利益的最高代表者，也是全国人民权力的最高体现者，是掌握和拥有国家最重要、最根本权力的机关。全国人民代表大会在我国的国家机构体系中居于首要地位，任何其他国家机关都不能超越于全国人民代表大会之上或与之并列。我国的最高国家行政机关、最高国家审判机关、最高检察机关都是由全国人民代表大会产生的，对全国人民代表大会负责，受全国人民代表大会监督。全国人民代表大会制定的法律，作出的决定和决议，其他一切国家机关都必须遵守和执行。其他国家机关在法律规定的范围内独立负责地开展工作，但不能违背全国人民代表大会的意志，脱离全国人民代表大会的监督。

（二）组成和任期

1. 全国人民代表大会的组成。全国人民代表大会由省、自治区、直辖市的人民代表大会以及特别行政区和军队选出的代表组成，各民族、各阶层、各党派、各地方，包括妇女、归侨和少数民族在全国人民代表大会都有适当的代表，这表明目前我国采取的是地域代表制与职业代表制相结合，以地域代表制为主的代表制度。我国人口众多，民族众多，城乡和地区差别很大，我国《选举法》总结以往的经验，根据现实状况，规定全国人民代表大会代表的名额不超过 3000 人。

2. 全国人民代表大会的任期。《宪法》规定，全国人民代表大会每届任期 5 年，法律没有限制代表的连任，但每 5 年必须换届，重新进行选举，组成新一届的全国人民代表大会。

为了保证全国人民代表大会工作上的衔接，每届全国人民代表大会任期届满的 2 个月以前，全国人民代表大会常务委员会必须完成下届全国人民代表大会代表的选举。如果遇到不能选举的非常情况，由全国人民代表大会常务委员会的全体委员 2/3 以上的多数通过，可以延长本届全国人民代表大会的任期。在非常情况结束后的 1 年内，必须完成下届全国人民代表大会代表的选举。

（三）职权

根据《宪法》的规定，全国人民代表大会的职权主要包括以下几方面：

1. 全国人民代表大会行使国家立法权。全国人民代表大会有权修改《宪法》，制定和修改基本法律。基本法律是全国人民代表大会根据《宪法》制定的，关系到全国各族人民根本利益的，在我国法律体系中最重要的法律，包括《刑法》《民法典》《刑事诉讼法》《民事诉讼法》《全国人民代表大会组织法》《国务院组织法》《民族区域自治法》与有关设立特别行政区及特别行政区内管理制度的法律等。

2. 选举、决定和罢免国家机关的重要领导人。根据《宪法》的规定，全国人民代表大会选举全国人民代表大会常务委员会委员长、副委员长、秘书长和委员；选举中华人民共和国主席和副主席；根据国家主席的提名，决定国务院总理的人选；根据国务院总理的提名，决定国务院副总理、国务委员、各部部长、各委员会主任、审计长、秘书长的人选；选举中央军事委员会主席；根据中央军事委员会主席的提名，决定中央军事委员会其他组成员的人员；选举国家监察委员会主任；选举最高人民法院院长和最高人民检察院检察长。

对于上述人员，全国人民代表大会有权依照法定程序予以罢免。罢免案由全国人民代表大会 3 个以上的代表团或 1/10 以上的全国人大代表提出，由主席团提请大会审议，经全体代表的过半数同意才能通过。

3. 国家重大事项的决定权。全国人民代表大会有权审查和批准国民经济和社会发展计划及计划执行情况的报告；审查和批准国家预算及预算执行情况的报告；批准省、自治区、直辖市的建置；决定特别行政区的设立及其制度；决定战争与和平问题；等等。

4. 行使国家最高监督权。全国人民代表大会有权监督宪法和法律的实施；有权改变或撤销全国人民代表大会常务委员会不适当的决定；全国人民代表大会常务委员会、国务院、国家监察委员会、最高人民法院和最高人民检察院都要对全国人民代表大会负责，并接受其监督；中央军事委员会主席对全国人民代表大会负责。全国人民代表大会会议期间，一个代表团或者30名以上全国人大代表联名，可以书面提出对国务院和国务院各部委的质询案，由主席团决定交受质询机关书面答复，或者由受质询机关的领导人在主席团会议上或者有关的专门委员会会议上或者有关的代表团会议上口头答复。

5. 其他应当由全国人民代表大会行使的职权。《宪法》规定，全国人民代表大会有权行使"应当由最高国家权力机关行使的其他职权"。此项规定进一步保障了全国人民代表大会的地位，为全国人民代表大会处理新情况、新问题提供了宪法依据。

（四）会议制度和工作程序

1. 会议制度。全国人民代表大会的工作方式主要是举行会议，以作出全体会议决议的方式行使职权。全国人民代表大会每年举行一次会议，由全国人民代表大会常务委员会召集。如果全国人民代表大会常务委员会认为必要，或者有1/5以上的全国人民代表大会代表提议，可以召开全国人民代表大会临时会议。

全国人民代表大会举行会议的时候，设立主席团。主席团是临时性决策机构，主要任务是：其一，主持本次会议；其二，提出最高国家机关领导人的人选和确定正式候选人名单；其三，组织代表团审议各项议案；其四，处理代表团和代表在会议期间提出的议案、罢免案、质询案；其五，草拟大会通过的决议草案。主席团推选常务主席若干人，召集和主持主席团会议；主席团推选大会执行主席，主持和掌握大会的进程；主席团设立秘书长，秘书长处理会务。

全国人民代表大会代表按照选举单位组成代表团，并分别推选团长和副团长。代表团还可分成几个代表小组。代表团在每次全国人民代表大会会议举行前，讨论全国人民代表大会常务委员会提交议案；代表团团长或由代表团推选的代表，在主席团会议上或大会全体会议上，代表代表团对审议的议案发表意见；代表团举行会议，对大会议题进行讨论。在会议期间，也可举行代表团团长会议，讨论决定有关问题。

2. 工作程序。全国人民代表大会的工作以讨论、审议并通过议案为主，其基本程序是：

（1）提出议案。全国人民代表大会主席团、全国人民代表大会常务委员会、全国人民代表大会各专门委员会、国务院、中央军事委员会、国家监察委员会、最高人民法院、最高人民检察院、一个代表团或者30名以上代表联名，可以向全国人民代表大会提出属于全国人民代表大会职权范围内的议案。

【导入事例 9－2】分析：

1. 依据《宪法》的规定，30 名以上全国人大代表联名，可以向全国人民代表大会提出属于全国人民代表大会职权范围内的议案，所以本案中赵冬苓等 32 位全国人大代表提出议案，符合法律的规定。

（2）审议议案。对国家机关提出的议案，由主席团决定交各代表团审议，或并交有关专门委员会审议、提出报告，再由主席团审议决定提交大会表决；对一个代表团和 30 名以上代表联名提出的议案，由主席团决定是否列入大会议程，或者先交有关专门委员会审议，提出是否列入大会议程的意见，再决定是否列入大会议程。

（3）表决议案。议案经审议后，由主席团决定提交大会，并由主席团决定大会采用投票、举手或其他的方式对议案进行表决。宪法的修改，由全国人民代表大会以全体代表 2/3 以上的多数通过。法律和其他议案由全国人民代表大会以全体代表的过半数通过。

（4）公布议案。法律由国家主席以发布命令的形式公布；选举结果及重要决议案，由全国人民代表大会会议主席团发布公告或由国家主席发布命令予以公布。

二、全国人民代表大会常务委员会

（一）性质和地位

全国人民代表大会常务委员会是全国人民代表大会的常设机关，也是行使国家立法权的机关，是最高国家权力机关的重要组成部分。它由全国人民代表大会产生，受全国人民代表大会监督，对全国人民代表大会负责并报告工作。同时，在全国人民代表大会闭会期间，国务院、中央军事委员会、国家监察委员会、最高人民法院、最高人民检察院都要向全国人民代表大会常务委员会负责，接受其监督。

（二）组成和任期

1. 全国人民代表大会常务委员会的组成。全国人民代表大会常务委员会由全国人民代表大会选举委员长 1 人，副委员长若干人，秘书长 1 人和委员若干人组成。他们在每届全国人民代表大会第一次会议时从全国人大代表中选举产生，其中应当有适当名额的少数民族代表，而且全国人民代表大会常务委员会的组成人员不得担任国家行政机关、监察机关、审判机关和检察机关的职务。

2. 全国人民代表大会常务委员会的任期。全国人民代表大会常务委员会的任期与全国人民代表大会相同，即每届 5 年，但两者在任期结束的时间上略有不同。下届全国人民代表大会第一次会议开始时，上届全国人民代表大会的任期即告结束。而上届全国人民代表大会常务委员会则需要在下届全国人民代表大会常务委员会产生以后才能结束，上届全国人民代表大会常务委员会要负责召集下一届全国人民代表大会第一次会议。此外，全国人民代表大会常务委员会委员长、副委员长连续任职不得超过 2 届。

（三）职权

按照《宪法》和有关法律的规定，全国人民代表大会常务委员会的职权可以归纳为以下几个方面：

1. 宪法和法律解释权。全国人民代表大会常务委员会有权解释宪法和法律，其中全国人民代表大会常务委员会是我国解释宪法的唯一机关。同时全国人民代表大会常务委员会所解释的法律不限于它自己所制定的法律，也包括由全国人民代表大会制定的法律。《立法法》第45条第2款规定，法律有以下情况之一的，由全国人民代表大会常务委员会解释：①法律的规定需要进一步明确具体含义的；②法律制定后出现新的情况，需要明确适用法律依据的。国务院、中央军事委员会、最高人民法院、最高人民检察院和全国人大各专门委员会以及省、自治区、直辖市的人民代表大会常务委员会可以向全国人民代表大会常务委员会提出法律解释要求。

2. 对法律的制定、修改和部分补充的权力。立法权是全国人民代表大会常务委员会的一项重要职权，也是它的一项最主要的经常性工作。《宪法》第67条规定，全国人民代表大会常务委员会有权"制定和修改除应当由全国人民代表大会制定的法律以外的其他法律；在全国人民代表大会闭会期间，对全国人民代表大会制定的法律进行部分补充和修改，但是不得同该法律的基本原则相抵触"。

【导入事例9－2】分析：

2.《宪法》第62规定，全国人大有权"制定和修改刑事、民事、国家机构的和其他的基本法律"。《宪法》第67条规定，全国人民代表大会常务委员会有权"制定和修改除应当由全国人民代表大会制定的法律以外的其他法律"。《烟叶税法》草案属于基本法律以外的其他法律，所以应当由全国人大常委会审议。

3. 监督权。全国人民代表大会常务委员会的监督权可分为法律监督和工作监督两方面：

（1）根据《宪法》的规定，全国人民代表大会常务委员会有权监督宪法和法律的实施，有权撤销国务院制定的同宪法和法律相抵触的行政法规、决定和命令；有权撤销省、自治区、直辖市国家权力机关制定的同宪法、法律和行政法规相抵触的地方性法规和决议；审查自治条例和单行条例是否符合宪法和法律。

（2）全国人民代表大会常务委员会有权监督国务院、中央军事委员会、国家监察委员会、最高人民法院和最高人民检察院的工作。其主要方式有听取工作汇报、开展执法检查、组织特定问题调查委员会、质询等。《全国人民代表大会组织法》第30条规定："常务委员会会议期间，常务委员会组成人员十人以上联名，可以向常务委员会书面提出对国务院以及国务院各部门、国家监察委员会、最高人民法院、最高人民检察院的质询案。"

4. 任免权。全国人民代表大会常务委员会享有广泛的人事任免权，它对国家机关工作人员的任免包括两种情况：

（1）本应由全国人民代表大会任免的国家机关领导人，由于全国人民代表大会已经闭会，只能由全国人民代表大会常务委员会来任免。《宪法》规定，在全国人民代表大会闭会期间，全国人民代表大会常务委员会根据国务院总理的提名，决定部长、委员会主任、审计长、秘书长的人选；根据中央军事委员会主席的提名，决定中央军事委员会其他组成人员的人选。

（2）由《宪法》规定直接由全国人民代表大会常务委员会任免的国家机关工作人员。全国人民代表大会常务委员会有权根据国家监察委员会主任的提请，任免国家监察委员会副主任、委员；根据最高人民法院院长的提请，任免最高人民法院副院长、审判员、审判委员会委员和军事法院院长；根据最高人民检察院检察长的提请，任免最高人民检察院副检察长、检察员、检察委员会委员和军事检察院检察长，并且批准省、自治区、直辖市人民检察院检察长的任免；决定驻外全权代表的任免。

5. 国家重大事项决定权。此项职权主要表现为：在全国人民代表大会闭会期间，审查和批准国民经济和社会发展计划、国家预算在执行过程中所必须作的部分调整方案；批准和废除我国同外国缔结的条约和重要协定；规定军人和外交人员的衔级制度和其他专门衔级制度；规定和决定授予国家勋章和荣誉称号；决定特赦；在全国人民代表大会闭会期间，如果遇到国家遭受武装侵犯或者必须履行国际间共同防止侵略的条约的情况，决定战争状态的宣布；决定全国总动员或局部动员；决定全国或者个别省、自治区、直辖市进入紧急状态。

6. 全国人民代表大会授予的其他职权。如第六届全国人民代表大会第五次会议授权全国人民代表大会常务委员会审议批准中葡两国政府《关于澳门问题联合声明》。根据这个授权，第六届全国人民代表大会常务委员会第二十一次会议批准了该联合声明。

除上述职权外，全国人民代表大会常务委员会还主持全国人民代表大会代表的选举；召集全国人民代表大会会议；在全国人民代表大会闭会期间，领导各专门委员会的工作；等等。

（四）会议制度与工作程序

1. 会议制度。全国人民代表大会常务委员会也是会议制机关，它主要通过举行会议，以作出会议决定的形式行使其职权。全国人民代表大会常务委员会目前有两种会议形式，即全体会议和委员长会议。

（1）全体会议是全国人民代表大会常务委员会依法行使职权的基本会议形式，一般每2个月举行一次，由委员长召集并主持。必要时，由委员长会议决定，也可以临时召集。全体会议须有全国人民代表大会常务委员会全体组成人员过半数出席才能举行。

（2）委员长会议由委员长、副委员长、秘书长参加，副秘书长列席，经委员长或负责常务工作的副委员长确定，有关部门的负责人可以列席委员长会议。委员长会议由委员长召集并主持，委员长可以委托副委员长主持。委员长会议主要处理全国人大常委会的重要日常工作，根据需要不定期召开。

2. 工作程序。国务院、中央军事委员会、国家监察委员会、最高人民法院、最高人民检察院、全国人民代表大会各专门委员会及常务委员会组成人员 10 人以上联名，可以向全国人民代表大会常务委员会提出属于其职权范围内的议案。国家机关提出的议案和常务委员会组成人员 10 人以上提出的议案，由委员长会议决定是否提请常务委员会会议审议，或者先交有关的专门委员会审议、提出报告，再决定是否提请常务委员会会议审议。对列入议程的议案，提出议案的机关，有关专门委员会和常务委员会的有关工作部门应提供有关资料，在听取议案说明后再分组审议，并交有关专门委员会审议。

对于列入会议议程的法律案，根据《立法法》的要求，一般应当经 3 次全国人大常委会会议审议后再交付表决。议案经审议后，由全国人大常委会全体会议进行表决，全体组成人员过半数同意才能通过。法律通过后由国家主席公布，其他决议由全国人大常委会自行公布。

三、全国人民代表大会各专门委员会

（一）性质和地位

全国人民代表大会为有效行使各项职权，根据工作需要，依据《宪法》设立专门委员会。专门委员会是从全国人民代表大会代表中选出一部分代表，按照专业分工组织起来进行工作的，由全国人民代表大会产生，受全国人民代表大会领导；在全国人民代表大会闭会期间，受全国人民代表大会常务委员会领导。专门委员会是全国人民代表大会及其常务委员会的常设工作机关，不是最后决定问题的国家权力机关。它没有独立的法定职权，不能对外发号施令，主要职责是帮助全国人民代表大会及其常务委员会研究、审议和拟定有关议案。目前，全国人民代表大会共有 10 个专门委员会，分别是民族委员会、宪法和法律委员会、监察和司法委员会、财政经济委员会、教育科学文化卫生委员会、外事委员会、华侨委员会、环境与资源保护委员会、农业与农村委员会、社会建设委员会。

（二）组成产生和任期

全国人民代表大会专门委员会由主任委员 1 人、副主任委员若干人和委员若干人组成，其人选由大会主席团从代表中提名，大会通过。大会闭会期间，全国人民代表大会常务委员会可以补充任命个别副主任委员和部分委员。基于专门委员会工作专业化和经常化的特点，专门委员会组成人员大多数是某一领域的专家，或在某一领域长期工作的人士。为了加强专门委员会的工作，法律规定，各专门委员会可以由全国人民代表大会常务委员会任命若干不是代表的专家担任顾问，顾问可以列席专门委员会的会议，并对专门委员会审议的议案发表意见和建议。

全国人大专门委员会的任期与全国人大每届任期相同。

四、全国人民代表大会代表

（一）全国人民代表大会代表的主要权利

1. 出席全国人民代表大会会议并审议有关议案和报告。

2. 提出议案和建议。全国人民代表大会代表 30 名以上联名可以向全国人民代表大会提出议案；全国人民代表大会代表还有权向全国人民代表大会提出对各方面工作的建议、批评和意见，有关部门必须研究处理并负责答复。

3. 提出质询案和进行询问。根据《宪法》第73条和《全国人民代表大会组织法》第21条的规定，全国人民代表大会会议期间，30名以上的全国人大代表联名，可以书面提出对国务院以及国务院各部门、国家监察委员会、最高人民法院、最高人民检察院的质询案。提出质询案的代表半数以上对受质询机关的答复不满意的，可以要求受质询机关再作答复。在全国人民代表大会审议议案时，全国人民代表大会代表还可以向有关国家机关提出询问，由有关机关派人在代表团全体会议或代表团小组会上进行说明。

4. 提出罢免案。根据《全国人民代表大会组织法》第20条的规定，全国人民代表大会会议期间，1/10以上全国人大代表联名可以提出对全国人民代表大会常务委员会组成人员，国家主席、副主席，国务院和中央军事委员会的组成人员，国家监察委员会主任，最高人民法院院长和最高人民检察院检察长的罢免案。

5. 提议组织特定问题调查委员会。全国人民代表大会会议期间，全国人民代表大会1/10以上代表联名，可以提议组织特定问题调查委员会，由大会主席团提请大会全体会议决定。特定问题调查委员会不是处理人大日常工作或专门工作的常设机构，而是为调查某一特定问题临时设立的组织。特定问题调查委员会的组成人员必须是全国人大代表，也无一定任期，对特定问题的调查结束后即解散。

6. 人身特别保护权。根据《宪法》第74条和《全国人民代表大会组织法》第49条的规定，全国人民代表大会代表在全国人民代表大会会议期间，非经大会主席团许可，在全国人民代表大会闭会期间，非经全国人民代表大会常务委员会许可，不受逮捕或者刑事审判。如果因为是现行犯被拘留，执行拘留的机关应当立即向全国人民代表大会主席团或者全国人民代表大会常务委员会报告。

7. 言论免责权。根据《宪法》第75条规定，全国人民代表大会代表在全国人民代表大会各种会议上的发言和表决不受法律追究。同时，他们在列席原选举单位的人民代表大会各种会议上的发言，也不受法律追究。

8. 视察或执法检查。全国人民代表大会代表可以根据全国人民代表大会常务委员会统一安排，对本级或者下级国家机关和有关单位的工作进行视察或开展执法检查。

9. 物质保障权。全国人民代表大会代表执行职务时，除其所在单位必须给予时间保障，并应按正常出勤对待，享受工资和其他待遇之外，国家根据实际需要也给予其适当的补贴和物质上的便利。

（二）全国人民代表大会代表的主要义务

根据宪法和法律规定，全国人民代表大会代表应履行以下义务：模范地遵守宪法和法律，保守国家秘密，并且在自己参加的生产、工作和社会活动中，协助宪法和法律的实施；应当同原选举单位和人民保持密切的联系，听取和反映人民的意见和要求，努力为人民服务；接受原选举单位的监督。

第三节　国家主席

【导入事例 9－3】中华人民共和国主席特赦令

为纪念中国人民抗日战争暨世界反法西斯战争胜利 70 周年，体现依法治国理念和人道主义精神，根据第十二届全国人民代表大会常务委员会第十六次会议的决定，对依据 2015 年 1 月 1 日前人民法院作出的生效判决正在服刑，释放后不具有现实社会危险性的下列罪犯实行特赦：

一、参加过中国人民抗日战争、中国人民解放战争的；

二、中华人民共和国成立以后，参加过保卫国家主权、安全和领土完整对外作战的，但犯贪污受贿犯罪、故意杀人、强奸、抢劫、绑架、放火、爆炸、投放危险物质或者有组织的暴力性犯罪，黑社会性质的组织犯罪，危害国家安全犯罪，恐怖活动犯罪的，有组织犯罪的主犯以及累犯除外；

三、年满七十五周岁、身体严重残疾且生活不能自理的；

四、犯罪的时候不满十八周岁，被判处三年以下有期徒刑或者剩余刑期在一年以下的，但犯故意杀人、强奸等严重暴力性犯罪，恐怖活动犯罪，贩卖毒品犯罪的除外。

对 2015 年 8 月 29 日符合上述条件的服刑罪犯，经人民法院依法作出裁定后，予以释放。

中华人民共和国主席　习近平

2015 年 8 月 29 日

问：我国《宪法》规定，特赦必须经过哪些程序？

我国设立国家主席是 1954 年《宪法》确定的。1975 年《宪法》取消了国家主席的建制。1982 年《宪法》在总结我国政权建设和历史经验的基础上，从完善我国国家体制出发，恢复了国家主席的设置，并对国家主席的职权作了一些新的规定，使我国国家主席制度进一步完善和健全。

一、国家主席的性质和地位

我国《宪法》第 81 条规定："中华人民共和国主席代表中华人民共和国，进行国事活动……"国家主席对内对外代表国家，作为一个独立的国家机关，从属于全国人民代表大会。因此，我国实行集体国家元首制，国家主席同最高国家权力机关结合起来，共同行使国家元首的职权。

二、国家主席的产生和任期

（一）国家主席的产生

国家主席、副主席由全国人民代表大会选举产生。按照现行《宪法》第 79 条第

2 款的规定："有选举权和被选举权的年满四十五周岁的中华人民共和国公民可以被选为中华人民共和国主席、副主席。"因此，当选中华人民共和国主席、副主席必须同时具备三个条件：其一，必须是中华人民共和国的公民；其二，必须有选举权和被选举权；其三，年满 45 周岁。之所以作这样的规定，主要考虑国家主席是一个崇高的职务，不仅要有丰富的政治阅历，而且必须在国内外享有较高的声誉和威望，只有到一定年龄的人，才可能具备这些条件。

（二）国家主席的任期

国家主席、副主席每届任期都是 5 年。国家主席缺位的时候，由国家副主席继任国家主席职位，副主席缺位时，由全国人民代表大会补选，国家主席、副主席都缺位时，由全国人民代表大会补选，在补选之前，由全国人民代表大会常务委员会委员长暂时代理主席职位。

三、国家主席的职权及其特点

（一）国家主席的职权

1. 公布法律权。全国人民代表大会及其常务委员会通过的法律，必须经国家主席公布才能生效施行。公布法律是一项立法程序，但国家主席对最高国家权力机关通过的法律无否决权，亦不能将法案退回而要求重新审议。

2. 提名权与任免权。国家主席有权向全国人民代表大会提名国务院总理的人选，并根据全国人民代表大会及其常务委员会的决定，任免国务院总理、副总理、国务委员、各部部长、各委员会主任、审计长、秘书长。

3. 发布命令权。国家主席根据全国人民代表大会常务委员会的决定，发布特赦令、宣布进入紧急状态、宣布战争状态、发布动员令。

4. 外事权。国家主席代表中华人民共和国，进行国事活动，接受外国使节；根据全国人民代表大会常务委员会的决定，派遣和召回驻外全权代表，批准和废除同外国缔结的条约和重要协定。

5. 荣典权。国家主席根据全国人民代表大会常务委员会的决定，授予国家的勋章和荣誉称号。

国家副主席没有独立的职权，它的职责主要是协助国家主席工作。副主席可以受国家主席的委托，代替执行主席的一部分职权。副主席受托行使国家主席职权时，具有与国家主席同等的法律地位。

（二）国家主席职权行使的特点

综观国家主席职权，它表现出的基本特点是，国家主席不独立决定任何国家事务，只是在全国人民代表大会或全国人民代表大会常务委员会对国家事务作出决定以后予以宣布。而且这种宣布是必须的，实际上是履行特定的法律程序。

【导入事例 9－3】分析：

依据《宪法》第 67 条以及第 80 条的规定，特赦由全国人民代表大会常务委员会决定，由中华人民共和国主席发布特赦令实施。

第四节 国务院

【导入事例 9 – 4】国家市场监管总局反行政垄断案

内蒙古公安厅下发文件，将全区所有刻章企业的章材和芯片，指定由内蒙古恭安金丰网络印章科技有限责任公司（以下简称"金丰公司"）提供。金丰公司注册于 2012 年 11 月 28 日，注册资本仅 300 万，而且"金丰公司"成为新型防伪印章系统建设项目中标单位并未履行任何招投标程序，其印章以及配套设备价格，更是比一般市场价格高出一倍以上。

根据举报，国家市场监管总局对此事展开了调查，认定内蒙古自治区公安厅对全区防伪印章治安管理信息系统软件进行升级改造和整合联网过程中存在排除和限制竞争，破坏市场秩序的行为。

问：国家市场监管总局属于哪种国务院的机构设置？新一轮机构改革成立的国家市场监管总局整合了原有哪几个部门的职责？它为什么有权监督省级公安厅的行为？

一、国务院的性质、地位、组成和任期

（一）性质和地位

我国的国务院即中央人民政府，是最高国家权力机关的执行机关，是最高国家行政机关。在我国，全国人民代表大会及其常务委员会行使国家立法权，并就国家重大事项作出决定，但执行这些法律和决定的权力，属于由全国人民代表大会产生的国务院。国务院接受全国人民代表大会及其常务委员会的监督，向全国人民代表大会及其常务委员会负责并报告工作。

（二）组成和任期

国务院由总理、副总理若干人、国务委员若干人、各部部长、各委员会主任、审计长、秘书长组成。国务院是在每届新选举出的全国人民代表大会第一次会议上产生的。其程序为：国家主席提名国务院总理的人选，交全国人民代表大会决定。国务院其他组成人员的人选，由国务院总理提名，交全国人民代表大会决定。在全国人民代表大会闭会期间，根据国务院总理提名，全国人民代表大会常务委员会有权决定各部部长、各委员会主任、审计长和秘书长的人选。国务院所有组成人员，都由国家主席发布任命令。

现行国务院的组成与以前相比，一是增设了国务委员，其职位相当于国务院副总理级，受总理委托，负责某些专门工作或专项任务，并且可以代表国务院进行外事活动。二是增设了审计署，审计长成为国务院的组成人员。《宪法》第 91 条规定："国务院设立审计机关，对国务院各部门和地方各级政府的财政收支，对国家的财政金融机构和企业事业组织的财务收支，进行审计监督。审计机关在国务院总理领导下，依照法律规定独立行使审计监督权，不受其他行政机关、社会团体和个人的干涉。"

国务院每届任期 5 年，总理、副总理、国务委员连续任职不得超过两届。

二、国务院的职权

国务院担负着组织和管理我国的政治、经济、文化、国防和外交等各方面的繁重任务，行使的职权范围非常广泛。现行《宪法》规定了国务院有 17 项职权，并且可以接受全国人民代表大会及其常务委员会的授权行使其他职权。

（一）行政立法权

国务院有权根据宪法和法律，规定行政措施，制定行政法规，发布决定和命令。国务院作为最高国家权力机关的执行机关，在执行法律的过程中，有必要根据实际管理情况，作出行政决策，发布规范性文件。但是，国务院的行政立法权不是国家立法权，而是行政管理权的一部分。其效力低于宪法和法律，内容不能与宪法和法律相抵触，否则无效。

国务院的行政立法权除依职权进行的立法活动外，还包括授权立法。国务院可以根据国家权力机关的特别授权，就权力机关管辖的事务制定行政法规。《立法法》对授权国务院立法的目的、事项、范围、期限等作了明确的规定。

（二）提出议案权

国务院有权向全国人民代表大会及其常务委员会提出包括法律草案在内的议案，其范围包括：

（1）国民经济和社会发展计划及其执行情况；

（2）国家预算和预算执行情况；

（3）必须由全国人民代表大会常务委员会批准和废除的同外国缔结的条约和重要协定；

（4）必须由全国人民代表大会或全国人民代表大会常务委员会决定的任免；

（5）其他必须由全国人民代表大会或全国人民代表大会常务委员会以法律规定的事项。

（三）行政领导和管理权

国务院的行政领导和管理权有：

（1）统一领导各部和各委员会的工作，并且领导不属于各部和各委员会的全国性的行政工作；

（2）统一领导全国地方各级国家行政机关的工作，规定中央和省、自治区、直辖市的国家行政机关的职权的具体划分；

（3）编制和执行国民经济和社会发展计划和国家预算；

（4）领导和管理经济工作和城乡建设、生态文明建设；

（5）领导和管理教育、科学、文化、卫生、体育和计划生育工作；

（6）领导和管理民政、公安、司法行政等工作；

（7）管理对外事务，同外国缔结条约和协定；

（8）领导和管理国防建设事业；

（9）领导和管理民族事务；

（10）保护华侨、归侨和侨眷的权利和利益；

（11）审定行政机构的编制，依照法律规定任免、培训、考核和奖惩行政人员等。

（四）行政决策和监督权

国务院有权批准省、自治区、直辖市的区域划分，批准自治州、县、自治县、市的建置和区域划分，有权依照法律规定决定省、自治区、直辖市范围内部分地区进入紧急状态，有权审定行政机构的编制等。另外，国务院有权改变或者撤销各部委发布的不适当的命令、指示和规章；有权改变或者撤销地方各级国家行政机关的不适当的决定和命令。

（五）全国人民代表大会及其常务委员会授予的其他职权

全国人民代表大会及其常务委员会授予的其他职权，是指宪法和有关法律没有明确授权，但在行政管理中需要由国务院行使的职权。

三、国务院的机构设置和领导体制

（一）机构设置

根据《国务院关于机构设置的通知》的规定，国务院的机构设置，主要分为以下几类：

1. 国务院办公厅，协助国务院领导处理国务院日常工作的机构，它在国务院秘书长的领导下开展工作，副秘书长协助秘书长工作，秘书长受总理领导。

2. 国务院组成部门，包括各部、各委员会、审计署和中国人民银行，它们是国务院的主要机构，依法分别履行国务院基本的行政管理职能。

3. 国务院直属机构，主管国务院各项专门业务，而且具有独立行政管理职能的机构，包括海关总署、国家税务总局、国家市场监督管理总局、国家广播电视总局等。

【导入事例9-4】分析：

国家市场监督管理总局属于国务院直属机构，它整合了国家工商行政管理总局的职责，国家质量监督检验检疫总局的职责，国家食品药品监督管理总局的职责，国家发展和改革委员会的价格监督检查与反垄断执法职责，商务部的经营者集中反垄断执法以及国务院反垄断委员会办公室等职责。它属于正部级单位，所以可以对内蒙古公安厅的违法行为进行监督。

4. 国务院直属特设机构，特指国务院国有资产监督管理委员会，是国务院直属正部级特设机构，代表国家履行出资人职责，其主要职责是负责指导推进国有企业改革和重组、加强国有资产的管理、推进国有企业完善公司治理结构、推动国有经济结构和布局的战略性调整等。

5. 国务院办事机构，是正部级国务院部门，主要职责是负责专门事项的研究、发布，因此不具有行政主体资格，包括国务院港澳事务办公室、国务院研究室等。

6. 国务院直属事业单位，不是国家行政机关，但国务院授权其中一些单位行使一定的行政职能，主要包括新华通讯社、中国科学院、国务院发展研究中心、中国证券监督管理委员会等。

（二）领导体制

现行宪法在总结历史经验的基础上，规定国务院实行总理负责制，各部、各委员会实行部长、主任负责制。总理负责制即行政首长负责制，是指总理对他主管的国务院的工作负全部责任，与之相应的是，总理对国务院的工作有最后决定权。其具体表现为：

1. 国务院其他组成人员的人选由总理提名，经全国人民代表大会或全国人民代表大会常务委员会决定。在必要时，总理有权向全国人民代表大会或全国人大常务委员会提出免除他们职务的请求。

2. 总理领导国务院的工作，副总理、国务委员协助总理工作，国务委员受总理委托，负责某些方面的工作或者专项任务。各部部长、各委员会主任负责某一方面的工作。他们均须向国务院总理负责。

3. 总理召集和主持国务院会议，对于会议讨论的问题，总理在听取各方面意见之后，有权作出最后决策，形成国务院的决定，并对决定的后果承担全部责任。

4. 国务院发布的决定、命令和行政法规，向全国人民代表大会或全国人民代表大会常务委员会提出的议案，任免人员，均须总理签署，才有法律效力。

（三）会议制度

国务院会议分为全体会议和常务会议。《国务院组织法》第4条规定："国务院工作中的重大问题，必须经国务院常务会议或者国务院全体会议讨论决定。"

1. 常务会议。国务院常务会议由总理、副总理、国务委员、秘书长组成，一般每星期召开一次，由总理或总理委托副总理召集，主要讨论决定国务院工作的重大问题。

2. 全体会议。国务院全体会议由国务院全体组成人员组成，一般每2个月召开一次，由总理或总理委托副总理召集，主要讨论和部署国务院的重要工作，或者通报国内外形势和协调各部门的工作。

第五节　中央军事委员会

中央军事委员会是我国国家机构的重要组成部分。西方国家由于实行文官政治，军事领导权和指挥权一般从属于行政权。而我国《宪法》则明确中央军事委员会作为军事领导机关，是从属于最高国家权力机关——全国人民代表大会的一个独立的国家机关。

一、中央军事委员会的性质、地位、组成和任期

（一）性质和地位

中央军事委员会是国家最高军事领导机关，是全国武装力量的最高决策机关。

根据现行《宪法》的规定，中央军事委员会领导全国武装力量，这是指中央军事委员会对全国武装力量负有领导权、决策权和指挥权。而对有关军事行政事务，国防建设事业的领导和管理，则是属于国务院的职权，包括军队的装备、编制、军事科研、军工建设等，都是由国务院下属的国防部负责领导和管理。

中央军事委员会由全国人大产生，从属于全国人大。在全国人大闭会期间，中央军事委员会主席对全国人大常委会负责。中央军事委员会依照宪法和法律行使职权，同时必须执行全国人大及其常委会的决议、决定。全国人大有权罢免中央军事委员会主席及其他组成人员。全国人大常委会有权监督中央军事委员会的工作。《宪法》关于中央军事委员会主席对全国人大及常委会负责的规定，从制度上明确了中央军事委员会在国家机构体系中从属于最高国家权力机关，从而使《宪法》总纲中关于"中华人民共和国的武装力量属于人民"的规定有了根本保证。中央军事委员会主席对全国人大及其常委会负责的形式，与最高国家行政机关、审判机关和检察机关的负责方式是不同的。《宪法》没有规定中央军事委员会主席要向全国人大报告工作，主要是因为军事事务具有高度的机密性，不能像其他国家机关那样，公开地、每年一次地报告工作。

（二）组成和任期

中央军事委员会由主席 1 人、副主席若干人和委员若干人组成。中央军事委员会主席由全国人民代表大会选举产生，其他组成人员的人选，根据中央军事委员会主席的提名，由全国人民代表大会决定。在全国人民代表大会闭会期间，其他组成人员的人选，根据中央军事委员会主席的提名，由全国人民代表大会常务委员会决定。

中央军事委员会每届任期也是 5 年。需要指出的是，现行《宪法》对中央军委主席连续任职的届数未作限制，这主要是考虑到中央军事委员会和其他国家机关不同，它是全国武装力量的领导机关，要应付战争等紧急状态，如果《宪法》规定它的任期限制，可能会带来一些不利后果。

二、中央军事委员会的领导体制和职责

（一）领导体制

中央军事委员会实行主席负责制，主席有权对中央军事委员会职权范围内的事项作出最后决定，并由主席承担因此而产生的责任。

中央军事委员会实行主席负责制，目的是使国家最高军事领导机关有能力应付各种复杂的军事局面，对各种突然出现的军事动向作出果断、迅速的反应，有利于中央军事委员会发挥军事领导的职能，适应现代化战争的需要。

（二）职责

中央军事委员会是国家军事领导、决策和指挥机关，它领导全国武装力量，履行巩固国防、抵抗侵略、保卫祖国的职责。现行《宪法》对中央军事委员会的具体职权没有作出规定，但《国防法》第 15 条规定了中央军事委员会 12 个方面的职权。

此外，我国《立法法》第 103 条第 1、2 款明确规定："中央军事委员会根据宪法和法律，制定军事法规。中央军事委员会各总部、军兵种、军区、中国人民武装警察部队，可以根据法律和中央军事委员会的军事法规、决定、命令，在其权限范围内，制定军事规章。"

第六节　地方国家机关

【导入事例 9－5】 福建周宁县人大代表醉驾事件

2014 年 8 月 12 日，福建周宁籍商人、县人大代表张某明，在上海因酒后驾车导致交通事故，被上海警方强制带到医院进行血样抽取，鉴定结果为醉酒状态。

由于张某明人大代表的身份，上海警方释放了他。两天后，上海市公安局松江公安分局，向福建周宁县人大常委会发出《关于提请批准对涉嫌危险驾驶罪的周宁县人大代表张某明采取刑事拘留强制措施的函》，称警方已对涉嫌危险驾驶罪的张某明进行刑事立案，提请周宁县人大常委会许可对该县人大代表张某明，予以刑事拘留强制措施。

2014 年 10 月，周宁县第十六届人民代表大会常务委员会第二十五次会议审议了《提请议案》，对上海警方搜集到的证据材料以及张某明醉驾是否属于犯罪等问题进行了讨论，最终表决结果为：赞成 8 票，反对 1 票，弃权 8 票，该议案未获通过。

经媒体披露后，此事引起广泛关注。为此，周宁县人大常委会再次紧急召开专题会议。12 月，周宁县第十六届人民代表大会常务委员会第二十六次会议召开，出席会议的 21 名委员审议并全票通过了上海警方的《再次提请议案》，许可上海市公安局松江公安分局对张某明采取刑事拘留强制措施，并暂停张某明执行代表职务。

问：

1. 上海警方在本案中的做法是否正确？
2. 如何评价周宁县人大常委会的做法？
3. 人大代表"人身特别保护权"是否违反"法律面前人人平等"的原则？

一、地方各级人民代表大会及其常务委员会

（一）地方各级人民代表大会

地方各级人民代表大会是我国地方国家权力机关，它们与全国人民代表大会一起构成我国国家权力机关的体系。地方各级人民代表大会在本行政区域内处于首要地位，有权决定该地区的重大问题，在本行政区域内保证宪法、法律和行政法规的遵守和执行。本级地方国家行政机关、审判机关、检察机关都由它产生，向它负责，受它监督。

1. 组成和任期。地方各级人民代表大会是由选民或选举单位选出的代表组成的。省、自治区、直辖市、设区的市、自治州的人民代表大会代表，由下一级人民代表大会选举代表组成。县、自治县、不设区的市、市辖区、乡、镇的人民代表大

会代表，由选民直接选出。

地方各级人民代表大会每届任期 5 年。

2. 职权。根据我国《宪法》及《地方各级人民代表大会和地方各级人民政府组织法》（以下简称《地方组织法》）的规定，地方各级人民代表大会的职权主要有以下几个方面：

（1）保证宪法和法律的实施。在本行政区域内，保证宪法、法律、行政法规和上级人民代表大会及其常务委员会决议的遵守和执行，保证国家计划和国家预算的执行。

（2）决定本地方的重大事项。审查和批准本行政区域内的国民经济和社会发展计划、预算以及它们执行情况的报告；讨论、决定本行政区域内的政治、经济、教育、科学、文化、卫生、环境和资源保护、民政、民族等工作的重大事项。

（3）人事任免权。选举和罢免本级人民代表大会常务委员会的组成人员；选举和罢免省长、副省长，自治区主席、副主席，市长、副市长，州长、副州长，县长、副县长，区长、副区长，乡长、副乡长，镇长、副镇长；选举和罢免本级监察委员会主任；选举和罢免本级人民法院院长和人民检察院检察长；其中人民检察院检察长，须报经上一级人民检察院检察长提请该级人民代表大会常务委员会批准；等等。

（4）监督权。听取和审查本级人民代表大会常务委员会的工作报告；听取和审查本级人民政府、人民法院、人民检察院的工作报告；改变或者撤销本级人民代表大会常务委员会不适当的决议，代表 10 人以上联名可以书面提出对本级人民政府和它所属各工作部门以及人民法院、人民检察院的质询案，县级以上各级人民代表大会代表可以依照法律规定的程序，就监察工作中的有关问题提出询问或者质询。

（5）制定地方性法规。省、自治区、直辖市的人民代表大会根据本行政区域的具体情况和实际需要，在不同宪法、法律、行政法规相抵触的前提下，可以制定和颁布地方性法规，报全国人民代表大会常务委员会和国务院备案。设区的市的人民代表大会根据本市的具体情况和实际需要，在不同宪法、法律、行政法规和本省、自治区的地方性法规相抵触的前提下，可以对城乡建设与管理、环境保护、历史文化保护等方面的事项制定地方性法规，报省、自治区的人民代表大会常务委员会批准后施行，并由省、自治区的人民代表大会常务委员会报全国人民代表大会常务委员会和国务院备案。

（6）其他方面的职权。保护社会主义全民所有的财产和劳动群众集体所有的财产，保护公民私人所有的合法财产，维护社会秩序，保障公民的人身权利、民主权利和其他权利；保护各种经济组织的合法权益；保障少数民族的权利；保障宪法和法律赋予妇女的男女平等、同工同酬和婚姻自由等各项权利。

3. 会议制度。地方各级人民代表大会通过召开会议行使职权，会议每年至少举行 1 次。经过 1/5 以上代表提议，可以临时召集本级人民代表大会会议。

（二）地方各级人民代表大会常务委员会

地方各级人民代表大会常务委员会设到县级，它是本级人民代表大会的常设机关，是本级地方国家权力机关的组成部分，它对本级人民代表大会负责并报告工作。本级人民代表大会有权产生或罢免本级人民代表大会常务委员会的组成人员。

1. 组成和任期。省、自治区、直辖市、自治州、设区的市的人民代表大会常务委员会，由本级人民代表大会在代表中选举主任、副主任若干人、秘书长、委员若干人组成。县、自治县、不设区的市、市辖区的人民代表大会常务委员会，由本级人民代表大会在代表中选举主任、副主任若干人和委员若干人组成。常务委员会的组成人员不得担任国家行政机关、审判机关和检察机关的职务。

县级以上地方各级人民代表大会常务委员会每届任期同本级人民代表大会每届任期相同，均为 5 年。它行使职权到下届本级人民代表大会选出新的常务委员会为止。

2. 职权。地方各级人民代表大会常务委员会的职权主要有以下几个方面：

（1）保证宪法和法律的实施。在本行政区域内，保证宪法、法律、行政法规和上级人民代表大会及其常务委员会决议的遵守和执行。

（2）制定地方性法规。地方人民代表大会常务委员会制定地方性法规的权力和程序与同级人民代表大会相同。

（3）人事任免权。在本级人民代表大会闭会期间，决定副省长、自治区副主席、副市长、副州长、副县长、副区长的个别任免；在省长、自治区主席、市长、州长、县长、区长和人民法院院长、人民检察院检察长因故不能担任职务的时候，从本级人民政府、人民法院、人民检察院副职领导人员中决定代理的人选；决定代理检察长，须报上一级人民检察院和人民代表大会常务委员会备案。根据省长、自治区主席、市长、州长、县长、区长的提名，决定本级人民政府秘书长、厅长、局长、委员会主任、科长的任免，报上一级人民政府备案；根据监察委员会主任提名任免副主任、委员；按照《人民法院组织法》和《人民检察院组织法》的规定，任免人民法院副院长、庭长、副庭长、审判委员会委员、审判员，任免人民检察院副检察长、检察委员会委员、检察员，批准任免下一级人民检察院检察长；省、自治区、直辖市的人民代表大会常务委员会根据主任会议的提名，决定在省、自治区内按地区设立的和在直辖市内设立的中级人民法院院长的任免，根据省、自治区、直辖市的人民检察院检察长的提名，决定人民检察院分院检察长的任免。

（4）决定本地方的重大事项权。讨论、决定本行政区域内的政治、经济、教育、科学、文化、卫生、环境和资源保护、民政、民族等工作的重大事项；根据本级人民政府的建议，决定对本行政区域内的国民经济和社会发展计划、预算的部分变更；决定授予地方的荣誉称号。

（5）监督权。监督本级人民政府、人民法院和人民检察院的工作，联系本级人民代表大会代表，受理人民群众对上述机关和国家工作人员的申诉和意见；撤销下一级人民代表大会的不适当的决议；撤销本级人民政府的不适当的决定和命令；《地方组织法》第 47 条第 1 款规定："在常务委员会会议期间，省、自治区、直辖市、自治州、设区的市的人民代表大会常务委员会组成人员五人以上联名，县级的人民代表大会常务委员会组成人员三人以上联名，可以向常务委员会书面提出对本级人民政府、人民法院、人民检察院的质询案。"《监察法》第 53 条第 3 款规定："县级以上各级人民代表大会及其常务委员会举行会议时，人民代表大会代表或者常务委员会组成人员可以依照法律规定的程序，就监察工作中的有关问题提出询问或者质询。"

3. 会议制度。地方各级人民代表大会常务委员会会议由主任召集，每 2 个月至少举行 1 次。常务委员会的决议，由常务委员会以全体组成人员的过半数通过。

省、自治区、直辖市、自治州、设区的市的人民代表大会常务委员会主任、副主任和秘书长组成主任会议；县、自治县、不设区的市、市辖区的人民代表大会常务委员会主任、副主任组成主任会议。主任会议处理本级常务委员会的重要日常工作。

（三）专门委员会和调查委员会

1. 专门委员会。省、自治区、直辖市、自治州、设区的市的人民代表大会根据需要，可以设法制委员会、财政经济委员会、教育科学文化卫生委员会等专门委员会；县、自治县、不设区的市、市辖区的人民代表大会根据需要，可以设法制委员会、财政经济委员会等专门委员会。各专门委员会受本级人民代表大会领导；在大会闭会期间，受本级人民代表大会常务委员会领导。

各专门委员会的主任委员、副主任委员和委员的人选，由主席团在代表中提名，大会通过。在大会闭会期间，常务委员会可以补充任命专门委员会的个别副主任委员和部分委员。各专门委员会在本级人民代表大会及其常务委员会领导下，研究、审议和拟订有关议案；对属于本级人民代表大会及其常务委员会职权范围内同本委员会有关的问题，进行调查研究，提出建议。

2. 调查委员会。县级以上的地方各级人民代表大会及其常务委员会可以组织特定问题的调查委员会。主席团或者 1/10 以上代表书面联名，可以向本级人民代表大会提议组织关于特定问题的调查委员会，由主席团提请全体会议决定。调查委员会应当向本级人民代表大会提出调查报告。人民代表大会根据调查委员会的报告，可以作出相应的决议。人民代表大会可以授权它的常务委员会听取调查委员会的调查报告，常务委员会可以作出相应的决议，报人民代表大会下次会议备案。

（四）地方各级人民代表大会代表

1. 人大代表的权利。地方各级人民代表大会代表是本级国家权力机关的组成人员，依照宪法和法律的规定行使职权。

（1）县级以上地方各级人大代表 10 人以上联名，乡、民族乡、镇的人大代表 5 人以上联名，可以向本级人民代表大会提出属于人民代表大会职权范围内的议案；

《地方组织法》第 28 条第 1 款规定："地方各级人民代表大会举行会议的时候，代表十人以上联名可以书面提出对本级人民政府和它所属各工作部门以及人民法院、人民检察院的质询案。"《监察法》第 53 条第 3 款规定："县级以上各级人民代表大会及其常务委员会举行会议时，人民代表大会代表或者常务委员会组成人员可以依照法律规定的程序，就监察工作中的有关问题提出询问或者质询。"

（2）人大代表有权向本级人民代表大会及其常务委员会提出对各方面工作的建议、批评和意见，代表提出的批评、建议和意见，由本级人民代表大会常务委员会的办事机构交有关部门研究处理并负责答复。

（3）在人大会议期间，人大代表非经本级人民代表大会主席团许可，在人大闭会期间，非经本级人民代表大会常务委员会许可，不受逮捕或者刑事审判。如果因为是现行犯被拘留，执行拘留的公安机关应当立即向该级人民代表大会主席团或者常务委员会报告。

（4）人大代表、常务委员会组成人员，在人民代表大会和常务委员会会议上的发言和表决，不受法律追究。

（5）人大代表在出席人民代表大会会议和执行代表职务的时候，国家给予往返的旅费和必要的物质上便利或者补贴。

【导入事例 9 – 5】分析：

1. 关于人大代表的"人身特别保护权"，《地方组织法》第 35 条规定，"县级以上的地方各级人民代表大会代表，非经本级人民代表大会主席团许可，在大会闭会期间，非经本级人民代表大会常务委员会许可，不受逮捕或者刑事审判。如果因为是现行犯被拘留，执行拘留的公安机关应当立即向该级人民代表大会主席团或者常务委员会报告"。导入事例中，上海警方先释放了张某明，然后再向福建周宁县人大常委会发出《关于提请批准对涉嫌危险驾驶罪的周宁县人大代表张某明采取刑事拘留强制措施的函》的做法是正确的，由于张某明人大代表的身份，上海警方必须向周宁县人大常委会报告。

2. 《全国人民代表大会和地方各级人民代表大会代表法》第 32 条第 3 款规定："人民代表大会主席团或者常务委员会受理有关机关依照本条规定提请许可的申请，应当审查是否存在对代表在人民代表大会各种会议上的发言和表决进行法律追究，或者对代表提出建议、批评和意见等其他执行职务行为打击报复的情形，并据此作出决定。"也就是大会主席团或者常务委员会应当审查有关机关的申请是否和人大代表的履职行为有关。本案周宁县人大常委会第一次开会审查的重点不应该是醉驾是否是犯罪，而应当是上海警方因醉驾要拘捕人大代表，跟代表的履职有没有关系，是否是对他的发言表决、提出批评意见进行的打击报复，如果无关，就应该通过该议案。周宁县人大常委会第二次开会审查认定张某明醉驾的行为和他的履职行为无关，所以通过该议案，同意上海警方对张某明的拘留申请。

3. 人大代表的"人身特别保护权"并非人大代表的违法犯罪行为的护身符，

也没有违反"法律面前人人平等"的原则，其目的是保证人大代表更好地履行代表职责，保护人大代表在人民代表大会和常务委员会会议上的发言和表决不受法律追究。

2. 人大代表的义务。人大代表应当和原选举单位或者选民保持密切联系，宣传法律和政策，协助本级人民政府推进工作，并且向人民代表大会及其常务委员会、人民政府反映群众的意见和要求，人大代表受原选举单位或选民监督，原选举单位和选民有权罢免自己选出的代表。

二、地方各级人民政府

（一）性质和地位

地方各级人民政府是地方各级人民代表大会的执行机关，是地方各级国家行政机关。作为地方各级人民代表大会的执行机关，地方各级人民政府都对本级人民代表大会负责并报告工作；县级以上地方各级人民政府在本级人民代表大会闭会期间，对本级人民代表大会常务委员会负责并报告工作。作为地方各级国家行政机关，地方各级人民政府都对上一级国家行政机关负责并报告工作，都是国务院统一领导下的国家行政机关，都服从国务院。

（二）组成和任期

省、自治区、直辖市、自治州、设区的市的人民政府分别由省长、副省长，自治区主席、副主席，市长、副市长，州长、副州长和秘书长、厅长、局长、委员会主任等组成。县、自治县、不设区的市、市辖区的人民政府分别由县长、副县长，市长、副市长，区长、副区长和局长、科长等组成。

地方各级人民政府的任期每届任期5年。

（三）职权

1. 执行本级人民代表大会及其常务委员会的决议，以及上级国家行政机关的决定和命令；执行国民经济和社会发展计划、预算。

2. 规定行政措施，发布决定和命令。

3. 省、自治区、直辖市的人民政府，省、自治区人民政府所在地的市和经国务院批准的较大的市的人民政府，可以制定规章。

4. 管理本行政区域内的经济、教育、科学、文化、卫生、体育事业、环境和资源保护、城乡建设事业和财政、民政、公安、民族事务、司法行政、监察、计划生育等行政工作。

5. 依照法律的规定任免、培训、考核和奖惩国家行政机关工作人员。

6. 依法保护公共财产和私人财产，保障公民和其他组织的合法权益，维护社会秩序。

7. 领导所属各工作部门和下级人民政府的工作，改变或者撤销所属各工作部门和下级人民政府的不适当的决定。

8. 办理上级国家行政机关交办的其他事项。

（四）派出机关

省、自治区的人民政府在必要的时候，经国务院批准，可以设立若干行政公署，作为它的派出机关。

县、自治县的人民政府在必要的时候，经省、自治区、直辖市的人民政府批准，可以设立若干区公所，作为它的派出机关。

市辖区，不设区的市的人民政府，经上一级人民政府批准，可以设立若干街道办事处，作为它的派出机关。

派出机关受派出的人民政府的委托，代表派出的人民政府行使行政管理权。同时，根据法律，法规的授权，也可以以自己的名义进行行政管理。

第七节　监察委员会

一、监察委员会的性质

《宪法》第 123 条规定："中华人民共和国各级监察委员会是国家的监察机关。"《监察法》第 3 条规定："各级监察委员会是行使国家监察职能的专责机关。"

从法律的规定可以看出，各级监察委员会是行使国家监察职能的专责机关，它是实现党和国家自我监督的政治机关，不是行政机关、司法机关。根据党中央关于深化国家监察体制改革的部署，监察机关与党的纪律检查机关合署办公。纪委是党内监督的专责机关，将监察委员会定位为行使国家监察职能的"专责机关"与纪委的定位相匹配。值得注意的是，"专责机关"与"专门机关"相比，不仅强调监察委员会的专业化特征、专门性职责，更加突出强调了监察委员会的责任，行使监察权不仅仅是监察委员会的职权，更重要的是职责和使命担当。[1]

二、监察委员会的产生、组成、任期和领导体制

（一）监察委员会的产生

《宪法》第 126 条规定："国家监察委员会对全国人民代表大会和全国人民代表大会常务委员会负责。地方各级监察委员会对产生它的国家权力机关和上一级监察委员会负责。"《监察法》第 8 条第 1 款规定："国家监察委员会由全国人民代表大会产生，负责全国监察工作。"《监察法》第 9 条第 1 款规定："地方各级监察委员会由本级人民代表大会产生，负责本行政区域内的监察工作。"所以国家监察委员会和地方各级监察委员会同国家行政机关、审判机关、检察机关一样，都是由人民代表大会产生的。由人民代表大会产生国家监察机关，对人大负责、受人大监督，贯彻了人民代表大会制度这一根本政治制度，体现了人民当家作主的要求，有利于强化人大作为国家权力机关的监督职能，拓宽人民监督权力的途径，更好地体现党的

---

〔1〕 中共中央纪律检查委员会 中华人民共和国国家监察委员会法规室编写：《〈中华人民共和国监察法〉释义》，中国方正出版社 2018 年版。

领导、人民当家作主和依法治国的有机统一。[1]

（二）监察委员会的组成、任期和领导体制

1. 监察委员会组成。《宪法》第 124 条第 1、2 款规定："中华人民共和国设立国家监察委员会和地方各级监察委员会。监察委员会由下列人员组成：主任，副主任若干人，委员若干人。"《监察法》第 8 条第 2 款："国家监察委员会由主任、副主任若干人、委员若干人组成，主任由全国人民代表大会选举，副主任、委员由国家监察委员会主任提请全国人民代表大会常务委员会任免。"《监察法》第 9 条第 2 款规定："地方各级监察委员会由主任、副主任若干人、委员若干人组成，主任由本级人民代表大会选举，副主任、委员由监察委员会主任提请本级人民代表大会常务委员会任免。"

法律对监察委员会的人员构成作了规定，但对副主任和委员的职数未作具体规定。在主任、副主任和委员的产生方式方面，国家监察委员会主任由全国人民代表大会选举产生，副主任、委员由国家监察委员会主任提请全国人民代表大会常务委员会任免，这与最高人民法院、最高人民检察院相关领导人员产生方式相同。地方各级监察委员会组成和人员产生方式，与国家监察委员会相同。

2. 监察委员会任期。《宪法》第 124 条第 3 款规定："监察委员会主任每届任期同本级人民代表大会每届任期相同。国家监察委员会主任连续任职不得超过两届。"《监察法》第 8 条第 3 款："国家监察委员会主任每届任期同全国人民代表大会每届任期相同，连续任职不得超过两届。"《监察法》第 9 条第 3 款："地方各级监察委员会主任每届任期同本级人民代表大会每届任期相同。"

宪法和法律对最高人民法院副院长、最高人民检察院副检察长和地方各级人民法院院长、副院长、各级人民检察院检察长、副检察长连续任职期限，未作规定。为保持一致，《监察法》也未对监察委员会副主任、委员连续任职期限作出规定。[2]地方各级监察委员会的任期，与国家监察委员会相同。

3. 监察委员会领导体制。《监察法》第 10 条规定："国家监察委员会领导地方各级监察委员会的工作，上级监察委员会领导下级监察委员会的工作。"

这是关于监察机关上下级领导关系的规定。规定本条的主要目的是明确监察机关系统内上下级之间的领导体制，用法律形式把这种国家监察体制的组织创新固定下来。具体规定主要包括两个方面内容：

（1）国家监察委员会领导地方各级监察委员会的工作。国家监察委员会在全国监察体系中处于最高地位，主管全国的监察工作，率领并引导所属各内设机构及地方各级监察委员会的工作，一切监察机关都必须服从它的领导。

---

[1] 中共中央纪律检查委员会 中华人民共和国国家监察委员会法规室编写：《〈中华人民共和国监察法〉释义》，中国方正出版社 2018 年版。

[2] 中共中央纪律检查委员会 中华人民共和国国家监察委员会法规室编写：《〈中华人民共和国监察法〉释义》，中国方正出版社 2018 年版。

（2）上级监察委员会领导下级监察委员会的工作。地方各级监察委员会负责本行政区域内的监察工作，除了依法履行自身的监督、调查、处置职责外，还应对本行政区域内下级监察委员会的工作实行监督和业务领导。在监察法中确立这样的监察机关上下级领导关系，有利于地方各级监察委员会在实际工作中减少或排除各种干扰、依法行使职权。[1]

三、监察委员会的职能、职责

（一）监察委员会的职能

根据《监察法》第3条的规定，监察委员会具有三项职能：①对所有行使公权力的公职人员进行监察；②调查职务违法和职务犯罪；③开展廉政建设和反腐败工作，维护宪法和法律的尊严。《监察法》对监察委员会职能的规定，与党章关于纪委主要任务的规定相匹配。

需要注意的是，监察机关行使的是调查权，不同于侦查权。《监察法》规定的执法主体是与党的纪律检查机关合署办公的国家监察机关；监督调查对象是行使公权力的公职人员，而不是普通的刑事犯罪嫌疑人；调查的内容是职务违法和职务犯罪，而不是一般刑事犯罪行为。[2]

（二）监察委员会职责

《监察法》第11条规定："监察委员会依照本法和有关法律规定履行监督、调查、处置职责：（一）对公职人员开展廉政教育，对其依法履职、秉公用权、廉洁从政从业以及道德操守情况进行监督检查；（二）对涉嫌贪污贿赂、滥用职权、玩忽职守、权力寻租、利益输送、徇私舞弊以及浪费国家资财等职务违法和职务犯罪进行调查；（三）对违法的公职人员依法作出政务处分决定；对履行职责不力、失职失责的领导人员进行问责；对涉嫌职务犯罪的，将调查结果移送人民检察院依法审查、提起公诉；向监察对象所在单位提出监察建议。"

本条规定了监察委员会监督、调查、处置三项职责。[3]

1. 监督职责。监督是监察委员会的首要职责。监察委员会代表党和国家，依照《宪法》《监察法》和有关法律法规，监督所有公职人员行使公权力的行为是否正确，确保权力不被滥用、确保权力在阳光下运行，把权力关进制度的笼子。

2. 调查职责。调查公职人员涉嫌职务违法和职务犯罪，是监察委员会的一项经常性工作。它是监察委员会开展廉政建设和反腐败工作，维护宪法和法律尊严的一项重要措施。对公职人员涉嫌职务违法和职务犯罪的调查，突出地体现了监察委员

---

〔1〕 中共中央纪律检查委员会 中华人民共和国国家监察委员会法规室编写：《〈中华人民共和国监察法〉释义》，中国方正出版社2018年版。

〔2〕 中共中央纪律检查委员会 中华人民共和国国家监察委员会法规室编写：《〈中华人民共和国监察法〉释义》，中国方正出版社2018年版。

〔3〕 中共中央纪律检查委员会 中华人民共和国国家监察委员会法规室编写：《〈中华人民共和国监察法〉释义》，中国方正出版社2018年版。

会作为国家反腐败工作机构的定位，体现了监察工作的特色，这项工作做好了，能有效地强化不敢腐的震慑，减少和遏制腐败行为的发生，维护宪法和法律尊严，保持公权力行使的廉洁性。调查的主要内容，包括涉嫌贪污贿赂、滥用职权、玩忽职守、权力寻租、利益输送、徇私舞弊以及浪费国家资财等职务违法和职务犯罪行为，基本涵盖了公职人员的腐败行为类型。

3. 处置职责。这项职责主要包括以下方面内容：对违法的公职人员依法作出政务处分决定。监察委员会根据监督、调查结果，对违法的公职人员依照法定程序作出警告、记过、记大过、降级、撤职、开除等政务处分决定；对履行职责不力、失职失责的领导人员进行问责；对涉嫌职务犯罪的，将调查结果移送人民检察院依法审查、提起公诉。对被调查人涉嫌职务犯罪，监察机关经调查认为犯罪事实清楚，证据确实、充分的，制作起诉意见书，连同案卷材料、证据一并移送检察机关依法审查、提起公诉；对监察对象所在单位提出监察建议。

第八节　国家审判机关和检察机关

【导入事例 9-6】6·22 杭州小区纵火案

2017 年 6 月 22 日，杭州蓝色钱江小区 18 楼一住户家中发生大火，事件造成 4 人死亡。案发后，公安机关经过侦查，认定是一起人为纵火案件，该户保姆莫某晶因涉嫌放火罪被依法刑事拘留。

杭州市人民检察院于 2017 年 6 月 28 日受理杭州市公安局提请批准逮捕犯罪嫌疑人莫某晶的案件材料后，经依法审查后认为，莫某晶的行为，已涉嫌放火罪、盗窃罪，符合逮捕条件，依据《刑事诉讼法》的规定，依法对莫某晶作出批准逮捕的决定，交由公安机关执行。

2018 年 2 月 9 日，该案一审公开宣判，被告人莫某晶被判死刑。

2018 年 6 月 4 日，案件作出了二审裁定：驳回上诉，维持原判。

问：

1. 莫某晶对一审判决不服，向浙江省高级人民法院提起上诉，二审判决为终审判决，这反映了我国什么样的审判制度？

2. 本案二审判决后，还必须经过哪一级人民法院核准？

一、审判机关

我国的审判机关是各级人民法院。审判权是国家权力的组成部分，是国家赋予法院依法对刑事案件、民事案件和其他案件进行审理和判决的权力。人民法院在诉讼过程中，通过对案件的审理，依法行使审判权，裁判法律纠纷，维持社会秩序。

（一）人民法院的性质和地位

现行《宪法》第 128 条规定，中华人民共和国人民法院是国家的审判机关。人民法院由同级国家权力机关产生，对其负责，向其报告工作，受其监督。人民法院独立于行政机关、社会团体和个人，依照事实和法律，独立行使审判权。

（二）人民法院的组织系统、组成、任期和领导体制

1. 人民法院的组织系统。根据《宪法》《人民法院组织法》的规定，我国人民法院的组织系统是最高人民法院、地方各级人民法院和专门人民法院。最高人民法院是我国的最高审判机关，可以设立巡回法庭，巡回法庭是最高人民法院的组成部分。地方各级人民法院分为高级人民法院、中级人民法院和基层人民法院。专门人民法院是指针对特定案件进行审理的人民法院，包括军事法院和海事法院、知识产权法院、金融法院等。

2. 人民法院的组成。各级人民法院由院长1人，副院长和审判员等法官若干人组成。依照《法官法》第18条第2款的规定，最高人民法院院长由全国人民代表大会选举和罢免，副院长、审判委员会委员、庭长、副庭长和审判员由最高人民法院院长提请全国人民代表大会常务委员会任免。

地方各级人民法院院长由地方各级人民代表大会选举和罢免，副院长、审判委员会委员、庭长、副庭长和审判员由本院院长提请本级人民代表大会常务委员会任免。在省、自治区内按地区设立的和在直辖市内设立的中级人民法院院长，由省、自治区、直辖市人民代表大会常务委员会根据主任会议的提名决定任免，副院长、审判委员会委员、庭长、副庭长和审判员由高级人民法院院长提请省、自治区、直辖市的人民代表大会常务委员会任免。

3. 人民法院院长的任期。各级人民法院院长每届任期都为5年。最高人民法院院长连续任职不得超过两届。

4. 人民法院的领导体制。根据《宪法》第132条的规定，人民法院的领导体制是：最高人民法院是最高审判机关；最高人民法院监督地方各级人民法院和专门人民法院的审判工作，上级人民法院监督下级人民法院的审判工作。上下级人民法院的关系是审判监督关系。

（三）人民法院审判工作的基本制度

1. 两审终审制。两审终审制是指一个案件至多经过两级人民法院的审判即告审判终结的制度。地方各级人民法院按第一审程序对案件作出的判决和裁定，当事人表示不服的，可以按照法律规定的程序向上一级人民法院上诉，人民检察院可以按照法律规定的程序向上一级人民法院抗诉。上一级人民法院按照第二审程序进行审理后作出的判决和裁定，都是终审的判决和裁定，也就是发生法律效力的判决和裁定。二审判处死刑的案件必须经过最高人民法院的核准，判决才能生效。

【导入事例9-6】分析：

1. 莫某晶对一审判决不服，向浙江省高级人民法院提起上诉，二审判决为终审判决，这反映了我国法院审判案件实行两审终审制。

2. 本案二审判决后，因为是死刑判决，依据法律规定，必须经过最高人民法院核准。

2. 审判监督制度。为了保证案件的正确处理，纠正错案，我国法律还规定了对已发生法律效力的错误判决和裁定的审判监督程序，其内容包括：各级人民法院院长对本院已发生法律效力的判决和裁定，如发现在认定事实上或在适用法律上确有错误，必须提交审判委员会处理；最高人民法院对各级人民法院、上级人民法院对下级人民法院已发生法律效力的判决和裁定，如发现确有错误，有权提审或指定下级人民法院再审；最高人民检察院对各级人民法院、上级人民检察院对下级人民法院已发生法律效力的判决和裁定，如发现确有错误，有权依照审判监督程序提出抗诉。

3. 合议制。合议制是指人民法院审理案件时，由 3 人以上单数的审判员或者审判员与人民陪审员一起组成合议庭，按照少数服从多数的原则，作出判决或者裁定的制度。合议庭由院长或者庭长指定审判员 1 人担任审判长，院长或者庭长参加合议庭的，由院长或者庭长担任审判长。合议庭成员的权利是平等的，对于案件的处理，必须由全体组成人员共同研究决定；如果意见不一致，则根据少数服从多数的原则加以决定，但少数人的意见必须记录附卷。简易程序以及大多数非讼程序审理的民事案件、简易程序（可能判处三年以下有期徒刑以下刑罚的案件）以及速裁程序审理的刑事案件以及法律另有规定的案件，可以由审判员 1 人独任审判。

4. 审判委员会制度。审判委员会是各级人民法院内部设立的审判工作组织。它的成员包括人民法院院长、副院长和若干资深法官，由同级人民代表大会常务委员会任命。审判委员会的任务是总结审判工作经验；讨论决定重大、疑难、复杂案件的法律适用；讨论决定本院已经发生法律效力的判决、裁定、调解书是否应当再审；讨论决定其他有关审判工作的重大问题。各级人民法院审判委员会由院长或者院长委托的副院长主持，实行民主集中制。本级人民检察院检察长或者检察长委托的副检察长可以列席审判委员会会议。

5. 回避制度。回避制度是指审判人员不参加审理与自己有利害关系或者其他关系的案件的制度。法律规定，当事人如果认定审判人员与本案有利害关系或者其他关系不能公正审判，有权请求审判人员回避。审判人员如果认为自己与本案有利害关系或其他关系，应当主动提出回避。审判人员是否回避，由本院院长决定。院长的回避，由本院审判委员会决定。实行回避制度的目的是保证司法公正，维护当事人的合法权利。

（四）人民法院审判工作的基本原则

1. 公民在适用法律上一律平等。人民法院审判案件，对于一切公民，不分民族、种族、性别、职业、家庭出身、宗教信仰、教育程度、财产状况、居住期限，在适用法律上一律平等，不允许有任何特权。这是我国公民的一项基本权利，也是司法制度上的一项重要法制原则。

2. 依法独立审判。依法独立审判是指人民法院在审理案件时，严格依照法律规定的程序独立进行审判活动。现行《宪法》第 131 条规定："人民法院依照法律规定独立行使审判权，不受行政机关、社会团体和个人的干涉。"

3. 公开审判。公开审判是指人民法院对受理的案件进行公开审理和宣判的制度。我国宪法和法律规定，人民法院审理案件，除涉及国家机密、商业秘密、个人隐私和未成年人犯罪等案件外，一律公开进行。公开审判原则是我国的一项重要的司法原则，也是司法制度民主化的一项具体表现。

4. 被告人有权获得辩护。被告人有权获得辩护，是对被告人的辩护权保障的体现，保证人民法院能够充分听取诉讼双方的意见，全面地认定事实、正确地适用法律，以作出公正的判决。

5. 使用本民族语言、文字进行诉讼。《宪法》规定，各民族公民都有用本民族语言文字进行诉讼的权利。使用本民族语言、文字进行诉讼，体现了我国民族平等的原则。有利于当事人行使法定的诉讼权利，有利于法院依法查清案件的事实，作出正确的判决。

二、检察机关

我国的检察机关是各级人民检察院。检察权是国家权力的组成部分，是国家赋予检察院维护宪法和法律统一实施而对于法律、法规进行监督的权力。人民检察院通过行使检察权，追诉犯罪，维护国家安全和社会秩序，维护个人和组织的合法权益，维护国家利益和社会公共利益，保障法律正确实施，维护社会公平正义，维护国家法治统一、尊严和权威，保障中国特色社会主义建设的顺利进行。

（一）人民检察院的性质和地位

现行《宪法》第134条规定，中华人民共和国人民检察院是国家的法律监督机关。人民检察院由同级国家权力机关产生，对其负责，向其报告工作，受其监督，并依法独立行使检察权。

（二）人民检察院的组织系统和领导体制

1. 组织系统。人民检察院的组织系统是最高人民检察院、地方各级人民检察院和军事检察院等专门人民检察院。地方各级人民检察院分为：省级人民检察院，包括省、自治区、直辖市人民检察院；设区的市级人民检察院，包括省、自治区辖市人民检察院，自治州人民检察院，省、自治区、直辖市人民检察院分院；基层人民检察院，包括县、自治县、不设区的市、市辖区人民检察院。

省级人民检察院和设区的市级人民检察院根据检察工作需要，经最高人民检察院和省级有关部门同意，并提请本级人民代表大会常务委员会批准，可以在辖区内特定区域设立人民检察院，作为派出机构。

2. 领导体制。根据《宪法》第137条的规定，最高人民检察院是最高检察机关；最高人民检察院领导地方各级人民检察院和专门人民检察院的工作，上级人民检察院领导下级人民检察院的工作。上下级检察院之间的领导与被领导关系，具体表现在以下几方面：

（1）上级人民检察院对下级人民检察院在执行法律和政策上进行指导和帮助，并有责任监督下级人民检察院正确执行法律，做好法律监督工作。当下级人民检院有违法现象或其他错误时，应及时采取措施予以纠正；当下级人民检察院在工作中遇到干扰、阻力或其他困难时，上一级人民检察院有责任予以支持和帮助。必要时可派人协助工作，也可以将案件调由自己直接办理。

（2）上级人民检察院在业务上对下级人民检察院实行领导。地方各级人民检察院对同级人民法院第一审判决、裁定的抗诉，应当通过原审人民法院提出抗诉书，并将抗诉书抄送上一级人民检察院。上一级人民检察院如果认为抗诉不当，可以向同级人民法院撤回抗诉，并且通知下级人民检察院。

（3）上级人民检察院对下级人民检察院组成人员和其他工作人员有权进行管理和考核。全国和省、自治区、直辖市的人民检察院检察长，有权向本级人民代表大会常务委员会提请批准任免和建议撤换下一级人民检察院检察长、副检察长和检察委员会委员。

人民检察院内部的领导关系是：检察长统一领导检察院的工作。为了发挥集体领导作用，各级人民检察院设立检察委员会，在检察长或检察长委托的副检察长主持下，总结检察工作经验，讨论决定重大、疑难、复杂案件和其他有关检察工作的重大问题。地方各级人民检察院的检察长不同意本院检察委员会多数人的意见，属于办理案件的，可以报请上一级人民检察院决定；属于重大事项的，可以报请上一级人民检察院或者本级人民代表大会常务委员会决定。

（三）人民检察院的组成和任期

1. 人民检察院的组成。各级人民检察院由检察长1人，副检察长和检察员等检察官若干人组成。

最高人民检察院检察长由全国人民代表大会选举和罢免，副检察长、检察委员会委员、检察员和军事检察院检察长由最高人民检察院检察长提请全国人民代表大会常务委员会任免。

地方各级人民检察院检察长由地方各级人民代表大会选举和罢免，副检察长、检察委员会委员和检察员由本院检察长提请本级人民代表大会常务委员会任免。地方各级人民检察院检察长的任免，须报上一级人民检察院检察长提请该级人民代表大会常务委员会批准。

在省、自治区内按地区设立的和在直辖市内设立的人民检察院分院检察长、副检察长、检察委员会委员和检察员，由省、自治区、直辖市人民检察院检察长提请本级人民代表大会常务委员会任免。

2. 人民检察院检察长的任期。各级人民检察院检察长每届任期都为5年。最高人民检察院检察长连续任职不得超过两届。

（四）人民检察院的职权

1. 侦查权。对于法律规定由人民检察院直接受理的犯罪案件人民检察院有权立案侦查；在侦查过程中，有权讯问犯罪嫌疑人、询问证人或者被害人，有权进行勘验、检查、搜查，有权查封、扣押物证和书证，有权组织鉴定，对于有关犯罪案件，有权采取技术侦查措施，有权向任何单位和个人收集和调取物证、书证、视听资料；有权对犯罪嫌疑人采取拘传、取保候审、监视居住、拘留、逮捕等刑事强制措施；有权对侦查终结移送起诉的案件进行补充侦查等。

2. 公诉权。检察机关是唯一的国家公诉机关，代表国家来行使公诉案件的控诉权。人民检察院有权对侦查终结移送起诉的案件进行审查，决定是否提起公诉；在审查起诉阶段，对于需要补充侦查的案件，有权决定退回有关机关补充侦查或自行补充侦查；在法院审判阶段，有权派员出席法庭支持公诉；在法庭上，有权讯问被告人，有权对证人、鉴定人发问，有权向法庭出示物证、有权宣读未到庭的证人的证言笔录、鉴定人的鉴定意见、勘验笔录和其他作为证据的文书，有权参加法庭辩论。

3. 法律监督权。

（1）刑事诉讼监督。对于公安机关应当立案而不立案的决定认为有错误的，有权要求公安机关立案；对于有关机关要求逮捕犯罪嫌疑人的申请进行审查，有权决定是否批准逮捕；有权对侦查机关的侦查活动是否合法实行监督，如果发现有违法情况，有权通知其予以纠正，构成犯罪的，依法追究刑事责任；有权对审判过程中的违法行为提出纠正意见，对人民法院确有错误的判决、裁定，有权依照法定程序提出抗诉；在执行阶段，有权对判决、裁定的执行活动是否合法实行监督。

（2）民事、行政案件监督。2017 年 6 月以前，检察院对民事、行政案件的监督职能主要体现在：对生效的民事与行政判决、裁定、调解书监督；对审判程序中审判人员违法行为监督；对法院执行活动监督。

2017 年 6 月，第十二届全国人大常委会作出《全国人民代表大会常务委员会关于修改〈中华人民共和国民事诉讼法〉和〈中华人民共和国行政诉讼法〉的决定》，明确将检察机关提起公益诉讼写入这两部法律，标志着检察机关提起公益诉讼制度正式确立，也进一步扩大了检察院民事、行政案件监督职能的范围。公益诉讼是指对损害国家和社会公共利益的违法行为，由法律规定的特定机关和组织向人民法院提起诉讼的制度，它包括民事公益诉讼和行政公益诉讼，检察机关就是有权提起公益诉讼的特定机关之一。人民检察院在反贪污、反渎职等预防职务犯罪方面的职权被减少的同时，又在公益司法保护方面开始发挥重要作用，有利于实现检察机关的法律监督权与公益诉讼权的有效融合，在一定程度上标志着人民检察院法律监督职能的转变。

三、审判机关、检察机关和公安机关的关系

人民法院是国家的审判机关，人民检察院是国家的法律监督机关，两者组成我国的司法机关，行使国家的司法权。公安机关是执行治安管理任务的国家行政机关，行使的职权属于国家行政权的一部分。虽然三个机关的性质不同，但是在办理刑事案件的过程中有着紧密的联系和共同的任务。因此，现行《宪法》规定，人民法院、人民检察院和公安机关办理刑事案件，应当分工负责、互相配合、互相制约，以保证准确有效地执行法律。

分工负责，就是三个机关依照法律规定的责任，依照法律程序，各司其职，各尽其责；互相配合，是指三个机关在分工负责的基础上，通力合作，协调关系，共同制裁犯罪行为；互相制约，是指三个机关在分工配合的基础上，依照法律和制度的规定，互相监督，防止错案的发生，保证准确有效地执行法律。

人民法院、人民检察院和公安机关在办理刑事案件时实行分工负责、互相配合、互相制约的原则，是我国社会主义法治原则的一项重要内容，有利于准确地适用法律，制裁犯罪行为，保障公民的合法权益，维护国家和社会的稳定。

实务训练

课堂讨论　　　　街道办招 8 人全是清华北大硕士博士引热议

近日，一张余杭区的招聘公示引起了网友们的热议。在这张招聘公示上，诸如余杭区人民政府办公室等 48 家基层单位录用的全是清华北大的硕博生。硕士学历者居多，但也不乏博士生，像是余杭区文化广电新闻出版局、余杭区南苑街道办事处、五常街道办事处、瓶窑镇人民政府就录用了 4 位博士生。更加让人意外的是，有 8 位硕博生被余杭区管辖的街道办事处录取。网友热议：北大清华硕博生去街道办事处是为何？不可否认，高材生充实基层，有利于提升社会治理水平，让工作的开展更加游刃有余。而在基层锤炼摔打，对于个人来说也是宝贵的财富。但是不少网友们认为北大清华的硕博生选择去街道办事处未免过于大材小用。数年寒窗苦读习得的科学知识和培养的科研能力恐怕无法在街道办事处得到运用和施展。但还有一些网友认为杭州公务员待遇好、晋升快，自然是竞争激烈，余杭区基层单位录用北大清华硕博生也并非什么罕见之事。持有怀疑态度的网友则认为这些硕博生只是为了镀金才选择去基层锻炼，等过个几年可能又会选择别的工作。据《钱江晚报》报道，余杭区委组织部相关负责人坦言："大家朋友圈里看到的这张公示截图，是我们2018 年面向应往届高校毕业生招的，有很多来自其他地区的选调生，他们看中的是杭州的发展潜力和活力，还有我们招聘时的诚意。"该负责人也表示，清华北大的学生来街道工作并非大材小用，是余杭经济社会发展的需要，很多工作专业性强，亟需更多的青年才俊在经济社会的服务管理上做好专业支撑。该负责人还透露，近年来余杭区不仅面向清华北大招贤纳士，每年也面向国内外其他高校招聘优秀人才。录用者回应：基层很锻炼人，现在充实而幸福。据华商网记者报道，网传名单中的一位录用人员柳某南认为去街道办工作无任何不妥。他是北京大学法学院硕士，2018 年来到余杭区东湖街道工作，这个岗位是他自己选择的。刚入职的时候，基于对法律法规的熟悉以及扎实的文字功底，柳某南在办公室的工作，主要是综合性材料的撰写。考虑到其综合能力强，工作一年后，柳某南升任街道的团工委书记。柳某南觉得，现在的工作充实而幸福，收入也符合自己的预期，如今能在更大的平台上发挥自己的专业优势和才能，自己很满意。"工作本来就是你情我愿的事，国家也号召年轻人去基层，我觉得基层很锻炼人，而且也有晋升空间，好多当年一起来的小伙伴现在都走上了重要的工作岗位",柳某南说。相比外地去律所或者到大企业打拼的大学同学,柳云南觉得,自己的工作稳定,晋升渠道畅通,特别是余杭的生活、工作环境非常好,他也会向自己的学弟学妹推荐来余杭工作。余杭区委组织部相关负责人表示,在干部培养体系中,对于新进人员,一般先到乡镇街道基层锻炼,再流转到其他平台岗位,这很正常。作者认为,北大清华硕博生去基层单位任职自有他们的理由,或是出于对杭州发展情景的认可,或是被优厚的待遇所吸引……每一份工作都有每份工作的价值,硕博生可以把在做科研过程中发现问题—解决问题的方式灵活运用在基层单位事业中,而这一点也是每份工作所必备的能力。无论是北大毕业生卖房,还是双语硕士做家政,我们都不应该带着职业偏见去看待每一份看似平凡实为不易的工作。三百六十行,只要能够发挥自己的所长,在工作中能实现自我价值并找到归属感和成就感,那这就是一份合适的工作。对于北大清华的硕博生,名校的光环应该是他们自由选择的加持,并非他们选择的桎梏。无论是去科研单位、去企业还是去基层一线,只要是理性择业,都值得被祝福。

实务训练

案例分析

2015年3月2日,聊城市第十六届人民代表大会第五次会议依法补选白某坚为市十六届人大常委会副主任。此前,白某坚为该市副市长。5月6日,该市第十六届人民代表大会常务委员会第二十四次会议,决定接受白某坚辞去该市人民政府副市长职务的请求。从这两则新闻报道可以看出,白某坚同时担任人大常委会副主任和副市长职务长达两月之久,有人认为,白某坚在当选人大常委会副主任之前,就应该辞去副市长职务。有人认为,法律对政府领导人员担任人大常委会职务是否辞去政府相关职务没有明确的规定,辞不辞职都无所谓。

问:依据法律规定,该如何评价上述两种观点?

延伸阅读

焦某生非法拘禁人大代表案

被告人:焦某生,男,33岁,河北省昌黎县人,原系吉林省长春市公安局刑警大队八队侦查员。1992年7月23日被逮捕,1993年1月18日取保候审。

被告人:贺某才,男,43岁,吉林省长春市人,原系吉林省长春市公安局刑警大队副大队长。1992年7月23日被逮捕,1993年1月18日取保候审。

被告人:兰某,男,39岁,河北省沧州市人,原系吉林省长春市公安局刑警大队八队副队长。1992年7月23日被逮捕,1993年1月18日取保候审。

被告人:王某海,男,30岁,吉林省长春市人,原系吉林省长春市公安局刑警大队八队侦查员。1992年7月23日被逮捕,1993年1月18日取保候审。

1991年8月,长春市曙光粮油食品管理所,以安徽省蚌埠市怀远县梅桥粮油工业公司经理周某良拖欠货款，向长春市中级人民法院提起诉讼。长春市中级人民法院立案后，经过初步调查，认为该经济纠纷案件有经济犯罪问题，于1992年1月12日向长春市公安局发出"周某良有经济犯罪问题"的司法建议函。1992年1月15日，长春市曙光粮油食品管理所又向长春市公安局书面举报周某良犯有诈骗罪。同时，该所议价科科长刘××等人到长春市公安局刑警大队八队，举报周某良利用合同诈骗该所货款22万余元，要求追回货款，查办周某良。被告人兰某向被告人贺某才汇报了举报情况，经过研究，贺某才同意立案侦查，由兰某安排被告人焦某生承办此案。焦某生在对此案的基本事实设有查清的情况下，于2月21日填写了收容审查表，报请收容审查周某良。经兰某签署同意，贺某才批准，于2月24日办理了收容审查周某良的手续。

1992年2月27日，在兰某的安排下，焦某生与被告人王某海和举报单位的刘××等人一起乘火车抵达蚌埠市。当晚7时许，焦、王二人在淮河大旅社门前遇见周某良，焦某生出示了工作证和收审证，以长春市公安局的名义将周某良收审，并给周戴上手铐。此时，周某良说明他是蚌埠市人民代表大会代表，正在参加人代会，要求回去打招呼。焦、王二人拒绝，连夜将周某良押往南京市公安局看守所羁押。2月28日上午，焦某生、王某海在清理周某良的物品时，发现了周某良的人大代表证，进一步明确了周某良是蚌埠市人大代表的身份。焦、王二人既不向长春市公安局领导请示，也未向蚌埠市人大报告；并违反规定，对被收审人未在24小时内进行询问和未在规定的时间内通知被收审人家属。3月2日，焦、王二人将周某良从南京市公安局看守所提出押解回长春，于3月4日早5时许，将周某良送往长春市公安局八里堡收容所继续关押。

1992年3月5日上午8时许，蚌埠市人大将非法收审人大代表周某良的情况通报长春市人大，要求放人。当日焦某生向兰某汇报收审周某良的情况时，说明了周某良是人大代表。兰某通知收容所对周某良给予照顾，同时向公安局领导汇报了周某良是人大代表的情况。长春市公安局领导于当日下午2时许召开会议，当面责令贺某才、兰某立即将周某良放出，派人送回蚌埠市。贺某才、兰某以未买到当日车票为由，没有立即将周某良解除收审，致使周某良在收容所又被关押了36个小时，直到3月6日下午7时许，才将周某良从收容所提出护送回蚌埠市。周某良从收审到释放被限制人身自由8天。案发后，焦某生等4名被告人的认罪态度较好，有悔罪表现。

「审判」

长春市人民检察院以被告人焦某生、贺某才、兰某、王某海犯非法拘禁罪，向长春市中级人民法院提起公诉。认为4被告人非法收审人大代表周某良，违反了《中华人民共和国地方各级人民代表大会和地方各级人民政府组织法》（以下简称《地方组织法》）第30条的规定，触犯了《中华人民共和国刑法》第143条第1款的规定，严重侵犯了人大代表周某良的合法权利，其行为均已构成非法拘禁罪。

被告人及其辩护人提出，收审周某良是有司法建议函和举报材料作根据的，认定被告人的行为违反《地方组织法》第 30 条的规定，法律依据不足。4 名被告人在收审周某良的过程中所出现的问题，是在执行职务中的失误，犯了严重错误，不构成非法拘禁罪。

长春市中级人民法院经过公开审理认为，被告人贺某才、兰某，在没有查清案件的主要事实及周某良身份的情况下，即作出收审周某良的决定。在收审周某良时，被告人焦某生、王某海知道周某良是人大代表后，既未向本局领导汇报，也未向当地人大报告，即将周某良从蚌埠市押回长春。当领导决定将周某良放回，被告人贺某才、兰某又多关押周 36 个小时。由于焦某生等被告人无视法律规定，造成人大代表周某良被非法关押 8 天，后果严重，社会影响很坏。被告人焦某生、贺某才、兰某、王某海的行为均已构成非法拘禁罪，应予惩处。在本案中，被告人焦某生应负主要责任；被告人贺某才、兰某负有一定的责任；被告人王某海犯罪情节轻微。鉴于焦某生等 4 被告人在庭审中有悔罪表现，可酌情从轻处罚。据此，该院依照《中华人民共和国刑法》第 143 条第 1 款、第 67 条和第 32 条的规定，于 1993 年 3 月 5 日判决如下：①被告人焦某生犯非法拘禁罪，判处有期徒刑一年；②被告人贺某才犯非法拘禁罪，判处有期徒刑一年，缓刑一年；③被告人兰某犯非法拘禁罪，判处有期徒刑六个月，缓刑一年；④被告人王某海犯非法拘禁罪，免予刑事处分。

宣判后，4 名被告人均没有提出上诉。

「评析」

人民代表大会代表，是代表人民行使国家权力的人，其执行代表职务受到国家的司法保障。《地方组织法》第 30 条规定："县级以上的地方各级人民代表大会代表，非经本级人民代表大会主席团许可，在大会闭会期间，非经本级人民代表大会常务委员会许可，不受逮捕或者刑事审判。如果因为是现行犯被拘留，执行拘留的公安机关应当立即向该级人民代表大会主席团或者常务委员会报告。"这里虽然没有提到"收容审查"，但其所规定的"拘留"，从立法本意上理解，应当包括收容审查等其他限制人身自由的强制措施在内。1992 年 4 月 3 日公布施行的《全国人民代表大会和地方各级人民代表大会代表法》对此作了补充修改。该法第 30 条除在第 1 款作了与《地方组织法》上述内容相同的规定外，还在第 2 款规定："对县级以上的各级人民代表大会代表，如果采取法律规定的其他限制人身自由的措施，应当经该级人民代表大会主席团或者人民代表大会常务委员会许可。"本案被告人焦某生、王某海在得知周某良是蚌埠市人民代表大会代表后，不向该市人民代表大会报告，即强行将周收审；而被告人贺某才、兰某在公安局领导责成他们立即释放周某良时，又不及时解除对周某良的收审，均属违法，侵犯了人大代表的人身权利和行使国家权力的权利。基于以上理由，长春市中级人民法院对焦某生等 4 名被告人的判决，是正确的。

来源：法律教育网 2003 年 11 月 27 日

延伸阅读

国务院机构改革

关于国务院机构改革方案的说明

——2018 年 3 月 13 日第十三届全国人民代表大会第一次会议

2018 年，新一轮的《国务院机构改革方案》出炉，方案指出，深化国务院机构改革，要着眼于转变政府职能，坚决破除制约使市场在资源配置中起决定性作用、更好发挥政府作用的体制机制弊端，围绕推动高质量发展，建设现代化经济体系，加强和完善政府经济调节、市场监管、社会管理、公共服务、生态环境保护职能，结合新的时代条件和实践要求，着力推进重点领域和关键环节的机构职能优化和调整，构建起职责明确、依法行政的政府治理体系，提高政府执行力，建设人民满意的服务型政府。方案对国务院机构设置作如下调整：

组建自然资源部，不再保留国土资源部、国家海洋局、国家测绘地理信息局；组建生态环境部，不再保留环境保护部；组建农业农村部，不再保留农业部；组建文化和旅游部，不再保留文化部、国家旅游局；组建国家卫生健康委员会，不再保留国家卫生和计划生育委员会；组建退役军人事务部；组建应急管理部，不再保留国家安全生产监督管理总局；重新组建科学技术部；将司法部和国务院法制办公室的职责整合，重新组建司法部；优化水利部职责；优化审计署职责；监察部并入新组建的国家监察委员会；组建国家市场监督管理总局，将国家工商行政管理总局的职责，国家质量监督检验检疫总局的职责，国家食品药品监督管理总局的职责等的职责进行整合；在国家新闻出版广电总局广播电视管理职责的基础上组建国家广播电视总局；组建国家国际发展合作署；组建国家医疗保障局；组建国家粮食和物资储备局；组建国家移民管理局；组建国家林业和草原局；重新组建国家知识产权局；调整全国社会保障基金理事会隶属关系；改革国税地税征管体制等。

改革后，国务院正部级机构减少 8 个，副部级机构减少 7 个。

思考题

1. 试述我国国家机构的组织活动原则。
2. 简述集体负责制与个人负责制的异同。
3. 全国人大有哪些基本职权？
4. 全国人大常委会的基本职权包括哪些方面？
5. 我国国家主席的职权有哪些？
6. 简述总理负责制。
7. 简述我国人大代表的权利。

第十章

基层群众性自治组织

通过本章的学习，学生将掌握我国基层群众性自治组织的概念、性质和特征，以及其与基层政权之间的相互关系；了解我国居民委员会和村民委员会的设置、组织、任务或职责，重点理解我国居民自治和村民自治中的民主选举、民主决策、民主管理及民主监督。

第一节 基层群众性自治组织概述

【导入事例 10-1】居民委员会罢免案

王某于 2017 年 5 月被选任为某居民委员会主任。初期，王某工作积极，表现良好。后因工作方法不当，自 8 月起，不断有居民向有关部门和领导反映王某工作作风不佳，群众基础差，尤其在政策水平方面有偏差。11 月 9 日，该社区 16 名居民代表联名向居民委员会提出罢免王某的居委会主任职务。居民委员会向街道办事处提交了召开居民代表大会罢免王某的书面报告。该居民委员会根据《某某市居民委员会选举办法》中的罢免程序的有关规定，于 2017 年 12 月 25 日召开居民代表大会，与会人员达到法定人数要求，并形成罢免意见。事后，王某多次向区委、区政府反映。2018 年 1 月 12 日，区政府相关部门委托该街道办事处对此事复查。街道办事处专门成立复查工作组，该工作组采取走访以及会议形式，一致同意罢免王某主任职务。于是街道办事处于 2018 年 2 月 12 日作出维持原罢免决定的复查意见。王某收到复查意见后，3 月向区政府提出行政复议申请。区政府受理后经审查认为，2017 年 12 月 25 日的居民代表大会是依法召开，其罢免程序符合选举办法的规定，罢免决议体现民意，罢免王某主任职务理由充分、事实清楚、程序合法、结果有效。王某对此不服，向法院提起诉讼。

问：

1. 居民委员会的性质是什么？

2. 区政府、街道办事处和居民委员会之间是什么关系？

一、基层群众性自治组织的发展

以根本法形式规定基层群众性自治组织，这在我国制宪史上是由 1982 年《宪法》最先规定的，它表明国家对基层社会实行直接民主的重视，反映国家加强社会主义民主政治建设的决心。但这并不是说 1982 年《宪法》发布后我国才有基层群众性自治组织，事实上，自 1949 年 10 月 23 日杭州市上城区上羊市街成立新中国第一个居民委员会以来，城市的居民委员会就已经成立了。1954 年 12 月 31 日，第一届全国人民代表大会常务委员会第四次会议通过了《城市居民委员会组织条例》。因此，居民委员会在城市已有几十年的历史，而村民自治组织则是改革开放，特别是农村经济体制改革的产物。1982 年《宪法》在确定政社分开、恢复乡级政权设置的基础上，设置了村民委员会。

我国《宪法》第 111 条第 1 款规定："城市和农村按居民居住地区设立的居民委员会或者村民委员会是基层群众性自治组织。居民委员会、村民委员会的主任、副主任和委员由居民选举。居民委员会、村民委员会同基层政权的相互关系由法律规定。"上述规定对居民委员会和村民委员会的具体立法提出了直接要求。所以，1982 年《宪法》发布以后，国家有关部门就开始了这方面的法律起草工作。1987 年 11 月 24 日，第六届全国人民代表大会常务委员会第二十三次会议通过了《中华人民共和国村民委员会组织法（试行）》。1998 年 11 月 4 日，第九届全国人民代表大会常务委员会第五次会议通过了新的《村民委员会组织法》。2010 年 10 月 28 日，第十一届全国人民代表大会常务委员会第十七次会议修订了《村民委员会组织法》。1989 年 12 月 26 日，第七届全国人民代表大会常务委员会第十一次会议通过了《城市居民委员会组织法》。2018 年 12 月 29 日，第十三届全国人民代表大会常务委员会第七次会议通过了《全国人民代表大会常务委员会关于修改〈中华人民共和国村民委员会组织法〉〈中华人民共和国城市居民委员会组织法〉的决定》。2021 年 4 月 28 日，中共中央、国务院通过了《关于加强基层治理体系和治理能力现代化建设的意见》。这不但牵涉到十几亿城乡居民的根本利益，而且对于保障基层群众自治组织建设，发展基层社会主义民主，密切党群和干群关系，促进城乡改革发展稳定都具有重要意义。因此，基层群众自治制度是适合我国国情、维护城乡基层和谐稳定的一项重要政治制度，必须毫不动摇地长期坚持下去，并不断丰富和完善，使之发挥更大的作用。

当然，在实施《城市居民委员会组织法》《村民委员会组织法》的过程中，过去的居民委员会、村民委员会面临着任务重而繁多、工作条件差、待遇低，缺乏必要的经济基础，干部结构不尽合理，居（村）民自治不够完善等许多问题。随着工业化、信息化、城镇化、市场化、国际化的进程加快，我国城乡基层社会正在发生着深刻变化，居民委员会和村民委员会更面临着许多新情况新要求。一是随着我国城镇化和老龄化快速发展，居民委员会和村民委员会的工作对象发生了深刻变化，城乡居民服务需求日趋多样，每个居民委员会和村民委员会都生活着低保人口、下岗失业人员、残疾人、未成年人和老年人等弱势群体。这就要求居民委员会和村民委员会必须增强服务意识、拓展服务内容、创新服务方式、提高服务质量，满足城乡居民群众多层次、多样化的物质文化生活需求。二是随着社会转型、企业转制和政府转变职能，居民委员会和村民委员会的工作内容发生了深刻变化，社会管理任务日趋繁重。在市场经济条件下，原来由政府和企业承担的大量社会管理和公共服务职能转移到社区和乡村，居民委员会和村民委员会除承担大量的治安、卫生、计生、就业、低保、文体等传统政府公共服务项目外，还要承担禁毒、社区矫正、流动人口管理、消防、维权、预防青少年违法犯罪等新任务。这就要求居民委员会和村民委员会必须要有较强的处理公共事务和公益事业的能力，在优化功能、壮大力量的同时，切实协助政府提高社会建设和城乡管理水平。三是随着改革不断深化和经济快速发展，居民委员会和村民委员会的工作职责发生了深刻变化，维护稳定的责任日趋艰巨。当前，各种利益冲突和社会矛盾易发多发，特别是城乡基层因公共安全、房屋拆迁、环境污染、物业管理、贫富差距、社会治安等问题引起的群体性、突发性事件呈多发态势。充分发挥好居民委员会和村民委员会协调利益、化解矛盾、维护稳定的作用至关重要。我们只有主动适应经济社会发展的新变化新要求，认真研究当前居民委员会和村民委员会建设中的突出问题，才能进一步把基层群众性自治制度坚持好、发展好，才能进一步加强基层治理体系和治理能力现代化建设。

二、基层群众性自治组织的概念和性质

（一）基层群众性自治组织的概念

基层群众性自治组织是指依照有关法律规定，以城乡居民（村民）一定的居住地为范围而设置，并由当地居民（村民）民主选举产生的，以民主决策、民主管理和民主监督方式实现居民（村民）自我管理、自我教育和自我服务的基层社会组织。《城市居民委员会组织法》第 2 条第 1 款规定："居民委员会是居民自我管理、自我教育、自我服务的基层群众性自治组织。"《村民委员会组织法》第 2 条第 1 款规定："村民委员会是村民自我管理、自我教育、自我服务的基层群众性自治组织，实行民主选举、民主决策、民主管理、民主监督。"它所增加的四个"民主"，是对"自治"内容和方式的深化认识，是对"自治"的进一步要求。

（二）基层群众性自治组织的性质

我国《宪法》第 111 条第 1 款规定："城市和农村按居民居住地区设立的居民委员会或者村民委员会是基层群众性自治组织。"该条规定位于《宪法》第三章"国家机构"的第五节"地方各级人民代表大会和地方各级人民政府"中的末条。这种条款设置主要是考虑编排技术上的方便，同时也考虑到基层群众性自治组织是在基层政府的指导、支持和帮助下开展工作的，基层群众性自治组织有义务协助基层政府的工作，而不意味着居民委员会和村民委员会属于地方国家机构体系，也不意味着它们是国家机构的附属组织。因此，基层群众性自治组织不是国家机关，而是城市居民和农村村民自我管理和服务的自治组织。

由这一性质决定，居民委员会和村民委员会的活动不具有国家强制力，它们不

能以行政管理方式即命令与服从的方式解决问题。而且，居民委员会和村民委员会开展工作，应当立足于居民（村民）通过的"公约""村规"，尊重居民（村民）达成的协议，依靠群众觉悟，采取说服教育的方式进行。

（三）基层群众性自治组织的特点

居民委员会和村民委员会是城乡居民自我组织起来进行自我管理、自我教育、自我服务的基层群众性自治组织。它不是国家政权机关，也不同于其他政治、经济等社会组织和社会团体。其特点表现在：

1. 独立性。居民委员会、村民委员会在组织上具有独立性，既不是国家机关的下级组织，也不属于任何社会团体和社会经济组织，与国家机关及其他社会组织之间不存在领导与被领导的关系，国家机关及其派出机构无权对它发布指示和命令。

2. 自治性。居民委员会、村民委员会在活动上具有自治性，通过居民或村民自我管理、自我教育、自我服务开展工作，实行民主选举、民主决策、民主管理、民主监督。尽管基层人民政府或者它的派出机关对居民委员会、村民委员会的工作给予指导、支持和帮助，但不得干预依法属于居民委员会、村民委员会自治范围内的事务。

3. 基层性。从组织上看，无论是居民委员会还是村民委员会都只存在于居住地区范围的基层社区，没有上级组织，更没有全国性的、地区性的统一组织，这一点与工会、妇联等群众组织不同。从自治内容看，居民委员会、村民委员会所从事的工作都是居住范围内的公共事务和公益事业，不涉及其他地区。

三、基层群众性自治组织与基层政权的关系

我国《城市居民委员会组织法》《村民委员会组织法》规定的居民委员会和村民委员会与基层政权的相互关系是一致的。

（一）基层政权中的人民政府对基层群众性自治组织的工作给予指导、支持和帮助，但不得干预依法属于居民（村民）自治范围内的事项

基层政权中的人民政府和基层群众性自治组织之间是法定的指导与被指导的关系，而不是领导与被领导的关系。具体而言，不设区的市、市辖区的人民政府或者它的派出机关对居民委员会的工作给予指导、支持和帮助；乡、民族乡、镇的人民政府对村民委员会的工作给予指导、支持和帮助。除了居民（村民）委员会的设立、撤销、规模调整，由不设区的市、市辖区的人民政府或县级人民政府决定或批准之外，基层人民政府对基层群众性自治组织不得享有任何审批权。居民会议通过的居民公约和村民会议通过的村民自治章程、村规民约，依法只是报基层人民政府备案，而不是报基层人民政府批准。《城市居民委员会组织法》第 15 条第 1 款规定："居民公约由居民会议讨论制定，报不设区的市、市辖区的人民政府或者它的派出机关备案，由居民委员会监督执行。居民应当遵守居民会议的决议和居民公约。"《村民委员会组织法》第 27 条第 1 款规定："村民会议可以制定和修改村民自治章程、村规民约，并报乡、民族乡、镇的人民政府备案。"《村民委员会组织法》第 36 条

第 2、3 款规定："村民委员会不依照法律、法规的规定履行法定义务的，由乡、民族乡、镇的人民政府责令改正。乡、民族乡、镇的人民政府干预依法属于村民自治范围事项的，由上一级人民政府责令改正。"在"支持和帮助"方面，《城市居民委员会组织法》第 17 条规定："居民委员会的工作经费和来源，居民委员会成员的生活补贴费的范围、标准和来源，由不设区的市、市辖区的人民政府或者上级人民政府规定并拨付；经居民会议同意，可以从居民委员会的经济收入中给予适当补助。居民委员会的办公用房，由当地人民政府统筹解决。"《村民委员会组织法》第 37条规定："人民政府对村民委员会协助政府开展工作应当提供必要的条件；人民政府有关部门委托村民委员会开展工作需要经费的，由委托部门承担。村民委员会办理本村公益事业所需的经费，由村民会议通过筹资筹劳解决；经费确有困难的，由地方人民政府给予适当支持。"至于"指导"主要是指基层政府应在居民委员会和村民委员会起草居民公约、村民自治章程和村规民约时进行指导，使其内容不与法律、法规和国家政策相抵触。此外，《城市居民委员会组织法》第 20 条规定："市、市辖区的人民政府的有关部门，可以对居民委员会有关的下属委员会进行业务指导。"《村民委员会组织法》第 5 条第 1 款明确规定："乡、民族乡、镇的人民政府对村民委员会的工作给予指导、支持和帮助，但是不得干预依法属于村民自治范围内的事项。"

（二）基层群众性自治组织应当协助基层人民政府开展工作，并可以向基层人民政府反映意见、要求和提出建议

《城市居民委员会组织法》第 3 条明确规定，居民委员会"协助人民政府或者它的派出机关做好与居民利益有关的公共卫生、计划生育、优抚救济、青少年教育等项工作"。进一步规定："市、市辖区的人民政府有关部门，需要居民委员会或者它的下属委员会协助进行的工作，应当经市、市辖区的人民政府或者它的派出机关同意并统一安排。"《村民委员会组织法》第 5 条第 2 款明确规定："村民委员会协助乡、民族乡、镇的人民政府开展工作。"《村民委员会组织法》第 2 条第 2 款也规定："村民委员会办理本村的公共事务和公益事业，调解民间纠纷，协助维护社会治安，向人民政府反映村民的意见、要求和提出建议。"事实上，在公共卫生、计划生育、优抚救济、青少年教育等事项方面，村民委员会也应协助政府开展工作。另外，《村民委员会组织法》第 31 条规定："村民委员会不及时公布应当公布的事项或者公布的事项不真实的，村民有权向乡、民族乡、镇的人民政府或者县级人民政府及其有关主管部门反映，有关人民政府或者主管部门应当负责调查核实，责令依法公布；经查证确有违法行为的，有关人员应当依法承担责任。"

此外，村党支部与村民委员会是领导与被领导关系，村民自治是在党的领导下，在国家规定的范围内的自治。《村民委员会组织法》第 4 条规定："中国共产党在农村的基层组织，按照中国共产党章程进行工作，发挥领导核心作用，领导和支持村民委员会行使职权；依照宪法和法律，支持和保障村民开展自治活动、直接行使民主权利。"

【导入事例 10 - 1】分析：

1. 居民委员会是基层群众性自治组织，并非人民政府的派出机关或下属机构。根据《城市居民委员会组织法》第 2 条的规定，居民委员会是居民自我管理、自我教育、自我服务的群众性自治组织。居民委员会在活动上具有自治性，通过居民自我管理、自我教育、自我服务开展工作，实行民主选举、民主决策、民主管理、民主监督。

2. 居民委员会协助人民政府或者它的派出机关（街道办事处）开展工作，人民政府或它的派出机关对居民委员会的工作给予指导、支持和帮助，但不得干预依法属于居民委员会自治范围内的事务。因为居民委员会在组织上具有独立性，居民委员会与人民政府或它的派出机关（街道办事处）之间没有行政管理的上下级关系。

第二节 居民委员会

【导入事例 10 - 2】 居民委员会换届选举选民登记公告

经居民选举委员会研究决定，并报镇居委会换届选举工作指导小组批准，本居民区选举日为 2018 年 8 月 5 日。选民登记工作定于 2018 年 7 月 6 日至 7 月 10 日的每日 9 时~11 时，14 时~16 时。请在 2000 年 8 月 5 日（不包括 2000 年 8 月 5 日）前出生的居民携带本人身份证到汇延路 199 弄 33 号 2 楼（瑞和城三居委）处登记。望居民相互转告，积极行使民主权利，踊跃参加选民登记和投票选举。逾期不参加登记的，视为放弃选举权利。7 月 15 日将公布选民名单。

特此公告。

瑞和城第三居民区居民选举委员会

二〇一八年七月三日

问：

1. 我国居民委员会选举的相关内容是哪一部法律规定的？

2. 该换届选举选民登记的内容是否符合我国法律规定？

一、居民委员会的任务

《城市居民委员会组织法》第 3 条具体地规定居民委员会的任务是：

（1）宣传宪法、法律、法规和国家的政策，维护居民的合法权益，教育居民履行依法应尽的义务，爱护公共财产，开展多种形式的社会主义精神文明建设活动。

（2）办理本居住区居民的公共事务和公益事业。

（3）调解民间纠纷。

（4）协助维护社会治安。

（5）协助人民政府或者它的派出机关做好与居民利益相关的公共卫生、计划生育、优抚救济、青少年教育等项工作。

（6）向人民政府或者它的派出机关反映居民的意见、要求和提出建议。

此外，按《城市居民委员会组织法》第4条、第5条的规定，居民委员会还应当开展便民、利民的社区服务活动，可以兴办有关的服务事业；多民族居住地区的居民委员会，还应当教育居民互相帮助，互相尊重，加强民族团结。

二、居民委员会的组织

（一）居民委员会的设置

居民委员会根据居民居住状况，按照便于居民自治的原则，一般在100户~700户的范围内设立。机关、团体、部队、企业事业组织，不参加所在地的居民委员会，但应当支持所在地的居民委员会的工作。这些单位的家属聚居区可以单独成立家属委员会，承担居民委员会的工作。乡、民族乡、镇的人民政府所在地，也可以设立居民委员会，并适用《城市居民委员会组织法》。

（二）居民自治的组织体系

1. 居民会议，是居民委员会辖区范围内居民自治的最高决策机构，由当地18周岁以上的居民组成，居民委员会向居民会议负责并报告工作，居民会议有权撤换和补选居民委员会成员。

2. 居民委员会，是居民会议的执行机构，由主任、副主任和委员共5~9人组成。多民族居住区的居民委员会，应当有人数较少的民族的成员。居民委员会每届任期5年，其成员可以连选连任。

3. 居民委员会的下属委员会，居民委员会根据需要设人民调解、治安保卫、公共卫生等委员会。居民委员会成员可以兼任下属委员会的成员。居民较少的居民委员会可以不设下属的委员会，由居民委员会的成员分工负责有关工作。

4. 居民小组，居民委员会可以分设若干居民小组，小组长由居民小组推选。

三、居民自治的活动

（一）民主选举

1. 居民委员会的主任、副主任和委员，由本居住地区全体有选举权的居民或者由每户派代表选举产生。根据居民的意见，也可以由每个居民小组选举代表2~3人选举产生居民委员会的主任、副主任和委员。年满18周岁的本居住地区居民，不分民族、种族、性别、职业、家庭出身、宗教信仰、教育程度、财产状况、居住期限，都有选举权和被选举权；但是，依照法律被剥夺政治权利的人除外。

2. 居民会议可以由全体18周岁以上的居民或者每户派代表参加，也可以由每个居民小组选举代表2~3人参加。

（二）民主决策

1. 涉及全体居民利益的重要问题，居民委员会必须提请居民会议讨论决定。居民会议由居民委员会召集和主持。有1/5以上的18周岁以上的居民、1/5以上的户或者1/3以上的居民小组提议，应当召开居民会议。居民会议必须有全体18周岁以上的居民、户的代表或者居民小组选举的代表的过半数出席，才能举行。会议的决定，由出席人的过半数通过。

2. 居民公约由居民会议讨论制定，报不设区的市、市辖区的人民政府或者它的派出机关备案。居民公约的内容不得与宪法、法律、法规和国家的政策相抵触。

3. 居民委员会办理本居住地区公益事业所需的费用，经居民会议讨论决定，可以根据自愿原则向居民筹集，也可以向本居住地区的受益单位筹集，但必须经受益单位同意；收支账目应当及时公布，接受居民监督。

（三）民主管理

居民委员会决定问题，采取少数服从多数的原则。居民委员会进行工作，应当采取民主的方法，不得强迫命令。

（四）民主监督

1. 居民委员会向居民会议负责并报告工作。

2. 居民委员会成员应当遵守宪法、法律、法规和国家的政策，办事公道，热心为居民服务。

3. 居民公约由居民委员会监督执行。居民应当遵守居民会议的决定和居民公约。

4. 居民委员会的收支账目应当及时公布，接受居民监督。

5. 依照法律被剥夺政治权利的人编入居民小组，居民委员会应当对他们进行监督和教育。

【导入事例 10-2】分析：

1. 我国居民委员会选举的相关内容是《城市居民委员会组织法》规定的。

2. 该换届选举选民登记的内容符合我国法律规定。《城市居民委员会组织法》规定，年满 18 周岁的本居住地区居民，不分民族、种族、性别、职业、家庭出身、宗教信仰、教育程度、财产状况、居住期限，都有选举权和被选举权；但是，依照法律被剥夺政治权利的人除外。

第三节　村民委员会

【导入事例 10-3】法院审结村民委员会选举案

2011 年是卢某红所在的东王褚村选举换届之年，在村委会门前公布张贴的选民名单中没有卢某红的名字，卢某红于同年 10 月 13 日向村民选举委员会递交申诉状，同年 10 月 17 日村民选举委员会作出决定，以卢某红在 2008 年没有选民登记为理由，决定其不具备选民资格。卢某红认为，根据《村民委员会组织法》第三章第 13 条的规定，东王褚村民选举委员会所作的决定是不公正的，是违背法律规定的。根据我国《民事诉讼法》第 164 条的规定，卢某红诉至法院，要求判令：确认东王褚村民选举委员会决定卢某红无选民资格是错误的。法院认为，本案系村民在村民自治组织选举中对"选民"资格不服而产生的纠纷。《选举法》第 29 条规定，对于公布的选民名单有不同意见的，可以向选举委员会提出申诉。选举委员会对申诉意见，应在 3 日内作出处理决定。申诉人如果对处理决定不服，可以在选举日的 5 日以前向人民法院起诉，人民法院应在选举日以前作出判决。人民法院的判决为最后决定。该条规定实际上是指《宪法》规定的选举权和被选举权，即《宪法》上赋予公民的在选举国家权力机关代表中的选举资格，是一项《宪法》赋予的政治权利。而《村民委员会组织法》规定，村民委员会是村民自我管理、自我教育、自我服务的基层群众组织，村民委员会的选举，由村民选举委员会主持。选民对选民名单有不同意见，可于期限内向村民选举委员会提出，由村民选举委员会在选举日前依法作出处理，但条款中未明确规定村民对村民委员会公布的选举村民委员会"选民"名单持有异议的可以向人民法院起诉，故该类案件不属于人民法院受理的选民资格案件范围，依照《民事诉讼法》第 108 条第 2 款的规定，经法院审判委员会讨论决定，裁定如下：驳回起诉人卢某红的起诉。如不服本裁定，可在裁定书送达之日起 10 日内，向本院递交上诉状，上诉于河南省焦作市中级人民法院。

问：

1. 村民委员会换届选举选民资格的决定权属于谁？

2. 指导村民委员会选举工作的主体是谁？

一、村民委员会的任务和职责

《村民委员会组织法》第 1 条规定："为了保障农村村民实行自治，由村民依法办理自己的事情，发展农村基层民主，维护村民的合法权益，促进社会主义新农村建设，根据宪法，制定本法。"为此，《村民委员会组织法》具体规定了村民委员会的主要任务和职责：

（一）村民委员会的主要任务

1. 办理本居住地区的公共事务和公益事业。公共事务是指与本村全体村民生产和生活直接相关的事务，公益事业是指本村的公共福利事业。两者有所不同，但又不可截然分开。在实际工作中，村民委员会兴办的公共事务和公益事业主要有：修桥建路、修建码头、兴修水利，兴办学校、幼儿园、托儿所、敬老院，植树造林、整理村容、美化环境，扶助贫困、救助灾害等。

2. 调解民间纠纷。调解民间纠纷是村民委员会的一项重要的经常性工作。村民委员会调解民间纠纷，应当遵守一定的原则，即依据法律、法规、规章和政策进行调解，法律、法规、规章和政策没有明确规定的，依据社会公德进行调解；调解工作应当在双方当事人自愿平等的基础上进行；尊重当事人的诉讼权利，不得因未经调解或者调解不成而阻止当事人向人民法院起诉。

3. 协助维护社会治安。在我们这样一个人口众多、地域辽阔的大国，必须动员和组织广大人民群众参加社会治安工作。因此，法律赋予村民委员会协助人民政府维护社会治安的任务。村民委员会协助维护社会治安，要做好以下几项工作：其一，加强治安防范工作。只有大力抓好预防工作，才能减少犯罪，更好地维护社会秩序。

其二，要广泛开展法制宣传和教育工作，提高村民的法律意识和法治观念。其三，深入开展社会治安综合治理工作。协助有关部门，对被依法剥夺政治权利的村民进行教育、帮助和监督。做好教育、感化和挽救失足青少年的工作。同时，要培养村民的社会正义感，敢于同违法犯罪现象作斗争，让人人都来参与维护社会治安。

4. 向人民政府反映村民的意见、要求和提出建议。村民委员会是村民同人民政府之间的纽带和桥梁。村民委员会来自于村民，了解群众的意愿和心声，通过反映村民的意见、要求和提出建议，可以使人民政府及时发现、研究和解决村民在生产生活中存在的各种问题；加强对各级国家机关和国家工作人员的监督，加强廉政建设；更重要的是可以吸引亿万农民关心国家大事，密切人民政府同广大群众的联系，广泛调动他们的积极性。

（二）村民委员会的主要职责

1. 村民委员会应当支持和组织村民依法发展各种形式的合作经济和其他经济，承担本村生产的服务和协调工作，促进农村生产建设和经济发展。村民委员会依照法律规定，管理本村属于村农民集体所有的土地和其他财产，引导村民合理利用自然资源，保护和改善生态环境。村民委员会应当尊重并支持集体经济组织依法独立进行经济活动的自主权，维护以家庭承包经营为基础、统分结合的双层经营体制，保障集体经济组织和村民、承包经营户、联户或者合伙的合法财产权和其他合法权益。

2. 村民委员会应当宣传宪法、法律、法规和国家的政策，教育和推动村民履行法律规定的义务、爱护公共财产，维护村民的合法权益，发展文化教育，普及科技知识，促进男女平等，做好计划生育工作，促进村与村之间的团结、互助，开展多种形式的社会主义精神文明建设活动。村民委员会应当支持服务性、公益性、互助性社会组织依法开展活动，推动农村社区建设。多民族村民居住的村，村民委员会应当教育和引导各民族村民增进团结、互相尊重、互相帮助。

3. 村民委员会及其成员应当遵守宪法、法律、法规和国家的政策，遵守并组织实施村民自治章程、村规民约，执行村民会议、村民代表会议的决定、决议，办事公道，廉洁奉公，热心为村民服务，接受村民监督。

二、村民委员会的组织

（一）村民委员会的设置

村民委员会的设立，直接涉及村民自治。适度的村民委员会规模，将会促进农村民主制度的建设，把直接民主扩大到政治、经济和社会生活各个方面。如果村民委员会设置规模过大，村民之间难以相互了解，召集会议比较困难，不利于村民集体讨论决定问题，村民自治就会受到影响。相反，村民委员会的设置规模过小，聚集不起一定的人力、物力、财力，农村集体经济发展不起来，同样也会削弱村民自治。因此，村民委员会的设置必须适宜，不能过大，也不能过小，便于村民自治是决定村民委员会设置所应遵循的一项基本原则。《村民委员会组织法》第 3 条第 1、

2 款规定："村民委员会根据村民居住状况、人口多少，按照便于群众自治，有利于经济发展和社会管理的原则设立。村民委员会的设立、撤销、范围调整，由乡、民族乡、镇的人民政府提出，经村民会议讨论同意，报县级人民政府批准。"此外，《村民委员会组织法》第 38 条第 1 款规定："驻在农村的机关、团体、部队、国有及国有控股企业、事业单位及其人员不参加村民委员会组织，但应当通过多种形式参与农村社区建设，并遵守有关村规民约。"

（二）村民自治的组织体系

1. 村民会议。村民会议是村民集体讨论决定涉及全村村民利益问题的一种组织形式，是村民行使自治权利的根本途径和形式，在村民自治组织体系中拥有最高的决策权，它与村民委员会之间是决策与执行、委托与受托、监督与被监督的关系。村民会议是村民实行自治的权力机构，村委会是村民实行自治的执行机构和工作机构，村民委员会向村民会议负责并报告工作。《村民委员会组织法》规定：村民会议由本村 18 周岁以上的村民组成。村民会议由村民委员会召集。有 1/10 以上的村民或者 1/3 以上的村民代表提议，应当召集村民会议。召集村民会议，应当提前 10 天通知村民。召开村民会议，应当有本村 18 周岁以上村民的过半数，或者本村 2/3 以上的户的代表参加，村民会议所作决定应当经到会人员的过半数通过。法律对召开村民会议及作出决定另有规定的，依照其规定。召开村民会议，根据需要可以邀请驻本村的企业、事业单位和群众组织派代表列席。村民会议审议村民委员会的年度工作报告，评议村民委员会成员的工作；有权撤销或者变更村民委员会不适当的决定；有权撤销或者变更村民代表会议不适当的决定。村民会议可以授权村民代表会议审议村民委员会的年度工作报告，评议村民委员会成员的工作，撤销或者变更村民委员会不适当的决定。

另外，村民会议还可以制定和修改村民自治章程、村规民约，并报乡、民族乡、镇的人民政府备案。村民自治章程、村规民约以及村民会议或者村民代表会议的决定不得与宪法、法律、法规和国家的政策相抵触，不得有侵犯村民的人身权利、民主权利和合法财产权利的内容，否则，由乡、民族乡、镇的人民政府责令改正。

2. 村民代表会议。村民代表会议是一个新出现的村民自治组织的形式，考虑到人数较多或者居住分散的村，全体 18 周岁以上的村民难以超过半数到会，而且现在农村外出务工经商者较多，按时召开村民会议确有困难。所以，法律上肯定了村民代表会议这一形式，但这并不意味着村民代表会议等于村民会议，甚至可以取代村民会议。修正后的《村民委员会组织法》第 25 条规定："人数较多或者居住分散的村，可以设立村民代表会议，讨论决定村民会议授权的事项。村民代表会议由村民委员会成员和村民代表组成，村民代表应当占村民代表会议组成人员的五分之四以上，妇女村民代表应当占村民代表会议组成人员的三分之一以上。村民代表由村民按每五户至十五户推选一人，或者由各村民小组推选若干人。村民代表的任期与村民委员会的任期相同。村民代表可以连选连任。村民代表应当向其推选户或者村民小组负责，接受村民监督。"

《村民委员会组织法》第26条规定："村民代表会议由村民委员会召集。村民代表会议每季度召开一次。有五分之一以上的村民代表提议，应当召集村民代表会议。村民代表会议有三分之二以上的组成人员参加方可召开，所作决定应当经到会人员的过半数同意。"

3. 村民委员会。村民委员会是村民自治的常设组织，是村民会议的执行机构。村民委员会由主任、副主任和委员共3~7人组成，每届任期5年，届满应当及时举行换届选举，其成员可以连选连任。《村民委员会组织法》第6条第2、3款规定规定："村民委员会成员中，应当有妇女成员，多民族村民居住的村应当有人数较少的民族的成员。对村民委员会成员，根据工作情况，给予适当补贴。"

4. 村民委员会的下属委员会。人民调解委员会是调解民间纠纷，用法律知识和社会主义道德风尚教育群众、团结群众的一个基层群众性组织。治安保卫委员会是发动群众协助人民政府维护社会治安、同一切刑事犯罪活动作斗争的一个基层群众性治安保卫组织。公共卫生委员会是负责办理卫生宣传、治理环境、防病治病等公共卫生事务的基层群众性组织。我国《村民委员会组织法》第7条规定："村民委员会根据需要设人民调解、治安保卫、公共卫生与计划生育等委员会。村民委员会成员可以兼任下属委员会的成员。人口少的村的村民委员会可以不设下属委员会，由村民委员会成员分工负责人民调解、治安保卫、公共卫生与计划生育等工作。"

5. 村民小组。由于一些地区的村民较多，或者是管辖范围较大，居住分散，为便于村民自治，按照有利生产、方便生活的原则，村民委员会可以根据村民居住状况、集体土地所有权关系等分设若干村民小组，村民小组组长由村民小组会议推选。村民小组长的职责：一是收集并向村委会反映本组村民的建议、意见；二是向本组村民传达村委会作出的有关决定；三是协助村委会办理本村的公共事务和公益事业。村民小组组长任期与村民委员会的任期相同，可以连选连任。《村民委员会组织法》第28条规定："召开村民小组会议，应当有本村民小组十八周岁以上的村民三分之二以上，或者本村民小组三分之二以上的户的代表参加，所作决定应当经到会人员的过半数同意。村民小组组长由村民小组会议推选。村民小组组长任期与村民委员会的任期相同，可以连选连任。属于村民小组的集体所有的土地、企业和其他财产的经营管理以及公益事项的办理，由村民小组会议依照有关法律的规定讨论决定，所作决定及实施情况应当及时向本村民小组的村民公布。"目前，全国多数地区在原来的生产大队一级设村委会，在原来的生产队一级设村民小组；有的地区几个自然村联合设立一个村委会，每个自然村分别设立村民小组；有些大的自然村分设几个村民小组。情况不一。

三、村民自治的民主管理和民主监督

(一) 民主选举

村民委员会主任、副主任和委员，由村民直接选举产生，任何组织或者个人不得指定、委派或者撤换村民委员会成员。即人们常说的"村官直选"。修正后的

《村民委员会组织法》从第 11 条到第 20 条规定了选举中的排除外来干涉、平等选举、选举的工作机构和程序、对破坏选举的制裁以及村干部罢免等有关问题。由此可见，"直选村官"在村民自治活动中的重要性。而村民"直选村官"活动的逐步规范化、民主化，更好地保障了中国农民的政治权利，激发了农民当家作主的热情，增进了村干部的公仆意识，因而引起了全世界的关注。具体地说，《村民委员会组织法》对村民委员会的民主选举作出了以下规定：

1. 村民委员会的选举，由村民选举委员会主持。村民选举委员会由主任和委员组成，由村民会议、村民代表会议或者各村民小组会议推选产生。村民选举委员会成员被提名为村民委员会成员候选人，应当退出村民选举委员会。村民选举委员会成员退出村民选举委员会或者因其他原因出缺的，按照原推选结果依次递补，也可以另行推选。

2. 年满 18 周岁的村民，不分民族、种族、性别、职业、家庭出身、宗教信仰、教育程度、财产状况、居住期限，都有选举权和被选举权；但是，依照法律被剥夺政治权利的人除外。村民委员会选举前，应当对下列人员进行登记，列入参加选举的村民名单：

（1）户籍在本村并且在本村居住的村民。

（2）户籍在本村，不在本村居住，本人表示参加选举的村民。

（3）户籍不在本村，在本村居住 1 年以上，本人申请参加选举，并且经村民会议或者村民代表会议同意参加选举的公民。已在户籍所在村或者居住村登记参加选举的村民，不得再参加其他地方村民委员会的选举。

3. 登记参加选举的村民名单应当在选举日的 20 日前由村民选举委员会公布。对登记参加选举的村民名单有异议的，应当自名单公布之日起 5 日内向村民选举委员会申诉，村民选举委员会应当自收到申诉之日起 3 日内作出处理决定，并公布处理结果。

4. 选举村民委员会，由登记参加选举的村民直接提名候选人。候选人的名额应当多于应选名额。村民选举委员会应当组织候选人与村民见面，由候选人介绍履行职责的设想，回答村民提出的问题。

选举村民委员会，有登记参加选举的村民过半数投票，选举有效；候选人获得参加投票的村民过半数的选票，始得当选。当选人数不足应选名额的，不足的名额另行选举。另行选举的，第一次投票未当选的人员得票多的为候选人，候选人以得票多的当选，但是所得票数不得少于已投选票总数的 1/3。

选举实行无记名投票、公开计票的方法，选举结果应当当场公布。选举时，应当设立秘密写票处。

登记参加选举的村民，选举期间外出不能参加投票的，可以书面委托本村有选举权的近亲属代为投票。村民选举委员会应当公布委托人和受委托人的名单。

5. 本村 1/5 以上有选举权的村民或者 1/3 以上的村民代表联名，可以提出罢免村民委员会成员的要求，并说明要求罢免的理由。被提出罢免的村民委员会成员有权提出申辩意见。罢免村民委员会成员，须有登记参加选举的村民过半数投票，并须经投票的村民过半数通过。

6. 以暴力、威胁、欺骗、贿赂、伪造选票、虚报选举票数等不正当手段当选村民委员会成员的，当选无效。对以暴力、威胁、欺骗、贿赂、伪造选票、虚报选举票数等不正当手段，妨害村民行使选举权、被选举权，破坏村民委员会选举的行为，村民有权向乡、民族乡、镇的人民代表大会和人民政府或者县级人民代表大会常务委员会和人民政府及其有关主管部门举报，由乡级或者县级人民政府负责调查并依法处理。

7. 村民委员会成员丧失行为能力或者被判处刑罚的，其职务自行终止。村民委员会成员出缺，可以由村民会议或者村民代表会议进行补选。村民委员会应当自新一届村民委员会产生之日起 10 日内完成工作移交。工作移交由村民选举委员会主持，由乡、民族乡、镇的人民政府监督。

同时，为了保证各地农村能够因地制宜地搞好选举，使选举活动进一步规范和民主化，增强操作性，《村民委员会组织法》第 15 条第 5 款规定："具体选举办法由省、自治区、直辖市的人民代表大会常务委员会规定。"

（二）民主决策

在召开村民会议的时候，应当有本村 18 周岁以上村民的过半数，或者本村 2/3 以上的户的代表参加，村民会议所作决定应当经到会人员的过半数通过。法律对召开村民会议及作出决定另有规定的除外。召开村民会议，根据需要可以邀请驻本村的企业、事业单位和群众组织派代表列席。《村民委员会组织法》第 24 条特别规定，涉及村民利益的下列事项，经村民会议讨论决定方可办理：

（1）本村享受误工补贴的人员及补贴标准；

（2）从村集体经济所得收益的使用；

（3）本村公益事业的兴办和筹资筹劳方案及建设承包方案；

（4）土地承包经营方案；

（5）村集体经济项目的立项、承包方案；

（6）宅基地的使用方案；

（7）征地补偿费的使用、分配方案；

（8）以借贷、租赁或者其他方式处分村集体财产；

（9）村民会议认为应当由村民会议讨论决定的涉及村民利益的其他事项。

村民会议可以授权村民代表会议讨论决定上述事项。法律对讨论决定村集体经济组织财产和成员权益的事项另有规定的，依照该法律的规定。

（三）民主管理

民主管理的具体要求和表现是村民委员会应当实行少数服从多数的民主决策机制和公开透明的工作原则，建立健全各种工作制度。《村民委员会组织法》第 30 条规定，村民委员会实行村务公开制度。村民委员会应当及时公布下列事项，接受村民的监督：

（1）《村民委员会组织法》第 23 条、第 24 条规定的由村民会议、村民代表会议讨论决定的事项及其实施情况；

（2）国家计划生育政策的落实方案；

（3）政府拨付和接受社会捐赠的救灾救助、补贴补助等资金、物资的管理使用情况；

（4）村民委员会协助人民政府开展工作的情况；

（5）涉及本村村民利益，村民普遍关心的其他事项。

上述规定事项中，一般事项至少每季度公布一次；集体财务往来较多的，财务收支情况应当每月公布一次；涉及村民利益的重大事项应当随时公布。同时，村民委员会应当保证所公布事项的真实性，并接受村民的查询。如果村民委员会不及时公布应当公布的事项或者公布的事项不真实的，村民有权向乡、民族乡、镇的人民政府或者县级人民政府及其有关主管部门反映，有关人民政府或者主管部门应当负责调查核实，责令依法公布；经查证确有违法行为的，有关人员应当依法承担责任。

（四）民主监督

根据修正后的《村民委员会组织法》的规定，村应当建立村务监督委员会或者其他形式的村务监督机构，负责村民民主理财，监督村务公开等制度的落实。村民委员会成员及其近亲属不得担任村务监督机构成员。村务监督机构成员向村民会议和村民代表会议负责，可以列席村民委员会会议。村民委员会成员以及由村民或者村集体承担误工补贴的聘用人员，应当接受村民会议或者村民代表会议对其履行职责情况的民主评议。民主评议每年至少进行一次，由村务监督机构主持。村民委员会成员连续两次被评议不称职的，其职务终止。

村民委员会和村务监督机构应当建立村务档案。村务档案应当真实、准确、完整、规范。村民委员会成员实行任期和离任经济责任审计，审计包括下列事项：

（1）本村财务收支情况；

（2）本村债权债务情况；

（3）政府拨付和接受社会捐赠的资金、物资管理使用情况；

（4）本村生产经营和建设项目的发包管理以及公益事业建设项目招标投标情况；

（5）本村资金管理使用以及本村集体资产、资源的承包、租赁、担保、出让情况，征地补偿费的使用、分配情况；

（6）本村 1/5 以上的村民要求审计的其他事项。

村民委员会成员的任期和离任经济责任审计，由县级人民政府农业部门、财政部门或者乡、民族乡、镇的人民政府负责组织，审计结果应当公布，其中离任经济责任审计结果应当在下一届村民委员会选举之前公布。

村民委员会或者村民委员会成员作出的决定侵害村民合法权益的，受侵害的村民可以申请人民法院予以撤销，责任人依法承担法律责任。村民委员会不依照法律、法规的规定履行法定义务的，由乡、民族乡、镇的人民政府责令改正。乡、民族乡、镇的人民政府干预依法属于村民自治范围事项的，由上一级人民政府责令改正。

【导入事例 10-3】分析：

1. 村民委员会换届选举选民资格的决定权在村民选举委员会。《村民委员会组织法》第 12 条规定："村民委员会的选举，由村民选举委员会主持。村民选举委员会由主任和委员组成，由村民会议、村民代表会议或者各村民小组会议推选产生。"

2. 乡、民族乡、镇人民政府所属的民政部门有义务对村民委员会选举工作进行指导，但这种指导不具有法律上的强制性。《村民委员会组织法》第 5 条规定："乡、民族乡、镇的人民政府对村民委员会的工作给予指导、支持和帮助，但是不得干预依法属于村民自治范围内的事项。"

实务训练

邀请警院已毕业的优秀大学生"村官"回校，与同学们共同开展关于大学生"村官"的课堂讨论。

延伸阅读

中共中央 国务院关于加强基层治理体系和治理能力现代化建设的意见

（2021 年 4 月 28 日）

基层治理是国家治理的基石，统筹推进乡镇（街道）和城乡社区治理，是实现国家治理体系和治理能力现代化的基础工程。为深入贯彻党的十九大和十九届二中、三中、四中、五中全会精神，夯实国家治理根基，现就加强基层治理体系和治理能力现代化建设提出如下意见。

一、总体要求

（一）指导思想。以习近平新时代中国特色社会主义思想为指导，坚持和加强党的全面领导，坚持以人民为中心，以增进人民福祉为出发点和落脚点，以加强基层党组织建设、增强基层党组织政治功能和组织力为关键，以加强基层政权建设和健全基层群众自治制度为重点，以改革创新和制度建设、能力建设为抓手，建立健全基层治理体制机制，推动政府治理同社会调节、居民自治良性互动，提高基层治理社会化、法治化、智能化、专业化水平。

（二）工作原则。坚持党对基层治理的全面领导，把党的领导贯穿基层治理全过程、各方面。坚持全周期管理理念，强化系统治理、依法治理、综合治理、源头治理。坚持因地制宜，分类指导、分层推进、分步实施，向基层放权赋能，减轻基层负担。坚持共建共治共享，建设人人有责、人人尽责、人人享有的基层治理共同体。

（三）主要目标。力争用 5 年左右时间，建立起党组织统一领导、政府依法履责、各类组织积极协同、群众广泛参与，自治、法治、德治相结合的基层治理体系，健全常态化管理和应急管理动态衔接的基层治理机制，构建网格化管理、精细化服务、信息化支撑、开放共享的基层管理服务平台；党建引领基层治理机制全面完善，基层政权坚强有力，基层群众自治充满活力，基层公共服务精准高效，党的执政基础更加坚实，基层治理体系和治理能力现代化水平明显提高。在此基础上力争再用 10 年时间，基本实现基层治理体系和治理能力现代化，中国特色基层治理制度优势充分展现。

二、完善党全面领导基层治理制度

（一）加强党的基层组织建设，健全基层治理党的领导体制。把抓基层、打基础作为长远之计和固本之举，把基层党组织建设成为领导基层治理的坚强战斗堡垒，使党建引领基层治理的作用得到强化和巩固。加强乡镇（街道）、村（社区）党组织对基层各类组织和各项工作的统一领导，以提升组织力为重点，健全在基层治理中坚持和加强党的领导的有关制度，涉及基层治理重要事项、重大问题都要由党组织研究讨论后按程序决定。积极推行村（社区）党组织书记通过法定程序担任村（居）民委员会主任、村（社区）"两委"班子成员交叉任职。注重把党组织推荐的优秀人选通过一定程序明确为各类组织负责人，确保依法把党的领导和党的建设有关要求写入各类组织章程。创新党组织设置和活动方式，不断扩大党的组织覆盖和工作覆盖，持续整顿软弱涣散基层党组织。推动全面从严治党向基层延伸，加强日常监督，持续整治群众身边的不正之风和腐败问题。

（二）构建党委领导、党政统筹、简约高效的乡镇（街道）管理体制。深化基层机构改革，统筹党政机构设置、职能配置和编制资源，设置综合性内设机构。除党中央明确要求实行派驻体制的机构外，县直部门设在乡镇（街道）的机构原则上实行属地管理。继续实行派驻体制的，要纳入乡镇（街道）统一指挥协调。

（三）完善党建引领的社会参与制度。坚持党建带群建，更好履行组织、宣传、凝聚、服务群众职责。统筹基层党组织和群团组织资源配置，支持群团组织承担公共服务职能。培育扶持基层公益性、服务性、互助性社会组织。支持党组织健全、管理规范的社会组织优先承接政府转移职能和服务项目。搭建区域化党建平台，推行机关企事业单位与乡镇（街道）、村（社区）党组织联建共建，组织党员、干部下沉参与基层治理、有效服务群众。

三、加强基层政权治理能力建设

（一）增强乡镇（街道）行政执行能力。加强乡镇（街道）党（工）委对基层政权建设的领导。依法赋予乡镇（街道）综合管理权、统筹协调权和应急处置权，强化其对涉及本区域重大决策、重大规划、重大项目的参与权和建议权。根据本地实际情况，依法赋予乡镇（街道）行政执法权，整合现有执法力量和资源。推行乡镇（街道）行政执法公示制度，实行"双随机、一公开"监管模式。优化乡镇（街道）行政区划设置，确保管理服务有效覆盖常住人口。

（二）增强乡镇（街道）为民服务能力。市、县级政府要规范乡镇（街道）政务服务、公共服务、公共安全等事项，将直接面向群众、乡镇（街道）能够承接的服务事项依法下放。乡镇要围绕全面推进乡村振兴、巩固拓展脱贫攻坚成果等任务，做好农业产业发展、人居环境建设及留守儿童、留守妇女、留守老人关爱服务等工作。街道要做好市政市容管理、物业管理、流动人口服务管理、社会组织培育引导等工作。加强基层医疗卫生机构和乡村卫生健康人才队伍建设。优化乡镇（街道）政务服务流程，全面推进一窗式受理、一站式办理，加快推行市域通办，逐步推行跨区域办理。

（三）增强乡镇（街道）议事协商能力。完善基层民主协商制度，县级党委和政府围绕涉及群众切身利益的事项确定乡镇（街道）协商重点，由乡镇（街道）党（工）委主导开展议事协商，完善座谈会、听证会等协商方式，注重发挥人大代表、政协委员作用。探索建立社会公众列席乡镇（街道）有关会议制度。

（四）增强乡镇（街道）应急管理能力。强化乡镇（街道）属地责任和相应职权，构建多方参与的社会动员响应体系。健全基层应急管理组织体系，细化乡镇（街道）应急预案，做好风险研判、预警、应对等工作。建立统一指挥的应急管理队伍，加强应急物资储备保障。每年组织开展综合应急演练。市、县级政府要指导乡镇（街道）做好应急准备工作，强化应急状态下对乡镇（街道）人、财、物支持。

（五）增强乡镇（街道）平安建设能力。坚持和发展新时代"枫桥经验"，加强乡镇（街道）综治中心规范化建设，发挥其整合社会治理资源、创新社会治理方式的平台作用。完善基层社会治安防控体系，健全防范涉黑涉恶长效机制。健全乡镇（街道）矛盾纠纷一站式、多元化解决机制和心理疏导服务机制。

四、健全基层群众自治制度

（一）加强村（居）民委员会规范化建设。坚持党组织领导基层群众性自治组织的制度，建立基层群众性自治组织法人备案制度，加强集体资产管理。规范撤销村民委员会改设社区居民委员会的条件和程序，合理确定村（社区）规模，不盲目求大。发挥村（居）民委员会下设的人民调解、治安保卫、公共卫生等委员会作用，村民委员会应设妇女和儿童工作等委员会，社区居民委员会可增设环境和物业管理等委员会，并做好相关工作。完善村（居）民委员会成员履职承诺和述职制度。

（二）健全村（居）民自治机制。强化党组织领导把关作用，规范村（居）民委员会换届选举，全面落实村（社区）"两委"班子成员资格联审机制，坚决防止政治上的两面人，受过刑事处罚、存在"村霸"和涉黑涉恶及涉及宗族恶势力等问题人员，非法宗教与邪教的组织者、实施者、参与者等进入村（社区）"两委"班子。在基层公共事务和公益事业中广泛实行群众自我管理、自我服务、自我教育、自我监督，拓宽群众反映意见和建议的渠道。聚焦群众关心的民生实事和重要事项，定期开展民主协商。完善党务、村（居）务、财务公开制度，及时公开权力事项，接受群众监督。强化基层纪检监察组织与村（居）务监督委员会的沟通协作、有效衔接，形成监督合力。

（三）增强村（社区）组织动员能力。健全村（社区）"两委"班子成员联系群众机制，经常性开展入户走访。加强群防群治、联防联治机制建设，完善应急预案。在应急状态下，由村（社区）"两委"统筹调配本区域各类资源和力量，组织开展应急工作。改进网格化管理服务，依托村（社区）统一划分综合网格，明确网格管理服务事项。

（四）优化村（社区）服务格局。市、县级政府要规范村（社区）公共服务和代办政务服务事项，由基层党组织主导整合资源为群众提供服务。推进城乡社区综合服务设施建设，依托其开展就业、养老、医疗、托幼等服务，加强对困难群体和特殊人群关爱照护，做好传染病、慢性病防控等工作。加强综合服务、兜底服务能力建设。完善支持社区服务业发展政策，采取项目示范等方式，实施政府购买社区服务，鼓励社区服务机构与市场主体、社会力量合作。开展"新时代新社区新生活"服务质量提升活动，推进社区服务标准化。

五、推进基层法治和德治建设

（一）推进基层治理法治建设。提升基层党员、干部法治素养，引导群众积极参与、依法支持和配合基层治理。完善基层公共法律服务体系，加强和规范村（居）法律顾问工作。乡镇（街道）指导村（社区）依法制定村规民约、居民公约，健全备案和履行机制，确保符合法律法规和公序良俗。

（二）加强思想道德建设。培育践行社会主义核心价值观，推动习近平新时代中国特色社会主义思想进社区、进农村、进家庭。健全村（社区）道德评议机制，开展道德模范评选表彰活动，注重发挥家庭家教家风在基层治理中的重要作用。组织开展科学常识、卫生防疫知识、应急知识普及和诚信宣传教育，深入开展爱国卫生运动，遏制各类陈规陋习，抵制封建迷信活动。

（三）发展公益慈善事业。完善社会力量参与基层治理激励政策，创新社区与社会组织、社会工作者、社区志愿者、社会慈善资源的联动机制，支持建立乡镇（街道）购买社会工作服务机制和设立社区基金会等协作载体，吸纳社会力量参加基层应急救援。完善基层志愿服务制度，大力开展邻里互助服务和互动交流活动，更好满足群众需求。

六、加强基层智慧治理能力建设

（一）做好规划建设。市、县级政府要将乡镇（街道）、村（社区）纳入信息化建设规划，统筹推进智慧城市、智慧社区基础设施、系统平台和应用终端建设，强化系统集成、数据融合和网络安全保障。健全基层智慧治理标准体系，推广智能感知等技术。

（二）整合数据资源。实施"互联网＋基层治理"行动，完善乡镇（街道）、村（社区）地理信息等基础数据，共建全国基层治理数据库，推动基层治理数据资源共享，根据需要向基层开放使用。完善乡镇（街道）与部门政务信息系统数据资源共享交换机制。推进村（社区）数据资源建设，实行村（社区）数据综合采集，实现一次采集、多方利用。

（三）拓展应用场景。加快全国一体化政务服务平台建设，推动各地政务服务平台向乡镇（街道）延伸，建设开发智慧社区信息系统和简便应用软件，提高基层治理数字化智能化水平，提升政策宣传、民情沟通、便民服务效能，让数据多跑路、群众少跑腿。充分考虑老年人习惯，推行适老化和无障碍信息服务，保留必要的线下办事服务渠道。

七、加强组织保障

（一）压实各级党委和政府责任。各级党委和政府要加强对基层治理的组织领导，完善议事协调机制，强化统筹协调，定期研究基层治理工作，整体谋划城乡社区建设、治理和服务，及时帮助基层解决困难和问题。加强对基层治理工作成效的评估，评估结果作为市、县级党政领导班子和领导干部考核，以及党委书记抓基层党建述职评议考核的重要内容。市、县级党委和政府要发挥一线指挥部作用，乡镇（街道）要提高抓落实能力。组织、政法、民政等部门要及时向党委和政府提出政策建议。

（二）改进基层考核评价。市、县级党委和政府要规范乡镇（街道）、村（社区）权责事项，并为权责事项以外委托工作提供相应支持。未经党委和政府统一部署，各职能部门不得将自身权责事项派交乡镇（街道）、村（社区）承担。完善考核评价体系和激励办法，加强对乡镇（街道）、村（社区）的综合考核，严格控制考核总量和频次。统筹规范面向基层的督查检查，清理规范工作台账、报表以及"一票否决"、签订责任状、出具证明事项、创建示范等项目，切实减轻基层负担。做好容错纠错工作，保护基层干部干事创业的积极性。

（三）保障基层治理投入。完善乡镇（街道）经费保障机制，进一步深化乡镇（街道）国库集中支付制度改革。编制城乡社区服务体系建设规划，将综合服务设施建设纳入国土空间规划，优化以党群服务中心为基本阵地的城乡社区综合服务设施布局。各省（自治区、直辖市）要明确乡镇（街道）、村（社区）的办公、服务、活动、应急等功能面积标准，按照有关规定采取盘活现有资源或新建等方式，支持建设完善基层阵地。

（四）加强基层治理队伍建设。充实基层治理骨干力量，加强基层党务工作者队伍建设。各级党委要专门制定培养规划，探索建立基层干部分级培训制度，建好用好城乡基层干部培训基地和在线培训平台，加强对基层治理人才的培养使用。推进编制资源向乡镇（街道）倾斜，鼓励从上往下跨层级调剂使用行政和事业编制。严格执行乡镇（街道）干部任期调整、最低服务年限等规定，落实乡镇机关事业单位工作人员乡镇工作补贴政策。建立健全村（社区）党组织书记后备人才库，实行村（社区）党组织书记县级党委组织部门备案管理。研究制定加强城乡社区工作者队伍建设政策措施，市、县级政府要综合考虑服务居民数量等因素制定社区工作者配备标准；健全社区工作者职业体系，建立岗位薪酬制度并完善动态调整机制，落实社会保险待遇，探索将专职网格员纳入社区工作者管理。加强城乡社区服务人才队伍建设，引导高校毕业生等从事社区工作。

（五）推进基层治理创新。加快基层治理研究基地和智库建设，加强中国特色社会主义基层治理理论研究。以市（地、州、盟）为单位开展基层治理示范工作，加强基层治理平台建设，鼓励基层治理改革创新。认真总结新冠肺炎疫情防控经验，补齐补足社区防控短板，切实巩固社区防控阵地。完善基层治理法律法规，适时修订《中华人民共和国城市居民委员会组织法》《中华人民共和国村民委员会组织法》，研究制定社区服务条例。

（六）营造基层治理良好氛围。选树表彰基层治理先进典型，推动创建全国和谐社区。做好基层治理调查统计工作，建立基层治理群众满意度调查制度。组织开展基层治理专题宣传。

新华社北京 2021 年 7 月 11 日电

思考题

1. 如何理解基层群众性自治组织的性质？
2. 基层群众性自治组织与基层政权的关系是什么？
3. 简述居民自治和村民自治的组织体系。

第十一章

国家标志

学习目标与工作任务

通过本章的学习，学生将明确我国的国家标志包括哪些，掌握国旗法和国徽法的相关内容，了解我国国歌和首都的一些基本知识，使学生在实际工作和生活中严格按照《国旗法》《国徽法》《国歌法》的规定制作、悬挂、使用国旗国徽和奏唱国歌。

第一节 国 旗

【导入事例 11-1】涉外酒店悬挂国旗案

三名消费者到某涉外星级酒店用完餐，准备离开酒店时，突然发现该酒店门前三根旗杆上悬挂的中国国旗、香港特别行政区区旗和该酒店的店旗处在同一水平线上。之后，他们发现另外两家涉外酒店也存在这样的问题。三名消费者认为我国《国旗法》对国旗的制作、悬挂、使用有明确规定，国旗作为中华人民共和国的象征理应受到尊重，所有在中国的宪法主体都有自觉遵守的义务，而这三家涉外星级酒店的做法，严重违反了《国旗法》的相关规定。于是他们根据《国旗法》第15条的规定和《消费者权益保护法》的有关条文，一纸诉状将这三家涉外星级酒店告上法庭。三个被告酒店的总经理在得知此事后，均表示将积极配合，做好整改工作。

问：涉外酒店把我国国旗与其他旗帜悬挂在同一水平线上是否违法？为什么？

一、国旗的概述

国旗是象征一个主权国家的旗帜。它通过一定的式样、色彩和图案反映一个国家政治特色和历史文化传统。作为国家标志的国旗，源于欧洲十字军东征时所用的军旗。迄今为止，全世界170多个独立国家都有自己的国旗。为了得到国际社会的承认和使用，并区别于国际、国内用于其他目的的旗帜，各国往往以宪法或其他法律规定国旗的名称、色彩、图案、式样以及使用办法。

国旗法是指规定国旗的名称、色彩、图案、式样和使用办法以及其他有关国旗的内容法律规范的总和，这是广义上的国旗法。在我国，广义上的国旗法不仅包括《国旗法》，还包括《宪法》《全国人民代表大会常务委员会关于惩治侮辱中华人民共和国国旗国徽罪的决定》《全国人民代表大会常务委员会关于修改〈中华人民共和国国旗法〉的决定》和中央军委、国务院相关部门及民族自治机关制定的有关升挂、使用国旗的具有法律效力的行政规章和规范性文件等。狭义的国旗法是指以统一法典形式表现出来的国旗法，即规定国旗式样、图案、色彩和使用办法等专门的法律文件。1990 年 6 月 28 日，第七届全国人民代表大会常务委员会第十四次会议通过的《国旗法》就是狭义上的国旗法。它的发布与实施，标志着我国国旗的制作、升挂与使用走向了法治的轨道。

《国旗法》第 1 条规定："为了维护国旗的尊严，规范国旗的使用，增强公民的国家观念，弘扬爱国主义精神，培育和践行社会主义核心价值观，根据宪法，制定本法。"第 4 条规定："中华人民共和国国旗是中华人民共和国的象征和标志。每个公民和组织，都应当尊重和爱护国旗。"因此，尊重和爱护国旗、维护国旗的尊严是每个公民和组织的义务。2020 年 10 月 17 日，第十三届全国人民代表大会常务委员会第二十二次会议通过了《全国人民代表大会常务委员会关于修改〈中华人民共和国国旗法〉的决定》，对于损害国旗尊严的行为，修改后的《国旗法》作出进一步禁止性规定，将第 17 条改为第 19 条，修改为："不得升挂或者使用破损、污损、褪色或者不合规格的国旗，不得倒挂、倒插或者以其他有损国旗尊严的方式升挂、使用国旗。不得随意丢弃国旗。破损、污损、褪色或者不合规格的国旗应当按照国家有关规定收回、处置。大型群众性活动结束后，活动主办方应当收回或者妥善处置活动现场使用的国旗。"将第 18 条改为第 20 条，修改为："国旗及其图案不得用作商标、授予专利权的外观设计和商业广告，不得用于私人丧事活动等不适宜的情形。"该决定将于 2021 年 1 月 1 日起施行。

此外《国旗法》还规定，在公共场合故意以焚烧、毁损、涂划、玷污、践踏等方式侮辱国旗、国徽的，依法追究刑事责任；情节较轻的，由公安机关处以 15 日以下拘留。1990 年 6 月 28 日，第七届全国人民代表大会常务委员会第十四次会议通过了《全国人民代表大会常务委员会关于惩治侮辱中华人民共和国国旗国徽罪的决定》，该决定对《刑法》补充规定了，在公众场合故意以焚烧、毁损、涂划、玷污、践踏等方式侮辱中华人民共和国国旗的，处三年以下有期徒刑、拘役、管制或者剥夺政治权利。

二、我国的国旗是五星红旗

我国《宪法》第 141 条第 1 款规定："中华人民共和国国旗是五星红旗。"《国旗法》第 4 条第 1 款规定："中华人民共和国国旗是中华人民共和国的象征和标志。"它不仅在形式上区别于其他国家的国旗，而且具有深刻的历史背景和政治内涵。

（一）五星红旗的构成

世界上各国国旗的区别主要表现在国旗的具体构成不同。国旗的构成指的是国旗的形状、颜色、图案等要素体现在旗面上的相互关系。对我国国旗的构成和制作，中国人民政治协商会议第一届全体会议主席团于 1949 年 9 月 28 日公布了《国旗制法说明》对我国国旗的构成和制作作了法定的说明，《国旗法》沿用了这一说明。根据《国旗制法说明》的规定，我国国旗的构成是：旗面为红色，长方形，其长与高之比为 3:2。旗面左上方缀黄色五角星 5 颗。1 颗星较大，其外接圆直径为旗高的 1/10，4 颗小星环拱于大星之右侧，并各有一个角尖正对大颗星的中心点。旗杆套为白色。整个旗面色彩简明扼要，浑然一体，稳健生动，充分展示了人民共和国的勃勃生机。

按照《国旗制法说明》的规定，我国国旗大小共有五种规格，供使用时选用。2020 年修正后的《国旗法》增加一条，作为第 3 条："国旗的通用尺度为国旗制法说明中所列明的五种尺度。特殊情况使用其他尺度的国旗，应当按照通用尺度成比例适当放大或者缩小。国旗、旗杆的尺度比例应当适当，并与使用目的、周围建筑、周边环境相适应。"

（二）五星红旗的含义

国旗作为一个主权国家的标志和象征，不同于其他用途的普通旗帜，具有深刻的历史背景和政治内涵。

我国的国旗——五星红旗形象而且深刻地反映了我国的政治特色。红色的旗面象征着革命。她是无数革命先烈和仁人志士的鲜血染红的，是革命的旗帜、胜利的旗帜。五星红旗是通过表现国家的阶级性质来体现国旗政治内涵的。我国革命的性质和社会阶级结构决定了我国国旗所体现的是比工农联盟更为广泛的统一战线。五星红旗上的五颗五角星象征中国共产党领导下革命人民大团结和人民对党的衷心拥护和无比爱戴。大五角星代表中国共产党，四颗小五角星代表中华人民共和国成立时我国人民所包括的四个阶级，即工人阶级、农民阶级、城市小资产阶级和民族资产阶级。四颗小五角星呈椭圆状围绕在大五角星右侧，各有一个角尖正对向上方，象征党的领导坚固有力。黄色五角星与红旗相映衬，象征红色大地上显出一片光明，象征人民内部的团结贵如金子。

随着我国政治经济的发展，我国的阶级关系发生了变化，作为剥削阶级的城市小资产阶级和民族资产阶级不存在了，他们已经变成了自食其力的劳动者。虽然人民内部的结构和成员有所变化，但我国人民民主专政的性质没有变，五星红旗上的五颗星及其相互关系所表达的中国共产党领导下的革命人民大团结和人民对党的衷心拥护的政治内涵没有变。

三、国旗的升挂、使用

我国《国旗法》对国旗的升挂、使用办法作了明确规定，主要包括升挂国旗的范围、时间和仪式以及下半旗等内容。

（一）升挂国旗的范围

1. 应当每日升挂国旗的范围。按照 2020 年修正后的《国旗法》第 5 条规定，下列场所或者机构所在地，应当每日升挂国旗：①北京天安门广场、新华门；②中国共产党中央委员会，全国人民代表大会常务委员会，国务院，中央军事委员会，中国共产党中央纪律检查委员会、国家监察委员会，最高人民法院，最高人民检察院；③中国人民政治协商会议全国委员会；④外交部；⑤出境入境的机场、港口、火车站和其他边境口岸，边防海防哨所。

2. 应当在工作日升挂国旗的范围。按照 2020 年修正后的《国旗法》第 6 条规定，下列机构所在地应当在工作日升挂国旗：①中国共产党中央各部门和地方各级委员会；②国务院各部门；③地方各级人民代表大会常务委员会；④地方各级人民政府；⑤中国共产党地方各级纪律检查委员会、地方各级监察委员会；⑥地方各级人民法院和专门人民法院；⑦地方各级人民检察院和专门人民检察院；⑧中国人民政治协商会议地方各级委员会；⑨各民主党派、各人民团体；⑩中央人民政府驻香港特别行政区有关机构、中央人民政府驻澳门特别行政区有关机构。

学校除寒假、暑假和休息日外，应当每日升挂国旗。有条件的幼儿园参照学校的规定升挂国旗。

图书馆、博物馆、文化馆、美术馆、科技馆、纪念馆、展览馆、体育馆、青少年宫等公共文化体育设施应当在开放日升挂、悬挂国旗。

3. 节假日升挂国旗的范围。节假日升挂国旗的范围是指在国庆节、国际劳动节、元旦和春节等应当或者可以升挂国旗的场所或机构所在地。按照 2020 年修正后的《国旗法》第 7 条规定：①国庆节、国际劳动节、元旦、春节和国家宪法日等重要节日、纪念日，各级国家机关、各人民团体以及大型广场、公园等公共活动场所应当升挂国旗；企业事业组织，村民委员会、居民委员会，居民院（楼、小区）有条件的应当升挂国旗。②民族自治地方在民族自治地方成立纪念日和主要传统民族节日应当升挂国旗。③举行宪法宣誓仪式时，应当在宣誓场所悬挂国旗。

4. 可以升挂国旗的范围。按照《国旗法》第 8 条的规定，可以升挂国旗的范围包括：举行重大庆祝、纪念活动，大型文化、体育活动，大型展览会，可以升挂国旗。

2020 年修正后的《国旗法》增加一条，作为第 9 条：①国家倡导公民和组织在适宜的场合使用国旗及其图案，表达爱国情感。②公民和组织在网络中使用国旗图案，应当遵守相关网络管理规定，不得损害国旗尊严。③网络使用的国旗图案标准版本在中国人大网和中国政府网上发布。

（二）升挂国旗的时间和仪式

1. 按照《国旗法》的规定，升挂国旗的时间是指升降国旗的起止时间。我国《国旗法》对升降国旗的时间规定有两种情况：

（1）属于经常升挂。每日升挂工作日升挂和节假日升挂国旗的场合或机构所在地（即《国旗法》第 5 条、第 6 条、第 7 条规定的范围），按照《国旗法》第 13 条第 1 款的规定，应当每天早晨升起，傍晚降下。

（2）《国旗法》没有明确规定升挂时间的，又可分为两种：①特定时间升挂。该范围国旗升挂的时间应根据特定活动的性质、天气情况和《国旗法》规定升挂国旗时间的精神，参照《国旗法》的第 13 条第 1 款的规定确定。②《国旗法》授权其他机关规定国旗升挂、使用办法的，升挂国旗的时间，应以各机关规定的升降时间为准。

2. 升挂国旗的仪式。升挂国旗的仪式，简称升旗仪式。2020 年修正后的《国旗法》将原第 13 条改为第 14 条，其中第 1 款规定，"升挂国旗时，可以举行升旗仪式"。第 2 款修改为："举行升旗仪式时，应当奏唱国歌。在国旗升起的过程中，在场人员应当面向国旗肃立，行注目礼或者按照规定要求敬礼，不得有损害国旗尊严的行为。"增加一款，作为第 3 款："北京天安门广场每日举行升旗仪式。"将原第 3 款改为第 4 款，修改为："学校除假期外，每周举行一次升旗仪式。"

此外，2020 年修正后的《国旗法》还增加一条，作为第 21 条："国旗应当作为爱国主义教育的重要内容。中小学应当教育学生了解国旗的历史和精神内涵、遵守国旗升挂使用规范和升旗仪式礼仪。新闻媒体应当积极宣传国旗知识，引导公民和组织正确使用国旗及其图案。"

【导入事例 11 - 1】分析：

三家涉外酒店把我国国旗与其他旗帜悬挂在同一水平线上的行为是违法的。我国《国旗法》第 17 条规定：升挂国旗，应当将国旗置于显著的位置。列队举持国旗和其他旗帜行进时，国旗应当在其他旗帜之前。国旗与其他旗帜同时升挂时，应当将国旗置于中心、较高或者突出的位置。

（三）下半旗的规定

下半旗是国家体现某种立场或态度的重要方式。下半旗表示国家对有功于国家和社会的人逝世，以及其他发生特别重大伤亡的不幸事件或严重自然灾害造成重大伤亡的哀悼。我国《国旗法》原第 14 条第 1 款对下半旗的情况作了明确规定。下列人士逝世，下半旗志哀：①中华人民共和国主席、全国人民代表大会常务委员会委员长、国务院总理、中央军事委员会主席；②中国人民政治协商会议全国委员会主席；③对中华人民共和国做出杰出贡献的人；④对世界和平或者人类进步事业做出杰出贡献的人。

2020 年修正后的《国旗法》将原第 14 条改为第 15 条，其中第 2 款、第 3 款修改为：举行国家公祭仪式或者发生严重自然灾害、突发公共卫生事件以及其他不幸事件造成特别重大伤亡的，可以在全国范围内下半旗志哀，也可以在部分地区或者特定场所下半旗志哀。依照本条第 1 款第 3 项、第 4 项和第 2 款的规定下半旗，由国务院有关部门或者省、自治区、直辖市人民政府报国务院决定。

第二节　国　徽

【导入事例 11 - 2】国徽的使用

我们经常看到，我国运动员在奥运会的运动场和领奖台上所穿运动服或领奖服的前胸上，往往印有我国国徽的图案；在全国人民警察的警徽、帽徽上也赫然可见我国国徽的图案，并且连国徽的金红二色也完全变成了灰色；在每个人的身份证上都印有我国国徽的图案；在很多国家机关工作人员的工作证上，甚至在他们的名片上都可以看到我国国徽的图案。

以上使用国徽行为的出发点是好的，是用于正当场合和事项，是为了显示爱国之心和作为一个中国人及国家工作人员的骄傲，彰显国家执法机关的威严。但是，国徽显而易见被滥用了，依照《国徽法》进行判定，有些行为甚至是违法了。

问：我国《国徽法》规定禁止使用国徽或国徽图案的场合有哪些？

一、国徽的含义和构成

国徽也是国家的象征和标志。它通过一定的图案表现一个国家的自然条件与地理特征，或体现一个国家的历史与传统，或表现一个国家政治体制、民族精神和意识形态。国徽通常也是由宪法和有关法律予以规定的。

中华人民共和国国徽的图案，是由中国人民政治协商会议全国委员会第二次会议提出，经 1950 年 9 月 18 日中央人民政府委员会第八次会议审议通过的《中华人民共和国国徽图案》予以规定的，并在 1950 年 9 月 20 日，根据中央人民政府主席毛泽东的命令，公布于《人民日报》，这一图案为历部宪法所确认。现行《宪法》第 142 条明确规定："中华人民共和国国徽，中间是五星照耀下的天安门，周围是谷穗和齿轮。"其中，天安门表示中国人民从五四运动以来进行的新民主主义革命斗争的胜利和中华人民共和国的诞生；谷穗和齿轮象征工人阶级领导的工农联盟；国徽中的 5 个五角星象征着中国共产党领导下的人民大团结。由此可见，国徽鲜明地反映了我国的国家性质。

1991 年 3 月 2 日，第七届全国人民代表大会常务委员会第十八次会议通过了《国徽法》，它对我国国徽的制作、使用等方面作了专门规定。

按照《国徽法》原第 12 条的规定：悬挂的国徽由国家指定的企业统一制作，其直径的通用尺度为下列三种：100 厘米；80 厘米；60 厘米。在特定场所需要悬挂非通常尺度国徽的，报国务院办公厅批准。2020 年 10 月 17 日，第十三届全国人民代表大会常务委员会第二十二次会议通过《全国人民代表大会常务委员会关于修改〈中华人民共和国国徽法〉的决定》，将原第 12 条改为第 16 条，第 2 款修改为："需要悬挂非通用尺度国徽的，应当按照通用尺度成比例适当放大或者缩小，并与使用目的、所在建筑物、周边环境相适应。"

《国徽法》第 1 条规定："为了维护国徽的尊严，正确使用国徽，增强公民的国家观念，弘扬爱国主义精神，培育和践行社会主义核心价值观，根据宪法，制定本法。"第 3 条规定："中华人民共和国国徽是中华人民共和国的象征和标志。一切组织和公民，都应当尊重和爱护国徽。"因此，维护国徽的尊严是公民和一切组织的一项重要义务。为了维护国徽尊严，《国徽法》第 18 条规定："在公共场合故意以焚烧、毁损、涂划、玷污、践踏等方式侮辱中华人民共和国国徽的，依法追究刑事责任；情节较轻的，由公安机关处以十五日以下拘留。"

此外，1990 年 6 月 28 日，第七届全国人民代表大会常务委员会第十四次会议通过了《全国人民代表大会常务委员会关于惩治侮辱中华人民共和国国旗国徽罪的决定》，该决定对《刑法》补充规定了，在公众场合故意以焚烧、毁损、涂划、玷污、践踏等方式侮辱中华人民共和国国徽的，处 3 年以下有期徒刑、拘役、管制或者剥夺政治权利。

二、国徽的使用

（一）应当悬挂国徽的机构和场所

2020 年修正的《国徽法》将第 4 条第 2 款删去，并将第 1 款修改为，下列机构应当悬挂国徽：各级人民代表大会常务委员会；各级人民政府；中央军事委员会；各级监察委员会；各级人民法院和专门人民法院；各级人民检察院和专门人民检察院；外交部；国家驻外使馆、领馆和其他外交代表机构；中央人民政府驻香港特别行政区有关机构、中央人民政府驻澳门特别行政区有关机构。

国家行使权力和主权的正式场所应当悬挂国徽。《国徽法》原第 5 条规定，下列场所应当悬挂国徽：北京天安门城楼，人民大会堂；县级以上各级人民代表大会及其常务委员会会议厅，各级人民法院和专门人民法院审判庭；出境入境口岸的适当场所。2020 年修正的《国徽法》将第 5 条第 1 项、第 2 项修改为：北京天安门城楼、人民大会堂；县级以上各级人民代表大会及其常务委员会会议厅，乡、民族乡、镇的人民代表大会会场。另外增加一项，作为第四项：宪法宣誓场所。

（二）应当刻有国徽图案的机构印章

2020 年修正的《国徽法》第 6 条规定，下列机构的印章应刻有国徽图案：全国人民代表大会，国务院，中央军事委员会，国家监察委员会，最高人民法院，最高人民检察院；全国人民代表大会各专门委员会和全国人民代表大会常务委员会办公厅、工作委员会，国务院各部、各委员会、各直属机构、国务院办公厅以及国务院规定应当使用刻有国徽图案印章的办事机构，中央军事委员会办公厅以及中央军事委员会规定应当使用刻有国徽图案印章的其他机构；县级以上地方各级人民代表大会常务委员会、人民政府、监察委员会、人民法院、人民检察院，专门人民法院，专门人民检察院；国家驻外使馆、领馆和其他外交代表机构。

2020 年修正的《国徽法》还增加一条，作为第 7 条：本法第 6 条规定的机构应当在其网站首页显著位置使用国徽图案。网站使用的国徽图案标准版本在中国人大网和中国政府网上发布。

2020 年修正的《国徽法》将原第 7 条改为第 8 条并规定为，下列文书、出版物等应当印有国徽图案：全国人民代表大会常务委员会、中华人民共和国主席和国务院颁发的荣誉证书、任命书、外交文书；中华人民共和国主席、副主席，全国人民代表大会常务委员会委员长、副委员长，国务院总理、副总理、国务委员，中央军事委员会主席、副主席，国家监察委员会主任，最高人民法院院长和最高人民检察院检察长以职务名义对外使用的信封、信笺、请柬等；全国人民代表大会常务委员会公报、国务院公报、最高人民法院公报和最高人民检察院公报的封面；国家出版的法律、法规正式版本的封面。

此外，2020 年修正的《国徽法》增加一条，作为第 9 条：标示国界线的界桩、界碑和标示领海基点方位的标志碑以及其他用于显示国家主权的标志物可以使用国徽图案。中国人民银行发行的法定货币可以使用国徽图案。另外增加一条，作为第 10 条：下列证件、证照可以使用国徽图案：国家机关工作人员的工作证件、执法证件等；国家机关颁发的营业执照、许可证书、批准证书、资格证书、权利证书等；居民身份证，中华人民共和国护照等法定出入境证件。国家机关和武装力量的徽章可以将国徽图案作为核心图案。公民在庄重的场合可以佩戴国徽徽章，表达爱国情感。

《国徽法》还有相关的特殊规定。该法规定：外事活动和国家驻外使馆、领馆以及其他外交代表机构对外使用国徽图案的办法，由外交部规定，报国务院批准后施行。在本法规定的范围以外需要悬挂国徽或者使用国徽图案的，由全国人民代表大会常务委员会办公厅或者国务院办公厅会同有关主管部门规定。

（三）禁止使用国徽或国徽图案的场合

2020 年修正的《国徽法》将原第 10 条改为第 13 条，第 1 项、第 2 项修改为，国徽及其图案不得用于：商标、授予专利权的外观设计、商业广告；日常用品、日常生活的陈设布置；保留第 3 项、第 4 项，私人庆吊活动；国务院办公厅规定不得使用国徽及其图案的其他场合。

《国徽法》第 14 条还规定，不得悬挂破损、污损或者不合规格的国徽。

此外，2020 年修正的《国徽法》增加一条，作为第 15 条：国徽应当作为爱国主义教育的重要内容。中小学应当教育学生了解国徽的历史和精神内涵。新闻媒体应当积极宣传国徽知识，引导公民和组织正确使用国徽及其图案。2020 年修正的《国徽法》还将第 14 条改为第 17 条，修改为：国务院办公厅统筹协调全国范围内国徽管理有关工作。地方各级人民政府统筹协调本行政区域内国徽管理有关工作。各级人民政府市场监督管理部门对国徽的制作和销售实施监督管理。县级人民政府确定的部门对本行政区域内国徽的悬挂、使用和收回实施监督管理。

第十三届全国人民代表大会常务委员会第二十二次会议通过的《全国人民代表大会常务委员会关于修改〈中华人民共和国国徽法〉的决定》，自 2021 年 1 月 1 日起施行。

以上规定进一步对国徽使用范围和国徽本身质量作出了限制规定，目的在于保证国徽的尊严和庄重，维护国家的主权和权力，防止滥用国徽的现象发生。

【导入事例 11-2】分析：

我国《国徽法》第 13 条、第 14 条明文规定了禁止使用国徽或国徽图案的场合。即：国徽及其图案不得用于商标、广告；日常生活的陈设布置；私人庆吊活动；国务院办公厅规定不得使用国徽及其图案的其他场合。不得悬挂破损、污损或者不合规格的国徽。

第三节   国歌和首都

【导入事例 11 - 3】 国歌的使用

2016 年国庆节来临之际，四川省资阳市雁江区工商局执法人员接到市民举报，反映飞龙电器和百盛等不少商家为迎合国庆节商业活动，正在播放以国歌为背景的宣传广告。对此行为，雁江区工商局立即组织人员进行了制止和查处。

问：

1. 我国《国歌法》是何时由哪一个国家机关通过的？

2. 本案商家奏唱国歌的行为被允许吗？

一、国歌

（一）国歌的概述

国歌是代表国家、表现民族精神的歌曲。作为国家的象征，国歌一般是由国家的立法机关或政府制定或认可。由于国家性质、民族和历史传统等因素，各国国歌的内容不同，但都体现了本国的尊严和民族精神。一般认为，国歌源于 16 世纪荷兰歌曲《威廉·凡·拿骚》，这是反映资产阶级革命运动最早的歌曲之一。现在世界各国一般都有国歌，在举行隆重集会、庆典以及国际交往等仪式时，通常演奏或演唱国歌，激发人民的爱国精神。

我国的国歌是《义勇军进行曲》。1949 年 9 月 27 日中国人民政治协商会议第一届全体会议通过了《中国人民政治协商会议关于中华人民共和国国都、纪年、国歌、国旗的决议》，决定在中华人民共和国的国歌未正式确定前，以《义勇军进行曲》为国歌。《义勇军进行曲》是电影《风云儿女》的主题歌，1935 年由田汉作词、聂耳作曲。《义勇军进行曲》诞生在抗日战争和解放战争的烽火硝烟之中，对激励和鼓舞人民群众起了巨大作用。这支歌曲高昂激越，旋律铿锵有力，表达了中华民族反对帝国主义的不屈精神和对中华民族未来的坚定信念。今天，奏唱《义勇军进行曲》不仅能够使广大人民牢记近代屈辱的百年史和各族人民奋起抵抗帝国主义的艰难岁月，而且还能够激发和增强人民的爱国主义精神和民族自豪感，鼓励人们为建设富强、民主、文明的社会主义现代化国家而努力奋斗。

1978 年 3 月 5 日，第五届全国人民代表大会第一次会议通过决议，决定在保留《义勇军进行曲》曲调的基础上填写新歌词。修改后的国歌，由于没有受到人民的普遍认同，因而未得到推广；1982 年 12 月 14 日，按照广大人民群众的意见和要求，第五届全国人民代表大会第五次会议通过决议，决定恢复《义勇军进行曲》为中华人民共和国国歌。并撤销了 1978 年 3 月 5 日通过的《中华人民共和国第五届全国人民代表大会第一次会议关于中华人民共和国国歌的决定》。2004 年《宪法修正案》明确规定："中华人民共和国国歌是《义勇军进行曲》。"

为了维护国歌的尊严，规范国歌的奏唱、播放和使用，增强公民的国家观念，弘扬爱国主义精神，培育和践行社会主义核心价值观。2017 年 9 月 1 日，第十二届全国人民代表大会常务委员会第二十九次会议通过了《国歌法》。《国歌法》第 3 条规定，中华人民共和国国歌是中华人民共和国的象征和标志。一切公民和组织都应当尊重国歌，维护国歌的尊严。

（二）奏唱国歌的场合

依照《国歌法》第 4 条的规定，在下列场合，应当奏唱国歌：

（1）全国人民代表大会会议和地方各级人民代表大会会议的开幕、闭幕；中国人民政治协商会议全国委员会会议和地方各级委员会会议的开幕、闭幕；

（2）各政党、各人民团体的各级代表大会等；

（3）宪法宣誓仪式；

（4）升国旗仪式；

（5）各级机关举行或者组织的重大庆典、表彰、纪念仪式等；

（6）国家公祭仪式；

（7）重大外交活动；

（8）重大体育赛事；

（9）其他应当奏唱国歌的场合。

（三）奏唱国歌的要求

《国歌法》第 5 条规定，国家倡导公民和组织在适宜的场合奏唱国歌，表达爱国情感。奏唱国歌，应当按照《国歌法》附件所载国歌的歌词和曲谱，不得采取有损国歌尊严的奏唱形式；奏唱国歌时，在场人员应当肃立，举止庄重，不得有不尊重国歌的行为；国歌不得用于或者变相用于商标、商业广告，不得在私人丧事活动等不适宜的场合使用，不得作为公共场所的背景音乐等。《国歌法》第 9 条还规定，外交活动中奏唱国歌的场合和礼仪，由外交部规定；军队奏唱国歌的场合和礼仪，由中央军事委员会规定。在《国歌法》第 4 条规定的场合奏唱国歌，应当使用国歌标准演奏曲谱或者国歌官方录音版本。另外，《国歌法》对国歌教育及违反《国歌法》的法律责任也作出了规定。《国歌法》第 15 条规定：在公共场合，故意篡改国歌歌词、曲谱，以歪曲、贬损方式奏唱国歌，或者以其他方式侮辱国歌的，由公安机关处以警告或者 15 日以下拘留；构成犯罪的，依法追究刑事责任。为了惩治侮辱国歌的犯罪行为，切实维护国歌奏唱、使用的严肃性和国家尊严，我国《刑法修正案》专门对违反《国歌法》构成犯罪的刑事责任作了规定。

【导入事例 11-3】分析：

1. 我国《国歌法》是 2017 年 9 月 1 日由全国人大常委会通过的。

2. 奏唱国歌必须庄重、肃穆。根据《国歌法》规定，在重要庆典、政治性公开集会、正式的外交场合或重大的国际性集会等情况下应奏唱国歌。在遇有维护祖国尊严的斗争场合，也可奏唱国歌。国歌不得用于或者变相用于商标、商业广告，不得在私人丧事活动等不适宜的场合使用，不得作为公共场所的背景音乐等。因此，本案商家使用国歌的行为是错误的，甚至是违法的，当然不能允许。

二、首都

首都，亦称国都、首府，它是一个国家法定的中央国家机关所在地，通常也是一个国家的政治、文化和经济中心，同时也是各国大使馆以及国际组织在该国的驻在地。

1949 年 9 月 27 日，中国人民政治协商会议第一届全体会议一致通过，中华人民共和国的首都定在北平，并决定自即日起改北平为北京。1954 年《宪法》又规定：中华人民共和国的首都是北京。以后制定的历部宪法都有明文规定。

北京地理位置和自然条件优越，西部、北部和东北三面环山，东南面通向平原，东临渤海。北京是重要的交通枢纽，是中原与东北、西北交通之要冲。北京是一座有着 3000 年历史的文化名城。历史上有许多王朝在此建都。从 10 世纪就成为我国辽代的陪都，以后金、元、明、清均在这里建都。历代劳动人民在这里创造了光辉灿烂的文化，北京的名胜古迹和历史文物举世景仰。此外，北京还具有光荣的革命传统。它是戊戌变法和五四运动的策源地，在这里揭开了新民主主义革命的序幕。经过几十年的英勇斗争，北京于 1949 年 1 月和平解放。10 月 1 日，毛泽东代表中国各族人民在天安门广场亲自升起了第一面五星红旗，宣告了中华人民共和国的诞生。

新中国成立后，北京作为共和国的首都进入了新的发展时期，成为我国的政治、经济、文化中心，是新中国的缩影和象征，在国际社会中享有崇高的地位。随着我国社会主义现代化事业的发展，北京将更加宏伟壮观和引人注目。

实务训练

组织学生参加或观看警院国旗护卫队训练。

延伸阅读

我国国旗、国歌的由来

1949 年 6 月 15 日召开的新政治协商会议筹备会第一次全体会议上，决定在常委会下设立六个小组，而其中由马叙伦任组长，由叶剑英、沈雁冰任副组长的第六组，负责拟订有关国旗、国歌等方案。

自 1949 年 7 月 14 日至 8 月 15 日，《人民日报》《解放日报》《新华日报》等报纸同时刊登了新政协筹备会征求国旗图案的通知。在 1 个月的时间里，四面八方的人们踊跃投稿，国旗审查小组平均每天收到一百张图案，其中还包括从印尼、马来亚、朝鲜、美加寄来的 23 张。国旗审查小组从近三千张国旗图案中筛选出 38 幅编为一本《国旗图案参考资料》，印发给每一位与会代表。

国旗应征图案要符合三个条件，即一要有中国特征；二要含有中国的地理、历史、民族、文化等因素；三要有政权特征，要体现出中国共产党领导之下的统一战线，并且国旗设计要求庄严简洁，一目了然。应征稿件中，设计构思符合三项条件的主要有以下四种情况：一是竖条旗左上方为镰刀、锤子、五角星或齿轮；二是镰刀锤子交叉加五角星；三是齿轮加五角星；四是旗面为红色或2/3红色。

应征的国旗方案各具特色，如陈嘉庚设计的国旗是镰刀斧头旗；郭沫若设计的国旗是两个长条，象征中华民族的发祥地长江和黄河；朱德设计的国旗左上角为蓝色长方形，嵌有红五角星，象征晴朗的天空。这些图案经过审查小组的认真挑选，选出38幅图案印发给政协委员，让大家评议。最后确定其中的复字第32号图案，经毛泽东审查通过并在9月27日的全国政协第一届全体会议上正式通过作为中华人民共和国国旗。这面国旗的设计者曾联松，是上海一名普通的经济工作者。国旗的寓意是：一颗大星引导在前，几颗小星环绕其后，形成众星拱北斗之势，大星即为中国共产党，小星代表中国人民，党和人民团结战斗，从胜利走向胜利。在确定小星的数目时，他联想到毛主席在《论人民民主专政》一文中说："人民包括四个阶级，即工人阶级、农民阶级、小资产阶级和民族资产阶级。"所以他决定以四颗小星代表广大人民。从此，五星红旗正式成为中华人民共和国国旗。国旗旗面为红色象征革命。旗上的五颗五角星及其相互关系象征共产党领导下的革命人民大团结。星用黄色是为着在红地上显出光明，四颗小五角星各有一角正对着大星的中心点，表示围绕着一个中心而团结。

1990年6月28日，第七届全国人民代表大会常务委员会第十四次会议通过了《国旗法》。该法于当年10月1日起施行。

第十届全国人民代表大会第二次会议通过的宪法修正案在《宪法》第136条中增加一款，规定：中华人民共和国国歌是《义勇军进行曲》。国歌同国旗、国徽一样，是国家的象征。赋予国歌与国旗、国徽同样的宪法地位，有利于维护国歌的权威性和稳定性，增强全国各族人民的国家认同感和国家荣誉感。

《义勇军进行曲》诞生于中华民族生死存亡的关头，凝聚着中华儿女"不做亡国奴"的怒吼。由田汉作词、聂耳作曲的《义勇军进行曲》，诞生于1935年，当时中华民族正处于生死存亡的关头。这首在中华大地上歌唱了近70年的歌曲，像一支战斗的号角，鼓舞了中华民族儿女去抗击日本帝国主义的侵略，去打倒蒋介石、解放全中国，去建设社会主义。

1934年春，田汉决定写一个以抗日救亡为主题的电影剧本《风云儿女》。在他刚完成一个故事梗概和一首主题歌的歌词时，就被国民党反动派逮捕入狱。另一位共产党员、戏剧家夏衍接手将这个故事写成了电影剧本，聂耳主动要求为田汉写就的主题歌《义勇军进行曲》谱曲。当他读到歌词"起来！不愿做奴隶的人们！把我们的血肉，筑成我们新的长城！中华民族到了最危险的时候，每个人被迫着发出最后的吼声。起来！起来！起来！我们万众一心，冒着敌人的炮火前进！冒着敌人的炮火前进！前进！前进！进！"他仿佛听到了母亲的呻吟、民族的呼声、祖国的召唤、战士的怒吼，爱国激情在胸中奔涌，雄壮、激昂的旋律从心中油然而生，很快就完成了曲谱初稿。后来又在躲避国民党政府追捕的颠沛流离中完成了曲谱定稿。

一首表现中华民族的刚强性格，显示祖国尊严、充满同仇敌忾、团结御敌豪迈气概的革命战歌就这样诞生了。这是聂耳短暂一生中的最后一个作品。

《义勇军进行曲》诞生后，立即就像插上了翅膀，在祖国的大地上传唱开来。伴随着"一二·九"运动的学潮，救亡运动的巨浪，抗日战争的烽火，解放战争的硝烟，遍及大江南北、长城内外。这首革命歌曲甚至享誉海外，在全世界传播。1940年美国著名黑人歌唱家保罗·罗伯逊在纽约演唱了这首歌，接着他又灌制了一套名为《起来》的中国革命歌曲唱片，宋庆龄亲自为这套唱片撰写了序言。在当时的反法西斯战线上，《义勇军进行曲》成为代表了中国人民最强音的一支战歌。第二次世界大战即将结束之际，在盟军凯旋的曲目中，《义勇军进行曲》赫然名列其中。

1949年9月27日全国政协第一届全体会议一致通过在中华人民共和国的国歌未正式制定前，以《义勇军进行曲》为国歌。

1949年10月1日下午3时，在北京天安门广场隆重举行开国大典，毛泽东主席用洪亮的声音向全世界庄严宣告："中华人民共和国中央人民政府今天成立了。"接着毛主席按动升旗电钮，伴随五星红旗冉冉上升，《义勇军进行曲》作为国歌第一次在天安门广场响起。

对于中国人来说，《义勇军进行曲》最能唤起内心的强烈共鸣。全国各族人民同唱这一首国歌，将不断激发出爱祖国、爱人民、一往无前、自强不息的精神，增加国家和民族的凝聚力、自豪感，为中华民族的和平崛起而努力奋斗。

思考题

1. 如何理解我国国旗、国徽的含义？
2. 简述我国《国歌法》规定的奏唱国歌的要求。
3. 试述宪法规定国家标志的意义。

中华人民共和国宪法

（1982 年 12 月 4 日第五届全国人民代表大会第五次会议通过　1982 年 12 月 4 日全国人民代表大会公告公布施行

根据 1988 年 4 月 12 日第七届全国人民代表大会第一次会议通过的《中华人民共和国宪法修正案》、1993 年 3 月 29 日第八届全国人民代表大会第一次会议通过的《中华人民共和国宪法修正案》、1999 年 3 月 15 日第九届全国人民代表大会第二次会议通过的《中华人民共和国宪法修正案》、2004 年 3 月 14 日第十届全国人民代表大会第二次会议通过的《中华人民共和国宪法修正案》和 2018 年 3 月 11 日第十三届全国人民代表大会第一次会议通过的《中华人民共和国宪法修正案》修正）

目录

序　言
第一章　总纲
第二章　公民的基本权利和义务
第三章　国家机构
　　第一节　全国人民代表大会
　　第二节　中华人民共和国主席
　　第三节　国务院
　　第四节　中央军事委员会
　　第五节　地方各级人民代表大会和地方各级人民政府
　　第六节　民族自治地方的自治机关
　　第七节　监察委员会
　　第八节　人民法院和人民检察院
第四章　国旗、国歌、国徽、首都

序言

中国是世界上历史最悠久的国家之一。中国各族人民共同创造了光辉灿烂的文化，具有光荣的革命传统。

一八四〇年以后，封建的中国逐渐变成半殖民地、半封建的国家。中国人民为国家独立、民族解放和民主自由进行了前仆后继的英勇奋斗。

二十世纪，中国发生了翻天覆地的伟大历史变革。

一九一一年孙中山先生领导的辛亥革命，废除了封建帝制，创立了中华民国。但是，中国人民反对帝国主义和封建主义的历史任务还没有完成。

一九四九年，以毛泽东主席为领袖的中国共产党领导中国各族人民，在经历了长期的艰难曲折的武装斗争和其他形式的斗争以后，终于推翻了帝国主义、封建主义和官僚资本主义的统治，取得了新民主主义革命的伟大胜利，建立了中华人民共和国。从此，中国人民掌握了国家的权力，成为国家的主人。

中华人民共和国成立以后，我国社会逐步实现了由新民主主义到社会主义的过渡。生产资料私有制的社会主义改造已经完成，人剥削人的制度已经消灭，社会主义制度已经确立。工人阶级领导的、以工农联盟为基础的人民民主专政，实质上即无产阶级专政，得到巩固和发展。中国人民和中国人民解放军战胜了帝国主义、霸权主义的侵略、破坏和武装挑衅，维护了国家的独立和安全，增强了国防。经济建设取得了重大的成就，独立的、比较完整的社会主义工业体系已经基本形成，农业生产显著提高。教育、科学、文化等事业有了很大的发展，社会主义思想教育取得了明显的成效。广大人民的生活有了较大的改善。

中国新民主主义革命的胜利和社会主义事业的成就，是中国共产党领导中国各族人民，在马克思列宁主义、毛泽东思想的指引下，坚持真理，修正错误，战胜许多艰难险阻而取得的。我国将长期处于社会主义初级阶段。国家的根本任务是，沿着中国特色社会主义道路，集中力量进行社会主义现代化建设。中国各族人民将继续在中国共产党领导下，在马克思列宁主义、毛泽东思想、邓小平理论、"三个代表"重要思想、科学发展观、习近平新时代中国特色社会主义思想指引下，坚持人民民主专政，坚持社会主义道路，坚持改革开放，不断完善社会主义的各项制度，发展社会主义市场经济，发展社会主义民主，健全社会主义法治，贯彻新发展理念，自力更生，艰苦奋斗，逐步实现工业、农业、国防和科学技术的现代化，推动物质文明、政治文明、精神文明、社会文明、生态文明协调发展，把我国建设成为富强民主文明和谐美丽的社会主义现代化强国，实现中华民族伟大复兴。

在我国，剥削阶级作为阶级已经消灭，但是阶级斗争还将在一定范围内长期存在。中国人民对敌视和破坏我国社会主义制度的国内外的敌对势力和敌对分子，必须进行斗争。

台湾是中华人民共和国的神圣领土的一部分。完成统一祖国的大业是包括台湾同胞在内的全中国人民的神圣职责。

社会主义的建设事业必须依靠工人、农民和知识分子，团结一切可以团结的力量。在长期的革命、建设、改革过程中，已经结成由中国共产党领导的，有各民主党派和各人民团体参加的，包括全体社会主义劳动者、社会主义事业的建设者、拥护社会主义的爱国者、拥护祖国统一和致力于中华民族伟大复兴的爱国者的广泛的爱国统一战线，这个统一战线将继续巩固和发展。中国人民政治协商会议是有广泛代表性的统一战线组织，过去发挥了重要的历史作用，今后在国家政治生活、社会生活和对外友好活动中，在进行社会主义现代化建设、维护国家的统一和团结的斗争中，将进一步发挥它的重要作用。中国共产党领导的多党合作和政治协商制度将长期存在和发展。

中华人民共和国是全国各族人民共同缔造的统一的多民族国家。平等团结互助和谐的社会主义民族关系已经确立，并将继续加强。在维护民族团结的斗争中，要反对大民族主义，主要是大汉族主义，也要反对地方民族主义。国家尽一切努力，促进全国各民族的共同繁荣。

中国革命、建设、改革的成就是同世界人民的支持分不开的。中国的前途是同世界的前途紧密地联系在一起的。中国坚持独立自主的对外政策，坚持互相尊重主权和领土完整、互不侵犯、互不干涉内政、平等互利、和平共处的五项原则，坚持和平发展道路，坚持互利共赢开放战略，发展同各国的外交关系和经济、文化交流，推动构建人类命运共同体；坚持反对帝国主义、霸权主义、殖民主义，加强同世界各国人民的团结，支持被压迫民族和发展中国家争取和维护民族独立、发展民族经济的正义斗争，为维护世界和平和促进人类进步事业而努力。

本宪法以法律的形式确认了中国各族人民奋斗的成果，规定了国家的根本制度和根本任务，是国家的根本法，具有最高的法律效力。全国各族人民、一切国家机关和武装力量、各政党和各社会团体、各企业事业组织，都必须以宪法为根本的活动准则，并且负有维护宪法尊严、保证宪法实施的职责。

第一章　总纲

第一条　中华人民共和国是工人阶级领导的、以工农联盟为基础的人民民主专政的社会主义国家。

社会主义制度是中华人民共和国的根本制度。中国共产党领导是中国特色社会主义最本质的特征。禁止任何组织或者个人破坏社会主义制度。

第二条　中华人民共和国的一切权力属于人民。

人民行使国家权力的机关是全国人民代表大会和地方各级人民代表大会。

人民依照法律规定，通过各种途径和形式，管理国家事务，管理经济和文化事业，管理社会事务。

第三条 中华人民共和国的国家机构实行民主集中制的原则。

全国人民代表大会和地方各级人民代表大会都由民主选举产生，对人民负责，受人民监督。

国家行政机关、监察机关、审判机关、检察机关都由人民代表大会产生，对它负责，受它监督。

中央和地方的国家机构职权的划分，遵循在中央的统一领导下，充分发挥地方的主动性、积极性的原则。

第四条 中华人民共和国各民族一律平等。国家保障各少数民族的合法的权利和利益，维护和发展各民族的平等团结互助和谐关系。禁止对任何民族的歧视和压迫，禁止破坏民族团结和制造民族分裂的行为。

国家根据各少数民族的特点和需要，帮助各少数民族地区加速经济和文化的发展。

各少数民族聚居的地方实行区域自治，设立自治机关，行使自治权。各民族自治地方都是中华人民共和国不可分离的部分。

各民族都有使用和发展自己的语言文字的自由，都有保持或者改革自己的风俗习惯的自由。

第五条 中华人民共和国实行依法治国，建设社会主义法治国家。

国家维护社会主义法制的统一和尊严。

一切法律、行政法规和地方性法规都不得同宪法相抵触。

一切国家机关和武装力量、各政党和各社会团体、各企业事业组织都必须遵守宪法和法律。一切违反宪法和法律的行为，必须予以追究。

任何组织或者个人都不得有超越宪法和法律的特权。

第六条 中华人民共和国的社会主义经济制度的基础是生产资料的社会主义公有制，即全民所有制和劳动群众集体所有制。社会主义公有制消灭人剥削人的制度，实行各尽所能、按劳分配的原则。

国家在社会主义初级阶段，坚持公有制为主体、多种所有制经济共同发展的基本经济制度，坚持按劳分配为主体、多种分配方式并存的分配制度。

第七条 国有经济，即社会主义全民所有制经济，是国民经济中的主导力量。国家保障国有经济的巩固和发展。

第八条 农村集体经济组织实行家庭承包经营为基础、统分结合的双层经营体制。农村中的生产、供销、信用、消费等各种形式的合作经济，是社会主义劳动群众集体所有制经济。参加农村集体经济组织的劳动者，有权在法律规定的范围内经营自留地、自留山、家庭副业和饲养自留畜。

城镇中的手工业、工业、建筑业、运输业、商业、服务业等行业的各种形式的合作经济，都是社会主义劳动群众集体所有制经济。

国家保护城乡集体经济组织的合法的权利和利益，鼓励、指导和帮助集体经济的发展。

第九条　矿藏、水流、森林、山岭、草原、荒地、滩涂等自然资源，都属于国家所有，即全民所有；由法律规定属于集体所有的森林和山岭、草原、荒地、滩涂除外。

国家保障自然资源的合理利用，保护珍贵的动物和植物。禁止任何组织或者个人用任何手段侵占或者破坏自然资源。

第十条　城市的土地属于国家所有。

农村和城市郊区的土地，除由法律规定属于国家所有的以外，属于集体所有；宅基地和自留地、自留山，也属于集体所有。

国家为了公共利益的需要，可以依照法律规定对土地实行征收或者征用并给予补偿。

任何组织或者个人不得侵占、买卖或者以其他形式非法转让土地。土地的使用权可以依照法律的规定转让。

一切使用土地的组织和个人必须合理地利用土地。

第十一条　在法律规定范围内的个体经济、私营经济等非公有制经济，是社会主义市场经济的重要组成部分。

国家保护个体经济、私营经济等非公有制经济的合法的权利和利益。国家鼓励、支持和引导非公有制经济的发展，并对非公有制经济依法实行监督和管理。

第十二条　社会主义的公共财产神圣不可侵犯。

国家保护社会主义的公共财产。禁止任何组织或者个人用任何手段侵占或者破坏国家的和集体的财产。

第十三条　公民的合法的私有财产不受侵犯。

国家依照法律规定保护公民的私有财产权和继承权。

国家为了公共利益的需要，可以依照法律规定对公民的私有财产实行征收或者征用并给予补偿。

第十四条　国家通过提高劳动者的积极性和技术水平，推广先进的科学技术，完善经济管理体制和企业经营管理制度，实行各种形式的社会主义责任制，改进劳动组织，以不断提高劳动生产率和经济效益，发展社会生产力。

国家厉行节约，反对浪费。

国家合理安排积累和消费，兼顾国家、集体和个人的利益，在发展生产的基础上，逐步改善人民的物质生活和文化生活。

国家建立健全同经济发展水平相适应的社会保障制度。

第十五条　国家实行社会主义市场经济。

国家加强经济立法，完善宏观调控。

国家依法禁止任何组织或者个人扰乱社会经济秩序。

第十六条 国有企业在法律规定的范围内有权自主经营。

国有企业依照法律规定，通过职工代表大会和其他形式，实行民主管理。

第十七条 集体经济组织在遵守有关法律的前提下，有独立进行经济活动的自主权。

集体经济组织实行民主管理，依照法律规定选举和罢免管理人员，决定经营管理的重大问题。

第十八条 中华人民共和国允许外国的企业和其他经济组织或者个人依照中华人民共和国法律的规定在中国投资，同中国的企业或者其他经济组织进行各种形式的经济合作。

在中国境内的外国企业和其他外国经济组织以及中外合资经营的企业，都必须遵守中华人民共和国的法律。它们的合法的权利和利益受中华人民共和国法律的保护。

第十九条 国家发展社会主义的教育事业，提高全国人民的科学文化水平。

国家举办各种学校，普及初等义务教育，发展中等教育、职业教育和高等教育，并且发展学前教育。

国家发展各种教育设施，扫除文盲，对工人、农民、国家工作人员和其他劳动者进行政治、文化、科学、技术、业务的教育，鼓励自学成才。

国家鼓励集体经济组织、国家企业事业组织和其他社会力量依照法律规定举办各种教育事业。

国家推广全国通用的普通话。

第二十条 国家发展自然科学和社会科学事业，普及科学和技术知识，奖励科学研究成果和技术发明创造。

第二十一条 国家发展医疗卫生事业，发展现代医药和我国传统医药，鼓励和支持农村集体经济组织、国家企业事业组织和街道组织举办各种医疗卫生设施，开展群众性的卫生活动，保护人民健康。

国家发展体育事业，开展群众性的体育活动，增强人民体质。

第二十二条 国家发展为人民服务、为社会主义服务的文学艺术事业、新闻广播电视事业、出版发行事业、图书馆博物馆文化馆和其他文化事业，开展群众性的文化活动。

国家保护名胜古迹、珍贵文物和其他重要历史文化遗产。

第二十三条 国家培养为社会主义服务的各种专业人才，扩大知识分子的队伍，创造条件，充分发挥他们在社会主义现代化建设中的作用。

第二十四条 国家通过普及理想教育、道德教育、文化教育、纪律和法制教育，通过在城乡不同范围的群众中制定和执行各种守则、公约，加强社会主义精神文明的建设。

　　国家倡导社会主义核心价值观，提倡爱祖国、爱人民、爱劳动、爱科学、爱社会主义的公德，在人民中进行爱国主义、集体主义和国际主义、共产主义的教育，进行辩证唯物主义和历史唯物主义的教育，反对资本主义的、封建主义的和其他的腐朽思想。

　　第二十五条　国家推行计划生育，使人口的增长同经济和社会发展计划相适应。

　　第二十六条　国家保护和改善生活环境和生态环境，防治污染和其他公害。

　　国家组织和鼓励植树造林，保护林木。

　　第二十七条　一切国家机关实行精简的原则，实行工作责任制，实行工作人员的培训和考核制度，不断提高工作质量和工作效率，反对官僚主义。

　　一切国家机关和国家工作人员必须依靠人民的支持，经常保持同人民的密切联系，倾听人民的意见和建议，接受人民的监督，努力为人民服务。

　　国家工作人员就职时应当依照法律规定公开进行宪法宣誓。

　　第二十八条　国家维护社会秩序，镇压叛国和其他危害国家安全的犯罪活动，制裁危害社会治安、破坏社会主义经济和其他犯罪的活动，惩办和改造犯罪分子。

　　第二十九条　中华人民共和国的武装力量属于人民。它的任务是巩固国防，抵抗侵略，保卫祖国，保卫人民的和平劳动，参加国家建设事业，努力为人民服务。

　　国家加强武装力量的革命化、现代化、正规化的建设，增强国防力量。

　　第三十条　中华人民共和国的行政区域划分如下：

　　（一）全国分为省、自治区、直辖市；

　　（二）省、自治区分为自治州、县、自治县、市；

　　（三）县、自治县分为乡、民族乡、镇。

　　直辖市和较大的市分为区、县。自治州分为县、自治县、市。

　　自治区、自治州、自治县都是民族自治地方。

　　第三十一条　国家在必要时得设立特别行政区。在特别行政区内实行的制度按照具体情况由全国人民代表大会以法律规定。

　　第三十二条　中华人民共和国保护在中国境内的外国人的合法权利和利益，在中国境内的外国人必须遵守中华人民共和国的法律。

　　中华人民共和国对于因为政治原因要求避难的外国人，可以给予受庇护的权利。

第二章　公民的基本权利和义务

　　第三十三条　凡具有中华人民共和国国籍的人都是中华人民共和国公民。

　　中华人民共和国公民在法律面前一律平等。

　　国家尊重和保障人权。

　　任何公民享有宪法和法律规定的权利，同时必须履行宪法和法律规定的义务。

　　第三十四条　中华人民共和国年满十八周岁的公民，不分民族、种族、性别、职业、家庭出身、宗教信仰、教育程度、财产状况、居住期限，都有选举权和被选举权；但是依照法律被剥夺政治权利的人除外。

第三十五条 中华人民共和国公民有言论、出版、集会、结社、游行、示威的自由。

第三十六条 中华人民共和国公民有宗教信仰自由。

任何国家机关、社会团体和个人不得强制公民信仰宗教或者不信仰宗教，不得歧视信仰宗教的公民和不信仰宗教的公民。

国家保护正常的宗教活动。任何人不得利用宗教进行破坏社会秩序、损害公民身体健康、妨碍国家教育制度的活动。

宗教团体和宗教事务不受外国势力的支配。

第三十七条 中华人民共和国公民的人身自由不受侵犯。

任何公民，非经人民检察院批准或者决定或者人民法院决定，并由公安机关执行，不受逮捕。

禁止非法拘禁和以其他方法非法剥夺或者限制公民的人身自由，禁止非法搜查公民的身体。

第三十八条 中华人民共和国公民的人格尊严不受侵犯。禁止用任何方法对公民进行侮辱、诽谤和诬告陷害。

第三十九条 中华人民共和国公民的住宅不受侵犯。禁止非法搜查或者非法侵入公民的住宅。

第四十条 中华人民共和国公民的通信自由和通信秘密受法律的保护。除因国家安全或者追查刑事犯罪的需要，由公安机关或者检察机关依照法律规定的程序对通信进行检查外，任何组织或者个人不得以任何理由侵犯公民的通信自由和通信秘密。

第四十一条 中华人民共和国公民对于任何国家机关和国家工作人员，有提出批评和建议的权利；对于任何国家机关和国家工作人员的违法失职行为，有向有关国家机关提出申诉、控告或者检举的权利，但是不得捏造或者歪曲事实进行诬告陷害。

对于公民的申诉、控告或者检举，有关国家机关必须查清事实，负责处理。任何人不得压制和打击报复。

由于国家机关和国家工作人员侵犯公民权利而受到损失的人，有依照法律规定取得赔偿的权利。

第四十二条 中华人民共和国公民有劳动的权利和义务。

国家通过各种途径，创造劳动就业条件，加强劳动保护，改善劳动条件，并在发展生产的基础上，提高劳动报酬和福利待遇。

劳动是一切有劳动能力的公民的光荣职责。国有企业和城乡集体经济组织的劳动者都应当以国家主人翁的态度对待自己的劳动。国家提倡社会主义劳动竞赛，奖励劳动模范和先进工作者。国家提倡公民从事义务劳动。

国家对就业前的公民进行必要的劳动就业训练。

第四十三条　中华人民共和国劳动者有休息的权利。

国家发展劳动者休息和休养的设施，规定职工的工作时间和休假制度。

第四十四条　国家依照法律规定实行企业事业组织的职工和国家机关工作人员的退休制度。退休人员的生活受到国家和社会的保障。

第四十五条　中华人民共和国公民在年老、疾病或者丧失劳动能力的情况下，有从国家和社会获得物质帮助的权利。国家发展为公民享受这些权利所需要的社会保险、社会救济和医疗卫生事业。

国家和社会保障残废军人的生活，抚恤烈士家属，优待军人家属。

国家和社会帮助安排盲、聋、哑和其他有残疾的公民的劳动、生活和教育。

第四十六条　中华人民共和国公民有受教育的权利和义务。

国家培养青年、少年、儿童在品德、智力、体质等方面全面发展。

第四十七条　中华人民共和国公民有进行科学研究、文学艺术创作和其他文化活动的自由。国家对于从事教育、科学、技术、文学、艺术和其他文化事业的公民的有益于人民的创造性工作，给以鼓励和帮助。

第四十八条　中华人民共和国妇女在政治的、经济的、文化的、社会的和家庭的生活等各方面享有同男子平等的权利。

国家保护妇女的权利和利益，实行男女同工同酬，培养和选拔妇女干部。

第四十九条　婚姻、家庭、母亲和儿童受国家的保护。

夫妻双方有实行计划生育的义务。

父母有抚养教育未成年子女的义务，成年子女有赡养扶助父母的义务。

禁止破坏婚姻自由，禁止虐待老人、妇女和儿童。

第五十条　中华人民共和国保护华侨的正当的权利和利益，保护归侨和侨眷的合法的权利和利益。

第五十一条　中华人民共和国公民在行使自由和权利的时候，不得损害国家的、社会的、集体的利益和其他公民的合法的自由和权利。

第五十二条　中华人民共和国公民有维护国家统一和全国各民族团结的义务。

第五十三条　中华人民共和国公民必须遵守宪法和法律，保守国家秘密，爱护公共财产，遵守劳动纪律，遵守公共秩序，尊重社会公德。

第五十四条　中华人民共和国公民有维护祖国的安全、荣誉和利益的义务，不得有危害祖国的安全、荣誉和利益的行为。

第五十五条　保卫祖国、抵抗侵略是中华人民共和国每一个公民的神圣职责。

依照法律服兵役和参加民兵组织是中华人民共和国公民的光荣义务。

第五十六条　中华人民共和国公民有依照法律纳税的义务。

第三章　国家机构

第一节　全国人民代表大会

第五十七条　中华人民共和国全国人民代表大会是最高国家权力机关。它的常设机关是全国人民代表大会常务委员会。

第五十八条　全国人民代表大会和全国人民代表大会常务委员会行使国家立法权。

第五十九条　全国人民代表大会由省、自治区、直辖市、特别行政区和军队选出的代表组成。各少数民族都应当有适当名额的代表。

全国人民代表大会代表的选举由全国人民代表大会常务委员会主持。

全国人民代表大会代表名额和代表产生办法由法律规定。

第六十条　全国人民代表大会每届任期五年。

全国人民代表大会任期届满的两个月以前，全国人民代表大会常务委员会必须完成下届全国人民代表大会代表的选举。如果遇到不能进行选举的非常情况，由全国人民代表大会常务委员会以全体组成人员的三分之二以上的多数通过，可以推迟选举，延长本届全国人民代表大会的任期。在非常情况结束后一年内，必须完成下届全国人民代表大会代表的选举。

第六十一条　全国人民代表大会会议每年举行一次，由全国人民代表大会常务委员会召集。如果全国人民代表大会常务委员会认为必要，或者有五分之一以上的全国人民代表大会代表提议，可以临时召集全国人民代表大会会议。

全国人民代表大会举行会议的时候，选举主席团主持会议。

第六十二条　全国人民代表大会行使下列职权：

（一）修改宪法；

（二）监督宪法的实施；

（三）制定和修改刑事、民事、国家机构的和其他的基本法律；

（四）选举中华人民共和国主席、副主席；

（五）根据中华人民共和国主席的提名，决定国务院总理的人选；根据国务院总理的提名，决定国务院副总理、国务委员、各部部长、各委员会主任、审计长、秘书长的人选；

（六）选举中央军事委员会主席；根据中央军事委员会主席的提名，决定中央军事委员会其他组成人员的人选；

（七）选举国家监察委员会主任；

（八）选举最高人民法院院长；

（九）选举最高人民检察院检察长；

（十）审查和批准国民经济和社会发展计划和计划执行情况的报告；

（十一）审查和批准国家的预算和预算执行情况的报告；

（十二）改变或者撤销全国人民代表大会常务委员会不适当的决定；

（十三）批准省、自治区和直辖市的建置；

（十四）决定特别行政区的设立及其制度；

（十五）决定战争和和平的问题；

（十六）应当由最高国家权力机关行使的其他职权。

第六十三条　全国人民代表大会有权罢免下列人员：

（一）中华人民共和国主席、副主席；

（二）国务院总理、副总理、国务委员、各部部长、各委员会主任、审计长、秘书长；

（三）中央军事委员会主席和中央军事委员会其他组成人员；

（四）国家监察委员会主任；

（五）最高人民法院院长；

（六）最高人民检察院检察长。

第六十四条　宪法的修改，由全国人民代表大会常务委员会或者五分之一以上的全国人民代表大会代表提议，并由全国人民代表大会以全体代表的三分之二以上的多数通过。

法律和其他议案由全国人民代表大会以全体代表的过半数通过。

第六十五条　全国人民代表大会常务委员会由下列人员组成：

委员长，

副委员长若干人，

秘书长，

委员若干人。

全国人民代表大会常务委员会组成人员中，应当有适当名额的少数民族代表。

全国人民代表大会选举并有权罢免全国人民代表大会常务委员会的组成人员。

全国人民代表大会常务委员会的组成人员不得担任国家行政机关、监察机关、审判机关和检察机关的职务。

第六十六条　全国人民代表大会常务委员会每届任期同全国人民代表大会每届任期相同，它行使职权到下届全国人民代表大会选出新的常务委员会为止。

委员长、副委员长连续任职不得超过两届。

第六十七条　全国人民代表大会常务委员会行使下列职权：

（一）解释宪法，监督宪法的实施；

（二）制定和修改除应当由全国人民代表大会制定的法律以外的其他法律；

（三）在全国人民代表大会闭会期间，对全国人民代表大会制定的法律进行部分补充和修改，但是不得同该法律的基本原则相抵触；

（四）解释法律；

（五）在全国人民代表大会闭会期间，审查和批准国民经济和社会发展计划、国家预算在执行过程中所必须作的部分调整方案；

（六）监督国务院、中央军事委员会、国家监察委员会、最高人民法院和最高人民检察院的工作；

（七）撤销国务院制定的同宪法、法律相抵触的行政法规、决定和命令；

（八）撤销省、自治区、直辖市国家权力机关制定的同宪法、法律和行政法规相抵触的地方性法规和决议；

（九）在全国人民代表大会闭会期间，根据国务院总理的提名，决定部长、委员会主任、审计长、秘书长的人选；

（十）在全国人民代表大会闭会期间，根据中央军事委员会主席的提名，决定中央军事委员会其他组成人员的人选；

（十一）根据国家监察委员会主任的提请，任免国家监察委员会副主任、委员；

（十二）根据最高人民法院院长的提请，任免最高人民法院副院长、审判员、审判委员会委员和军事法院院长；

（十三）根据最高人民检察院检察长的提请，任免最高人民检察院副检察长、检察员、检察委员会委员和军事检察院检察长，并且批准省、自治区、直辖市的人民检察院检察长的任免；

（十四）决定驻外全权代表的任免；

（十五）决定同外国缔结的条约和重要协定的批准和废除；

（十六）规定军人和外交人员的衔级制度和其他专门衔级制度；

（十七）规定和决定授予国家的勋章和荣誉称号；

（十八）决定特赦；

（十九）在全国人民代表大会闭会期间，如果遇到国家遭受武装侵犯或者必须履行国际间共同防止侵略的条约的情况，决定战争状态的宣布；

（二十）决定全国总动员或者局部动员；

（二十一）决定全国或者个别省、自治区、直辖市进入紧急状态；

（二十二）全国人民代表大会授予的其他职权。

第六十八条 全国人民代表大会常务委员会委员长主持全国人民代表大会常务委员会的工作，召集全国人民代表大会常务委员会会议。副委员长、秘书长协助委员长工作。

委员长、副委员长、秘书长组成委员长会议，处理全国人民代表大会常务委员会的重要日常工作。

第六十九条 全国人民代表大会常务委员会对全国人民代表大会负责并报告工作。

第七十条 全国人民代表大会设立民族委员会、宪法和法律委员会、财政经济委员会、教育科学文化卫生委员会、外事委员会、华侨委员会和其他需要设立的专门委员会。在全国人民代表大会闭会期间，各专门委员会受全国人民代表大会常务委员会的领导。

各专门委员会在全国人民代表大会和全国人民代表大会常务委员会领导下，研究、审议和拟订有关议案。

第七十一条　全国人民代表大会和全国人民代表大会常务委员会认为必要的时候，可以组织关于特定问题的调查委员会，并且根据调查委员会的报告，作出相应的决议。

调查委员会进行调查的时候，一切有关的国家机关、社会团体和公民都有义务向它提供必要的材料。

第七十二条　全国人民代表大会代表和全国人民代表大会常务委员会组成人员，有权依照法律规定的程序分别提出属于全国人民代表大会和全国人民代表大会常务委员会职权范围内的议案。

第七十三条　全国人民代表大会代表在全国人民代表大会开会期间，全国人民代表大会常务委员会组成人员在常务委员会开会期间，有权依照法律规定的程序提出对国务院或者国务院各部、各委员会的质询案。受质询的机关必须负责答复。

第七十四条　全国人民代表大会代表，非经全国人民代表大会会议主席团许可，在全国人民代表大会闭会期间非经全国人民代表大会常务委员会许可，不受逮捕或者刑事审判。

第七十五条　全国人民代表大会代表在全国人民代表大会各种会议上的发言和表决，不受法律追究。

第七十六条　全国人民代表大会代表必须模范地遵守宪法和法律，保守国家秘密，并且在自己参加的生产、工作和社会活动中，协助宪法和法律的实施。

全国人民代表大会代表应当同原选举单位和人民保持密切的联系，听取和反映人民的意见和要求，努力为人民服务。

第七十七条　全国人民代表大会代表受原选举单位的监督。原选举单位有权依照法律规定的程序罢免本单位选出的代表。

第七十八条　全国人民代表大会和全国人民代表大会常务委员会的组织和工作程序由法律规定。

第二节　中华人民共和国主席

第七十九条　中华人民共和国主席、副主席由全国人民代表大会选举。

有选举权和被选举权的年满四十五周岁的中华人民共和国公民可以被选为中华人民共和国主席、副主席。

中华人民共和国主席、副主席每届任期同全国人民代表大会每届任期相同。

第八十条　中华人民共和国主席根据全国人民代表大会的决定和全国人民代表大会常务委员会的决定，公布法律，任免国务院总理、副总理、国务委员、各部部长、各委员会主任、审计长、秘书长，授予国家的勋章和荣誉称号，发布特赦令，宣布进入紧急状态，宣布战争状态，发布动员令。

第八十一条 中华人民共和国主席代表中华人民共和国，进行国事活动，接受外国使节；根据全国人民代表大会常务委员会的决定，派遣和召回驻外全权代表，批准和废除同外国缔结的条约和重要协定。

第八十二条 中华人民共和国副主席协助主席工作。

中华人民共和国副主席受主席的委托，可以代行主席的部分职权。

第八十三条 中华人民共和国主席、副主席行使职权到下届全国人民代表大会选出的主席、副主席就职为止。

第八十四条 中华人民共和国主席缺位的时候，由副主席继任主席的职位。

中华人民共和国副主席缺位的时候，由全国人民代表大会补选。

中华人民共和国主席、副主席都缺位的时候，由全国人民代表大会补选；在补选以前，由全国人民代表大会常务委员会委员长暂时代理主席职位。

第三节 国务院

第八十五条 中华人民共和国国务院，即中央人民政府，是最高国家权力机关的执行机关，是最高国家行政机关。

第八十六条 国务院由下列人员组成：

总理，

副总理若干人，

国务委员若干人，

各部部长，

各委员会主任，

审计长，

秘书长。

国务院实行总理负责制。各部、各委员会实行部长、主任负责制。

国务院的组织由法律规定。

第八十七条 国务院每届任期同全国人民代表大会每届任期相同。

总理、副总理、国务委员连续任职不得超过两届。

第八十八条 总理领导国务院的工作。副总理、国务委员协助总理工作。

总理、副总理、国务委员、秘书长组成国务院常务会议。

总理召集和主持国务院常务会议和国务院全体会议。

第八十九条 国务院行使下列职权：

（一）根据宪法和法律，规定行政措施，制定行政法规，发布决定和命令；

（二）向全国人民代表大会或者全国人民代表大会常务委员会提出议案；

（三）规定各部和各委员会的任务和职责，统一领导各部和各委员会的工作，并且领导不属于各部和各委员会的全国性的行政工作；

（四）统一领导全国地方各级国家行政机关的工作，规定中央和省、自治区、直辖市的国家行政机关的职权的具体划分；

（五）编制和执行国民经济和社会发展计划和国家预算；

（六）领导和管理经济工作和城乡建设、生态文明建设；

（七）领导和管理教育、科学、文化、卫生、体育和计划生育工作；

（八）领导和管理民政、公安、司法行政等工作；

（九）管理对外事务，同外国缔结条约和协定；

（十）领导和管理国防建设事业；

（十一）领导和管理民族事务，保障少数民族的平等权利和民族自治地方的自治权利；

（十二）保护华侨的正当的权利和利益，保护归侨和侨眷的合法的权利和利益；

（十三）改变或者撤销各部、各委员会发布的不适当的命令、指示和规章；

（十四）改变或者撤销地方各级国家行政机关的不适当的决定和命令；

（十五）批准省、自治区、直辖市的区域划分，批准自治州、县、自治县、市的建置和区域划分；

（十六）依照法律规定决定省、自治区、直辖市的范围内部分地区进入紧急状态；

（十七）审定行政机构的编制，依照法律规定任免、培训、考核和奖惩行政人员；

（十八）全国人民代表大会和全国人民代表大会常务委员会授予的其他职权。

第九十条　国务院各部部长、各委员会主任负责本部门的工作；召集和主持部务会议或者委员会会议、委务会议，讨论决定本部门工作的重大问题。

各部、各委员会根据法律和国务院的行政法规、决定、命令，在本部门的权限内，发布命令、指示和规章。

第九十一条　国务院设立审计机关，对国务院各部门和地方各级政府的财政收支，对国家的财政金融机构和企业事业组织的财务收支，进行审计监督。

审计机关在国务院总理领导下，依照法律规定独立行使审计监督权，不受其他行政机关、社会团体和个人的干涉。

第九十二条　国务院对全国人民代表大会负责并报告工作；在全国人民代表大会闭会期间，对全国人民代表大会常务委员会负责并报告工作。

第四节　中央军事委员会

第九十三条　中华人民共和国中央军事委员会领导全国武装力量。

中央军事委员会由下列人员组成：

主席，

副主席若干人，

委员若干人。

中央军事委员会实行主席负责制。

中央军事委员会每届任期同全国人民代表大会每届任期相同。

第九十四条　中央军事委员会主席对全国人民代表大会和全国人民代表大会常务委员会负责。

第五节　地方各级人民代表大会和地方各级人民政府

第九十五条　省、直辖市、县、市、市辖区、乡、民族乡、镇设立人民代表大会和人民政府。

地方各级人民代表大会和地方各级人民政府的组织由法律规定。

自治区、自治州、自治县设立自治机关。自治机关的组织和工作根据宪法第三章第五节、第六节规定的基本原则由法律规定。

第九十六条　地方各级人民代表大会是地方国家权力机关。

县级以上的地方各级人民代表大会设立常务委员会。

第九十七条　省、直辖市、设区的市的人民代表大会代表由下一级的人民代表大会选举；县、不设区的市、市辖区、乡、民族乡、镇的人民代表大会代表由选民直接选举。

地方各级人民代表大会代表名额和代表产生办法由法律规定。

第九十八条　地方各级人民代表大会每届任期五年。

第九十九条　地方各级人民代表大会在本行政区域内，保证宪法、法律、行政法规的遵守和执行；依照法律规定的权限，通过和发布决议，审查和决定地方的经济建设、文化建设和公共事业建设的计划。

县级以上的地方各级人民代表大会审查和批准本行政区域内的国民经济和社会发展计划、预算以及它们的执行情况的报告；有权改变或者撤销本级人民代表大会常务委员会不适当的决定。

民族乡的人民代表大会可以依照法律规定的权限采取适合民族特点的具体措施。

第一百条　省、直辖市的人民代表大会和它们的常务委员会，在不同宪法、法律、行政法规相抵触的前提下，可以制定地方性法规，报全国人民代表大会常务委员会备案。

设区的市的人民代表大会和它们的常务委员会，在不同宪法、法律、行政法规和本省、自治区的地方性法规相抵触的前提下，可以依照法律规定制定地方性法规，报本省、自治区人民代表大会常务委员会批准后施行。

第一百零一条　地方各级人民代表大会分别选举并且有权罢免本级人民政府的省长和副省长、市长和副市长、县长和副县长、区长和副区长、乡长和副乡长、镇长和副镇长。

县级以上的地方各级人民代表大会选举并且有权罢免本级监察委员会主任、本级人民法院院长和本级人民检察院检察长。选出或者罢免人民检察院检察长，须报上级人民检察院检察长提请该级人民代表大会常务委员会批准。

第一百零二条　省、直辖市、设区的市的人民代表大会代表受原选举单位的监督；县、不设区的市、市辖区、乡、民族乡、镇的人民代表大会代表受选民的监督。

地方各级人民代表大会代表的选举单位和选民有权依照法律规定的程序罢免由他们选出的代表。

第一百零三条 县级以上的地方各级人民代表大会常务委员会由主任、副主任若干人和委员若干人组成，对本级人民代表大会负责并报告工作。

县级以上的地方各级人民代表大会选举并有权罢免本级人民代表大会常务委员会的组成人员。

县级以上的地方各级人民代表大会常务委员会的组成人员不得担任国家行政机关、监察机关、审判机关和检察机关的职务。

第一百零四条 县级以上的地方各级人民代表大会常务委员会讨论、决定本行政区域内各方面工作的重大事项；监督本级人民政府、监察委员会、人民法院和人民检察院的工作；撤销本级人民政府的不适当的决定和命令；撤销下一级人民代表大会的不适当的决议；依照法律规定的权限决定国家机关工作人员的任免；在本级人民代表大会闭会期间，罢免和补选上一级人民代表大会的个别代表。

第一百零五条 地方各级人民政府是地方各级国家权力机关的执行机关，是地方各级国家行政机关。

地方各级人民政府实行省长、市长、县长、区长、乡长、镇长负责制。

第一百零六条 地方各级人民政府每届任期同本级人民代表大会每届任期相同。

第一百零七条 县级以上地方各级人民政府依照法律规定的权限，管理本行政区域内的经济、教育、科学、文化、卫生、体育事业、城乡建设事业和财政、民政、公安、民族事务、司法行政、计划生育等行政工作，发布决定和命令，任免、培训、考核和奖惩行政工作人员。

乡、民族乡、镇的人民政府执行本级人民代表大会的决议和上级国家行政机关的决定和命令，管理本行政区域内的行政工作。

省、直辖市的人民政府决定乡、民族乡、镇的建置和区域划分。

第一百零八条 县级以上的地方各级人民政府领导所属各工作部门和下级人民政府的工作，有权改变或者撤销所属各工作部门和下级人民政府的不适当的决定。

第一百零九条 县级以上的地方各级人民政府设立审计机关。地方各级审计机关依照法律规定独立行使审计监督权，对本级人民政府和上一级审计机关负责。

第一百一十条 地方各级人民政府对本级人民代表大会负责并报告工作。县级以上的地方各级人民政府在本级人民代表大会闭会期间，对本级人民代表大会常务委员会负责并报告工作。

地方各级人民政府对上一级国家行政机关负责并报告工作。全国地方各级人民政府都是国务院统一领导下的国家行政机关，都服从国务院。

第一百一十一条 城市和农村按居民居住地区设立的居民委员会或者村民委员会是基层群众性自治组织。居民委员会、村民委员会的主任、副主任和委员由居民选举。居民委员会、村民委员会同基层政权的相互关系由法律规定。

居民委员会、村民委员会设人民调解、治安保卫、公共卫生等委员会，办理本居住地区的公共事务和公益事业，调解民间纠纷，协助维护社会治安，并且向人民政府反映群众的意见、要求和提出建议。

第六节　民族自治地方的自治机关

第一百一十二条　民族自治地方的自治机关是自治区、自治州、自治县的人民代表大会和人民政府。

第一百一十三条　自治区、自治州、自治县的人民代表大会中，除实行区域自治的民族的代表外，其他居住在本行政区域内的民族也应当有适当名额的代表。

自治区、自治州、自治县的人民代表大会常务委员会中应当有实行区域自治的民族的公民担任主任或者副主任。

第一百一十四条　自治区主席、自治州州长、自治县县长由实行区域自治的民族的公民担任。

第一百一十五条　自治区、自治州、自治县的自治机关行使宪法第三章第五节规定的地方国家机关的职权，同时依照宪法、民族区域自治法和其他法律规定的权限行使自治权，根据本地方实际情况贯彻执行国家的法律、政策。

第一百一十六条　民族自治地方的人民代表大会有权依照当地民族的政治、经济和文化的特点，制定自治条例和单行条例。自治区的自治条例和单行条例，报全国人民代表大会常务委员会批准后生效。自治州、自治县的自治条例和单行条例，报省或者自治区的人民代表大会常务委员会批准后生效，并报全国人民代表大会常务委员会备案。

第一百一十七条　民族自治地方的自治机关有管理地方财政的自治权。凡是依照国家财政体制属于民族自治地方的财政收入，都应当由民族自治地方的自治机关自主地安排使用。

第一百一十八条　民族自治地方的自治机关在国家计划的指导下，自主地安排和管理地方性的经济建设事业。

国家在民族自治地方开发资源、建设企业的时候，应当照顾民族自治地方的利益。

第一百一十九条　民族自治地方的自治机关自主地管理本地方的教育、科学、文化、卫生、体育事业，保护和整理民族的文化遗产，发展和繁荣民族文化。

第一百二十条　民族自治地方的自治机关依照国家的军事制度和当地的实际需要，经国务院批准，可以组织本地方维护社会治安的公安部队。

第一百二十一条　民族自治地方的自治机关在执行职务的时候，依照本民族自治地方自治条例的规定，使用当地通用的一种或者几种语言文字。

第一百二十二条　国家从财政、物资、技术等方面帮助各少数民族加速发展经济建设和文化建设事业。

　　国家帮助民族自治地方从当地民族中大量培养各级干部、各种专业人才和技术工人。

　　第七节　监察委员会

　　第一百二十三条　中华人民共和国各级监察委员会是国家的监察机关。

　　第一百二十四条　中华人民共和国设立国家监察委员会和地方各级监察委员会。

　　监察委员会由下列人员组成：

　　主任，

　　副主任若干人，

　　委员若干人。

　　监察委员会主任每届任期同本级人民代表大会每届任期相同。国家监察委员会主任连续任职不得超过两届。

　　监察委员会的组织和职权由法律规定。

　　第一百二十五条　中华人民共和国国家监察委员会是最高监察机关。

　　国家监察委员会领导地方各级监察委员会的工作，上级监察委员会领导下级监察委员会的工作。

　　第一百二十六条　国家监察委员会对全国人民代表大会和全国人民代表大会常务委员会负责。地方各级监察委员会对产生它的国家权力机关和上一级监察委员会负责。

　　第一百二十七条　监察委员会依照法律规定独立行使监察权，不受行政机关、社会团体和个人的干涉。

　　监察机关办理职务违法和职务犯罪案件，应当与审判机关、检察机关、执法部门互相配合，互相制约。

　　第八节　人民法院和人民检察院

　　第一百二十八条　中华人民共和国人民法院是国家的审判机关。

　　第一百二十九条　中华人民共和国设立最高人民法院、地方各级人民法院和军事法院等专门人民法院。

　　最高人民法院院长每届任期同全国人民代表大会每届任期相同，连续任职不得超过两届。

　　人民法院的组织由法律规定。

　　第一百三十条　人民法院审理案件，除法律规定的特别情况外，一律公开进行。被告人有权获得辩护。

　　第一百三十一条　人民法院依照法律规定独立行使审判权，不受行政机关、社会团体和个人的干涉。

　　第一百三十二条　最高人民法院是最高审判机关。

　　最高人民法院监督地方各级人民法院和专门人民法院的审判工作，上级人民法院监督下级人民法院的审判工作。

第一百三十三条 最高人民法院对全国人民代表大会和全国人民代表大会常务委员会负责。地方各级人民法院对产生它的国家权力机关负责。

第一百三十四条 中华人民共和国人民检察院是国家的法律监督机关。

第一百三十五条 中华人民共和国设立最高人民检察院、地方各级人民检察院和军事检察院等专门人民检察院。

最高人民检察院检察长每届任期同全国人民代表大会每届任期相同，连续任职不得超过两届。

人民检察院的组织由法律规定。

第一百三十六条 人民检察院依照法律规定独立行使检察权，不受行政机关、社会团体和个人的干涉。

第一百三十七条 最高人民检察院是最高检察机关。

最高人民检察院领导地方各级人民检察院和专门人民检察院的工作，上级人民检察院领导下级人民检察院的工作。

第一百三十八条 最高人民检察院对全国人民代表大会和全国人民代表大会常务委员会负责。地方各级人民检察院对产生它的国家权力机关和上级人民检察院负责。

第一百三十九条 各民族公民都有用本民族语言文字进行诉讼的权利。人民法院和人民检察院对于不通晓当地通用的语言文字的诉讼参与人，应当为他们翻译。

在少数民族聚居或者多民族共同居住的地区，应当用当地通用的语言进行审理；起诉书、判决书、布告和其他文书应当根据实际需要使用当地通用的一种或者几种文字。

第一百四十条 人民法院、人民检察院和公安机关办理刑事案件，应当分工负责，互相配合，互相制约，以保证准确有效地执行法律。

第四章 国旗、国歌、国徽、首都

第一百四十一条 中华人民共和国国旗是五星红旗。

中华人民共和国国歌是《义勇军进行曲》。

第一百四十二条 中华人民共和国国徽，中间是五星照耀下的天安门，周围是谷穗和齿轮。

第一百四十三条 中华人民共和国首都是北京。

参考书目

［法］孟德斯鸠：《论法的精神》，许明龙译，商务印书馆 2012 年版。

［法］卢梭：《社会契约论》，何兆武译，商务印书馆 2003 年版。

［英］洛克：《政府论》，瞿菊农、叶启芳译，商务印书馆 1982 年版。

［法］密尔：《代议制政府》，汪瑄译，商务印书馆 1982 年版。

［法］托克维尔：《旧制度与大革命》，冯棠译，商务印书馆 2012 年版。

何华辉：《比较宪法学》，武汉大学出版社 1988 年版。

许崇德主编：《宪法学》，高等教育出版社 2000 年版。

蒋碧昆主编：《宪法学》，中国政法大学出版社 2002 年版。

韩大元主编：《比较宪法学》，高等教育出版社 2003 版。

魏定仁等：《宪法学》，北京大学出版社 2004 年版。

莫纪宏主编：《宪法学》，社会科学文献出版社 2004 年版。

胡锦光、韩大元：《中国宪法》，法律出版社 2004 年版。

张千帆：《宪法学导论》，法律出版社 2004 年版。

韩大元主编：《宪法学》，高等教育出版社 2006 年版。

蔡定剑：《宪法精解》，法律出版社 2006 年版。

俞子清主编：《宪法学》，中国政法大学出版社 2006 年版。

韩大元：《1954 年宪法与中国宪政》，武汉大学出版社 2008 年版。

王人博等：《中国近代宪政史上的关键词》，法律出版社 2009 年版。

韩大元、李元起主编：《宪法》，中国人民大学出版社 2011 年版。

张千帆：《宪法学讲义》，北京大学出版社 2011 年版。

焦洪昌主编：《宪法》，中国政法大学出版社 2012 年版。

秦前红主编：《新宪法学》，武汉大学出版社 2015 年版。

俞德鹏：《宪法学》，法律出版社 2015 年版。

杨向东主编：《宪法学》，中国政法大学出版社 2018 年版。

周叶中主编：《宪法学》，高等教育出版社 2020 年版。

马克思主义理论研究和建设工程重点教材《宪法学》编写组：《宪法学》，高等教育出版社 2020 年版。